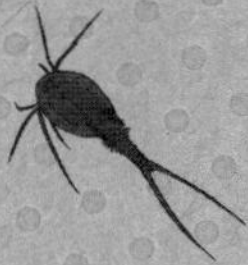

カワハタ先生の

動物《どうぶつ》の

どこがおなじでどこがちがうの？

不思議《ふしぎ》

Wonders of animals

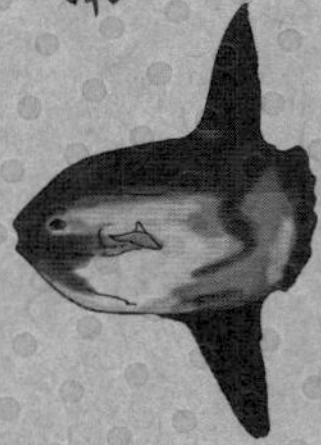

花まる学習会
川幡智佳

実務教育出版

動物《どうぶつ》って

おもしろいよ！

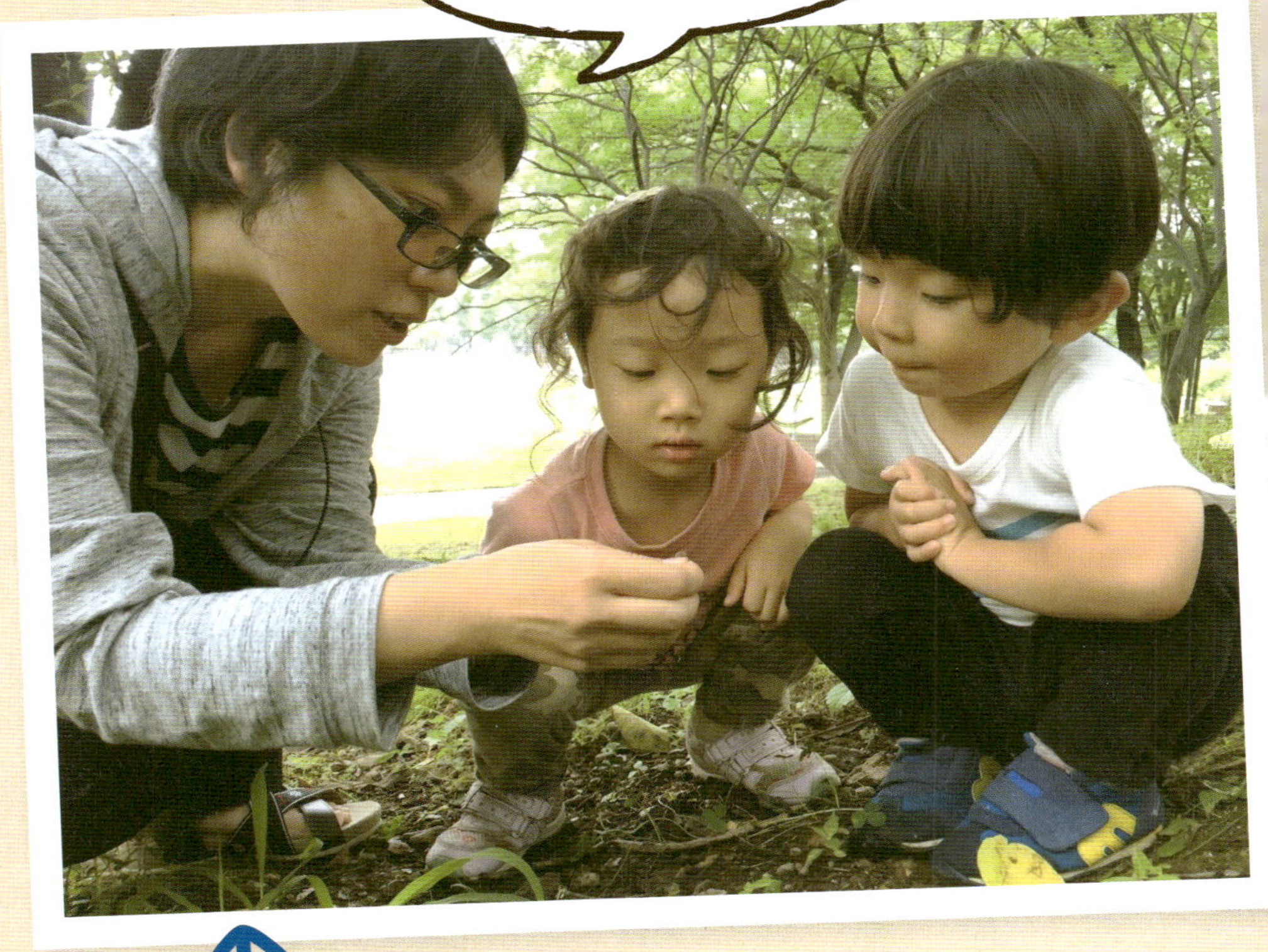

この本《ほん》を書《か》いたカワハタ先生《せんせい》！

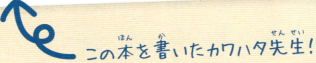

はじめに

この本《ほん》は、大《おお》きく分《わ》けると3つの章《しょう》から成《な》り立《た》っている。生命《せいめい》のはじまりといわれている「海《うみ》」の中《なか》。生《い》き物《もの》が進化《しんか》することで棲《す》める場所《ばしょ》になった「陸《りく》」の上《うえ》。そして、われわれが作《つく》りあげた「ヒトの世界《せかい》」の中《なか》。

思《おも》いがけない場所《ばしょ》に生《い》き物《もの》は潜《ひそ》んでいる。だから、最初《さいしょ》から読《よ》み進《すす》めてもいいし、気《き》になるところから読《よ》んでいってもいい。気《き》になる場所《ばしょ》からつながりがあるように、また、それぞれのページをバラバラに読《よ》んでも大丈夫《だいじょうぶ》なようにと書《か》いてみたんだ。

今回《こんかい》は動物編《どうぶつへん》ということで、基本的《きほんてき》には植物以外《しょくぶついがい》の生《い》き物全般《ものぜんぱん》についての内容《ないよう》にしてある。自分《じぶん》で栄養《えいよう》を作《つく》れず、他《ほか》の生《い》き物《もの》を食《た》べて生活《せいかつ》しているのはみんな「動物《どうぶつ》」だ。

さて、どんな仲間《なかま》がいるだろうか。

この本《ほん》では、どのテーマでも何種類《なんしゅるい》かの動物《どうぶつ》を紹介《しょうかい》しているよ。1種類《しゅるい》だけの生《い》き物《もの》を詳《くわ》しく説明《せつめい》していることは、たぶんほとんどないんじゃないかな。

それは、多《おお》くの生《い》き物《もの》にある同《おな》じところとちがうところとを比《くら》べてほしいからなんだ。すでにキミが知《し》っていることもあると思《おも》うよ。

でもその「知《し》っていること」を、この本《ほん》を読《よ》むことで別《べつ》の「知《し》っていること」とつなげることができるかもしれない。そうすると、新《あたら》しい発見《はっけん》ができるはずだ。初《はじ》めて知《し》ったこと、気《き》づいたこと、「こうじゃないかな」って考《かんが》えたこと。どんどんおうちの人《ひと》や友《とも》だちとも話《はな》してみよう。もっとちがう大《おお》きな発見《はっけん》ができるかもしれない。

何《なに》がちがう、なんでちがう？　何《なに》が同《おな》じ、なんで同《おな》じ？　生《い》き物《もの》には考《かんが》えれば考《かんが》えるほど不思議《ふしぎ》としか思《おも》えないなぞがたくさんかくれている。そのヒミツに気《き》づいてしまったキミは、きっともうこの「おもしろさ」から逃《に》げられないはずだ。きっかけはいろんな場所《ばしょ》に用意《ようい》されているよ。どこからだって入《はい》っていける。

でも、「なんでそうなの？」という答《こた》えにたどり着《つ》くためにはその生《い》き物《もの》のこと以《い》外《がい》の知識《ちしき》の扉《とびら》もたくさん開《ひら》いていかなくちゃいけない。それが「生物学《せいぶつがく》」の世界《せかい》だ。

そして、われわれが生《い》きている世界《せかい》そのものだと、私《わたし》は思《おも》うんだ。

不思議《ふしぎ》を楽《たの》しもう。自分《じぶん》で考《かんが》えてみよう。そして世界《せかい》をおもしろがろう。それが、キミたちの未来《みらい》をさらに豊《ゆた》かにしてくれる。キミたちの生《い》きる今《いま》を、おもしろいものに変《か》えてくれる。その「おもしろがる」もののひとつに、「生《い》き物《もの》」が加《くわ》わってくれたら。そんな願《ねが》いをこめて。

知《し》ることは楽《たの》しい。それは、大人《おとな》も子《こ》どもも変《か》わらないことだ。キミたちもいろいろな楽《たの》しみ方《かた》をしてみてほしい。

さぁ、それでは行《い》ってみよう。いざ、生《い》き物《もの》のヒミツの世界《せかい》へ！

2018年《ねん》6月《がつ》　花《はな》まる学習会《がくしゅうかい》　**川幡智佳《かわはたちか》**

大人《おとな》のみなさん へ

「なんでそんなに生《い》き物《もの》が好《す》きなんですか？」とよく聞《き》かれます。道端《みちばた》で見《み》つけた虫《むし》を捕《つか》まえて持《も》って帰《かえ》ろうとする（あるいは教室《きょうしつ》に持《も》ってくる）大人《おとな》はなかなか見《み》かけないものなのでしょう。「先生《せんせい》って、変《か》わっているよね」なんてこともよく言《い》われます。

なんで生《い》き物《もの》が好《す》きか。そんな質問《しつもん》に、私《わたし》はたいていこう答《こた》えています。

「だっておもしろいからさ」と。

この本《ほん》は、子《こ》どもたちに二《ふた》つのものを届《とど》けたくてつくったものです。

ひとつは、奥深《おくぶか》くおもしろい「生物学《せいぶつがく》」という世界について。なにか一種類《いっしゅるい》の生《い》き物《もの》について深《ふか》めてもいいし、複数《ふくすう》の種類《しゅるい》の生《い》き物《もの》を並《なら》べて比《くら》べてみるのもよい。必《かなら》ず何《なに》か新《あたら》しい発見《はっけん》ができる。私《わたし》は生物《せいぶつ》を「比較《ひかく》の学問《がくもん》」と称《しょう》しますが、何《なに》がよくて何《なに》が悪《わる》いかではなく、何《なに》がどう違《ちが》うのかをおもしろがれる。それは、きっと世界《せかい》の見《み》え方《かた》を変《か》えてくれるはずです。

子《こ》どもたちに届《とど》けたいもうひとつのものは、「自分《じぶん》で知《し》る楽《たの》しさ」です。比較《ひかく》をするためには、違《ちが》いを見《み》つけ、それを説明《せつめい》しなければなりません。それは、どんな言葉《ことば》で表《あらわ》されているのでしょうか。

この本《ほん》の中《なか》には、(大人《おとな》でも)初《はじ》めて見《み》たという言葉《ことば》が多《おお》く出《で》てきます。なぜなら、専門用語《せんもんようご》もそのまま漢字《かんじ》で記載《きさい》しているからです（もちろんルビはふっています）。あえて注釈《ちゅうしゃく》を載《の》せていないものもあります。

「これ、どういう意味《いみ》？」と思《おも》ったら、ぜひ自分《じぶん》で調《しら》べてみてほしいのです。生物《せいぶつ》だからといって図鑑《ずかん》で調《しら》べることにこだわる必要《ひつよう》はありません。私《わたし》が子《こ》どもだった頃《ころ》、わからない言葉《ことば》はまず「国語辞典《こくごじてん》」で調《しら》べていました。そのなかで様々《さまざま》な言葉《ことば》に興味《きょうみ》をもったものだと記憶《きおく》しています。

何《なに》かを調《しら》べるとき、どんな手段《しゅだん》があるかを知《し》っている。この「検索力《けんさくりょく》」は、知《し》りたいと思《おも》って調《しら》べた経験《けいけん》によって身《み》につきます。やがてこの力《ちから》は「わかる楽《たの》しさ」と、深《ふか》い「没頭《ぼっとう》」をもたらしてくれます。自分《じぶん》で知《し》る楽《たの》しさを知《し》っている子《こ》は、どんな分野《ぶんや》でもわが道《みち》を切《き》り拓《ひら》いていける、私《わたし》はそう信《しん》じています。この本《ほん》がそのきっかけになれば、幸《さいわ》いです。

花《はな》まる学習会《がくしゅうかい》　**川幡智佳《かわはたちか》**

オススメの読《よ》み方《かた》

- 気《き》になるテーマから読《よ》んでみる
- その日《ひ》の気分《きぶん》で開《ひら》いたページから読《よ》んでみる

☆おもしろかった話《はなし》は、他《ほか》の人《ひと》に教えてあげよう。

赤身《あかみ》？ 白身《しろみ》？ サケはどっち？

サーモンピンクという言葉《ことば》があるとおり、サーモン（サケ）の切《き》り身《み》はピンクのようなオレンジのような色《いろ》をしているね。よく赤身魚《あかみざかな》、白身《しろみ》魚《ざかな》という言葉《ことば》で分《わ》けられるけれど、サケはどっちだろう？

実《じつ》は、サケは白身魚《しろみざかな》の仲間《なかま》。エサとなるカニやエビが持《も》っている色《いろ》をそのまま体《からだ》の色《いろ》にたくわえているんだ。だから子《こ》どもの頃《ころ》はあまり赤《あか》くないよ。そして、その赤色《あかいろ》はやがて卵《たまご》へ移動《いどう》していくから、産卵《さんらん》が終《お》わったメスの身《み》は白《しろ》っぽくなるんだ。

カニやエビ（オキアミ）の「アスタキサンチン」という赤《あか》い色《いろ》がたまっていくよ
ぼくはこれから赤《あか》くなっていくんだ

シロザケ
（日本《にほん》でいうサケはこの種《しゅ》をさすことが多《おお》い）

知《し》ってる？ 他《ほか》にも、タイやアメリカザリガニ、フラミンゴの体表《たいひょう》が赤《あか》いのも、食《た》べているエサが原因《げんいん》なんだ。

52

題名《だいめい》

どんなテーマなのか、どんなちがいがあるのか少《すこ》し予想《よそう》してみるとさらにおもしろいかもしれないね！

※本書《ほんしょ》で使用《しよう》している表記《ひょうき》は現代《げんだい》かなづかいに統一《とういつ》しています。
読《よ》みやすさを重視《じゅうし》するため、哺乳類《ほにゅうるい》は「ホ乳類《にゅうるい》」と、爬虫類《はちゅうるい》は「ハ虫類《ちゅうるい》」と記載《きさい》しています。

知《し》ってる？

関係《かんけい》する言葉《ことば》の説明《せつめい》や「これって知《し》ってる?」と言《い》いたくなる話《はなし》がのっているよ！

本書《ほんしょ》の楽《たの》しみ方《かた》

この本《ほん》にはたくさんの動物《どうぶつ》が登場《とうじょう》する。
他《ほか》の動物《どうぶつ》との関係《かんけい》をどんどん見《み》つけていこう。

知《し》っとく！

知《し》っとく！

そのテーマについてより深《ふか》く知《し》ることができる！

イラストはすべてオリジナル！本物《ほんもの》や写真《しゃしん》と見比《みくら》べてみてもおもしろいかも！

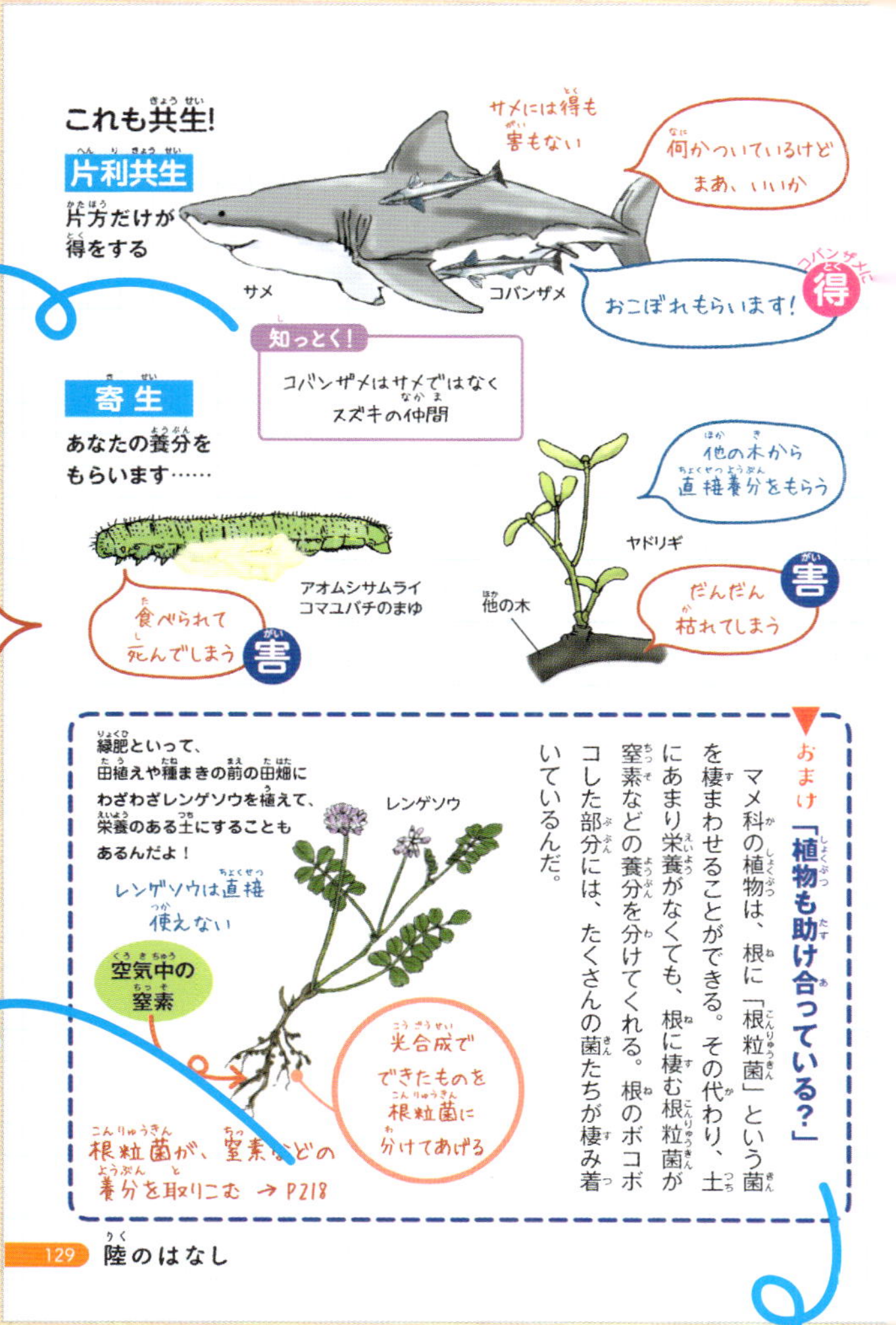
これも共生《きょうせい》!

片利共生《へんりきょうせい》

片方《かたほう》だけが得《とく》をする

知《し》っとく！

コバンザメはサメではなくスズキの仲間《なかま》

寄生《きせい》

あなたの養分《ようぶん》をもらいます……

▼おまけ「植物《しょくぶつ》も助《たす》け合《あ》っている？」

マメ科《か》の植物《しょくぶつ》は、根《ね》に「根粒菌《こんりゅうきん》」という菌《きん》を棲《す》まわせることができる。その代《か》わり、土《つち》にあまり栄養《えいよう》がなくても、根《ね》に棲《す》む根粒菌《こんりゅうきん》が窒素《ちっそ》などの養分《ようぶん》を分《わ》けてくれる。根《ね》のボコボコした部分《ぶぶん》には、たくさんの菌《きん》たちが棲《す》み着《つ》いているんだ。

129 陸《りく》のはなし

リンク

同《おな》じ生《い》き物《もの》が別《べつ》のテーマでまた出《で》てくる！今度《こんど》は何《なん》のテーマに関係《かんけい》するんだろう！？

▼おまけ　おまけ

同《おな》じテーマで、もう一歩《いっぽ》ふみこんだ内容《ないよう》か、別《べつ》の生《い》き物《もの》の話《はなし》がのっている！

なぞなぞ?

どうやって分《わ》ける?

★★★

いろいろなところに棲《す》んでいる「動物《どうぶつ》」たち。どんなふうに分《わ》けることができるかな?

ツバメ
ムカデ
アリ
ゴカイ
シジミ
イカ
タコ
ホヤ
サメ
アサリ
ウニ
クジラ
カイメン
ヒトデ
クラゲ
ウナギ
サンゴ

なぞなぞ?

どうやって分《わ》ける?

【解答《かいとう》】

動物《どうぶつ》とは、自分《じぶん》では栄養分《えいようぶん》を作《つく》れないから、まわりのものを食《た》べて生《い》きている生《い》き物《もの》のこと。そして「体《からだ》の形《かたち》やつくりのちがい」で分《わ》けられることがほとんどだ。でも、どこに棲《す》んでいるかで分《わ》けたり、遺伝子《いでんし》がどれだけ近《ちか》いかで分《わ》けたりもし始《はじ》めているよ。キミはどうやって分《わ》けたかな?

脊椎動物《せきついどうぶつ》
背骨《せぼね》がある
ホ乳類《にゅうるい》
クジラ
コウモリ
鳥類《ちょうるい》
ツバメ
スズメ
ハ虫類《ちゅうるい》
ヤモリ
ヘビ
両生類《りょうせいるい》
イモリ
カエル
魚類《ぎょるい》
サメ
ウナギ

動物《どうぶつ》の進化《しんか》をたどってみると…

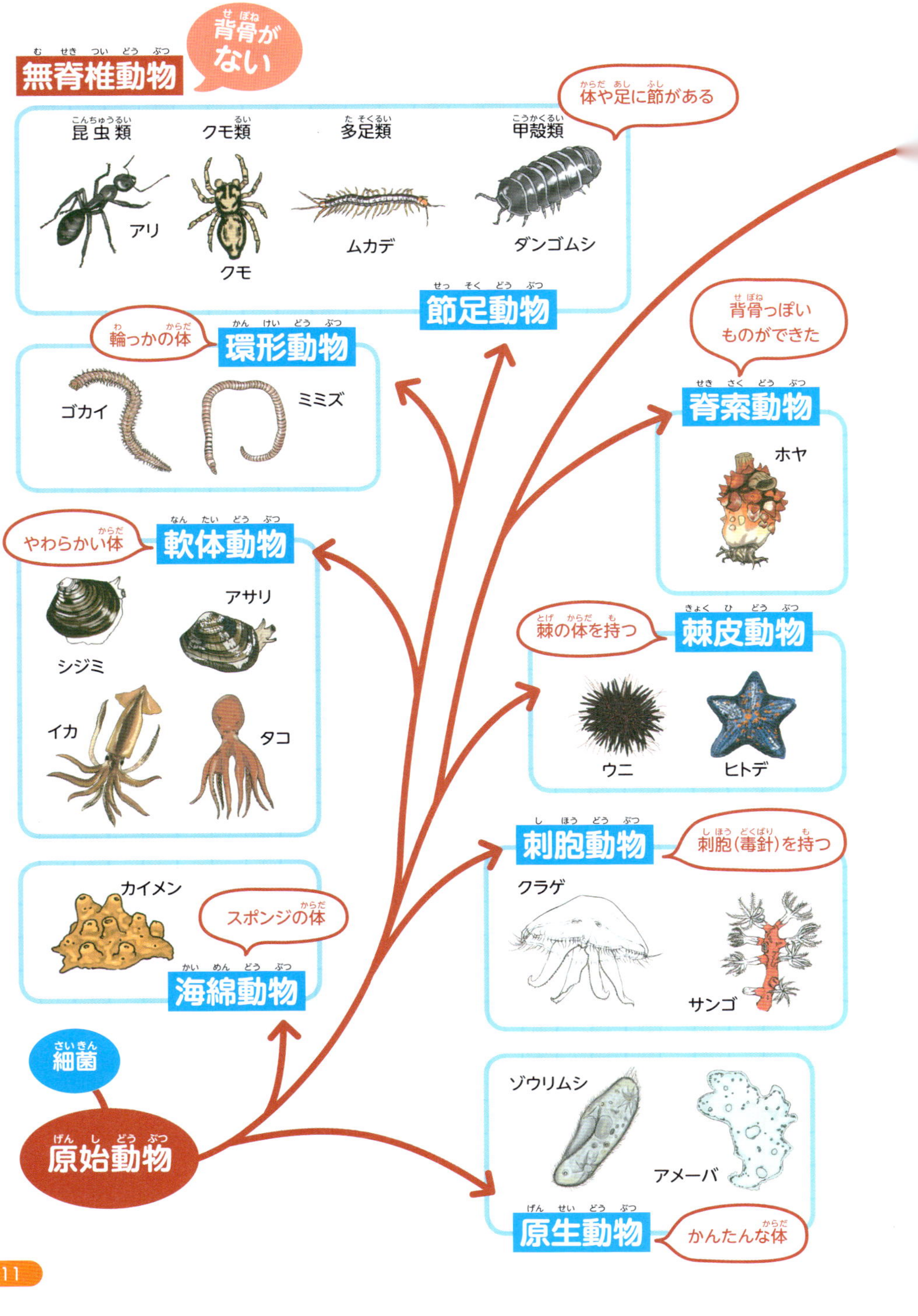

無脊椎動物《むせきついどうぶつ》
背骨《せぼね》がない
体《からだ》や足《あし》に節《ふし》がある
昆虫類《こんちゅうるい》
クモ類《るい》
多足類《たそくるい》
甲殻類《こうかくるい》
アリ
クモ
ムカデ
ダンゴムシ
節足動物《せっそくどうぶつ》
輪《わ》っかの体《からだ》
環形動物《かんけいどうぶつ》
ゴカイ
ミミズ
背骨《せぼね》っぽいものができた
脊索動物《せきさくどうぶつ》
ホヤ
やわらかい体《からだ》
軟体動物《なんたいどうぶつ》
アサリ
シジミ
イカ
タコ
棘《とげ》の体《からだ》を持《も》つ
棘皮動物《きょくひどうぶつ》
ウニ
ヒトデ
刺胞動物《しほうどうぶつ》
刺胞《しほう》(毒針《どくばり》)を持《も》つ
クラゲ
サンゴ
カイメン
スポンジの体《からだ》
海綿動物《かいめんどうぶつ》
細菌《さいきん》
原始動物《げんしどうぶつ》
ゾウリムシ
アメーバ
原生動物《げんせいどうぶつ》
かんたんな体《からだ》

もくじ

カワハタ先生《せんせい》の動物《どうぶつ》の不思議《ふしぎ》 どこがおなじでどこがちがうの？

海《うみ》のはなし

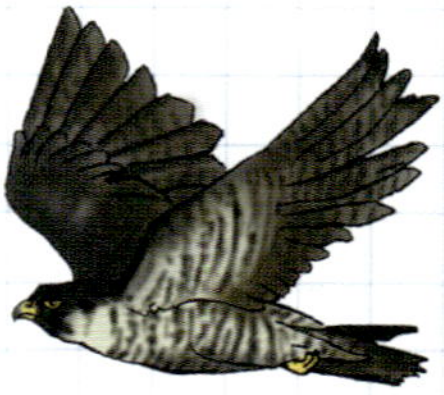

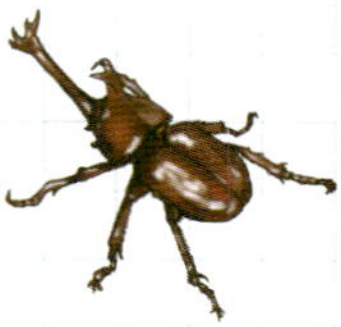

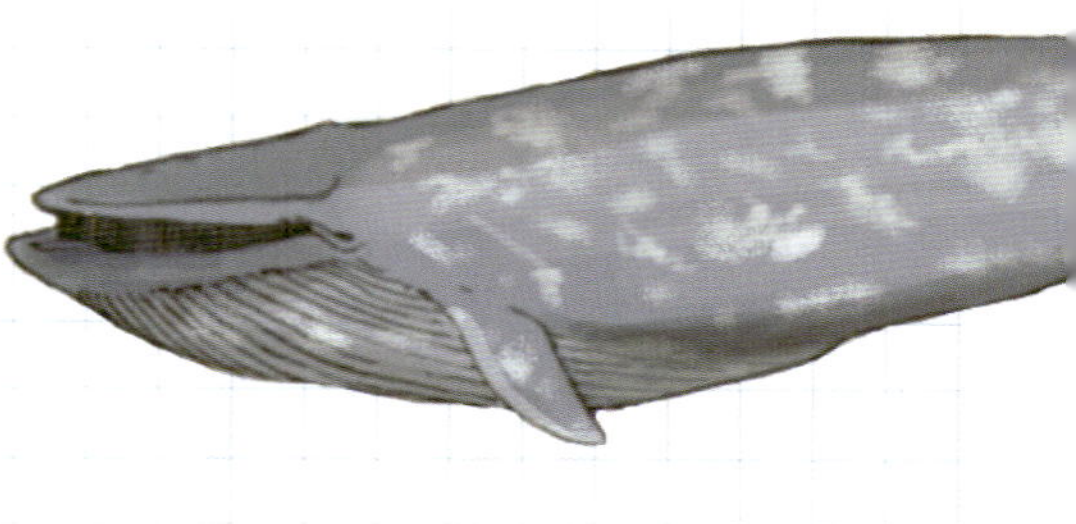

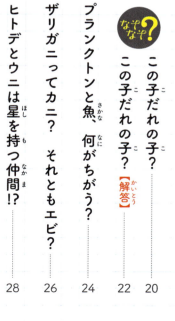

陸《りく》のはなし

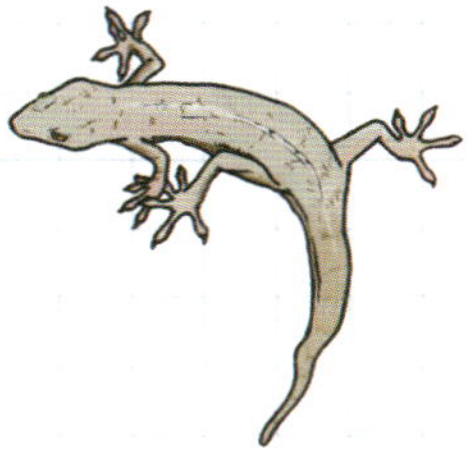
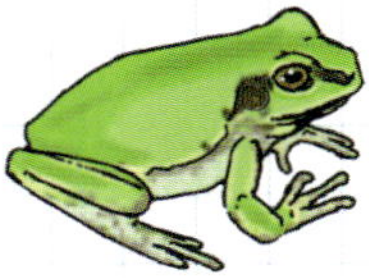
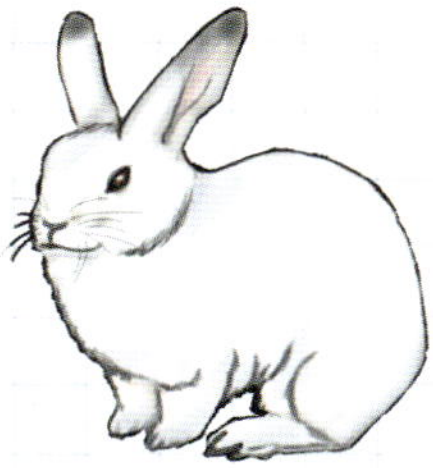

ヒトの世界《せかい》

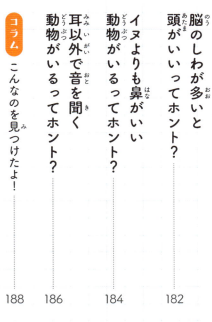

装丁／坂川朱音（krran）
イラスト／川幡智佳
本文デザイン・DTP／ISSHIKI（川野有佐）

海《うみ》のはなし

地球《ちきゅう》の70パーセントは海《うみ》だ
あたたかい海《うみ》、冷《つめ》たい海《うみ》
生命《せいめい》の始《はじ》まりの場所《ばしょ》
さあ、漕《こ》ぎだそう
進化《しんか》の軌跡《きせき》をたどって

なぞなぞ

この子《こ》だれの子《こ》？

★★★

海《うみ》の中《なか》にも動物《どうぶつ》はたくさんいるよ。ここにいるのはすべて海《うみ》の中《なか》いる「ある動物《どうぶつ》」の卵《たまご》や赤《あか》ちゃんだ。大《おお》きくなったらどんな姿《すがた》になるか、わかるかな？

1

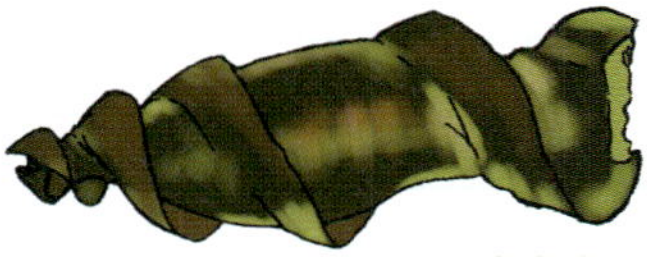

2

5

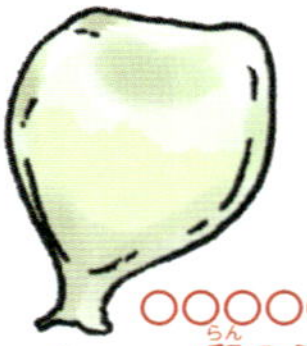

3

6

4

7

ベリジャー幼生《ようせい》

8

9

11

成長《せいちょう》

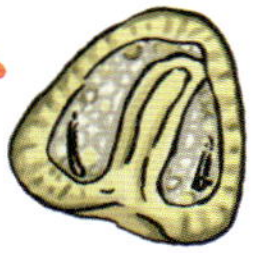

プリズム幼生《ようせい》

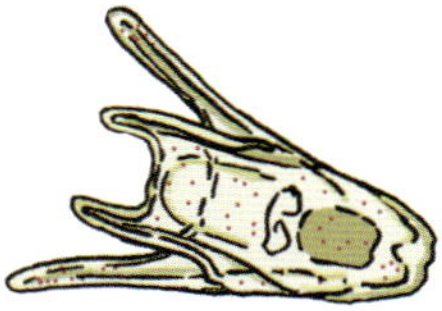

プルテウス幼生《ようせい》

10

メガロパ幼生《ようせい》

大人《おとな》になると
姿《すがた》が変《か》わる…！

今《いま》は前《まえ》を向《む》いて
泳《およ》ぐけど…

12

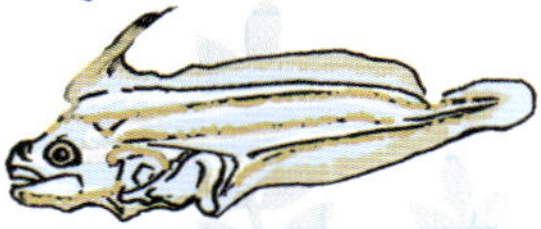

13

今《いま》はトゲだらけ
だけど…

最初《さいしょ》は数《すう》ミリのサイズ

なぞなぞ？

この子《こ》だれの子《こ》？

【解答《かいとう》】

成長《せいちょう》するとこんな姿《すがた》になるよ！

わかったかな？

1

2

5

テングニシの
卵《らん》のう

知《し》っとく！

卵《らん》のうとは卵《たまご》の入《はい》ったふくろのこと。卵塊《らんかい》とはたくさんの卵《たまご》が集《あつ》まったものなんだ

3

アメフラシの卵塊《らんかい》

4

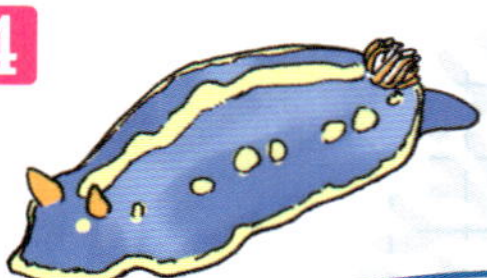

ウミウシの卵塊《らんかい》

6

ツメタガイの卵塊《らんかい》

アサリ

7

8

スルメイカ

9

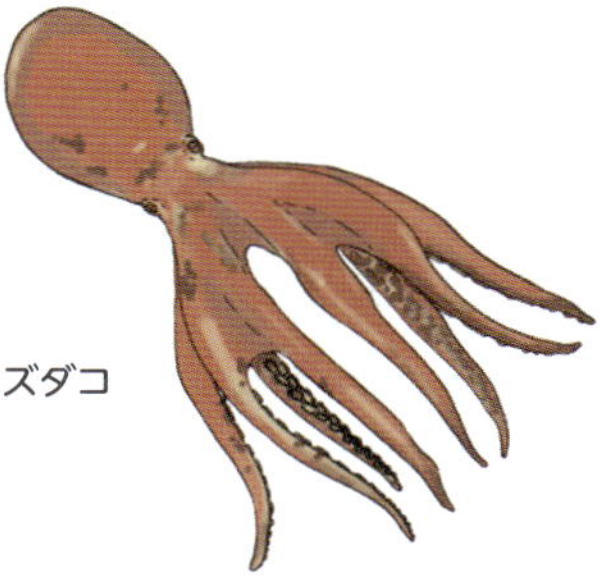

ミズダコ

10

イソガニ

11

ムラサキウニ

子《こ》どもの頃《ころ》は
トゲはないよ

3メートルを
こえる大《おお》きさに
成長《せいちょう》することもある！

13

マンボウ

12

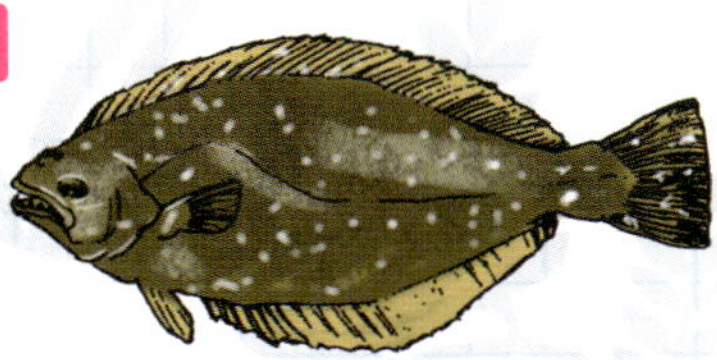

ヒラメ

子《こ》どもの頃《ころ》は
左右《さゆう》に目《め》があるんだ

プランクトンと魚《さかな》、何《なに》がちがう？

プランクトンとは、「浮遊生物《ふゆうせいぶつ》」のこと。魚《さかな》のようには泳《およ》げない。あっちにプカプカ、こっちにプカプカ。水《みず》の流《なが》れにただよって生活《せいかつ》する生《い》き物《もの》をまとめた呼《よ》び方《かた》なんだ。けんび鏡《きょう》でないと見《み》えないぐらい小《ちい》さな生《い》き物《もの》が多《おお》いけど、ヒトよりも大《おお》きなプランクトンだっているんだよ。

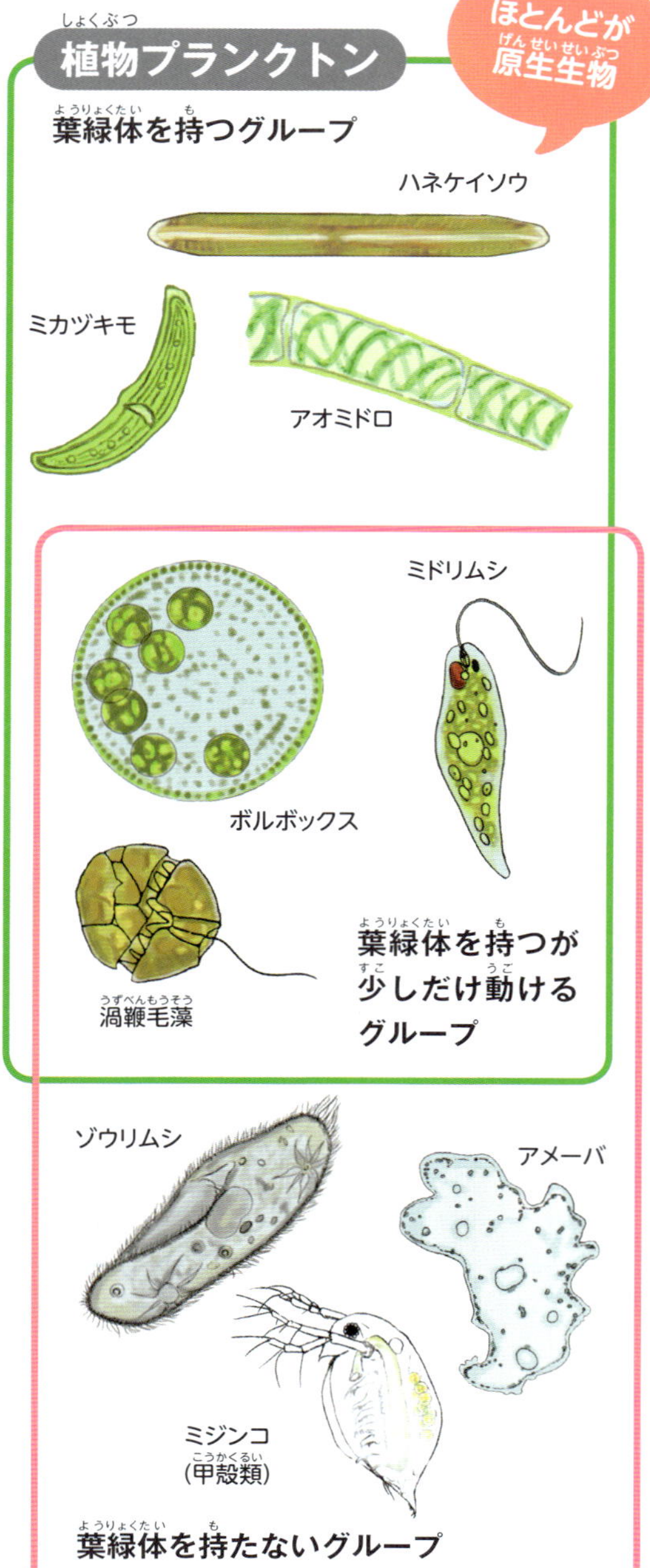

植物《しょくぶつ》プランクトン
ほとんどが原生生物《げんせいせいぶつ》
葉緑体《ようりょくたい》を持《も》つグループ
ハネケイソウ
ミカヅキモ
アオミドロ
ミドリムシ
ボルボックス
渦鞭毛藻《うずべんもうそう》
葉緑体《ようりょくたい》を持《も》つが少《すこ》しだけ動《うご》けるグループ
ゾウリムシ
アメーバ
ミジンコ
(甲殻類《こうかくるい》)
葉緑体《ようりょくたい》を持《も》たないグループ
動物《どうぶつ》プランクトン

ぼくらもプランクトン!
2メートルをこえるよ!
キタユウレイクラゲ
オオサルパ
(ホヤの仲間《なかま》)
ミズクラゲ

知《し》ってる?

魚《さかな》のように流《なが》れに逆《さか》らって泳《およ》げる生《い》き物《もの》を「遊泳生《ゆうえいせい》物《ぶつ》（ネクトン）」、貝類《かいるい》やヒトデなど海底《かいてい》で生活《せいかつ》する生《い》き物《もの》を「底生生物《ていせいせいぶつ》（ベントス）」というよ。

おまけ「星《ほし》の砂《すな》」

おみやげ屋《や》さんで売《う》っている「星《ほし》の砂《すな》」って見《み》たことある? 実《じつ》はこれ、「有孔虫《ゆうこうちゅう》」という動物《どうぶつ》の骨格《こっかく》なんだ。よく見《み》てみると、星《ほし》以外《いがい》の形《かたち》をしているものもあるよ。虫《むし》眼鏡《めがね》で見《み》てみよう!

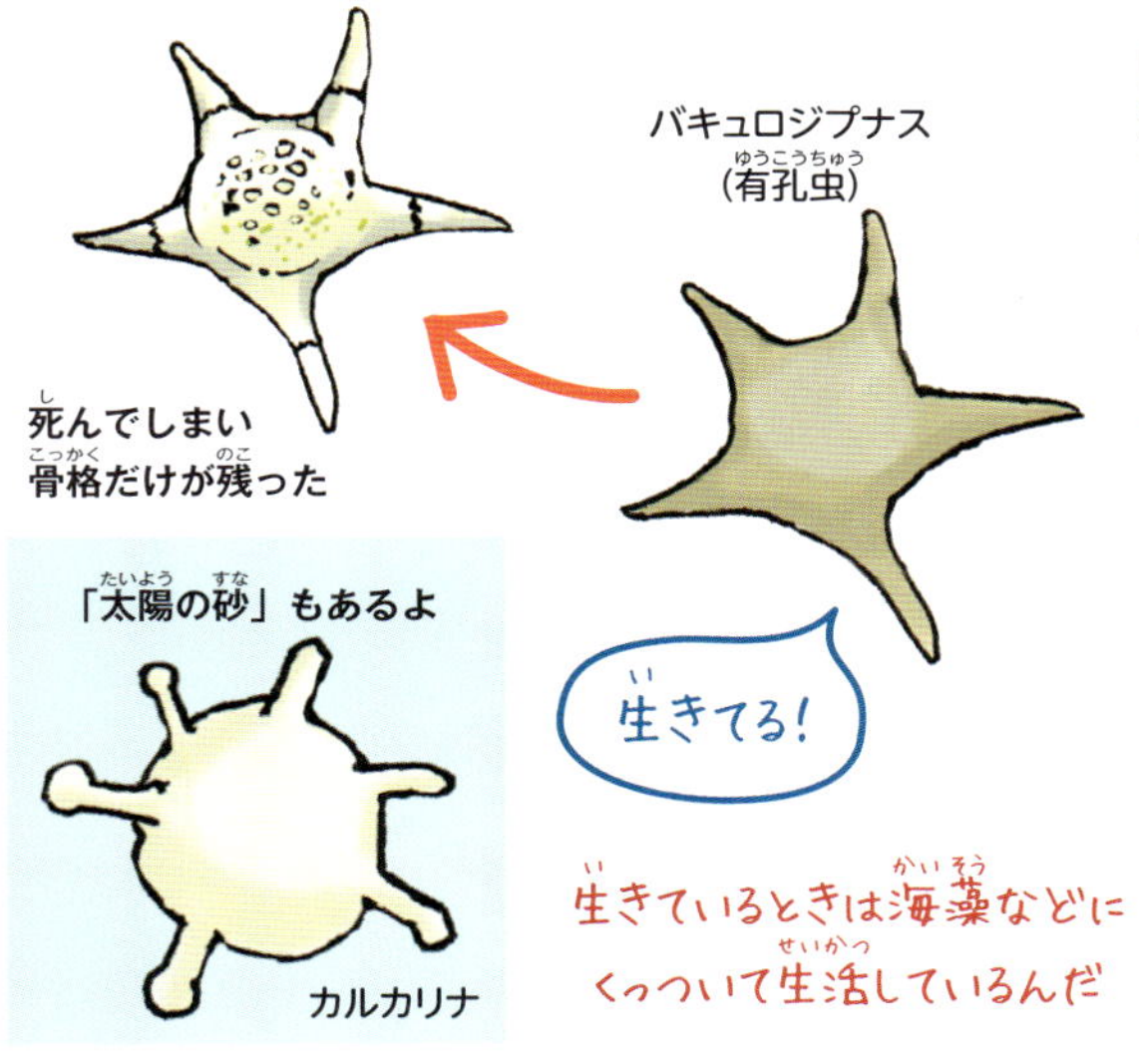
バキュロジプナス
(有孔虫《ゆうこうちゅう》)
死《し》んでしまい
骨格《こっかく》だけが残《のこ》った
生《い》きてる!
「太陽《たいよう》の砂《すな》」もあるよ
カルカリナ
生《い》きているときは海藻《かいそう》などに
くっついて生活《せいかつ》しているんだ

ザリガニってカニ？ それともエビ？

水中《すいちゅう》で一番《いちばん》種類《しゅるい》が多《おお》い動物《どうぶつ》は、エビやカニのグループ、「甲殻類《こうかくるい》」だ。脚《あし》と体《からだ》に節《ふし》があり、かたい殻《から》で体《からだ》を守《まも》る。成《せい》長《ちょう》するときは、外側《そとがわ》の皮《かわ》を脱《ぬ》いで大《おお》きくなる。これを脱皮《だっぴ》というんだ。甲殻類《こうかくるい》は、生《い》きているうちに何度《なんど》も脱皮《だっぴ》をくり返《かえ》して、成長《せいちょう》する。エビやカニはよく似《に》ているけれど、どこが同《おな》じでどこがちがうのだろう？

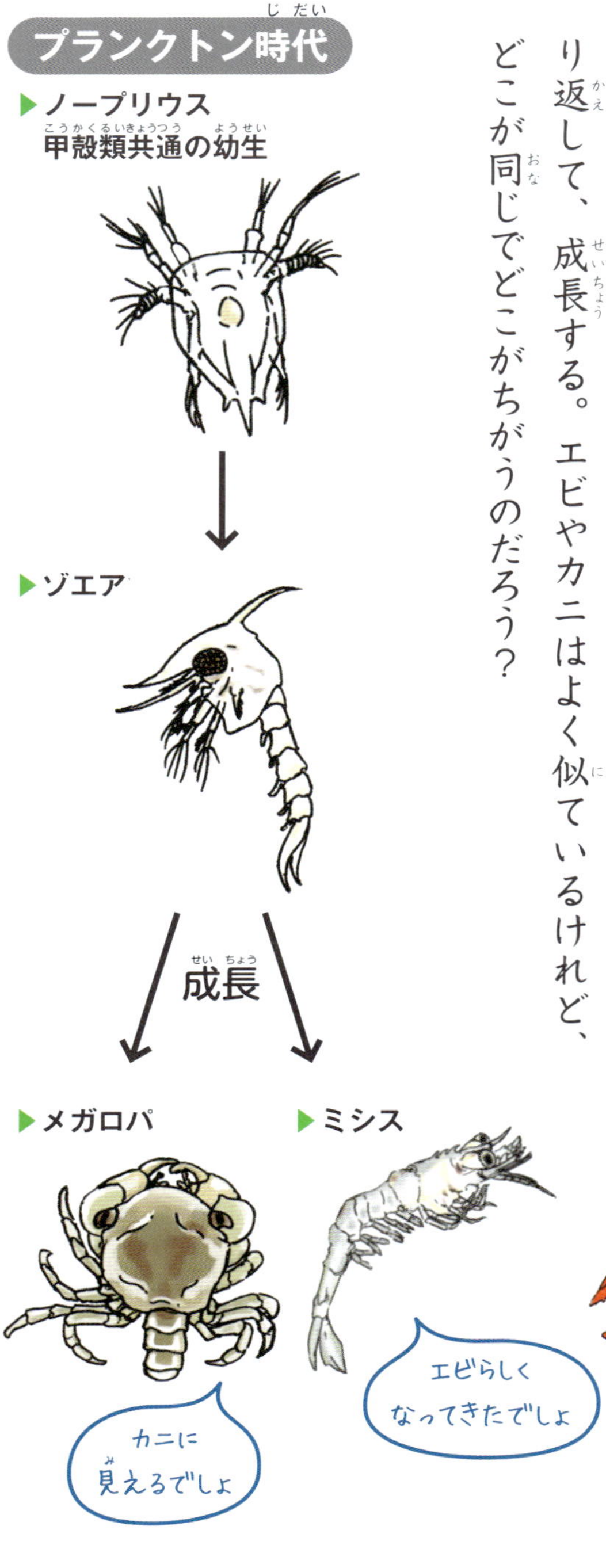
プランクトン時代《じだい》
ノープリウス
甲殻類共通《こうかくるいきょうつう》の幼生《ようせい》
ゾエア
成長《せいちょう》
メガロパ
ミシス
カニに
見《み》えるでしょ
エビらしく
なってきたでしょ

ヤドカリ

タラバガニ、
ヤシガニはここ！

やわらかい
おなか
貝殻《かいがら》に入《はい》りやすい
ようにまがっている！

カニ

ほとんどが左右《さゆう》にしか
移動《いどう》できない

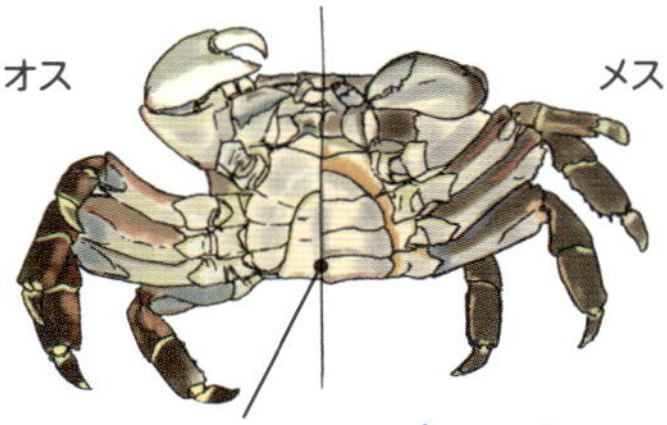

オス
メス
おりたたまれた
おなか
オスとメスは
おなかの形《かたち》で
見分《みわ》けられる！

まとめて
十脚類《じっきゃくるい》という！

エビ

ザリガニはここ！

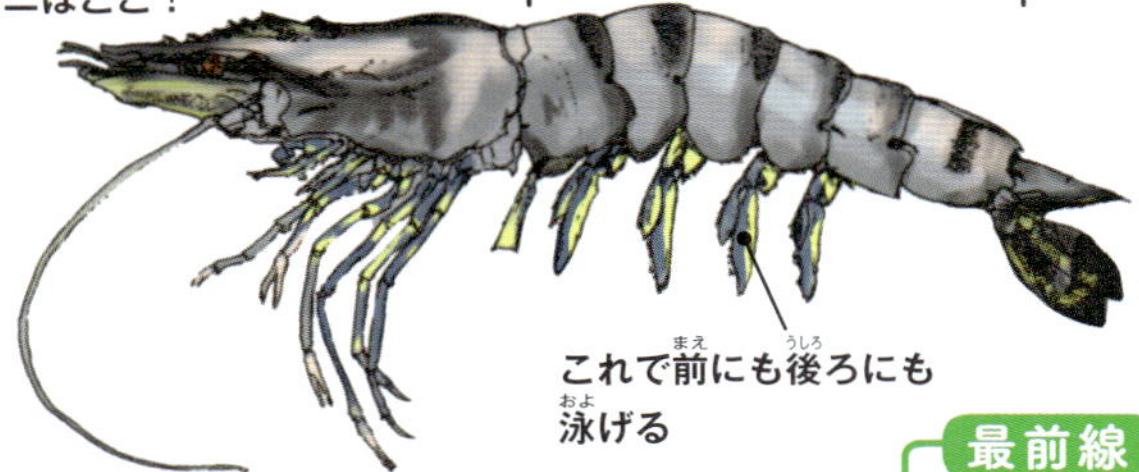

なが～い
おなか
これで前《まえ》にも後《うし》ろにも
泳《およ》げる

知《し》っとく！

ほとんどのエビやカニは、
赤《あか》くないよ。
ゆでたり焼《や》いたりして、
熱《ねつ》を加《くわ》えると赤《あか》くなるんだ

他《ほか》の甲殻類《こうかくるい》の仲間《なかま》

蔓脚類《まんきゃくるい》

カメノテ

フジツボ

等脚類《とうきゃくるい》

ダンゴムシ

鰓脚類《さいきゃくるい》

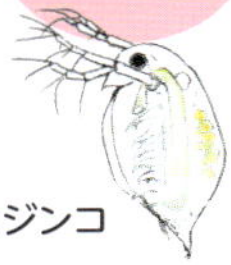

ミジンコ

最前線

十脚類《じっきゃくるい》の分《わ》け方《かた》

体《からだ》の形《かたち》ではなく、
「卵《たまご》を守《まも》るかどうか」で分《わ》けている！

根鰓亜目《こんさいあもく》

卵《たまご》はそのまま放出《ほうしゅつ》！
クルマエビ類《るい》、サクラエビ類《るい》

抱卵亜目《ほうらんあもく》

卵《たまご》をだいて守《まも》る！
カニ類《るい》、オトヒメエビ類《るい》
他《ほか》のエビ類《るい》、ヤドカリ類《るい》

ヒトデとウニは星《ほし》を持《も》つ仲間《なかま》!?

星形《ほしがた》の生《い》き物《もの》といえば、ヒトデを思《おも》い浮《う》かべる人《ひと》が多《おお》いかな。漢字《かんじ》では「海星《ひとで》」と書《か》くのだからまちがいない。

ヒトデは「棘皮動物《きょくひどうぶつ》」といって、体《からだ》の外側《そとがわ》が棘《とげ》でおおわれている仲間《なかま》の一員《いちいん》だ。

さて、棘《とげ》と聞《き》いて、もう一《ひと》つの動物《どうぶつ》が思《おも》い浮《う》かんだ人《ひと》はいないかな。

そう、トゲトゲの体《からだ》が特徴《とくちょう》のウニも、この棘皮動物《きょくひどうぶつ》の仲間《なかま》なんだ。

このグループの特徴《とくちょう》は「体《からだ》の外側《そとがわ》に棘《とげ》を持《も》つこと」。「体《からだ》に星《ほし》の形《かたち》を持《も》つこと」。つまり、「体《からだ》が5つに分《わ》かれていること」だ。

では、ウニはどこに星《ほし》をかくしているのだろうか？

ヒトデ は体《からだ》そのものが星《ほし》

先《さき》まで内臓《ないぞう》が
あるのが「ヒトデ」、
ないのが「クモヒトデ」

ふっかつ！

ちぎれても、再生《さいせい》する！

→ P200

ウニは…

トゲをとって上《うえ》から
見《み》てみると…５つ！

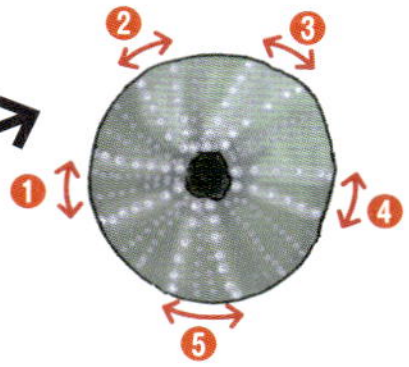

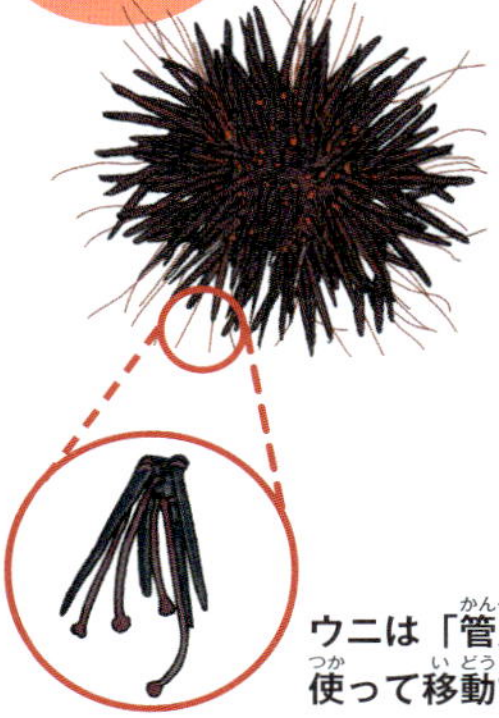

ウニは「管足《かんそく》」を
使《つか》って移動《いどう》する

殻《から》をわって上《うえ》から
見《み》てみると…５つ！

これもウニ!?

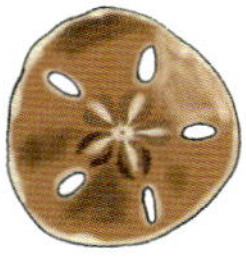

スカシカシパン

ブンブクチャガマ

ナマコは体《からだ》の中《なか》に星《ほし》を持《も》つ

口側《くちがわ》から見《み》ると…

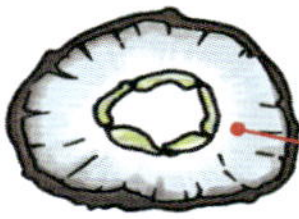

たてに細長《ほそなが》い筋肉《きんにく》の
板《いた》が入《はい》っている

切《き》ってみるとわかる！

知《し》ってる？

食《た》べ物《もの》はみんなバラバラ！

ガンガゼやオニヒトデなど、さわるだけであぶない「毒針《どくばり》」を
全身《ぜんしん》に持《も》つ生《い》き物《もの》もいるので注意《ちゅうい》！

好物《こうぶつ》は
コンブです

草食《そうしょく》

ウニ

肉食《にくしょく》

ヒトデ

エビ、カニ
魚《さかな》の死《し》がいも
食《た》べちゃう！

泥《どろ》とか有機物《ゆうきぶつ》を
食《た》べます

雑食《ざっしょく》

ナマコ

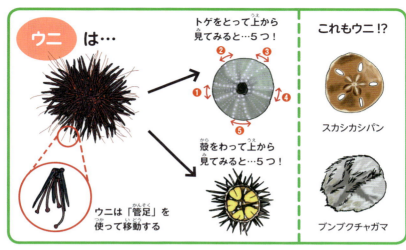

このトゲは骨格《こっかく》？　それとも鱗《うろこ》？

トゲを持《も》つ動物《どうぶつ》はけっこうたくさんいる。「棘皮動物《きょくひどうぶつ》」であるウニや、トゲトゲな魚《さかな》のハリセンボンも有名《ゆうめい》だ。いろいろな形《かたち》のトゲがあるけれど、どれも元《もと》は体《からだ》の一部《いちぶ》。他《ほか》の動物《どうぶつ》に食《た》べられないようにもともと持《も》っていたものの形《かたち》を変《か》えたんだ。

私《わたし》のトゲは骨格《こっかく》から!

ムラサキウニ

トゲの数《かず》はなんと2000本以上《ぼんいじょう》！

そんなにあるの!?

私《わたし》のトゲは鱗《うろこ》から!

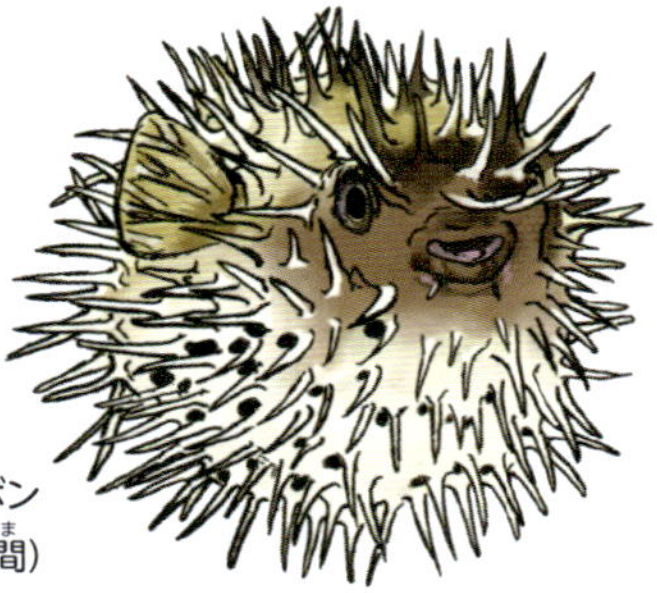
ハリセンボン
（フグの仲間《なかま》）

トゲの数《かず》は350本《ぽん》ぐらい…

あれ？
1000本《ぼん》ないの!?

敵《てき》がきたら…
変身《へんしん》!

ふだんのハリセンボン

トゲトゲはウニだけじゃない!?

そのトゲ毒《どく》がありますよ

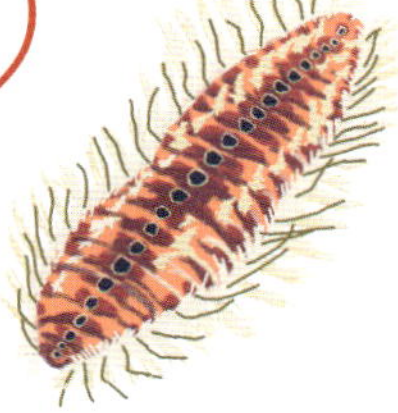

ウミケムシ
(多毛類《たもうるい》)

幼虫《ようちゅう》じゃないよ、ゴカイの仲間《なかま》さ

毒針注意《どくばりちゅうい》!?

サンゴの天敵《てんてき》!

オニヒトデ

群《む》れで泳《およ》ぐよ

ゴンズイ

毒針集団《どくばりしゅうだん》!?

きれいな魚《さかな》には毒《どく》トゲがある?

ハナミノカサゴ

おまけ「陸上《りくじょう》のトゲトゲ」

トゲを持《も》つ生《い》き物《もの》がいるのは、海《うみ》の中《なか》だけじゃない。陸《りく》の動物《どうぶつ》も、植物《しょくぶつ》だって持《も》ってるぞ!

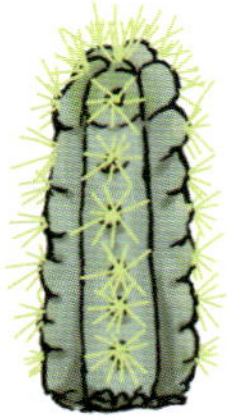

サボテンのトゲ

もともとは **葉《は》っぱ**!
だから1本《ぽん》ずつとれやすい

「トゲトゲ」と呼《よ》ばれていたよ

トゲハムシ

仲間《なかま》にトゲのない「トゲナシトゲトゲ」もいるよ

ミカンのトゲ

もともとは **くきの一部《いちぶ》**
だからなかなか折《お》れないんだ

毒《どく》ありさわらない!

イラガの幼虫《ようちゅう》

光《ひか》り方《かた》もいろいろ！ 海《うみ》の中《なか》で身《み》を守《まも》れ

光《ひか》る生《い》き物《もの》のほとんどは海《うみ》に棲《す》んでいる。水《みず》の中《なか》では、上《うえ》から太陽《たいよう》の光《ひかり》をあびるので、自分《じぶん》の体《からだ》の下《した》に影《かげ》ができる。つまり、泳《およ》いでいる自分《じぶん》の姿《すがた》は他《ほか》の生《い》き物《もの》から丸見《まるみ》えになってしまうんだ。そうしたら、あっという間《ま》に敵《てき》に食《た》べられてしまうかもしれない。

この問題《もんだい》を解決《かいけつ》する方法《ほうほう》が、「自分《じぶん》で光《ひか》って影《かげ》を消《け》す」ということ。特《とく》に水深《すいしん》２００メートル～１０００メートルの暗《くら》い海《うみ》を泳《およ》ぐ深海魚《しんかいぎょ》のほとんどは、おなかの部分《ぶぶん》を光《ひか》らせて自分《じぶん》の身《み》をかくしている。どうやって光《ひか》っているんだろう？

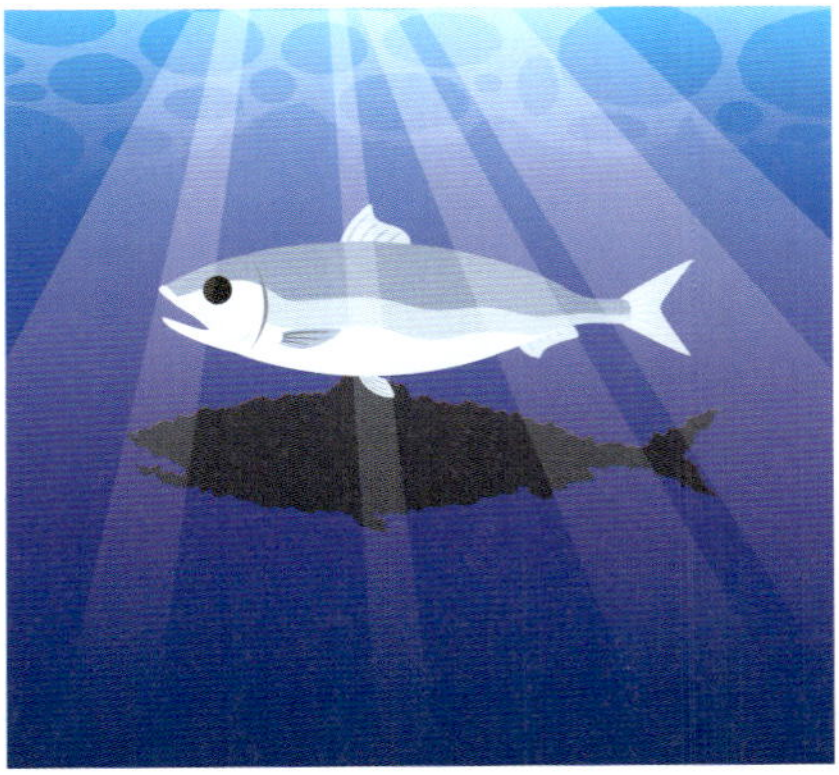

下《した》から見《み》ると自分《じぶん》の影《かげ》で
姿《すがた》がバレバレ

下《した》から見《み》てもバレない！
おなか側《がわ》を光《ひか》らせて
自分《じぶん》の影《かげ》を消《け》して身《み》を守《まも》る！

これを
カウンターシェイディング効果《こうか》
というよ

光《ひか》り方《かた》いろいろ!

化学発光《かがくはっこう》

自立発光《じりつはっこう》とも いうよ

化学反応《かがくはんのう》で光《ひか》る！

ハダカイワシ
発光器《はっこうき》がたくさん！

ホタルイカ
3色《しょく》の光《ひかり》を使《つか》っています

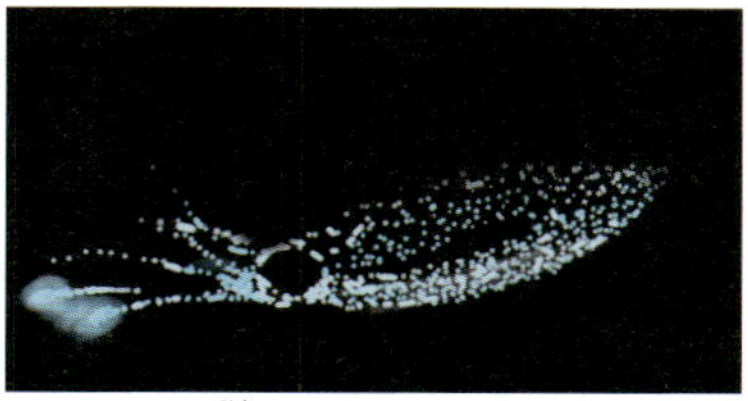

ホタルイカが光《ひか》るバージョン

他《ほか》のイカとちがって墨《すみ》ではなく、
光《ひかり》で残像《ざんぞう》を作《つく》って逃《に》げている！

他《ほか》のイカは？ → P38

知《し》っとく！

光《ひか》る魚《さかな》は
確認《かくにん》されているだけで
1500種以上《しゅいじょう》もいるんだって！

共生発光《きょうせいはっこう》

体《からだ》の中《なか》で光《ひか》る細菌《さいきん》（発光《はっこう》バクテリア）
を飼《か》って光《ひか》る！
チョウチンアンコウも同《おな》じタイプ。

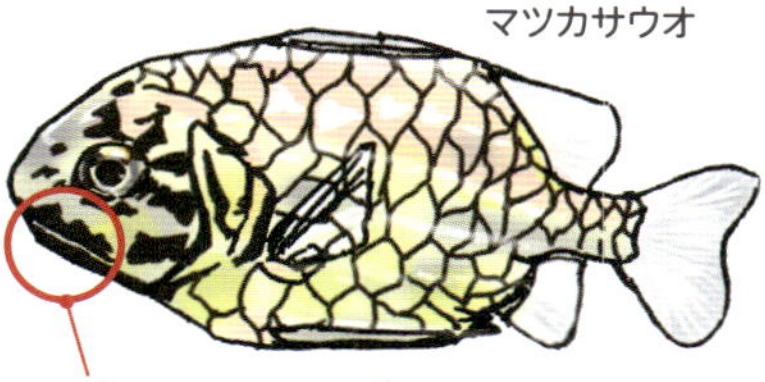
マツカサウオ
この辺《へん》がぼんやり光《ひか》るらしい

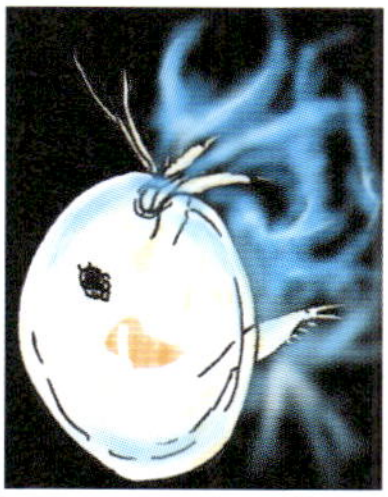
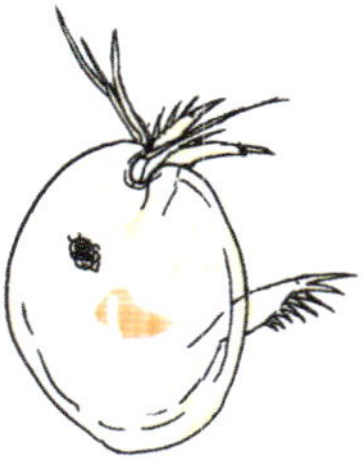

ウミホタル（甲殻類《こうかくるい》）

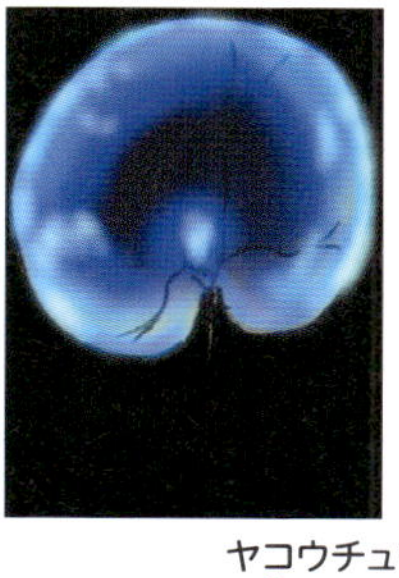
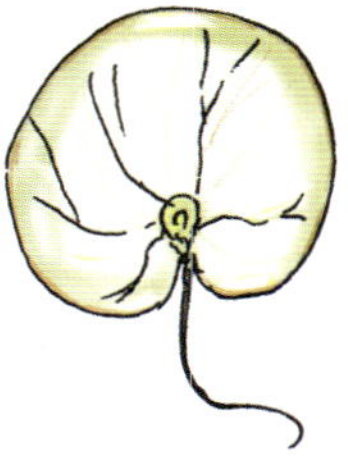

ヤコウチュウ（渦鞭毛藻《うずべんもうそう》）

「夜光虫《やこうちゅう》」と書《か》くよ

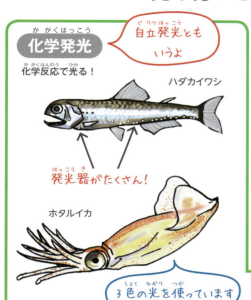

若返《わかがえ》る生《い》き物《もの》と復活《ふっかつ》する生《い》き物《もの》

生《い》き物《もの》には必《かなら》ず寿命《じゅみょう》がある。たとえば、世界最大《せかいさいだい》の魚類《ぎょるい》、ジンベエザメは100年《ねん》生《い》きるといわれている。一方《いっぽう》で、マダコのように1年《ねん》くらいしか生《い》きられないものもいる。時間《じかん》の長《なが》さはちがうけれど、どの生《い》き物《もの》も、「老《お》いて死《し》ぬ」ことから逃《のが》れることはできないんだ。

でも最近《さいきん》、歳《とし》をとったり弱《よわ》ったりすると若返《わかがえ》って、もう一度《いちど》赤《あか》ちゃんからやり直《なお》せるクラゲがいることがわかったんだ。その仕組《しく》みはまだ研究中《けんきゅうちゅう》だ。どうやって若返《わかがえ》っているのだろう？

動物《どうぶつ》の寿命《じゅみょう》いろいろ

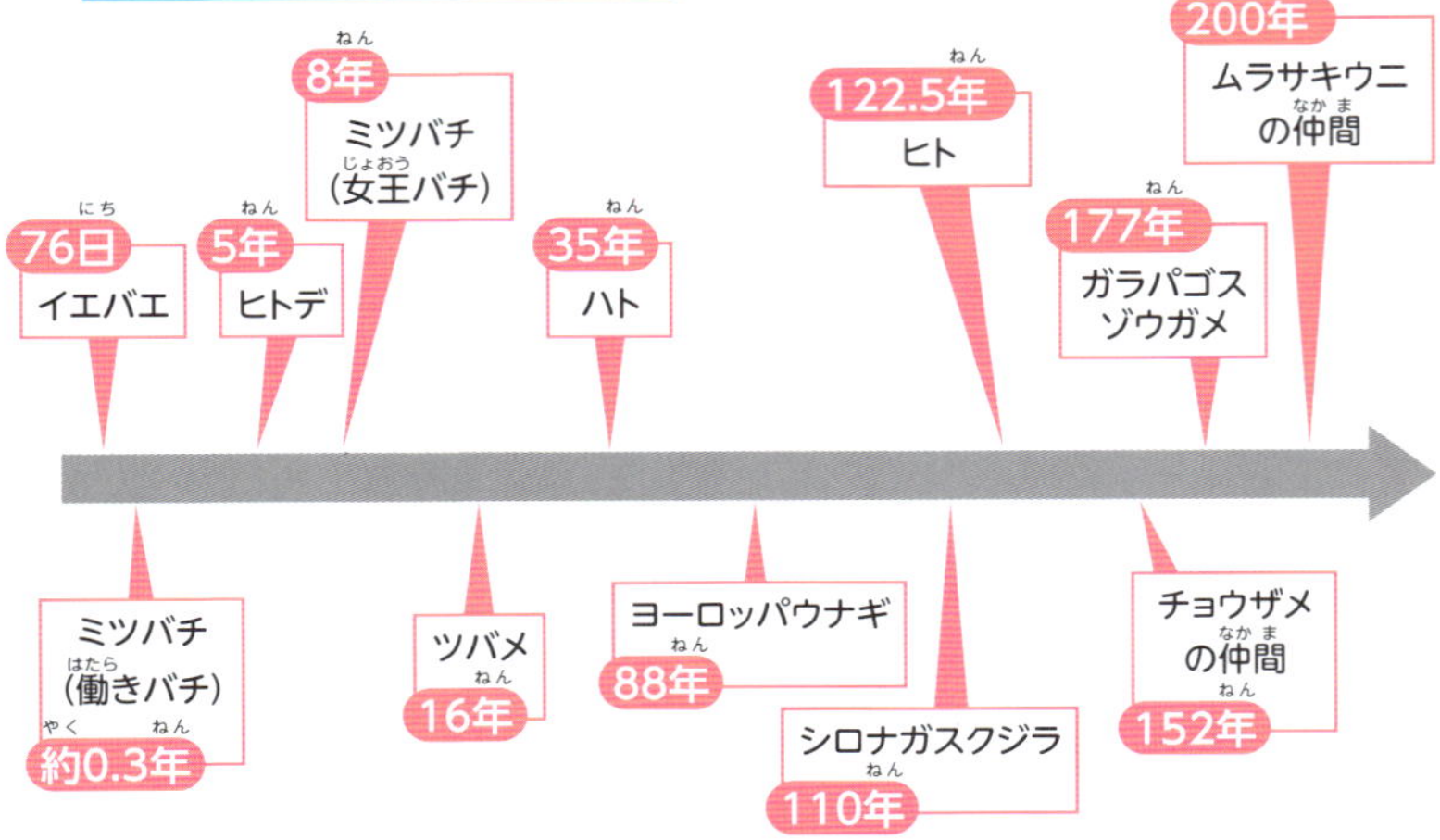

76日《にち》
イエバエ
5年《ねん》
ヒトデ
8年《ねん》
ミツバチ
（女王《じょおう》バチ）
35年《ねん》
ハト
122.5年《ねん》
ヒト
177年《ねん》
ガラパゴスゾウガメ
200年《ねん》
ムラサキウニの仲間《なかま》
ミツバチ
（働《はたら》きバチ）
約《やく》0.3年《ねん》
ツバメ
16年《ねん》
ヨーロッパウナギ
88年《ねん》
シロナガスクジラ
110年《ねん》
チョウザメの仲間《なかま》
152年《ねん》

※環境《かんきょう》のちがいや子《こ》ども（卵《たまご》）を産《う》んだかどうかで寿命《じゅみょう》が変《か》わる生《い》き物《もの》もいるよ。
※理科年表《りかねんぴょう》（2018）：記録《きろく》されている最長寿命《さいちょうじゅみょう》

ベニクラゲの一生《いっしょう》

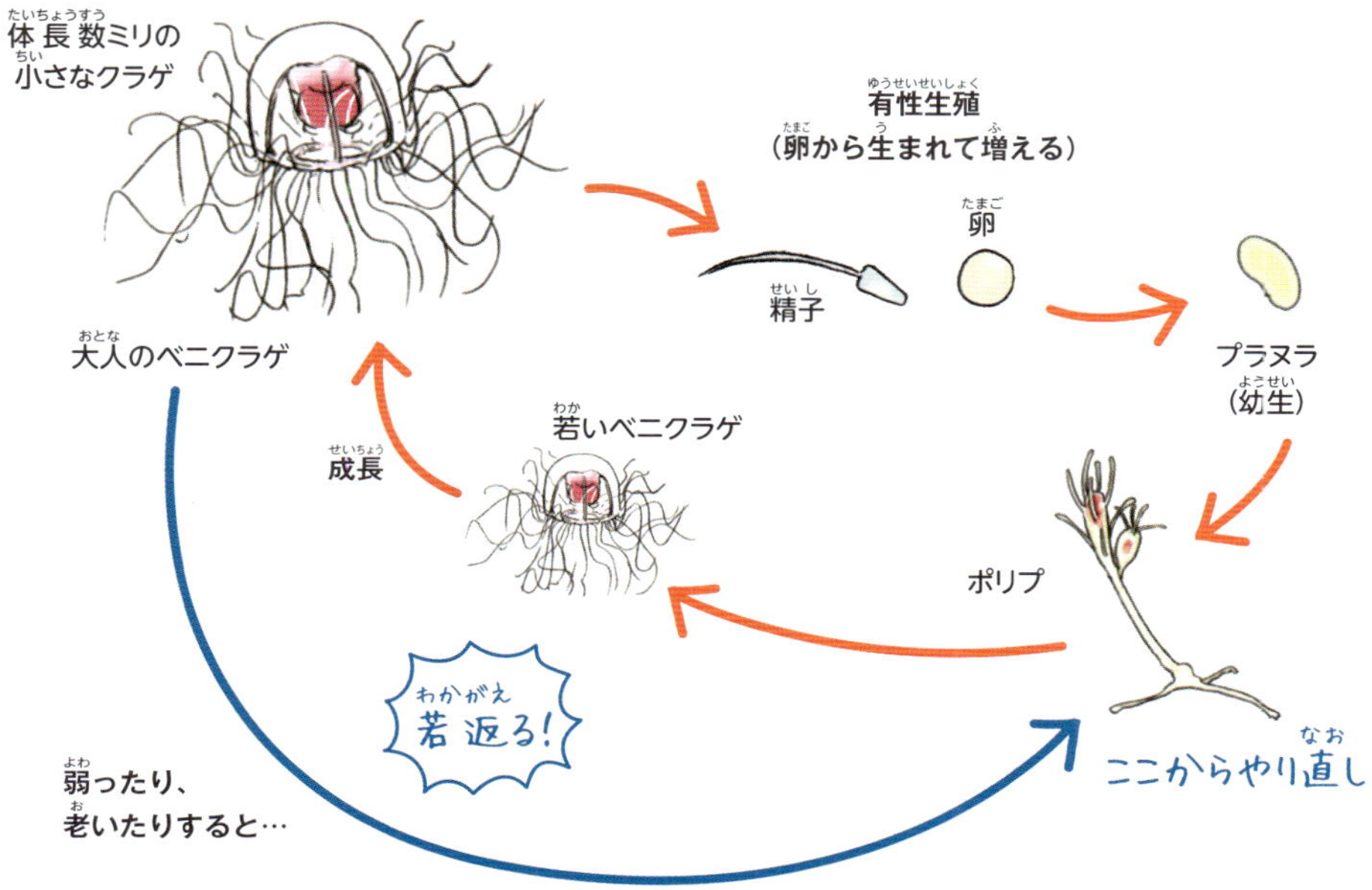

おまけ **「復活《ふっかつ》する生《い》き物《もの》」**
乾燥状態《かんそうじょうたい》からなら生《い》き返《かえ》る!

「ふっかつ草《そう》」イワヒバ

ネムリユスリカ
アフリカに棲《す》むカの幼虫《ようちゅう》。

植物《しょくぶつ》なの？　動物《どうぶつ》なの？　サンゴの不思議《ふしぎ》

南《みなみ》の島《しま》の海《うみ》では、きれいなサンゴ礁《しょう》が見《み》られる。サンゴには、枝《えだ》のように見《み》える部分《ぶぶん》があるから植物《しょくぶつ》かな？　でも、よく見《み》てみると、たくさんの小《ちい》さな「触手《しょくしゅ》」が枝《えだ》から出《で》て動《うご》いているのがわかる。サンゴはクラゲやイソギンチャクと同《おな》じ、「刺胞《しほう》動物《どうぶつ》」に分類《ぶんるい》される立派《りっぱ》な動物《どうぶつ》なんだ。枝分《えだわ》かれしている骨格《こっかく》の中《なか》に、たくさんの「ポリプ（サンゴ一匹《いっぴき》の状態《じょうたい》）」がいっしょにくらしているんだよ。

あれも？　これも？　サンゴなんです！

かたい骨格《こっかく》を作《つく》るサンゴ

（ハードコーラル）

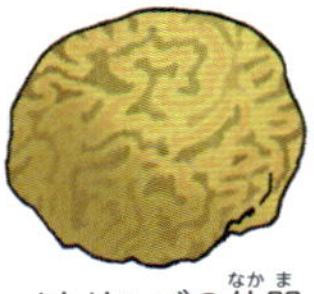

ノウサンゴの仲間《なかま》

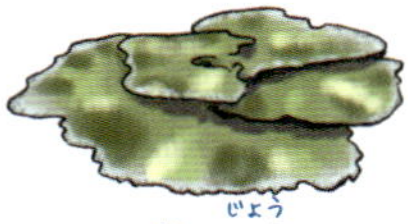
テーブル状《じょう》

枝状《えだじょう》

ミドリイシの仲間《なかま》

かたい骨格《こっかく》を作《つく》らない

やわらかいサンゴ

（ソフトコーラル）

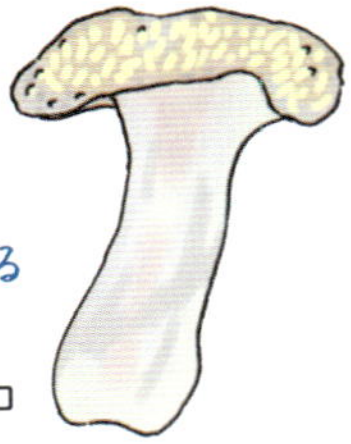
さわると
プニプニしている

ウミキノコ

水深《すいしん》100 メートルにいる

深海《しんかい》サンゴ（宝石《ほうせき》サンゴ）

☆八放《はっぽう》サンゴ

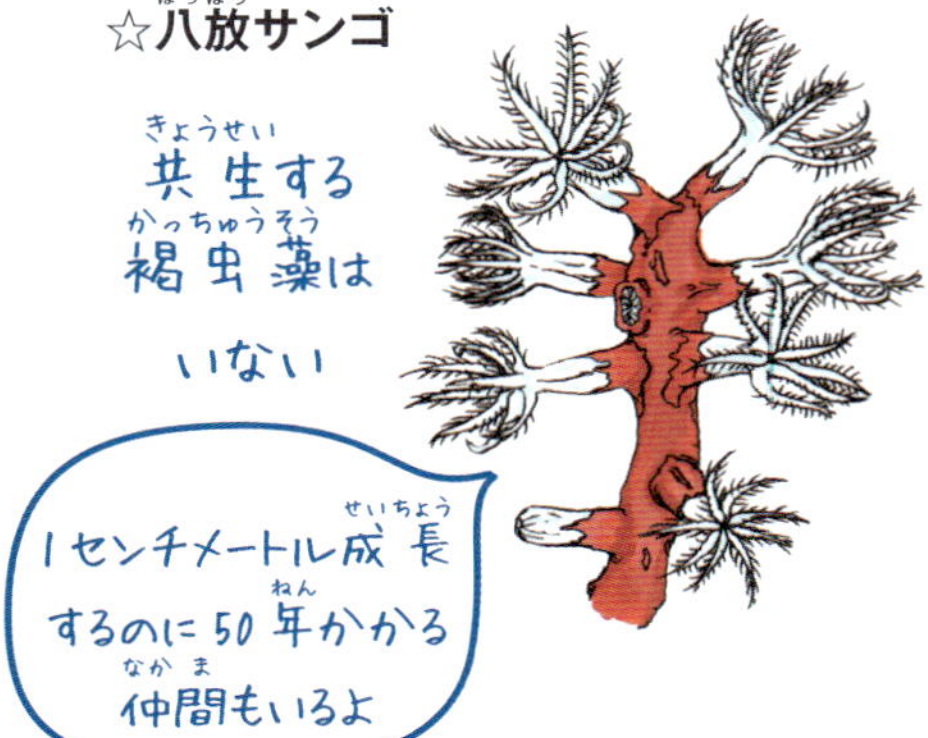
共生《きょうせい》する
褐虫藻《かっちゅうそう》は
いない
1センチメートル成長《せいちょう》
するのに50年《ねん》かかる
仲間《なかま》もいるよ

サンゴの中《なか》に棲《す》む藻類《そうるい》（褐虫藻《かっちゅうそう》）

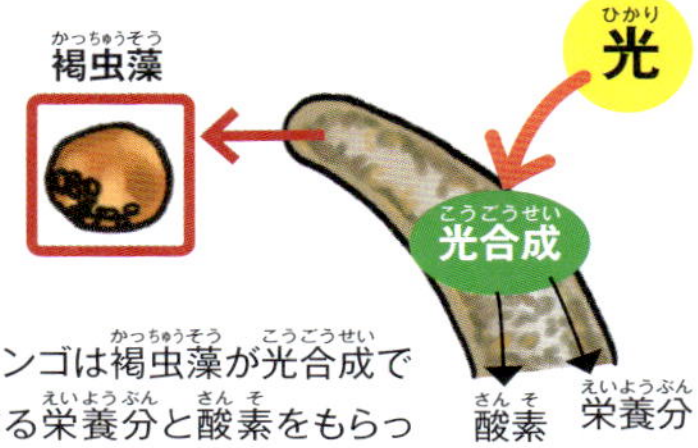

褐虫藻《かっちゅうそう》
光《ひかり》
光合成《こうごうせい》
酸素《さんそ》
栄養分《えいようぶん》

サンゴは褐虫藻《かっちゅうそう》が光合成《こうごうせい》で作《つく》る栄養分《えいようぶん》と酸素《さんそ》をもらっている

サンゴの正体《しょうたい》！

イソギンチャクに《に》よく似ている！

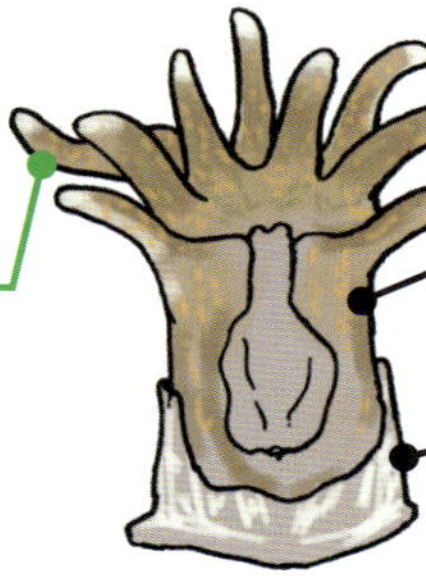

サンゴ虫《ちゅう》（ポリプ）

実《じつ》は肉食《にくしょく》。毒針《どくばり》（刺胞《しほう》）でプランクトンをまひさせ、食《た》べる！

石灰質《せっかいしつ》

増《ふ》え方《かた》にもヒミツがある！

→くわしくは P130

つつく

チョウチョウウオ

私《わたし》がサンゴ礁《しょう》を作《つく》っているんだ!!

どうやって？→ P73

生《い》きたサンゴを食《た》べます。

かじる

どんな口《くち》？

P113 で見《み》てみよう

ブダイ

おまけ「これは動物《どうぶつ》？　植物《しょくぶつ》？」

ミドリムシや褐虫藻《かっちゅうそう》は植物《しょくぶつ》の性質《せいしつ》も動物《どうぶつ》の性質《せいしつ》も持《も》っている、正真正銘《しょうしんしょうめい》「植物《しょくぶつ》か動物《どうぶつ》か、どっちかわからない」生《い》き物《もの》。一方《いっぽう》で、れっきとした動物《どうぶつ》だけど、植物《しょくぶつ》みたいな生《い》き物《もの》もいるよ。ウミシダ、ウミユリと呼《よ》ばれる、棘《とげ》の体《からだ》を持《も》つ棘皮動物《きょくひどうぶつ》の一種《いっしゅ》だ。他《ほか》にも、見《み》た目《め》が植物《しょくぶつ》のような動物《どうぶつ》がいるかもしれない。

植物《しょくぶつ》のシダに形《かたち》が似《に》ている！

ニッポンウミシダ

立派《りっぱ》な動物《どうぶつ》！

動《うご》けるけど、葉緑体《ようりょくたい》を持《も》つので植物寄《しょくぶつよ》り？

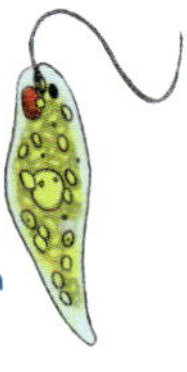

ミドリムシ

タコの吸盤《きゅうばん》、イカの吸盤《きゅうばん》、どこがちがう？

タコもイカもやわらかい体《からだ》を持《も》つ「軟体動物《なんたいどうぶつ》」の「頭足類《とうそくるい》」に分《わ》けられるよ。タコの丸《まる》い部分《ぶぶん》や、イカの三角形《さんかくけい》のひれがあるほうは頭《あたま》ではなく、立派《りっぱ》なおなか（胴《どう》）なんだ。目《め》があるところが頭《あたま》で、なんとそこから足《あし》が生《は》えている。だから、頭足類《とうそくるい》。でも、この足《あし》はものをつかむ能力《のうりょく》があるから、正《ただ》しくは、「うで」なんだけどね。このうでにはたくさんの吸盤《きゅうばん》がある。タコの吸盤《きゅうばん》は食《た》べられて、イカの吸盤《きゅうばん》は食《た》べられない。どうしてだろう？

体内《たいない》にある墨《すみ》の量《りょう》は
イカより少ない

タコ墨《すみ》は、煙《えん》まく

さらさらな「タコ墨《すみ》」はねばりけが少《すく》ない。海《うみ》の中《なか》で広《ひろ》がるので姿《すがた》をかくせる。

イカの墨袋《すみぶくろ》は
かんたんにとりだせる

イカ墨《すみ》は、分身《ぶんしん》の術《じゅつ》！

ねばねばした「イカ墨《すみ》」は、自分《じぶん》と似《に》た形《かたち》のものを出《だ》して、おとりにしてその間《あいだ》に逃《に》げる!

おまけ

「貝《かい》なの？　いいえ、タコなんです」

タコもイカも祖先《そせん》は貝殻《かいがら》を持《も》っていた。進化《しんか》の中《なか》で貝殻《かいがら》をなくすことで、タコ

タコ

足《あし》(うで)は8本《ほん》!

タコはエサの魚《さかな》をつかまえると巣穴《すあな》にかくれてゆっくり食《た》べるよ。

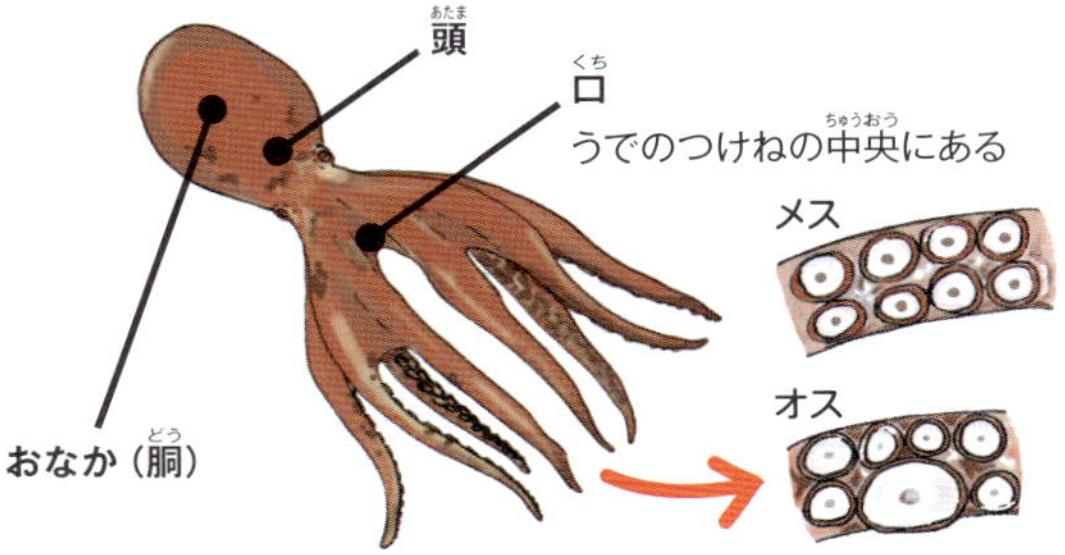

頭《あたま》
口《くち》
うでのつけねの中央《ちゅうおう》にある
おなか(胴《どう》)
メス
オス

ここがちがう!

これが
「バスケットシューズ」
に利用《りよう》されている!?

筋肉《きんにく》だけでできた吸盤《きゅうばん》。一度《いちど》吸《す》いついたらなかなかはなさない。

イカ

足《あし》(うで)は10本《ぽん》!

(うで8本《ぽん》+触腕《しょくわん》2本《ほん》)

イカはつかまえたエサを泳《およ》ぎながら食《た》べるんだ。逃《に》げられないように、落《お》とさないようにトゲのある吸盤《きゅうばん》でしっかりつかんでいるよ。

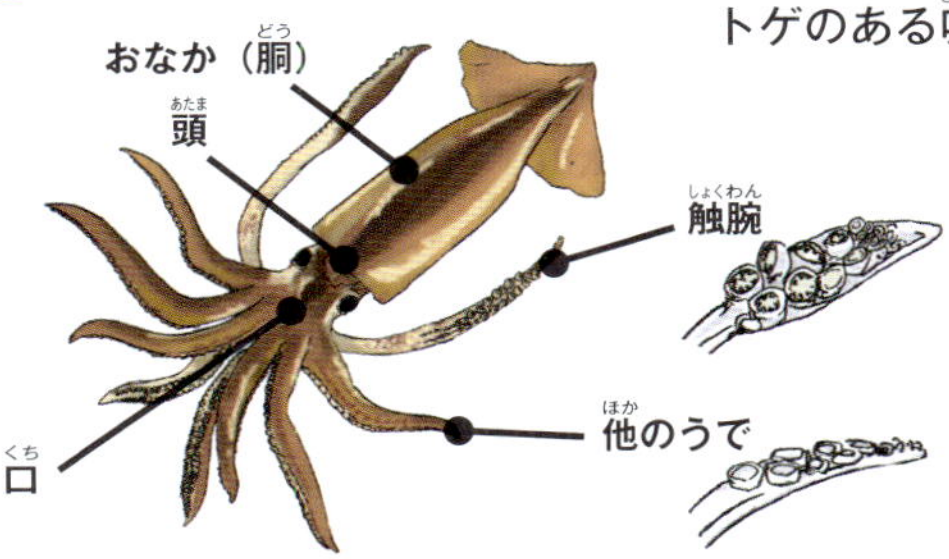

おなか(胴《どう》)
頭《あたま》
触腕《しょくわん》
他《ほか》のうで
口《くち》

ここがちがう!

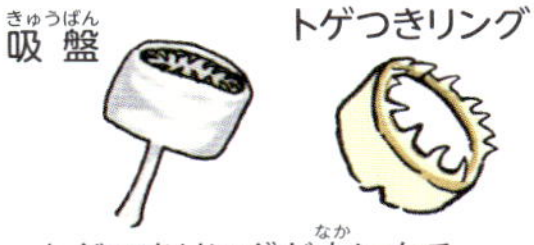

吸盤《きゅうばん》
トゲつきリング

トゲつきリングが中《なか》にある。えものの体《からだ》に食《く》いこむ。

アオイガイとも呼《よ》ばれるよ
カイダコ

貝殻《かいがら》を作《つく》るのはメスだけ!

オウムガイ

実《じつ》は「生《い》きた化石《かせき》」!

→P134

はすき間《ま》にかくれて逃《に》げられるようになったし、イカは素早《すばや》く泳《およ》げるようになった。ちなみに、現在《げんざい》でもまだ貝殻《かいがら》を持《も》つ仲間《なかま》がいるよ。

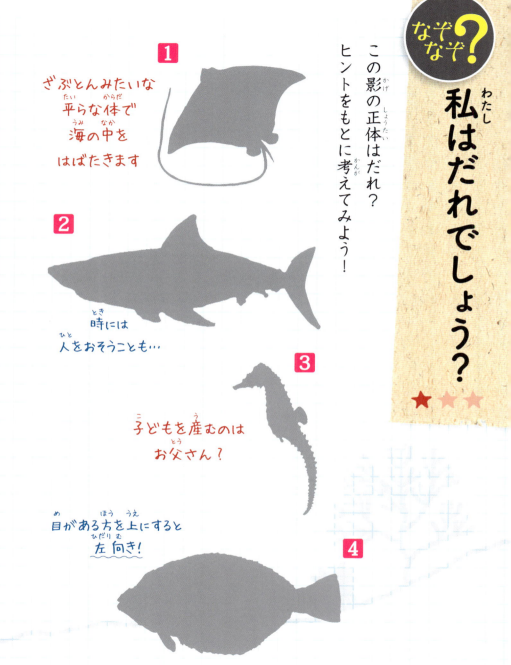

なぞなぞ?

私《わたし》はだれでしょう?

★★★

この影《かげ》の正体《しょうたい》はだれ?
ヒントをもとに考《かんが》えてみよう!

1

ざぶとんみたいな
平《たい》らな体《からだ》で
海《うみ》の中《なか》を
はばたきます

2

時《とき》には
人《ひと》をおそうことも…

3

子《こ》どもを産《う》むのは
お父《とう》さん?

目《め》がある方《ほう》を上《うえ》にすると
左《ひだり》向《む》き!

4

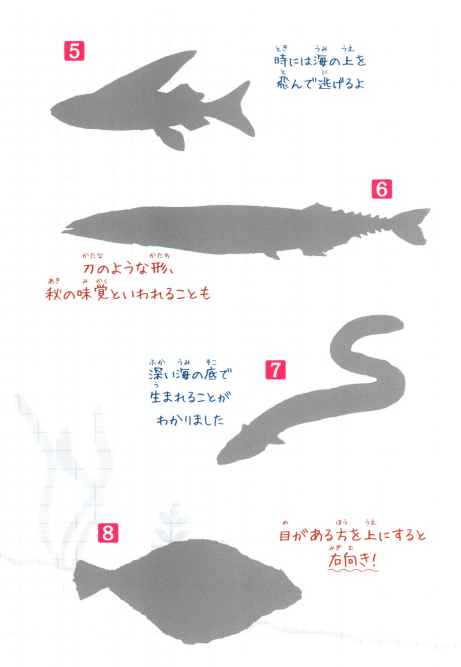

5

時《とき》には海《うみ》の上《うえ》を
飛《と》んで逃《に》げるよ

6

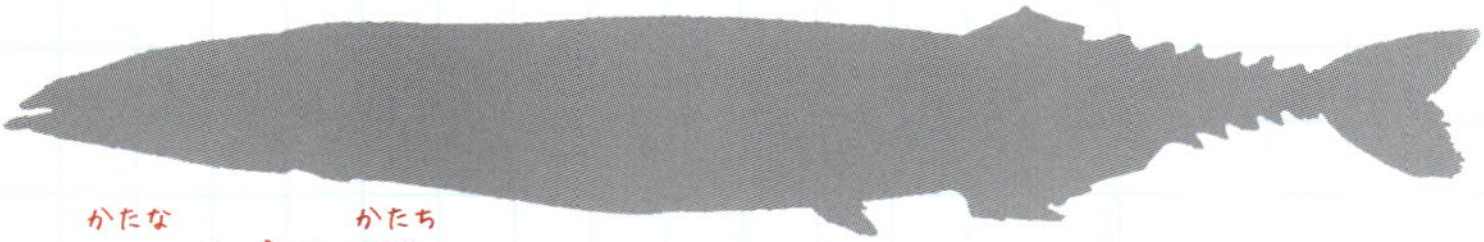

刀《かたな》のような形《かたち》、
秋《あき》の味覚《みかく》といわれることも

7

深《ふか》い海《うみ》の底《そこ》で
生《う》まれることが
わかりました

8

目《め》がある方《ほう》を上《うえ》にすると
右向《みぎむ》き!

なぞなぞ?

【解答《かいとう》】私《わたし》はだれでしょう?

1

私《わたし》は…エイ!

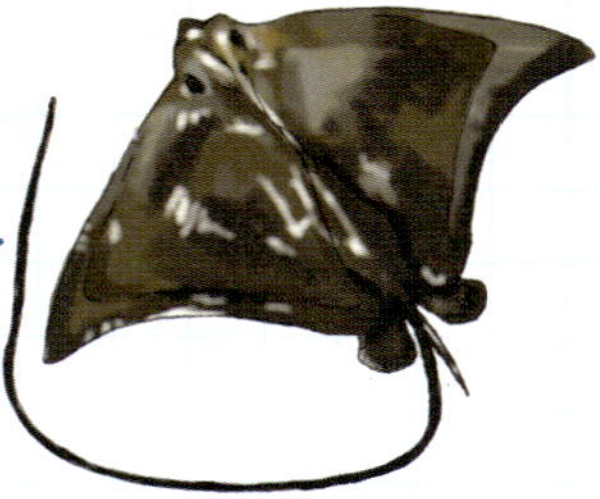

アカエイは毒針《どくばり》を持《も》っている!電気《でんき》を出《だ》すシビレエイもいるぞ!

2

私《わたし》は…サメ!

クジラに似《に》ているけど、私《わたし》は魚《さかな》の仲間《なかま》です!

3

私《わたし》は…タツノオトシゴ!

卵《たまご》はメスが産《う》みオスのおなかで育《そだ》てます

左《ひだり》を向《む》いている

私《わたし》は…ヒラメ!

4

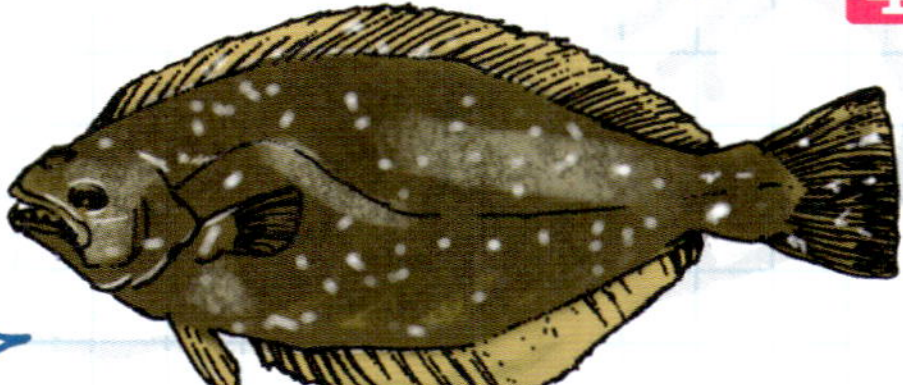

小魚《こざかな》などを食《た》べるガツガツ系《けい》!口《くち》は大《おお》きいぞ!

5

私《わたし》は…トビウオ！

高《たか》さ３メートル、
横《よこ》には300メートルも
飛《と》ぶことができるんだぞ！

私《わたし》は…サンマ！

6

鱗《うろこ》はお店《みせ》に届《とど》く頃《ころ》には
はがれてしまうよ…

私《わたし》は…ウナギ！

7

鱗《うろこ》は皮《ひ》ふの中《なか》に
うまって見《み》えないよ

8

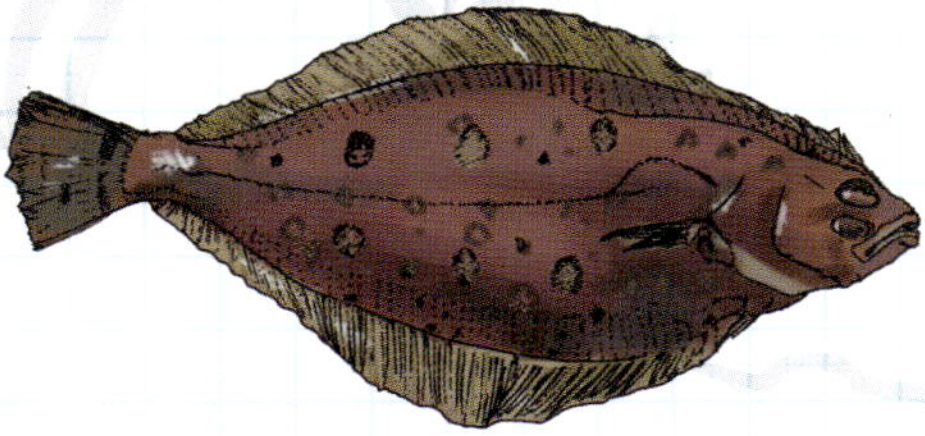

右《みぎ》を向《む》いている

私《わたし》は…カレイ！

ゴカイなどを食《た》べる
おっとり系《けい》。
口《くち》は小《ちい》さめよ

実《じつ》は、左《ひだり》向《む》きのカレイもいるんだ…

サメとクジラのちがいって何《なに》？

サメは、魚類《ぎょるい》

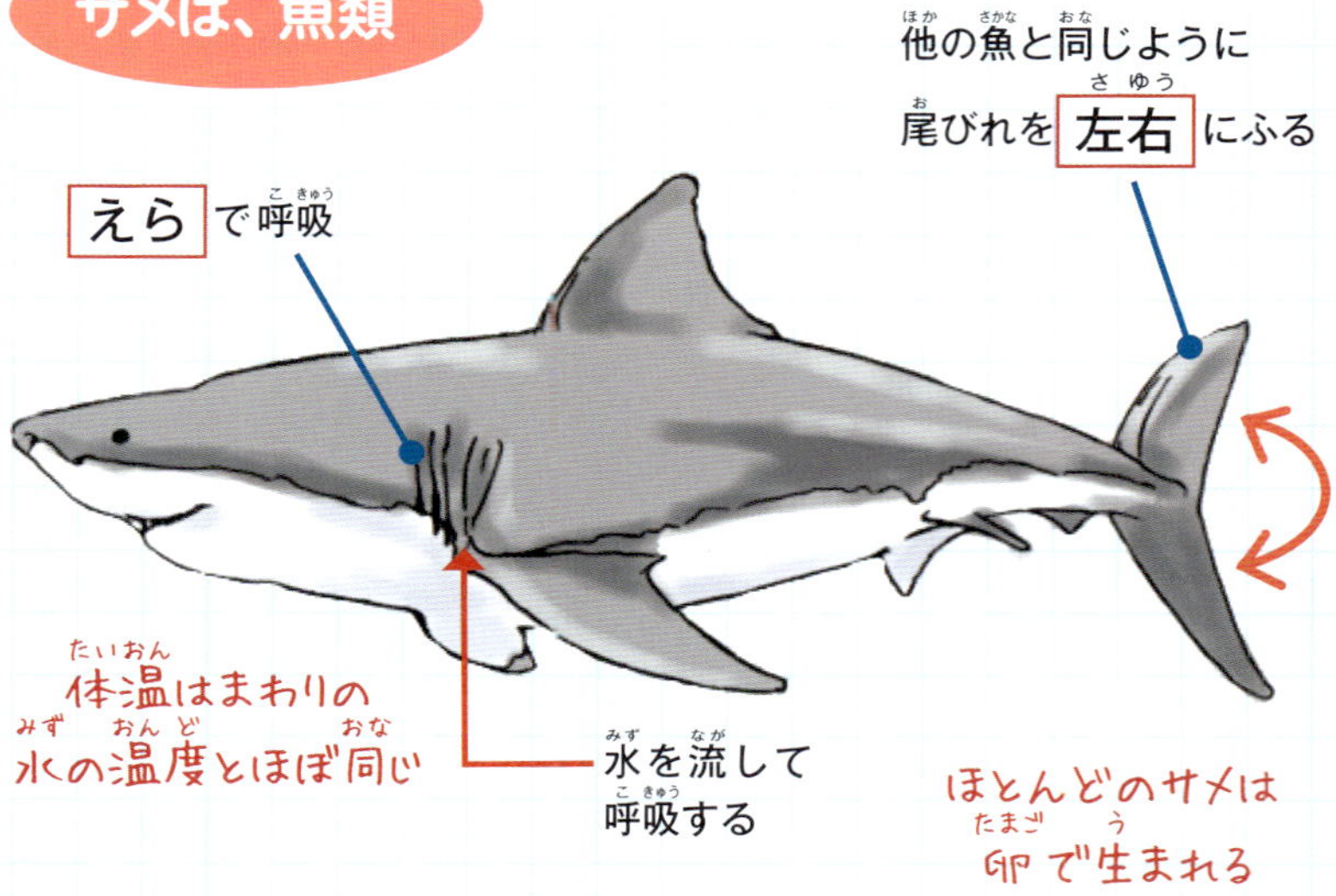
他《ほか》の魚《さかな》と同《おな》じように
尾《お》びれを 左右《さゆう》 にふる
えら で呼吸《こきゅう》
体温《たいおん》はまわりの
水《みず》の温度《おんど》とほぼ同《おな》じ
水《みず》を流《なが》して
呼吸《こきゅう》する
ほとんどのサメは
卵《たまご》で生《う》まれる

サメとクジラはよく似《に》ているけれど、サメは魚類《ぎょるい》で、クジラはホ乳類《にゅうるい》。同《おな》じ仲《なか》間《ま》ではないんだ。でも、体《からだ》の形《かたち》は同《おな》じように見《み》える。どうしてだろう？

サメとクジラは、どちらも水《みず》の中《なか》で速《はや》く泳《およ》ぐために、長《なが》い時間《じかん》をかけて体《からだ》の形《かたち》を進化《しんか》させていった。その結果《けっか》、同《おな》じような体《からだ》の形《かたち》になったといわれているよ。

こんなふうに、まったく別《べつ》の生《い》き物《もの》が同《おな》じような形《かたち》に進化《しんか》することを「収斂進化《しゅうれんしんか》」というんだ。目的《もくてき》に合《あ》わせて進化《しんか》したら形《かたち》が同《おな》じようになったという生《い》き物《もの》は、他《ほか》にもいるのだろうか。

クジラは、ホ乳類《にゅうるい》

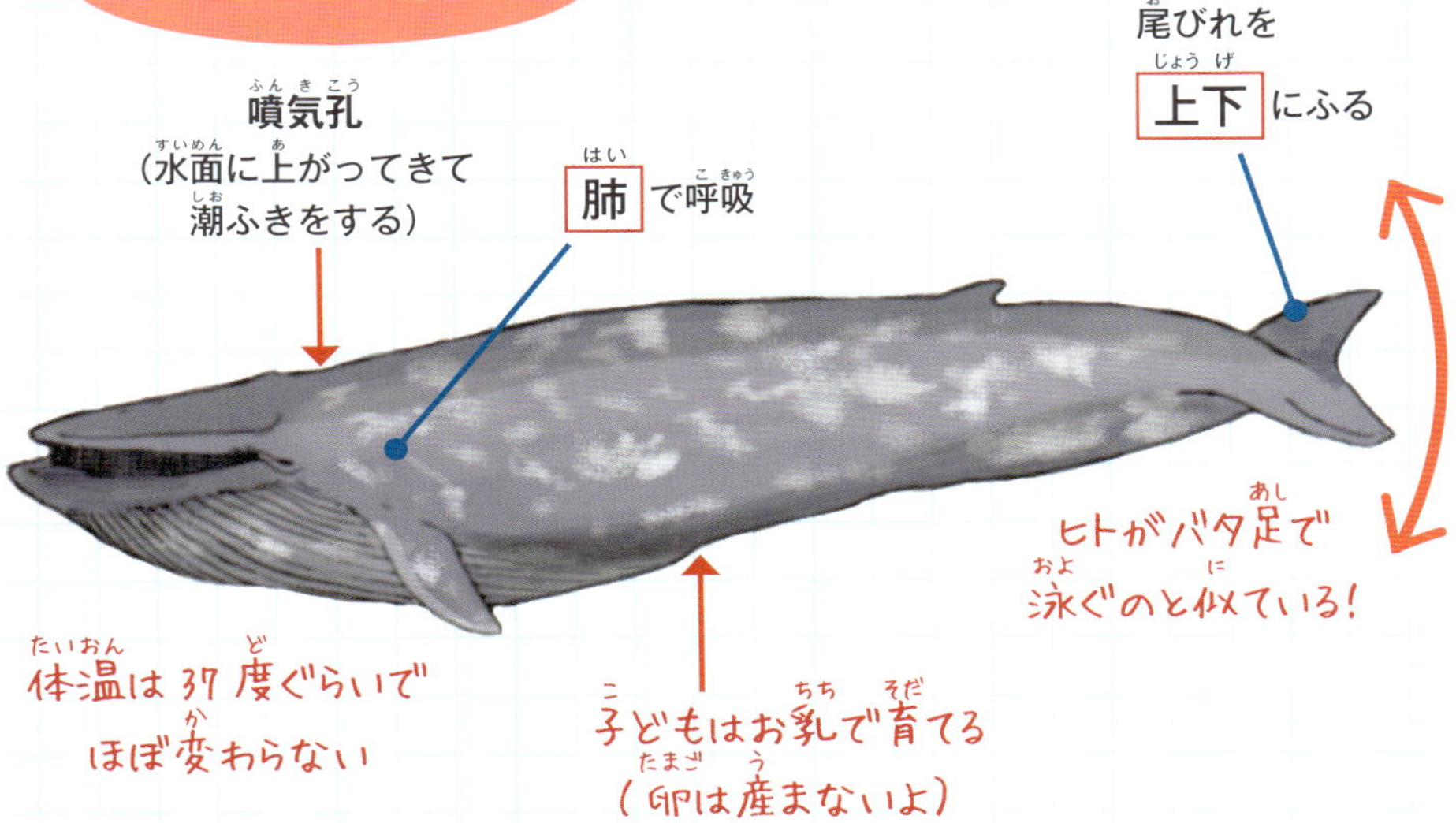

目的《もくてき》：土《つち》の中《なか》にもぐる

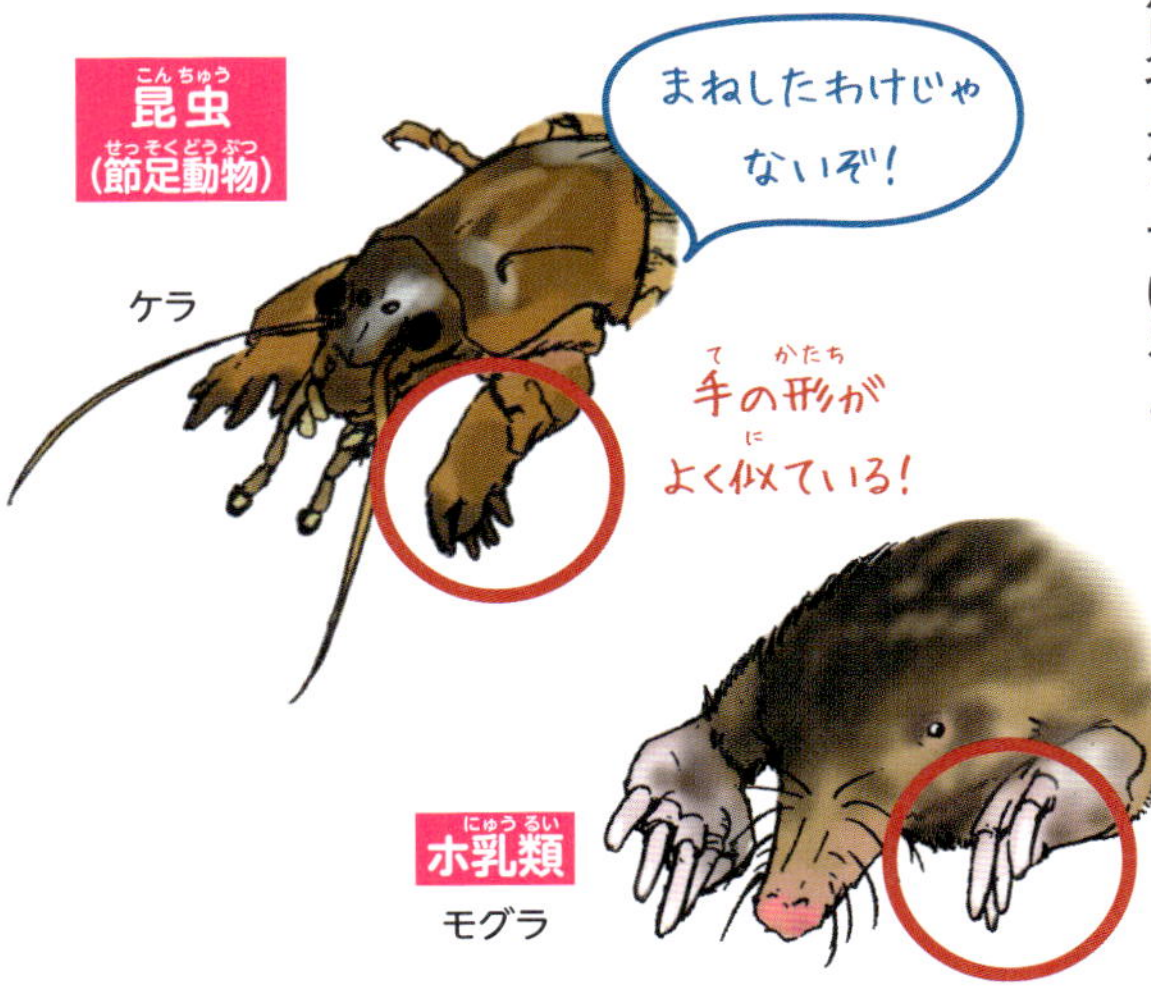

おまけ

「モグラの手《て》を持《も》つ虫《むし》がいる？」

土《つち》を掘《ほ》るケラの前足《まえあし》をよく見《み》てみると、実《じつ》はモグラと似《に》たような形《かたち》をしている。土《つち》を掘《ほ》りやすいように、少《すこ》し平《ひら》たくなっているんだ。これも収斂進化《しゅうれんしんか》の一《ひと》つだ。他《ほか》にもたくさんの例《れい》が見《み》つかっているよ。

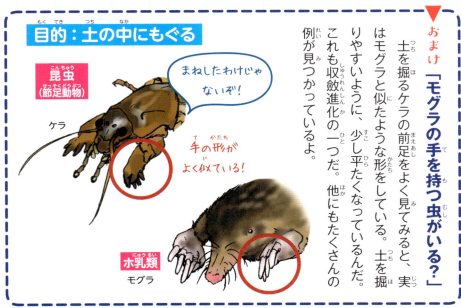

似《に》ていない親子《おやこ》の理由《りゆう》

魚《さかな》や鳥《とり》の中《なか》には、子《こ》どものときと大人《おとな》のときとで見《み》た目《め》がちがうものがいる。あまりにもちがいすぎて、最初《さいしょ》は別《べつ》の種類《しゅるい》の生《い》き物《もの》と思《おも》われていたくらいだ。どうしてこんなにちがうんだろう？

生《い》き物《もの》のオスには、「なわばり」を持《も》つものがいる。なわばりは自分《じぶん》のエサ場《ば》であり、番《つがい》となる相手《あいて》を探《さが》すための大事《だいじ》な場所《ばしょ》。だから、その中《なか》に同《おな》じ種類《しゅるい》のオスが来《く》ると、攻撃《こうげき》して追《お》い出《だ》そうとするんだ。でも、子《こ》どものオスまで攻撃《こうげき》されてしまったら、安心《あんしん》して成長《せいちょう》することができないよね。そこで、「ぼくはまだ子《こ》どもです！」と、見《み》た目《め》で子《こ》どもであることをアピールして逃《に》げているんだ。それが、大人《おとな》と子《こ》どもで見《み》た目《め》がちがう理由《りゆう》なんだよ。

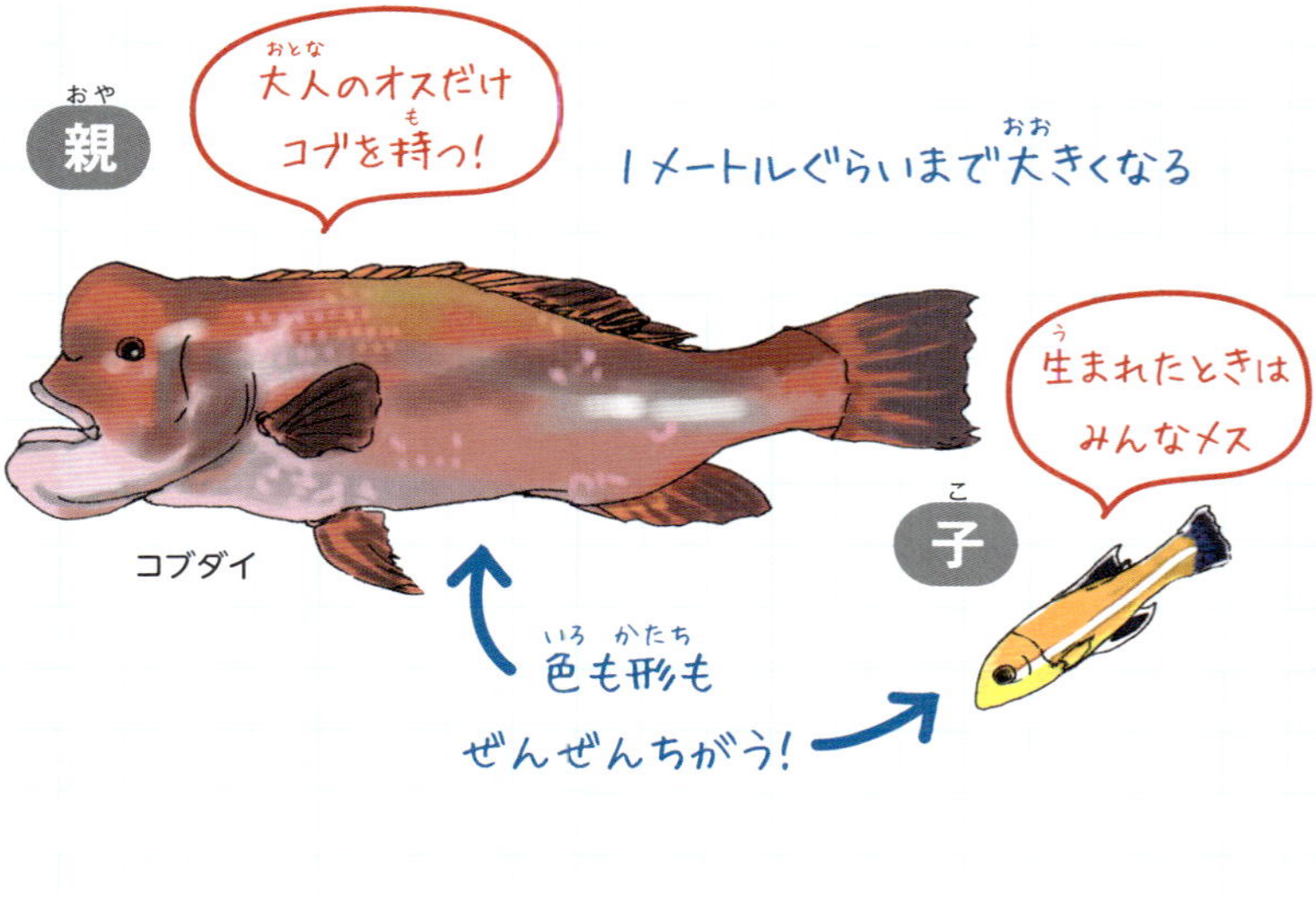
親《おや》
大人《おとな》のオスだけ
コブを持《も》つ！
1メートルぐらいまで大《おお》きくなる
コブダイ
子《こ》
生《う》まれたときは
みんなメス
色《いろ》も形《かたち》も
ぜんぜんちがう！

秋《あき》になると日本《にほん》にやってくる「冬鳥《ふゆどり》」
どれくらいの距離《きょり》を飛《と》んでくるのかな → P154

これって同《おな》じ魚《さかな》なの？

ブリという魚《さかな》を知《し》っているかい？　この魚《さかな》、実《じつ》は成長《せいちょう》していくと呼《よ》び名《な》が変《か》わるんだ。体《からだ》の大《おお》きさで名前《なまえ》が変《か》わる魚《さかな》を「出世魚《しゅっせうお》」と呼《よ》ぶよ。江戸時代《えどじだい》の人《ひと》は元服《げんぷく》や出世《しゅっせ》によって名《な》を変《か》えていた。それをまねて大《おお》きくなるごとに名前《なまえ》が変《か》わる魚《さかな》を、出世魚《しゅっせうお》と呼《よ》ぶようになったそうだ。

どうして名前《なまえ》が変《か》わるかって？　それは、大《おお》きさや外見《がいけん》がちがううえに、味《あじ》が変《か》わるからだ。料理方法《りょうりほうほう》も変《か》わるから、「食材《しょくざい》」として別《べつ》の名前《なまえ》をつけたほうが便利《べんり》だったそうなんだ。

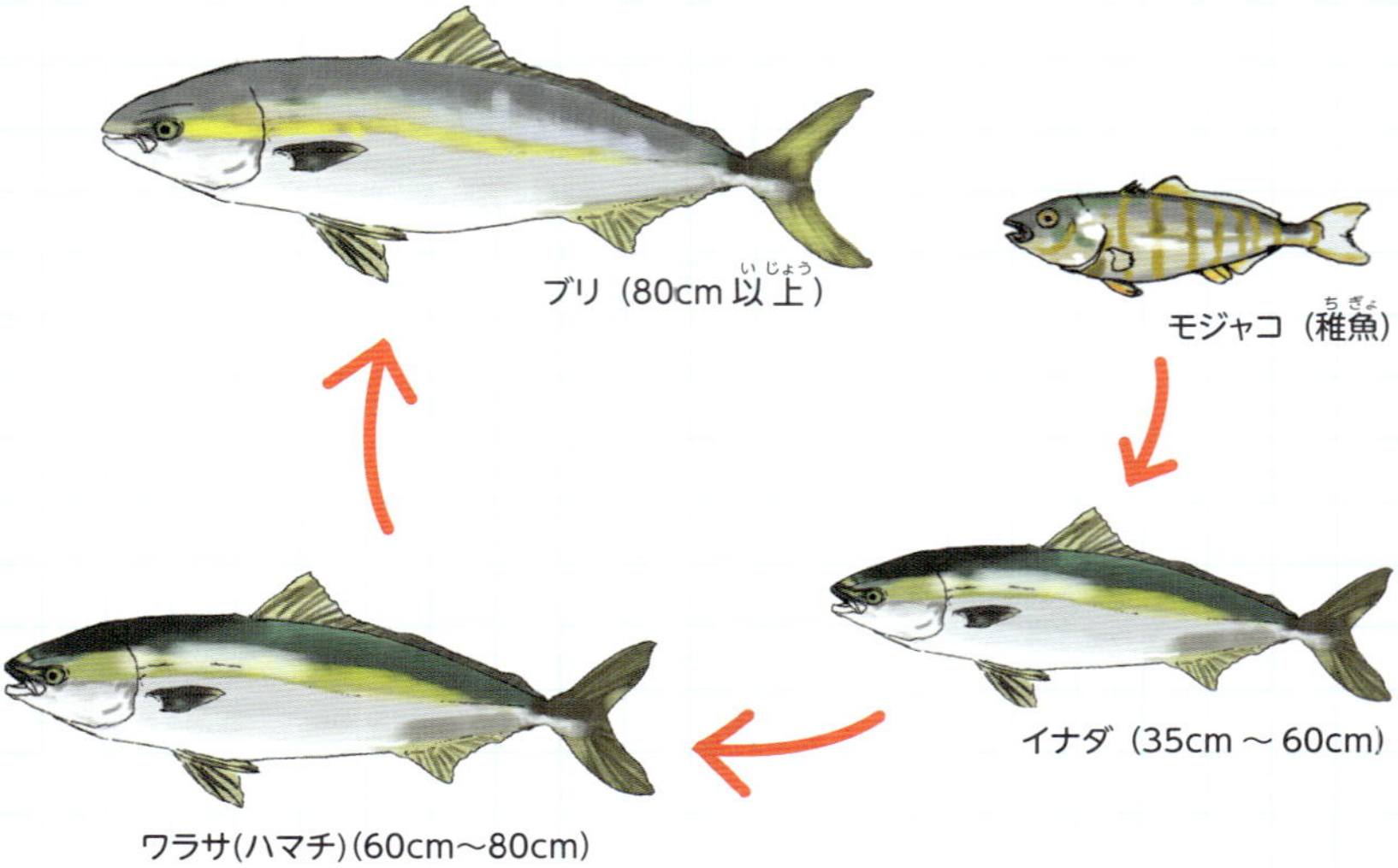

モジャコ（稚魚《ちぎょ》）
イナダ（35cm ～ 60cm）
ワラサ(ハマチ)(60cm～80cm)
ブリ（80cm 以上《いじょう》）

地域《ちいき》によって呼《よ》び方《かた》は異《こと》なるよ。
キミの住《す》んでいるところでは、どんな名前《なまえ》で呼《よ》ばれているかな？

切《き》り身《み》で見《み》るハマチとブリのちがい

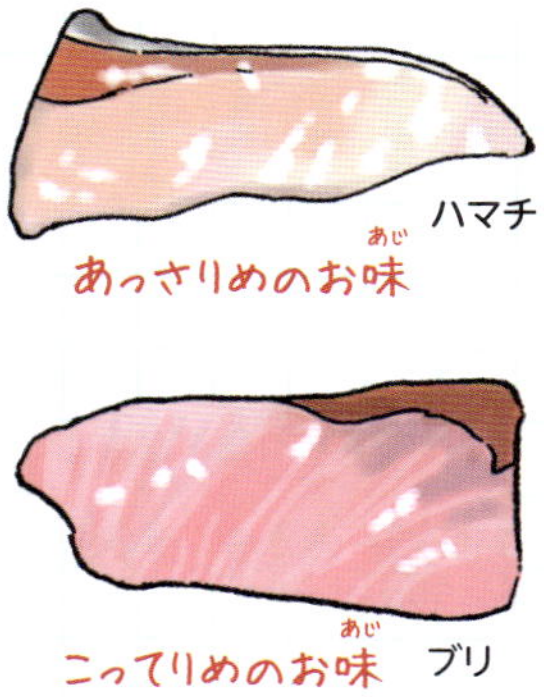

「食材《しょくざい》」としての卵《たまご》の名前《なまえ》いろいろ

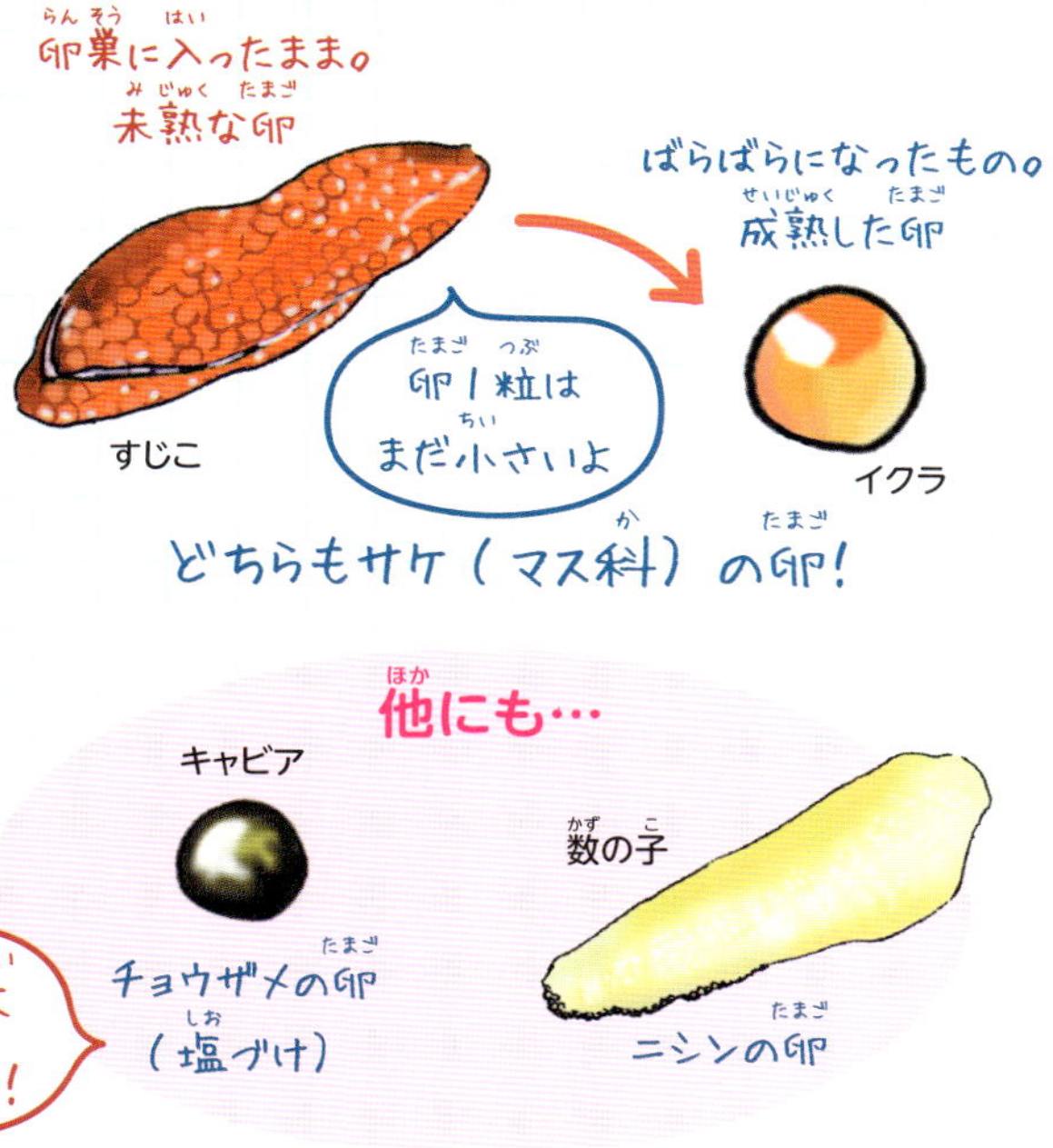

おまけ 出世《しゅっせ》野菜《やさい》？ 名前《なまえ》が変《か》わる植物《しょくぶつ》

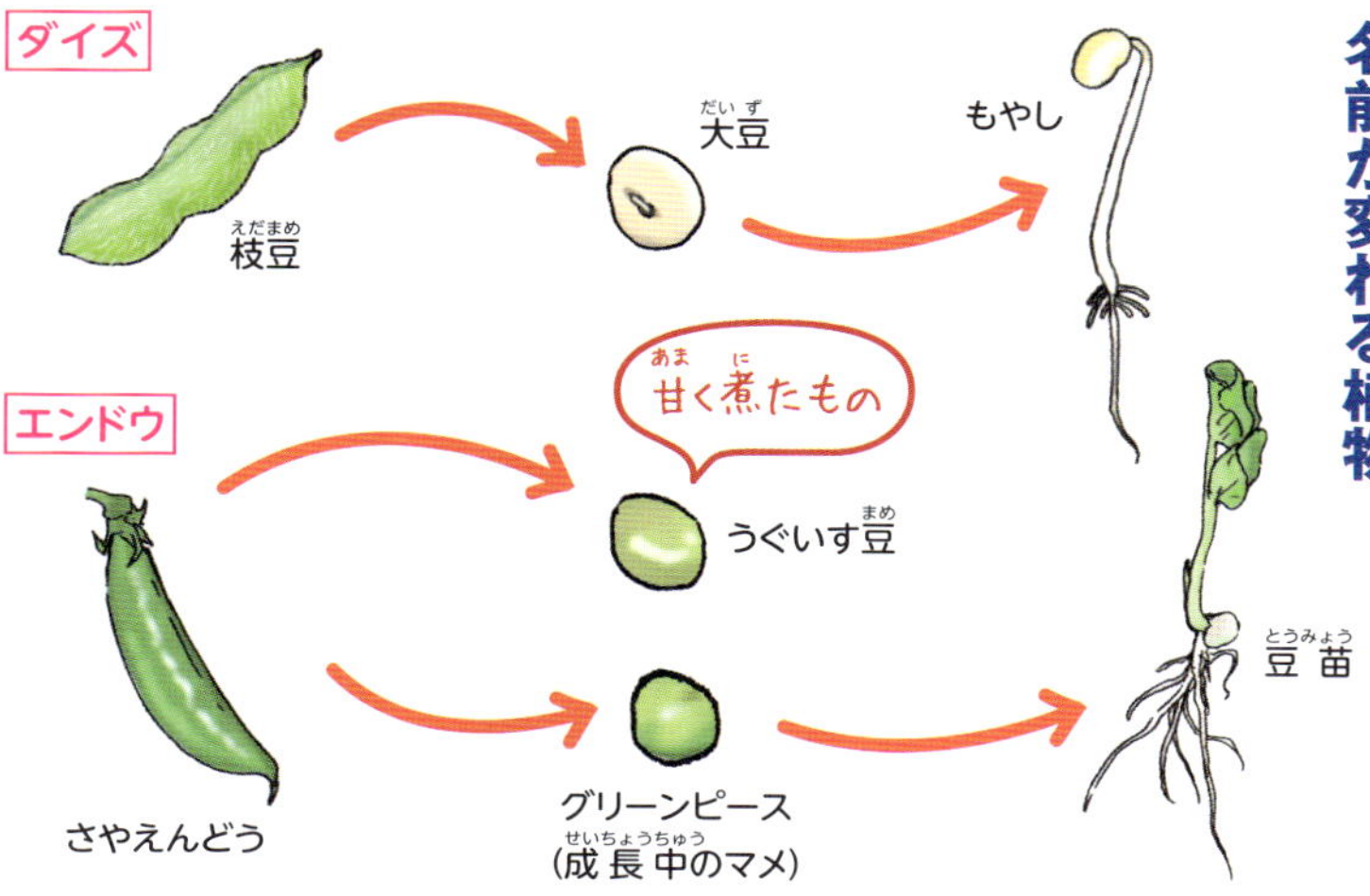

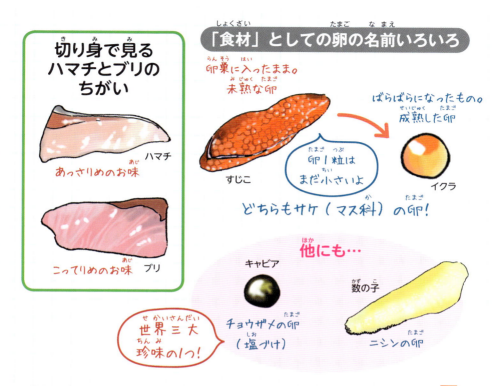

ウナギは海出身《うみしゅっしん》、サケは川出身《かわしゅっしん》

昔《むかし》から食《た》べられていた「ウナギ」。よく知《し》られていた魚《さかな》なのに、どうやって生《う》まれるかは長《なが》い間《あいだ》なぞだった。最近《さいきん》の研究《けんきゅう》で、ウナギは南《みなみ》のほうの海《うみ》で生《う》まれ、何千《なんぜん》キロメートルも旅《たび》をして日本《にほん》の川《かわ》や池《いけ》にやってくることがようやくわかったんだ。川《かわ》で生《う》まれて海《うみ》で育《そだ》つサケは、その反対《はんたい》だ。

ウナギが生《う》まれる熱帯《ねったい》では川《かわ》のほうが海《うみ》よりエサが多《おお》くて、サケが棲《す》む北《きた》のほうでは、川《かわ》より海《うみ》のほうがエサが多《おお》い。だから、より多《おお》くのエサを必要《ひつよう》とする若《わか》い魚《さかな》が成長《せいちょう》しやすいように、移動《いどう》をしていると考《かんが》えられている。

海《うみ》や川《かわ》に棲《す》む生《い》き物《もの》が場所《ばしょ》を移動《いどう》していくことを「回遊《かいゆう》」というよ。ウナギやサケのように、川《かわ》や海《うみ》を行《い》き来《き》する魚《さかな》もいれば、マグロやアジのように、世界《せかい》の海《うみ》を旅《たび》する魚《さかな》もいるんだ。

同《おな》じように、エサを食《た》べるための場所《ばしょ》と、安心《あんしん》して子育《こそだ》てできる場所《ばしょ》を変《か》えるために大移動《だいいどう》をする海《うみ》の生《い》き物《もの》がいるよ。それは、ホ乳類《にゅうるい》のクジラだ。コククジラは南北《なんぼく》に2万《まん》キロメートル移動《いどう》しているんだって！

サケの一生《いっしょう》

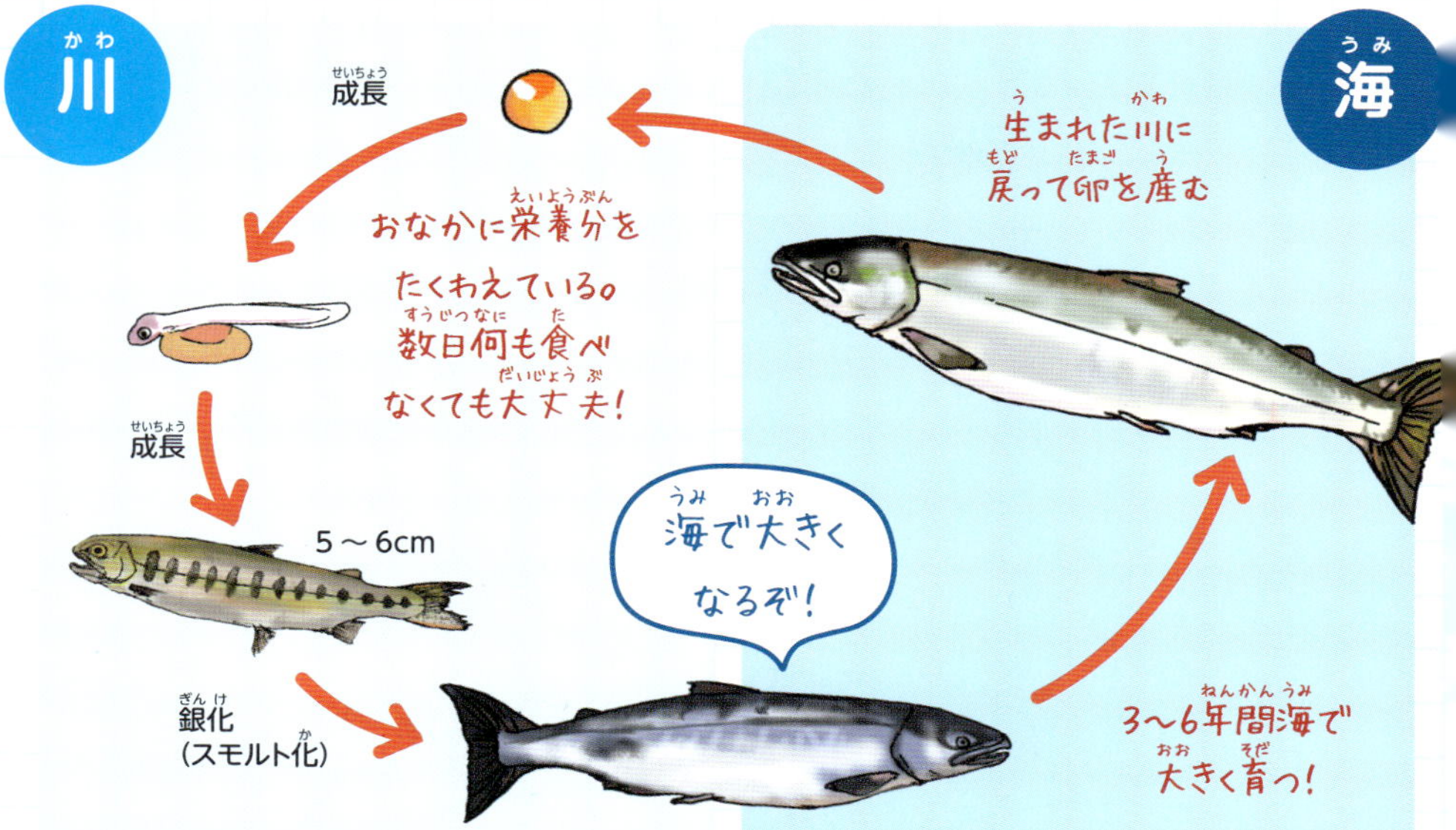

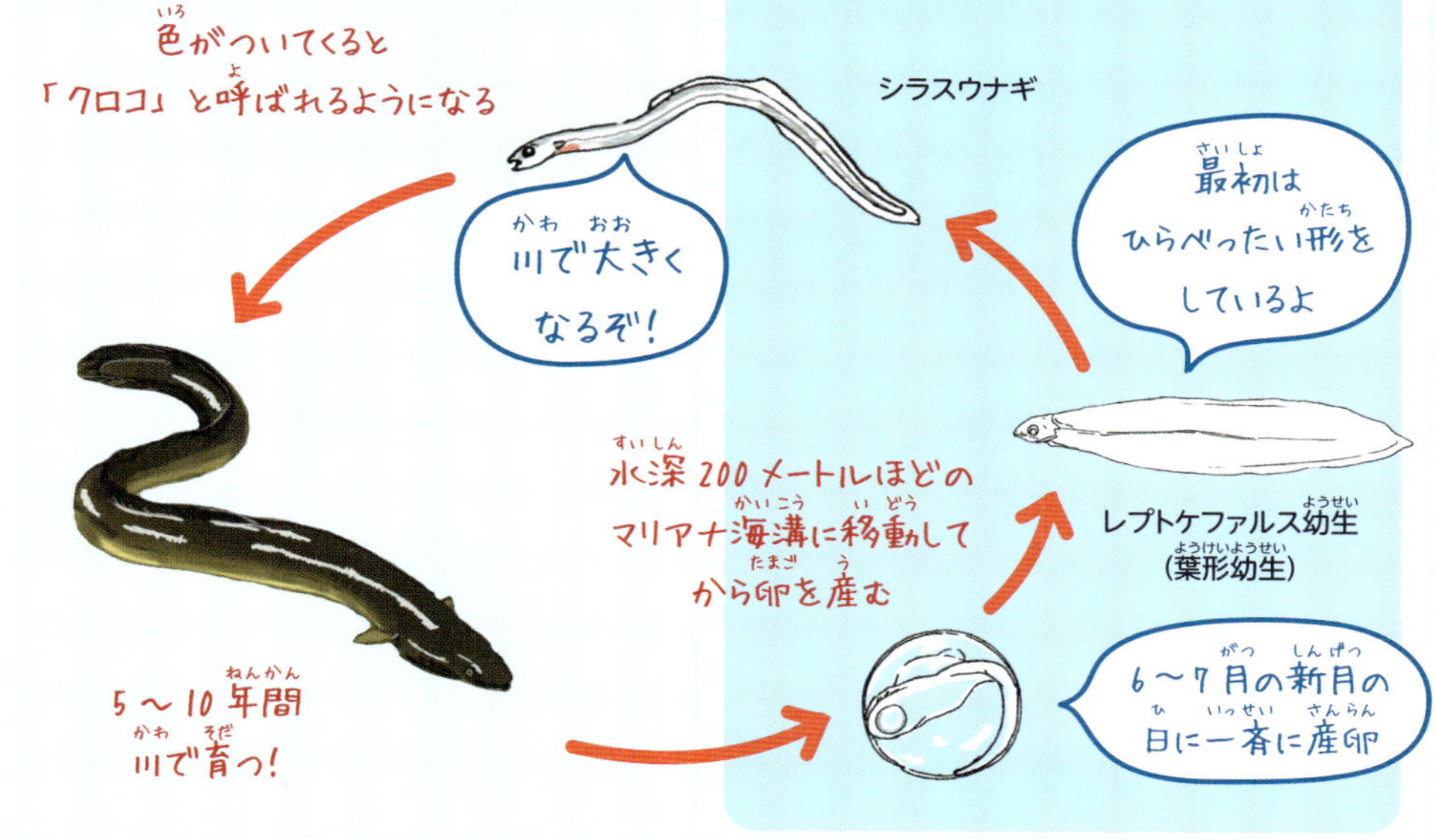

ウナギの一生《いっしょう》

赤身《あかみ》？ 白身《しろみ》？ サケはどっち？

サーモンピンクという言葉《ことば》があるとおり、サーモン（サケ）の切《き》り身《み》はピンクのようなオレンジのような色《いろ》をしているね。よく赤身魚《あかみざかな》、白身魚《しろみざかな》という言葉《ことば》で分《わ》けられるけれど、サケはどっちだろう？

実《じつ》は、サケは白身魚《しろみざかな》の仲間《なかま》。エサとなるカニやエビが持《も》っている色《いろ》をそのまま体《からだ》の色《いろ》にたくわえているんだ。だから子《こ》どもの頃《ころ》はあまり赤《あか》くないよ。そして、その赤色《あかいろ》はやがて卵《たまご》へ移動《いどう》していくから、産卵《さんらん》が終《お》わったメスの身《み》は白《しろ》っぽくなるんだ。

カニやエビ（オキアミ）の「アスタキサンチン」という赤《あか》い色《いろ》がたまっていくよ
ぼくはこれから赤《あか》くなっていくんだ

シロザケ
(日本《にほん》でいうサケはこの種《しゅ》をさすことが多《おお》い)

知《し》ってる？

他《ほか》にも、タイやアメリカザリガニ、フラミンゴの体表《たいひょう》が赤《あか》いのも、食《た》べているエサが原因《げんいん》なんだ。

赤身魚《あかみざかな》　カツオ、マグロ、ブリなど

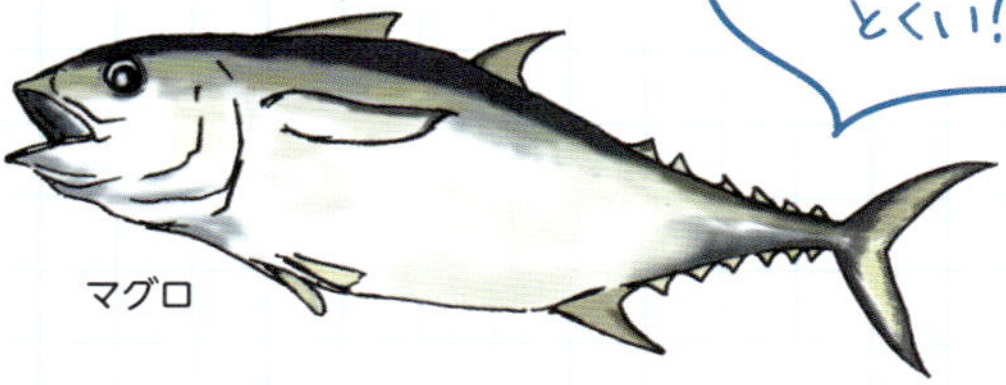

マグロ

酸素《さんそ》を運《はこ》ぶ「ヘモグロビン」（血液中《けつえきちゅう》）や
酸素《さんそ》をわたす「ミオクロビン」（筋肉中《きんにくちゅう》）が多《おお》いと赤《あか》くなる

白身魚《しろみざかな》　フグ、タイ、アナゴ、カレイ、サケなど

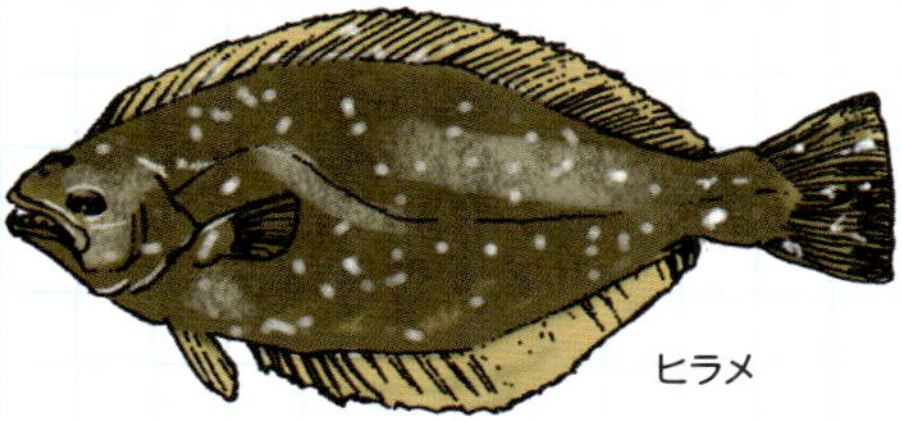

ヒラメ

エサをとるときや、逃《に》げるときだけぱっと
素早《すばや》く泳《およ》ぐための筋肉《きんにく》（速筋《そっきん》）が多《おお》い。ふだんはあまり動《うご》かない

青魚《あおざかな》とは?　…筋肉《きんにく》ではなく、「背中《せなか》が青《あお》っぽい」魚《さかな》のこと。「ひかりもの」ともいうよ

背中《せなか》の青《あお》

➡空《そら》にいる鳥《とり》から身《み》を守《まも》る

サバ

おなかの白《しろ》

➡海中《かいちゅう》の大《おお》きな魚《さかな》から
身《み》を守《まも》る

赤身魚《あかみざかな》　アジ、サバ、サンマ、イワシ

エビやカニにも、「えら」ってあるの？

どんな生《い》き物《もの》も呼吸《こきゅう》をしている。呼吸《こきゅう》とは、基本的《きほんてき》には空気中《くうきちゅう》や水中《すいちゅう》の酸素《さんそ》を体《からだ》の中《なか》に取《と》り入《い》れて、栄養分《えいようぶん》を分解《ぶんかい》して生《い》きるために必要《ひつよう》なエネルギーを取《と》り出《だ》すことをいうよ。

では、水《みず》の中《なか》と空気中《くうきちゅう》では、酸素《さんそ》はどっちのほうが多《おお》いかな。酸素《さんそ》は水《みず》にとけにくいため、空気中《くうきちゅう》のほうが酸素《さんそ》の量《りょう》は多《おお》いんだ。だからこそ、水中《すいちゅう》の生《い》き物《もの》は「えら」はもちろん、いろいろな方法《ほうほう》で呼吸《こきゅう》をしているよ。

水《みず》の温度《おんど》が低《ひく》いほどとけやすい
海《うみ》の中《なか》の酸素《さんそ》（溶存酸素《ようぞんさんそ》）
浅
波《なみ》や植物《しょくぶつ》プランクトンの光合成《こうごうせい》により酸素《さんそ》は多《おお》い
深
暗《くら》くなるので植物《しょくぶつ》プランクトンがいない。水《みず》の動《うご》きもあまりないので、酸素《さんそ》は少《すく》ない
日本海《にほんかい》の深海《しんかい》の水《みず》（深層水《しんそうすい》）はめずらしく酸素《さんそ》が多《おお》く含《ふく》まれている

えら呼吸《こきゅう》

えらがぬれていれば生《い》きられるので、オガクズに入《い》れられて生《い》きたまま売《う》られていることも！

ウシエビ

エビやカニのえらは足《あし》のつけねにある

寝《ね》る間《ま》も惜《お》しんでずっと泳《およ》ぐよ！
この下《した》にえらがあるよ！

マグロ

泳《およ》ぎ続《つづ》けないと呼吸《こきゅう》ができない！

魚《さかな》のえらってこんな形《かたち》

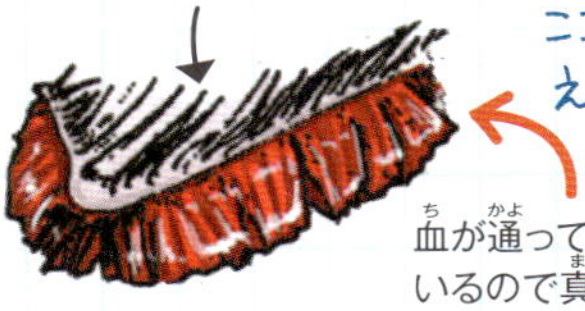
プランクトンを食《た》べる魚《さかな》は、ここでこし取《と》っている！
ここがえら！
血《ち》が通《かよ》っているので真《ま》っ赤《か》!

棘皮動物《きょくひどうぶつ》は「水管系《すいかんけい》」で海水《かいすい》をとりこみ呼吸《こきゅう》している

ウニの足《あし》（管足《かんそく》）

おまけ「空気中《くうきちゅう》の酸素《さんそ》をとりこむ水中《すいちゅう》の魚《さかな》たち」

浅《あさ》いところに棲《す》む魚《さかな》たちにとって、えらだけでは酸素《さんそ》が足《た》りない。そこで、えら以外《いがい》にも不思議《ふしぎ》な呼吸法《こきゅうほう》を行《おこな》っているものがいるよ。

皮《ひ》ふ呼吸《こきゅう》

ミミズやカエルも行《おこな》っている

しめりけ大事《だいじ》

干潟《ひがた》にいるムツゴロウ

腸呼吸《ちょうこきゅう》

おなかから泡《あわ》が出《で》る

動物《どうぶつ》の肺《はい》は腸《ちょう》から進化《しんか》したといわれている！

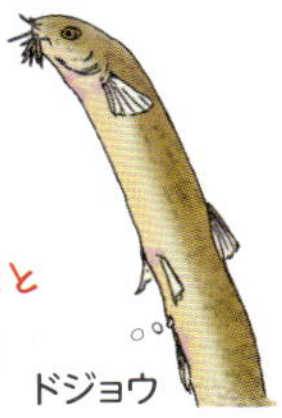

ドジョウ

肺呼吸《はいこきゅう》

ハイギョ（生《い》きた化石《かせき》）

お父《とう》さんも子《こ》どもを産《う》むの？

魚《さかな》や両生類《りょうせいるい》では、ほとんどの場合《ばあい》は卵《たまご》を産《う》んだら産《う》みっぱなしだ。でも、中《なか》には卵《たまご》がふ化《か》する（赤《あか》ちゃんが出《で》てくる）まで子育《こそだ》てをするものもいるよ。

有名《ゆうめい》なのはタツノオトシゴ。オスはおなかに「育児《いくじ》のう」というふくろを持《も》っていて、メスはそのふくろの中《なか》に卵《たまご》を産《う》み、オスの体《からだ》の中《なか》で受《じゅ》精卵《せいらん》になる（赤《あか》ちゃんに成長《せいちょう》できる卵《たまご》になる）。

やがて卵《たまご》から出《で》てきた赤《あか》ちゃんは、そのあとオスのおなかから出《で》てくるんだ。まるでオスが赤《あか》ちゃんを産《う》んでいるように見《み》えるんだよ。

出《で》てくるときにはちゃんとタツノオトシゴの形《かたち》をしている！
タツノオトシゴ
立派《りっぱ》な魚《さかな》です

子育《こそだ》て上手《じょうず》なお父《とう》さんたち

ネンブツダイ

一週間《いっしゅうかん》何《なに》も食《た》べずに卵《たまご》を守《まも》る
口《くち》の中《なか》で卵《たまご》を守《まも》る!

ムサシトミヨの巣《す》

ムサシトミヨ
(トゲウオ)

オスは巣《す》を作《つく》る!

埼玉県熊谷市《さいたまけんくまがやし》にだけ生息《せいそく》

虫《むし》の中《なか》にもいる

コオイムシ

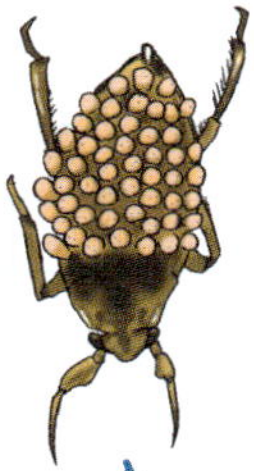
敵《てき》や乾燥《かんそう》から卵《たまご》を守《まも》る

おまけ「世界《せかい》で一番《いちばん》過酷《かこく》な子育《こそだ》て」

南極《なんきょく》のコウテイペンギンは、卵《たまご》を産《う》むためにまず海《うみ》から100キロメートルも移動《いどう》をする。メスは卵《たまご》を産《う》むと、また100キロメートルもどって海《うみ》に魚《さかな》を捕《と》りに行《い》く。卵《たまご》を温《あたた》めるのは、オスの役目《やくめ》だ。なんと、オスは2か月《げつ》もの間《あいだ》、雪《ゆき》だけを食《た》べて卵《たまご》を温《あたた》め続《つづ》ける。この間《あいだ》、体重《たいじゅう》は元《もと》の40パーセントにまで減《へ》ってしまうといわれているよ。

メスがもどってきたら、子育《こそだ》ては交代《こうたい》できる。でも、オスはそこからまた100キロメートル歩《ある》いて移動《いどう》しないとエサを捕《と》りに行《い》けないんだ。なんて大変《たいへん》な子育《こそだ》てなんだろう…。

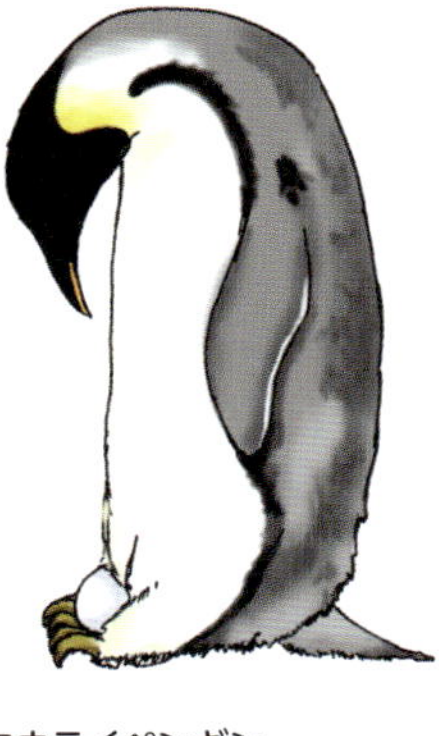

コウテイペンギン

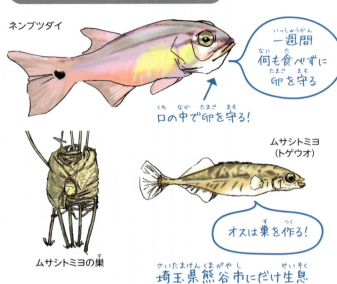

鱗《うろこ》にも種類《しゅるい》があるの？

「鱗《うろこ》」とは、動物《どうぶつ》の体《からだ》の表面《ひょうめん》をおおう小《ち》さなかたい組織《そしき》のことだ。外《そと》からの変化《へんか》や攻撃《こうげき》から身《み》を守《まも》る。動《うご》きやすいように細《こま》かく分《わ》かれたのがはじまりだそうだ。

「鱗《うろこ》」を持《も》つのは魚類《ぎょるい》と八虫類《ちゅうるい》だ。魚《さかな》の鱗《うろこ》はもともとうすい表皮《ひょうひ》の下《した》にある骨格《こっかく》の1つだった。それがだんだん軽《かる》くて薄《うす》い「鱗《うろこ》」に進化《しんか》したといわれている。八虫類《ちゅうるい》の鱗《うろこ》は、魚《さかな》とはちがうものだ。骨《ほね》ではなく、皮《ひ》ふがかたくなって、鱗《うろこ》のようになっていったものなんだって。

魚類《ぎょるい》の鱗《うろこ》

●サメ

水着《みずぎ》のヒントになった？

ワサビもおろせちゃう

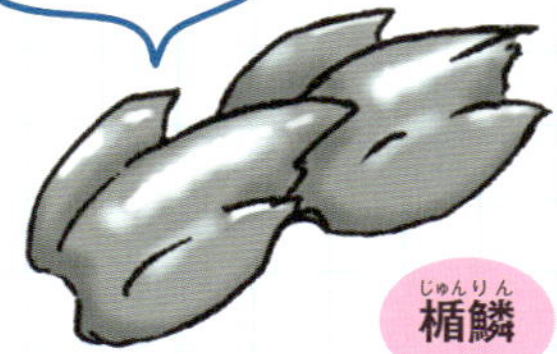

楯鱗《じゅんりん》

「サメはだ」という言葉《ことば》もあるよ

●チョウザメ

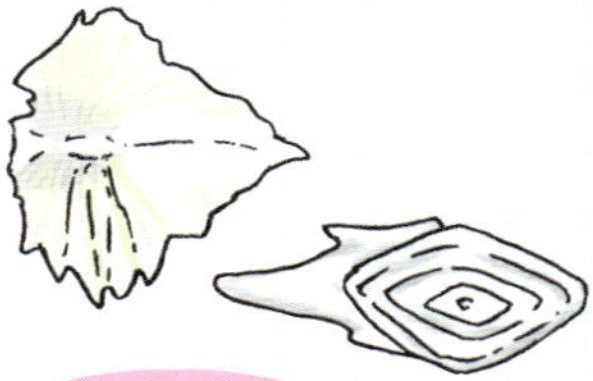

ガノイン鱗《りん》

●シーラカンス

象牙《ぞうげ》と同《おな》じ成分《せいぶん》を持《も》つ

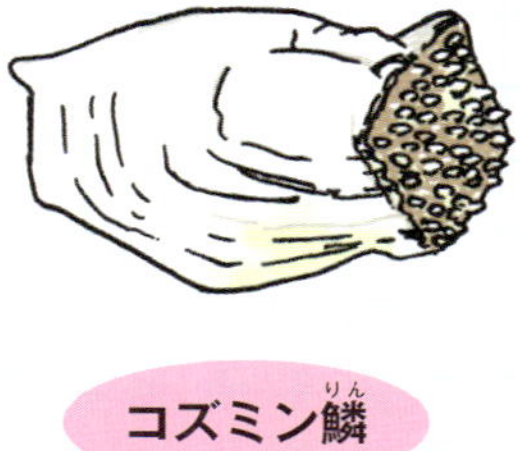

コズミン鱗《りん》

●サケ

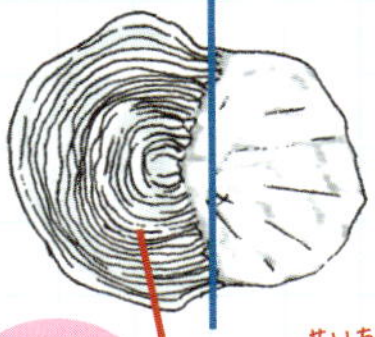
前《まえ》の鱗《うろこ》の下《した》にある
表《おもて》に出《で》ている
円鱗《えんりん》
成長線《せいちょうせん》
(年齢《ねんれい》がわかる)

●カサゴ

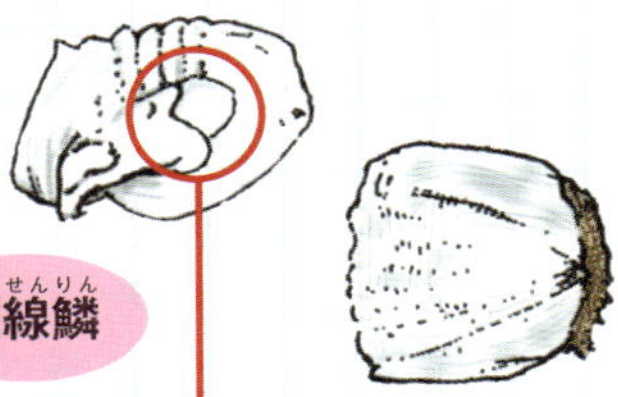
側線鱗《そくせんりん》
穴《あな》があいている鱗《うろこ》
→水《みず》の流《なが》れを感《かん》じる！

●カレイ(ムシガレイ)

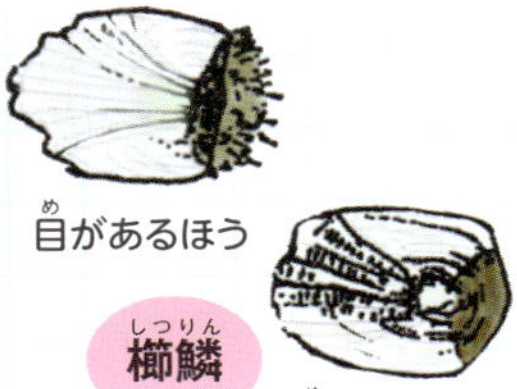
目《め》があるほう
櫛鱗《しつりん》
目《め》がないほう

知《し》ってる？

ハ虫類《ちゅうるい》の鱗《うろこ》は「皮ふ」がかたくなってできたもの。これは陸上《りくじょう》で生活《せいかつ》するときに乾燥《かんそう》から身《み》を守《まも》るためといわれているよ。

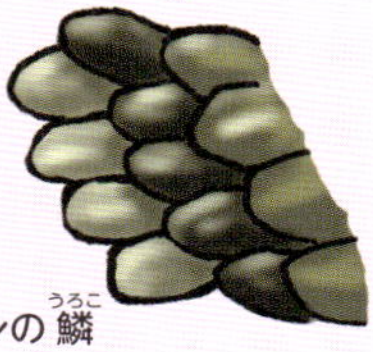
「ケラチン」という成分《せいぶん》
マムシの鱗《うろこ》

おまけ

「鳥類《ちょうるい》やホ乳類《にゅうるい》には鱗《うろこ》はないの？」

鳥《とり》の羽《はね》はハ虫類《ちゅうるい》の鱗《うろこ》から進化《しんか》したといわれている。足《あし》にもハ虫類《ちゅうるい》の鱗《うろこ》と似《に》たようなものがある。アルマジロのようにホ乳《にゅう》類《るい》でも鱗《うろこ》を持《も》つものもいるし、ヒトの爪《つめ》も実《じつ》は似《に》たようなものだ。

　では、魚《さかな》の鱗《うろこ》の名残《なごり》を持《も》っているハ虫類《ちゅうるい》や鳥類《ちょうるい》、ホ乳類《にゅうるい》はいるだろうか。実《じつ》は、多《おお》くの脊《せき》椎動物《ついどうぶつ》が共通《きょうつう》して持《も》っているんだ。それは口《くち》の中《なか》にある「歯《は》」。歯《は》は、サメの鱗《うろこ》と同《おな》じ成分《せいぶん》でできている。でき方《かた》もほぼ同《おな》じだといわれているんだ。形《かたち》を変《か》えて、ヒトも魚《さかな》の鱗《うろこ》、ハ虫類《ちゅうるい》の鱗《うろこ》を持《も》っているのかもしれない。

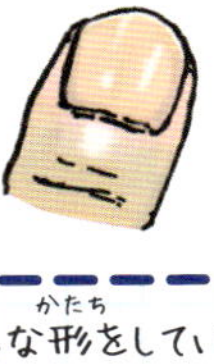
ヒトの爪《つめ》

アルマジロ

ハトの足《あし》

☆ふだん食《た》べている魚《さかな》の鱗《うろこ》はどんな形《かたち》をしているかな？ 見《み》てみよう！

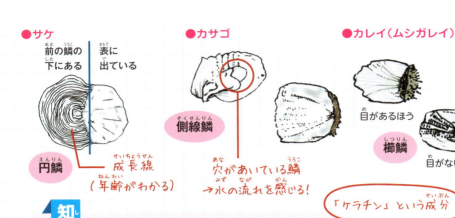

なぞなぞ？

どこに棲《す》んでいる？

★★★

生《い》き物《もの》たちは、自分《じぶん》が棲《す》んでいる場《ば》で生《い》きていけるように体《からだ》を変化《へんか》させてきた。さて、この生《い》き物《もの》たちはどんなところに棲《す》んでいるのだろう？

2

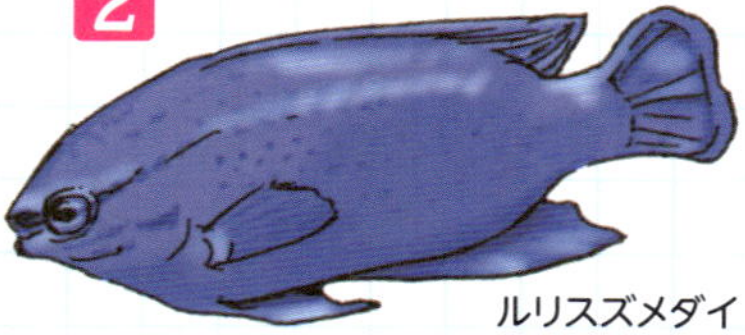

ルリスズメダイ

とっても目立《めだ》つ色《いろ》をしているよ！

1

チョウチョウウオ

3

頭《あたま》が透明《とうめい》!?

デメギヌス

4

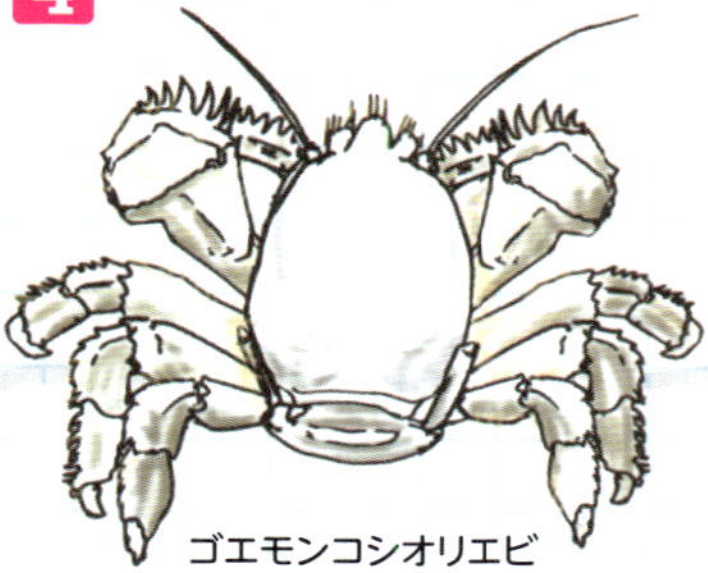

ゴエモンコシオリエビ

真《ま》っ白《しろ》で毛《け》ぶかいエビ

5

サザエ

場所《ばしょ》によって
トゲの出方《でかた》がちがうらしい

6

アサリ

似《に》ているけれど、
棲《す》んでいるところは
けっこうちがう!

シジミ

7

8

ベッコウカサガイ

この形《かたち》にも
意味《いみ》がある?

9

スケーリーフット

鉄《てつ》の鱗《うろこ》を持《も》つ
貝《かい》の仲間《なかま》

なぞなぞ？

どこに棲《す》んでいる？【解答《かいとう》】

砂地《すなち》にもぐって生活《せいかつ》する。
でも、場所《ばしょ》はちがうよ！

砂浜《すなはま》

6

アサリ

海《うみ》でないと
生《い》きていけない

汽水域《きすいいき》

7

シジミ

海《うみ》では
生《い》きていけない

目立《めだ》つため？
これは「かくれるため」の色《いろ》

サンゴ礁《しょう》に棲《す》む魚《さかな》たち

2

ルリスズメダイ

1

チョウチョウウオ

まわりがカラフルなので、
自分《じぶん》たちもカラフルなほうがかくれやすい！

磯《いそ》でも生《い》きていけるように

5

サザエ

波《なみ》のあらいところでは
トゲトゲになることも
(そうでないこともある)

8

岩場《いわば》にべったり
とくっついている

ベッコウカサガイ

深海《しんかい》

不思議《ふしぎ》な形《かたち》になるのは、
不思議《ふしぎ》な場所《ばしょ》だから？

それでも、
私《わたし》には見《み》えるのです

わずかな光《ひかり》でも見《み》える、
大《おお》きな目《め》を持《も》つ

3

デメギヌス

光《ひかり》が届《とど》かない
高温《こうおん》の海《うみ》に棲《す》む

4

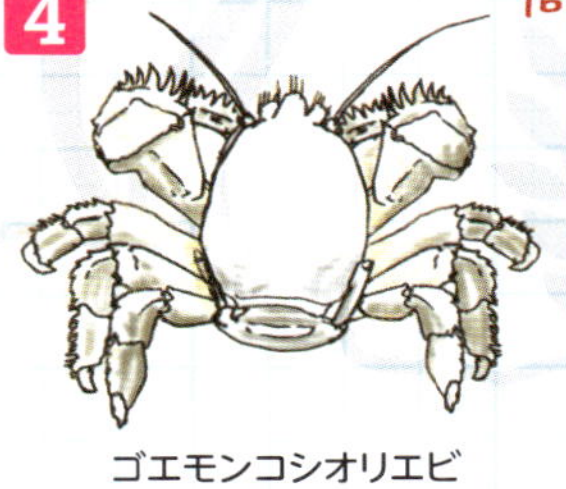

ゴエモンコシオリエビ

熱水《ねっすい》にとけた
鉄《てつ》を利用《りよう》している

9

スケーリーフット

ウロコフネタマガイ
ともいうよ

熱水域《ねっすいいき》

日本《にほん》の海流《かいりゅう》

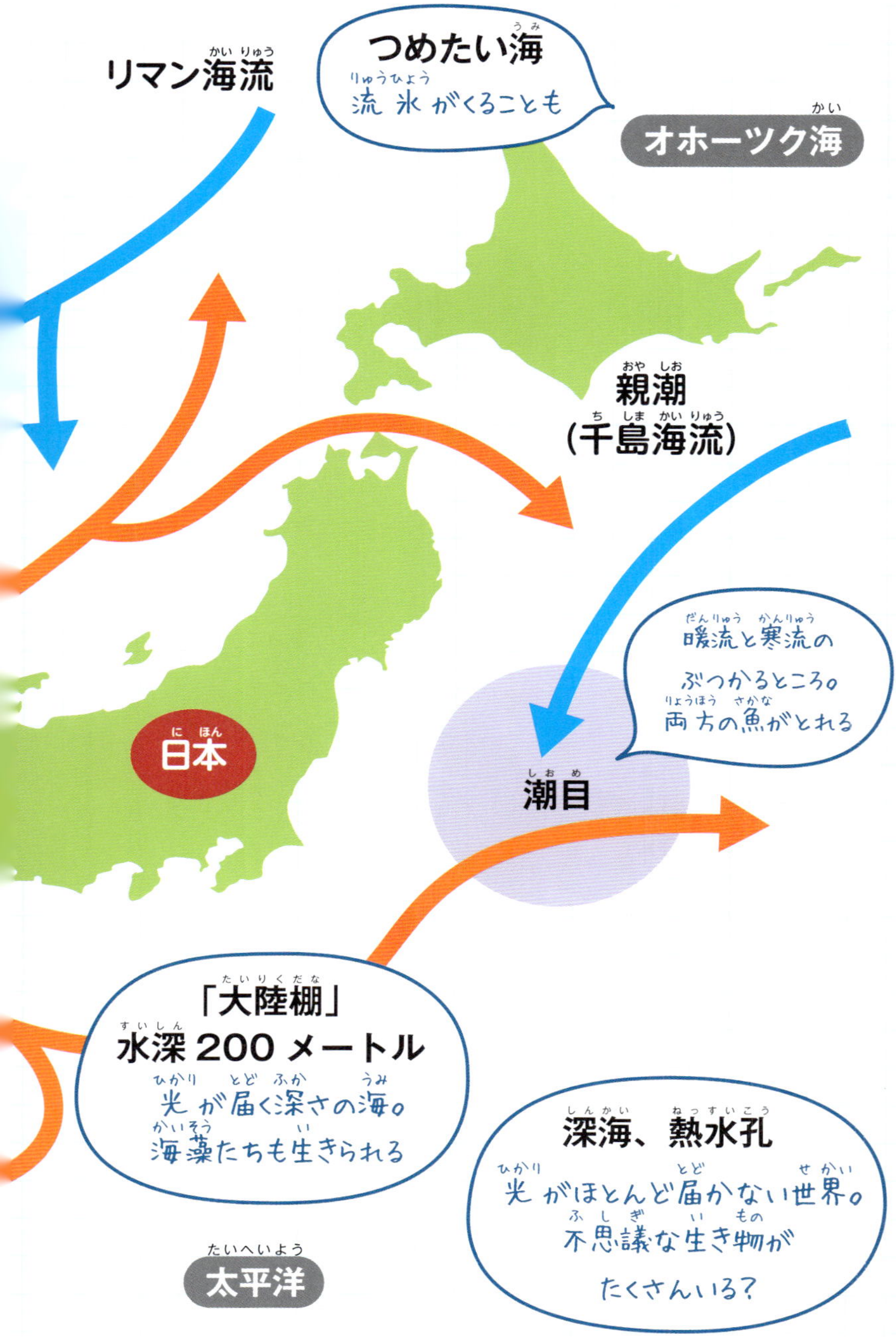

日本《にほん》は海《うみ》にかこまれている。南北《なんぼく》に長《なが》い島国《しまぐに》なので、北《きた》のつめたい海《うみ》も南《みなみ》のあたたかい海《うみ》もある。その場所《ばしょ》にしかいない生《い》き物《もの》もいるから、各地《かくち》のご当地水族館《とうちすいぞくかん》に行《い》ってみるといろいろなことが学《まな》べるよ！

暖流《だんりゅう》
寒流《かんりゅう》
他《ほか》にも塩分濃度《えんぶんのうど》やプランクトンの量《りょう》もちがう
たとえば…
黒潮《くろしお》　平均水温約《へいきんすいおんやく》20度《ど》
親潮《おやしお》　平均水温約《へいきんすいおんやく》5度《ど》
日本海《にほんかい》
対馬海流《つしまかいりゅう》
干潟《ひがた》
海岸《かいがん》に見《み》られる、砂《すな》や泥《どろ》でできた湿地《しっち》。海水面《かいすいめん》の高《たか》さが変《か》わるので、様々《さまざま》な生《い》き物《もの》が棲《す》む。日本各地《にほんかくち》にある
あたたかい海《うみ》
サンゴ礁《しょう》
黒潮《くろしお》
(日本海流《にほんかいりゅう》)

川《かわ》と海《うみ》が重《かさ》なる世界《せかい》　汽水域《きすいいき》

川《かわ》はやがて海《うみ》へと流《なが》れつく。川《かわ》の水《みず》（淡水《たんすい》）と海水《かいすい》が入《い》り混《ま》じる河口付近《かこうふきん》は、少《すこ》し特別《とくべつ》な場所《ばしょ》だ。しょっぱさ（塩分濃度《えんぶんのうど》）がちがう水《みず》は、すぐに混《ま》ざって同《おな》じ濃《こ》さになるのではなく、川《かわ》の下《した》の部分《ぶぶん》など一部《いちぶ》に海《うみ》（潮《しお》だまり）ができることが多《おお》い。川《かわ》の水《みず》と海《うみ》の水《みず》が混《ま》ざる場所《ばしょ》を、汽水域《きすいいき》と呼《よ》ぶよ。

陸《りく》からたくさん栄養分《えいようぶん》が流《なが》れてくる汽水域《きすいいき》は他《ほか》の動《どう》物《ぶつ》のエサになる植物《しょくぶつ》プランクトンがたくさんいる。エサを求《もと》めて、ふだん川《かわ》に棲《す》んでいる魚《さかな》が下《くだ》ってくることもあるし、海《うみ》に棲《す》んでいる魚《さかな》がのぼってくることもある。淡水《たんすい》と海水《かいすい》が混《ま》ざるだけでなく、川《かわ》の生《い》き物《もの》と海《うみ》の生《い》き物《もの》が交差《こうさ》する場《ば》でもあるんだ。

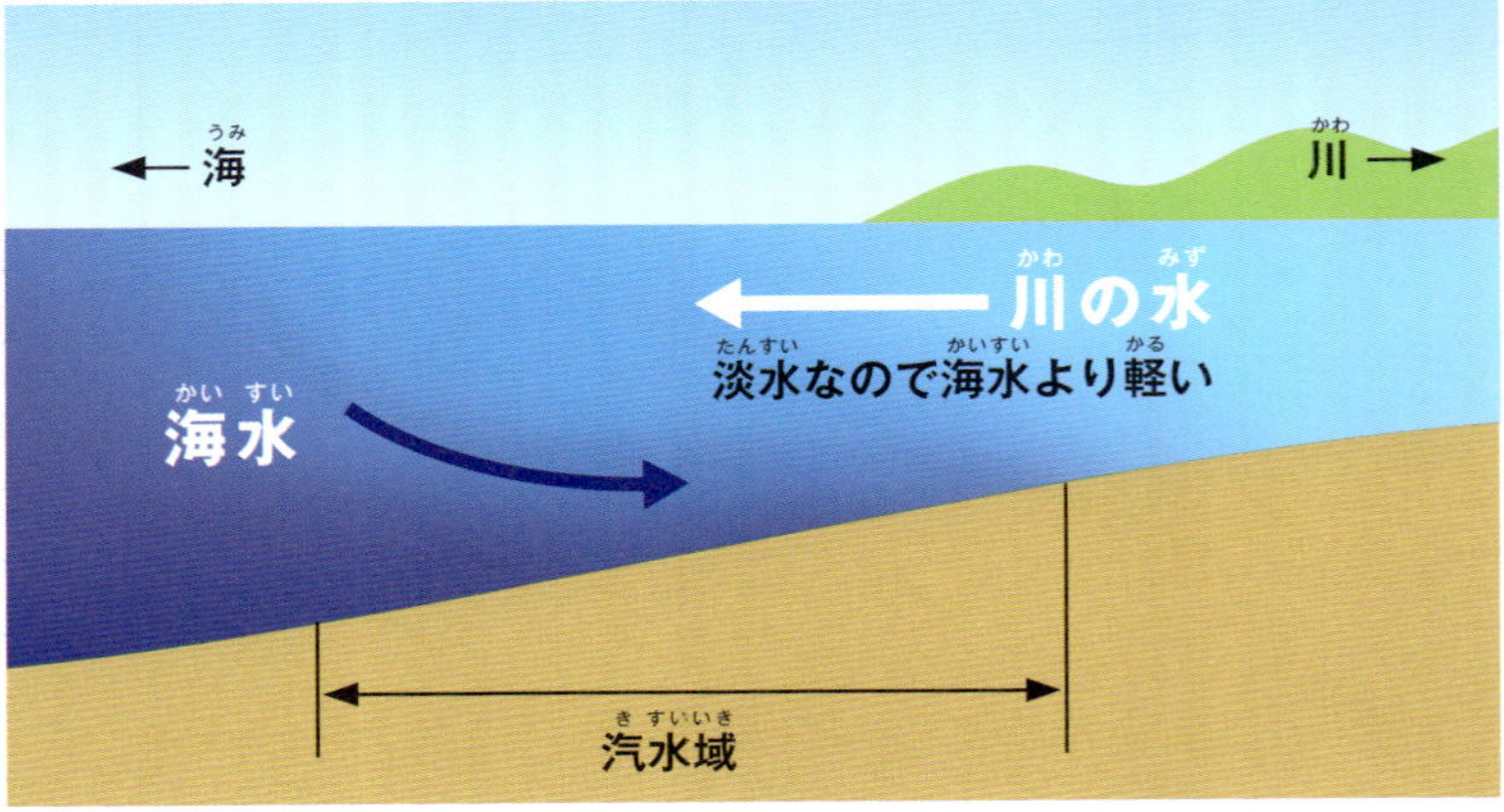

実《じつ》は出世魚《しゅっせうお》の1つ。
海《うみ》でもよく見《み》かけるが、小《ちい》さいときは
川《かわ》をのぼってくることも!

ボラ

海《うみ》から川《かわ》に来《き》て
成長《せいちょう》する

ウナギ

2つの腹《はら》びれがくっついて
吸盤《きゅうばん》みたいになっているから水《みず》に
流《なが》されにくい!

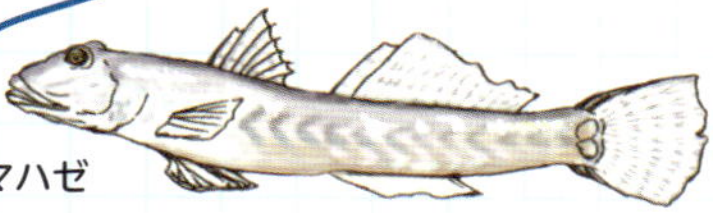

マハゼ

ハゼの仲間《なかま》の多《おお》くが
海《うみ》と川《かわ》を行《い》き来《き》する

シジミ

砂《すな》の中《なか》に
もぐっているよ
貝《かい》の中《なか》には砂《すな》が
たくさん。

栄養素《えいようそ》はアサリよりも多《おお》い

やってみよう!「砂抜《すなぬ》き」

この中《なか》にシジミを入《い》れてしばらく放《ほう》っておくと体《からだ》の中《なか》の砂《すな》が出《で》てくる

水《みず》1000mlに食塩《しょくえん》3gを入《い》れる

私は海《うみ》に棲《す》む「アサリ」です

最大《さいだい》6cm!
いろいろな
模様《もよう》がある

3パーセント食塩水《しょくえんすい》で砂抜《すなぬ》きができる

100mlの水《みず》と3gの食塩《しょくえん》

☆シジミやアサリの中《なか》に小《ちい》さな「カニ」がいることもあるよ。見《み》つけたらラッキー!

陸《りく》と海《うみ》の境目《さかいめ》

海《うみ》は時間《じかん》や日《ひ》によって海水面《かいすいめん》の高《たか》さが変《か》わる。そのため、ふだんは海《うみ》の中《なか》だけど、一日《いちにち》のうち数時間《すうじかん》だけは陸上《りくじょう》になるという不思議《ふしぎ》な場所《ばしょ》があるんだ。それを「潮間《ちょうかん》帯《たい》」というよ。いわゆる「磯《いそ》」と呼《よ》ばれるところだ。時間《じかん》によっては「急激《きゅうげき》な温度《おんど》の変化《へんか》」や「乾燥《かんそう》」に耐《た》えなければならない過酷《かこく》な場所《ばしょ》なんだ。そして、海水《かいすい》の中《なか》に含《ふく》まれる塩《しお》の量《りょう》がどんどん濃《こ》くなるのもこの潮間帯《ちょうかんたい》の特徴《とくちょう》。でも、波《なみ》が激《はげ》しい分《ぶん》、水《みず》の中《なか》にたくさん酸素《さんそ》が入《はい》ってくる貴重《きちょう》な場所《ばしょ》でもあるんだ。動物《どうぶつ》も植物《しょくぶつ》も、自分《じぶん》たちが棲《す》めるギリギリの場所《ばしょ》で精一杯《せいいっぱい》生《い》きている。どの高《たか》さにどんな生《い》き物《もの》がいるのか調《しら》べてみよう。何《なに》かおもしろい発見《はっけん》があるかもしれない。

アラレタマキビガイ

イワガニ

イトマキヒトデ

日本《にほん》のとある海岸《かいがん》にて

海藻《かいそう》も深《ふか》さに（高《たか》さ）によって
種類《しゅるい》がちがうよ！
潮上帯《ちょうじょうたい》
飛沫帯《ひまつたい》ともいうよ！
波《なみ》しぶきが飛《と》んでくる
高潮線《こうちょうせん》
潮間帯《ちょうかんたい》
(満潮時《まんちょうじ》
ここまで海面《かいめん》が
上《あ》がってくる)
海水《かいすい》につかる時間《じかん》と
つからない時間《じかん》がある
カメノテ
イワフジツボ
ムラサキインコガイ
その場《ば》から
動《うご》けない！
ベッコウカサガイ
潮《しお》だまり
（タイドプール）が
できることも
貝《かい》ではないよ
甲殻類《こうかくるい》だ！
生物《せいぶつ》の分布《ぶんぷ》（どこにいるか）は、
波《なみ》がどれだけ強《つよ》いかなどその場《ば》の
環境《かんきょう》によっても変《か》わってくる！
チシマフジツボ
ウメボシイソギンチャク
低潮線《ていちょうせん》（干潮時《かんちょうじ》ここまで海面《かいめん》が下《さ》がる）
潮下帯《ちょうかたい》
ここより下《した》はずっと海《うみ》の中《なか》！
アメフラシ

海《うみ》のゆりかご　砂浜《すなはま》・藻場《もば》

川《かわ》から海《うみ》へ流《なが》れてきた砂《すな》からできた砂浜《すなはま》。そして、藻場《もば》と呼《よ》ばれる海藻《かいそう》の森《もり》。そこは、魚《さかな》や貝《かい》、カニなど様々《さまざま》な動物《どうぶつ》の「産卵場所《さんらんばしょ》」になる。もちろん、生《う》まれたばかりの子《こ》どもたちが生活《せいかつ》する大切《たいせつ》な場所《ばしょ》でもあるよ。砂浜《すなはま》で産卵《さんらん》する動物《どうぶつ》が多《おお》いのは、砂《すな》だと卵《たまご》が産《う》みやすく、卵《たまご》を食《た》べてしまう他《ほか》の大《おお》きな魚《さかな》が上《あ》がってこられないからともいわれている。藻場《もば》はかくれるところも、エサもたくさんある。

しかし、この砂浜《すなはま》や藻場《もば》はヒトの活動《かつどう》によって数《かず》が減《へ》ってしまっている。もし、卵《たまご》を産《う》む場所《ばしょ》や子《こ》どもが育《そだ》つ場所《ばしょ》がなくなったら、将来《しょうらい》その生《い》き物《もの》はどうなってしまうかな？　考《かんが》えてみよう。

砂浜《すなはま》（干潟《ひがた》）

砂《すな》にもぐって
生活《せいかつ》する生《い》き物《もの》が
たくさん！

知《し》っとく！

陸《りく》から入《はい》ってくる生活《せいかつ》排水《はいすい》の中《なか》の栄養分《えいようぶん》を吸収《きゅうしゅう》・分解《ぶんかい》するので、水質浄化《すいしつじょうか》にとっても大切《たいせつ》な場所《ばしょ》！

おまけ

「ちりめんじゃこにかくれた『ちびっこ』を探《さが》せ！」

ちりめんじゃことは、カタクチイワシなどの仔稚魚《こちぎょ》を食塩水《しょくえんすい》で煮《に》たあ

藻場《もば》

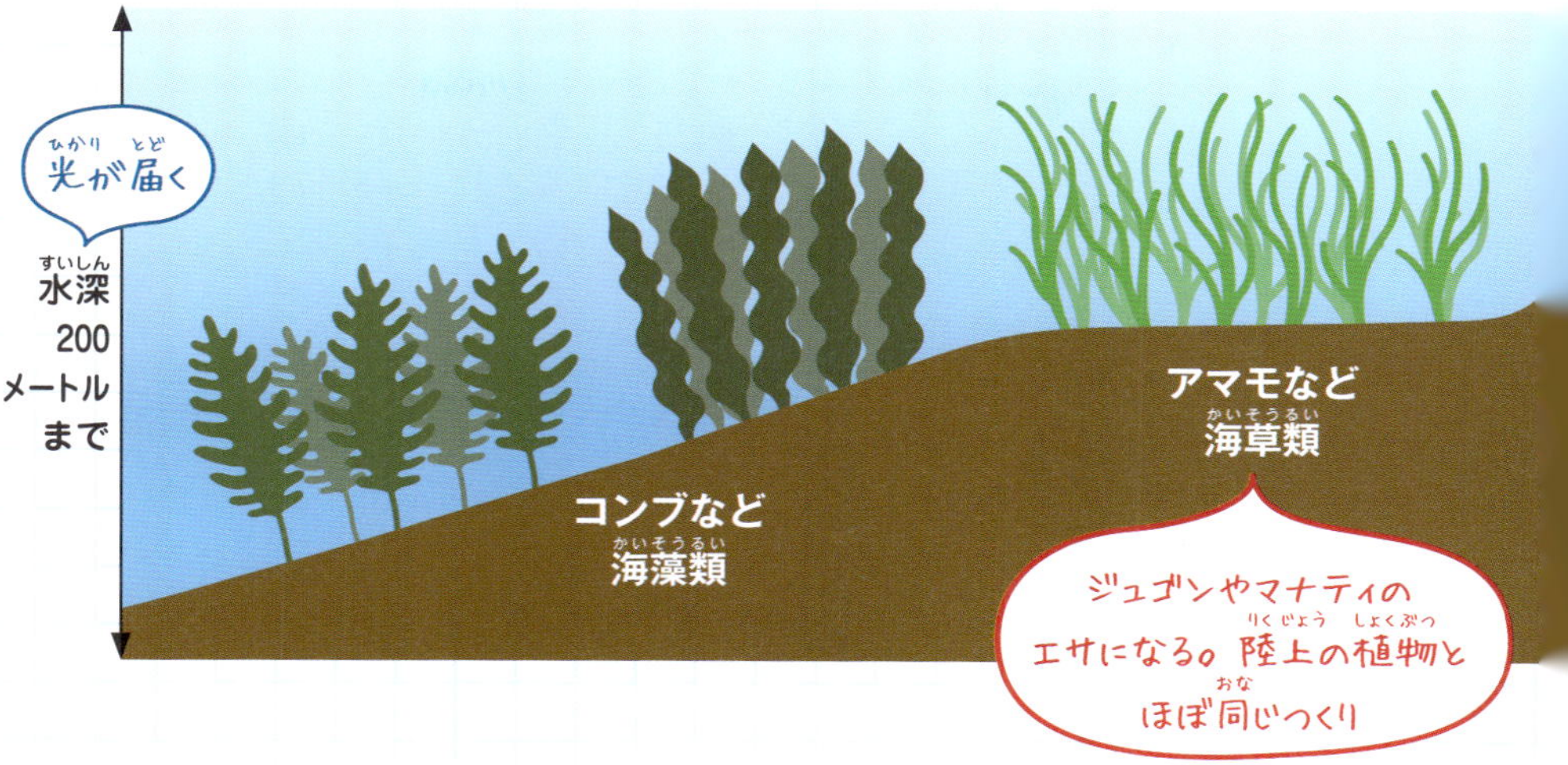
光《ひかり》が届《とど》く
水深《すいしん》
200
メートル
まで
コンブなど
海藻類《かいそうるい》
アマモなど
海草類《かいそうるい》
ジュゴンやマナティの
エサになる。陸上《りくじょう》の植物《しょくぶつ》と
ほぼ同《おな》じつくり

☆子《こ》どもが育《そだ》つ場所《ばしょ》がなくなったら、大人《おとな》になれないよね。だから、生《い》き物《もの》を守《まも》るために
様々《さまざま》な地域《ちいき》で人々《ひとびと》は砂浜《すなはま》や藻場《もば》を守《まも》ろうとしているんだよ

と、天日《てんぴ》などで干《ほ》した食品《しょくひん》のことだ。昔《むかし》ながらの方法《ほうほう》で作《つく》られたちりめんじゃこの中《なか》には、他《ほか》の生《い》き物《もの》の子《こ》どもたちがたくさん。虫眼鏡《むしめがね》を片手《かたて》によ～く探《さが》してみよう。意外《いがい》な生《い》き物《もの》がいるかもしれない。

シラス（カタクチイワシの稚魚《ちぎょ》）

メガロパ
（カニの幼生《ようせい》）

深海魚《しんかいぎょ》の稚魚《ちぎょ》が
見《み》つかることも！

このときはまだ
ひらべったくない

ボウエンギョの稚魚《ちぎょ》

タコの幼生《ようせい》

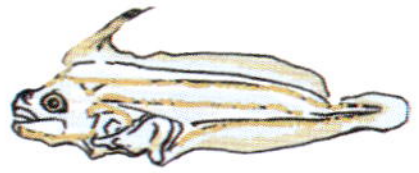

ヒラメの稚魚《ちぎょ》

色《いろ》とりどりの世界《せかい》 サンゴ礁《しょう》

サンゴ礁《しょう》は、サンゴや貝殻《かいがら》などからできた地形《ちけい》のこと。海全体《うみぜんたい》のごくわずかにしか存在《そんざい》しないけれど、海《うみ》の生《い》き物《もの》の4分《ぶん》の1がこのサンゴ礁《しょう》に関係《かんけい》している。たくさんの生《い》き物《もの》がいて、しかもサンゴが骨格《こっかく》を作《つく》るときに水中《すいちゅう》の二酸化《にさんか》炭素《たんそ》を減《へ》らしていることから、「海《うみ》の熱帯雨林《ねったいうりん》」とも呼《よ》ばれているよ。サンゴの色《いろ》や、サンゴに共生《きょうせい》している褐虫藻《かっちゅうそう》によっても色《いろ》が変《か》わるから、ずいぶんカラフルな「熱帯《ねったい》雨林《うりん》」になるね。

防波《ぼうは》ていの役目《やくめ》

外《そと》からくる波《なみ》をくだいて小《ちい》さくする
リーフエッジ
波《なみ》おだやか
アウトリーフ
インリーフ
ドロップオフ

知っとく《し》！

サンゴ礁《しょう》は消波《しょうは》ブロックと同《おな》じ効果《こうか》がある！

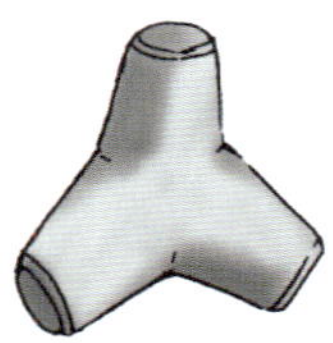

たくさんの生《い》き物《もの》の棲《す》みか

世界《せかい》の生物種《せいぶつしゅ》約《やく》170万種《まんしゅ》のうち、9万種《まんしゅ》以上《いじょう》の生物《せいぶつ》がサンゴ礁《しょう》にいるといわれているよ！

しかし…サンゴ礁《しょう》は減少《げんしょう》しつつある！

オニヒトデの大量発生《たいりょうはっせい》

サンゴは私《わたし》のごはんです

赤土《あかつち》の混入《こんにゅう》

水《みず》がにごると褐虫藻《かっちゅうそう》が死《し》んでしまう

地球温暖化《ちきゅうおんだんか》（水温上昇《すいおんじょうしょう》）

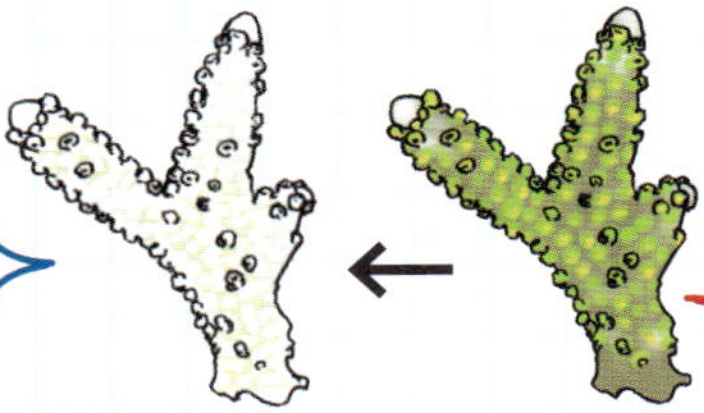
褐虫藻《かっちゅうそう》が逃《に》げてしまい、生《い》きていけない
「白化《はっか》」という

▼おまけ

「ブダイが作《つく》る白《しろ》い砂浜《すなはま》」

ブダイという魚《さかな》の仲間《なかま》は、サンゴを骨格《こっかく》ごとかじって食《た》べてしまう。海《うみ》の中《なか》にもぐって食事中《しょくじちゅう》のブダイに近《ちか》づくと、ボリ、ボリ、と音《おと》が聞《き》こえてくるよ（本当《ほんとう》に！）。フンとして出《だ》す白《しろ》いものは、サンゴの骨格《こっかく》に含《ふく》まれていた成分《せいぶん》で、炭酸《たんさん》カルシウムという。１匹《ぴき》で毎年《まいとし》何百《なんびゃく》キログラムもの砂《すな》を作《つく》っているといわれているんだ。

ブダイ

サンゴ礁《しょう》の土台《どだい》は私《わたし》が作《つく》りました
いろんな種類《しゅるい》のブダイがいるよ

光《ひかり》が届《とど》かない世界《せかい》 深海《しんかい》

海《うみ》の約《やく》80パーセントが、光《ひかり》の届《とど》かない世界《せかい》、深海《しんかい》だ。そして、光《ひかり》が届《とど》かないだけでなく、まわりから強《つよ》い力《ちから》（水《すい》圧《あつ》）で押《お》され続《つづ》ける過酷《かこく》な環境《かんきょう》でもある。そんな中《なか》でも、様々《さまざま》な生《い》き物《もの》が、想像《そうぞう》もしなかった形《かたち》で生《い》き延《の》びている。生《い》きた化石《かせき》といわれているシーラカンスやオウムガイも深海《しんかい》に棲《す》んでいる。毎年新種《まいとししんしゅ》が見《み》つかるという、なぞが多《おお》い「深海《しんかい》」は、今後《こんご》も研究《けんきゅう》が進《すす》められていくだろう。深海《しんかい》の生物《せいぶつ》を知《し》り、調《しら》べることは生物《せいぶつ》の進化《しんか》を解明《かいめい》するうえでも非常《ひじょう》に重要《じゅうよう》なことなんだ。

見《み》ることをやめた動物《どうぶつ》

フクロウナギ
大《おお》きな生《い》き物《もの》もひとのみ!
クジラの死《し》がいなどの中《なか》でくらす「鯨骨魚類《げいこつぎょるい》」
もともとは目《め》を持《も》っていた
ヌタウナギ
ヌメヌメした粘液《ねんえき》（ヌタ）をたくさん出《だ》す

実は…… → P134

わずかな光《ひかり》を集《あつ》める動物《どうぶつ》

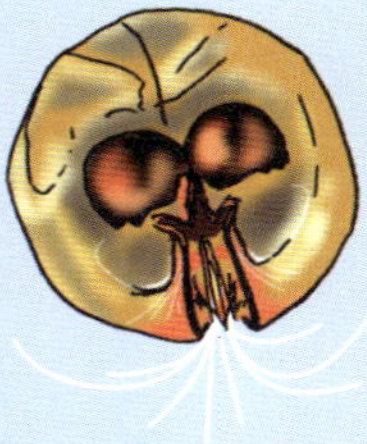
ギガントキプリス
3センチメートルぐらいのウミホタルの仲間《なかま》

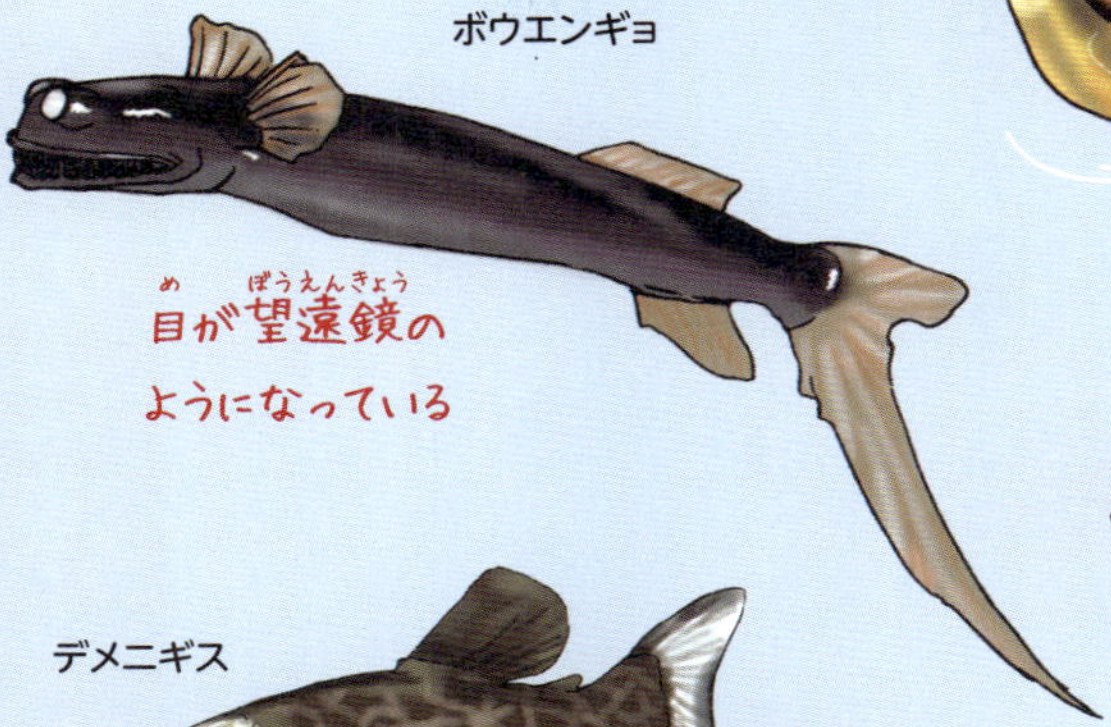
ボウエンギョ
目《め》が望遠鏡《ぼうえんきょう》のようになっている

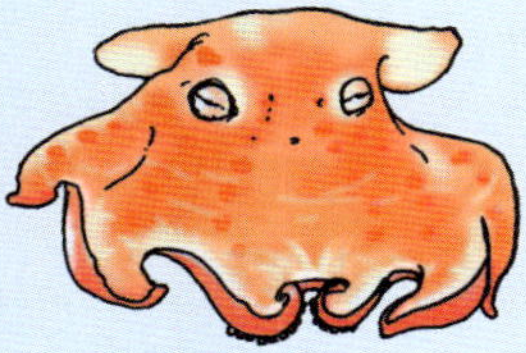
メンダコ
深海《しんかい》のアイドル? 光《ひかり》にびん感《かん》なことがわかっている

デメニギス
頭《あたま》の中《なか》がすけて見《み》えてしまう

おまけ 「深海《しんかい》に降《ふ》り積《つ》もる雪《ゆき》マリンスノー」

深海《しんかい》の映像《えいぞう》の中《なか》で、潜水艦《せんすいかん》のライトに照《て》らされたたくさんの白《しろ》い粒《つぶ》を見《み》たことはないだろうか。その正体《しょうたい》はプランクトンの排《はい》せつ物《ぶつ》(フンなど)や死《し》がいだ。ゆっくりと細菌類《さいきんるい》に分解《ぶんかい》されながら落《お》ちていくマリンスノーは、深海生物《しんかいせいぶつ》の貴重《きちょう》なエサになるよ。

ウナギの幼生《ようせい》

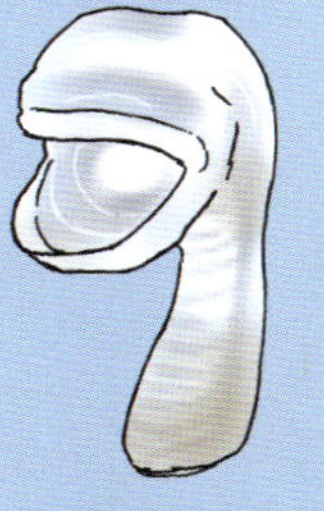
立派《りっぱ》な動物《どうぶつ》だ!
オオグチボヤ

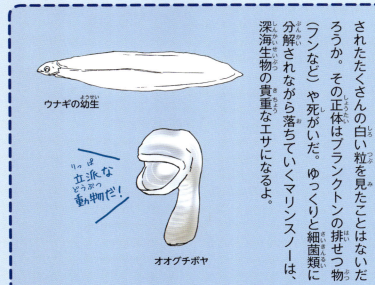

冷《つめ》たいのに凍《こお》らない不思議《ふしぎ》

南極《なんきょく》や北極《ほっきょく》の海《うみ》は、海水《かいすい》が凍《こお》ってしまうほど冷《つめ》たい。そして、凍《こお》るのは海水《かいすい》だけではなく、生《い》き物《もの》の体《からだ》の中《なか》の「水《みず》」も同《おな》じだ。

でも、体《からだ》の中《なか》の水《みず》が凍《こお》ってしまうと、細胞《さいぼう》がこわれてしまうので、生《い》き物《もの》はふつう死《し》んでしまう。そこで、南極《なんきょく》や北極《ほっきょく》の海《うみ》に棲《す》む生《い》き物《もの》は、体《からだ》の中《なか》の水《すい》分《ぶん》を凍《こお》らせない、特別《とくべつ》な「不凍《ふとう》タンパク質《しつ》」を持《も》つように進化《しんか》したんだって。氷《こおり》の下《した》にもいろいろな生《い》き物《もの》が棲《す》んでいるよ。

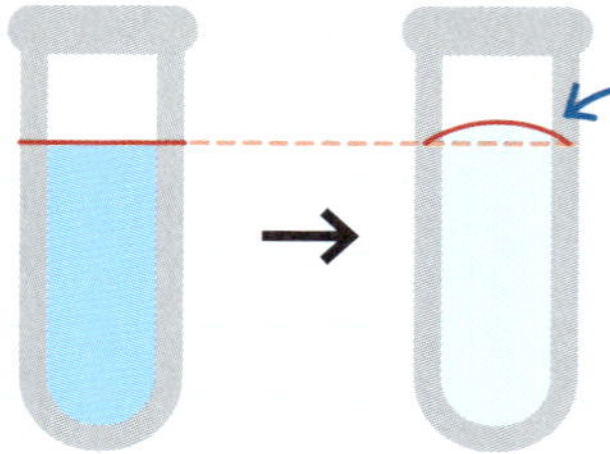

水《みず》を凍《こお》らせると…
20度《ど》
0度《ど》
少《すこ》しだけ大《おお》きくなる（1.1倍《ばい》）

生《い》き物《もの》だと…

中身《なかみ》がふくらむから
細胞《さいぼう》がこわれる
死《し》んでしまう

流氷《りゅうひょう》の天使《てんし》

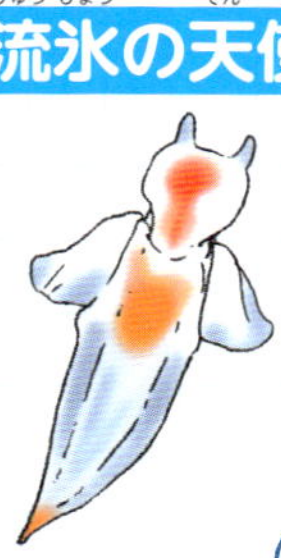

凍《こお》らない
子《こ》どもの頃《ころ》は植物《しょくぶつ》プランクトンを、大人《おとな》になるとミジンウキマイマイ（泳《およ》ぐ巻《ま》き貝《がい》）を食《た》べるよ

クリオネ
（ハダカカメガイ）

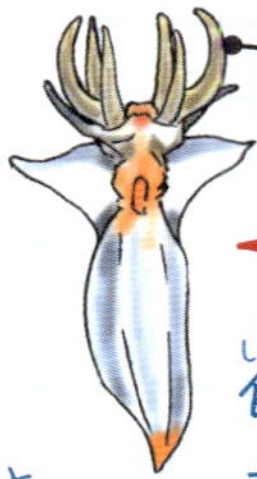

バッカルコーンというよ
肉食《にくしょく》ですから
食事中《しょくじちゅう》はこんな姿《すがた》

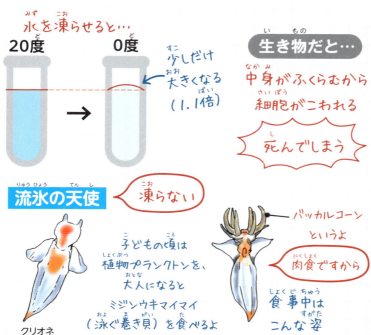

北極《ほっきょく》の海《うみ》

ホッキョクダラ

体《からだ》の中《なか》に不凍《ふとう》タンパク質《しつ》を持《も》っている

マイナス2度《ど》の海《うみ》でも凍《こお》らない!

ジャノメコオリウオ

南極《なんきょく》の海《うみ》

透明《とうめい》な血液《けつえき》を持《も》つ!?

→P171

皮《ひ》ふからも酸素《さんそ》を取《と》り入《い》れている

おまけ「陸上《りくじょう》の凍《こお》らない不思議《ふしぎ》」

陸上《りくじょう》のほうが、温度《おんど》の変化《へんか》は大《おお》きい。そんな中《なか》、緑《みどり》の葉《は》をつけたまま厳《きび》しい冬《ふゆ》を乗《の》りきる植物《しょくぶつ》はたくさんいる。ただ寒《さむ》さに強《つよ》いのではなく、葉《は》の中《なか》に凍《こお》らない物質《ぶっしつ》を増《ふ》やしているんだ。

多《おお》いのは糖分《とうぶん》(甘《あま》い)

「雪下野菜《ゆきしたやさい》」など、冬《ふゆ》の寒《さむ》さを乗《の》り越《こ》えた野菜《やさい》は甘《あま》い!

濃《こ》い砂糖水《さとうみず》は0度《ど》では凍《こお》らない!

サトウカエデ

メープルシロップの原料《げんりょう》サトウカエデの樹液《じゅえき》も同《おな》じ

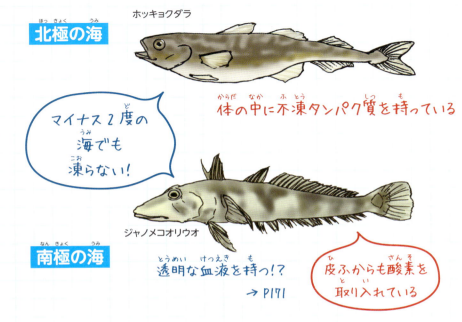

熱《あつ》いのに煮《に》えない不思議《ふしぎ》

海《うみ》の中《なか》にも火山《かざん》がある。その近《ちか》くでは、最高《さいこう》で400度《ど》にもなる「熱水《ねっすい》」がふきだしていて、「熱水噴出孔《ねっすいふんしゅつこう》」と呼《よ》ばれているよ。こんなところにも、生《い》き物《もの》が棲《す》んでいるのだからおどろきだ。

熱水《ねっすい》の中《なか》には硫化水素《りゅうかすいそ》と呼《よ》ばれる物質《ぶっしつ》がとけていて、なんとこれを利用《りよう》する微生物《びせいぶつ》がいるんだ。熱水噴出孔《ねっすいふんしゅつこう》から少《すこ》しはなれたところには、この微生物《びせいぶつ》と「共生《きょうせい》」することで生《い》き延《の》びている他《ほか》の生《い》き物《もの》もいるし、自分《じぶん》の体《からだ》の中《なか》で育《そだ》てている生《い》き物《もの》もいるんだ。

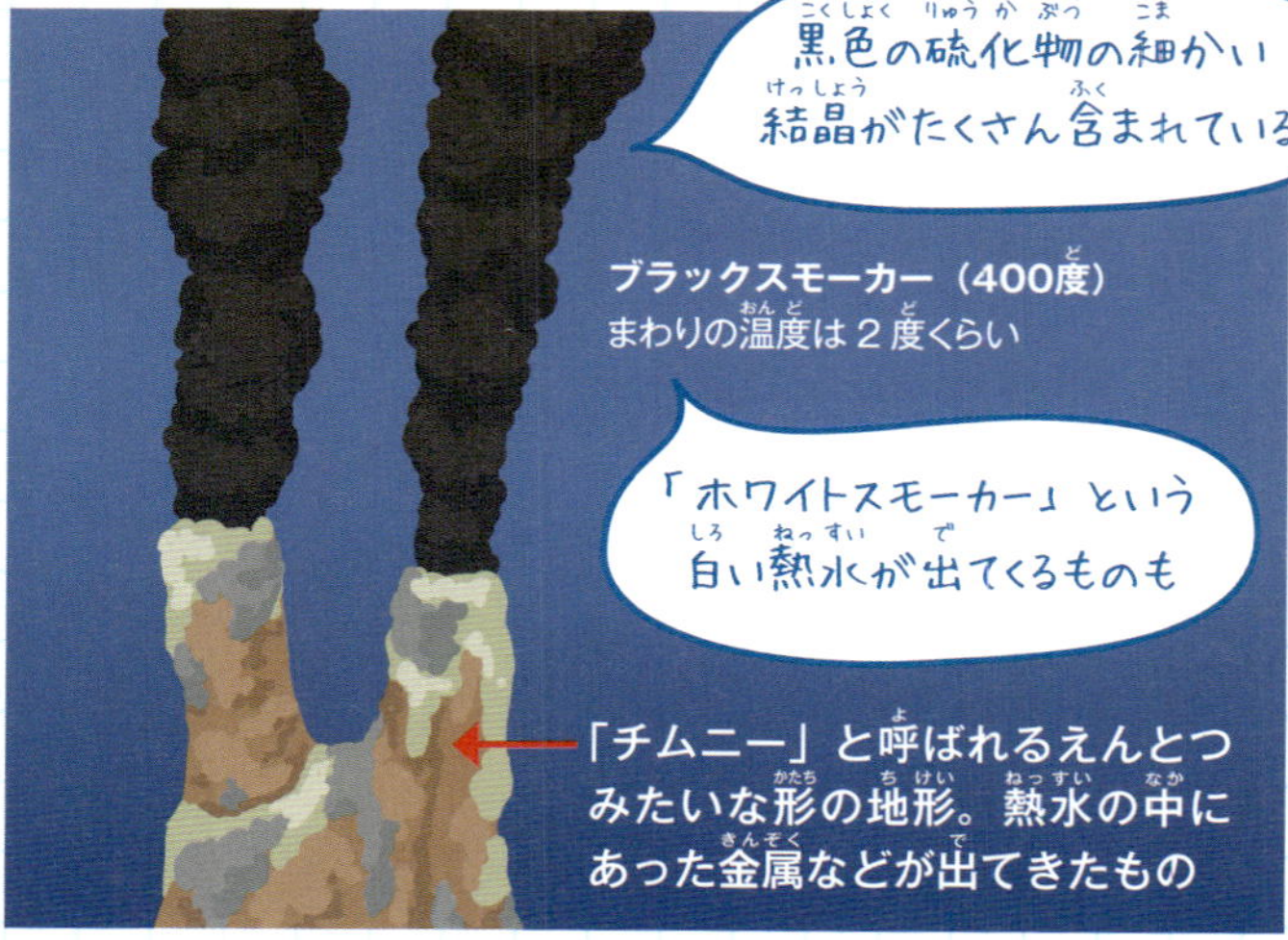
黒色《こくしょく》の硫化物《りゅうかぶつ》の細《こま》かい結晶《けっしょう》がたくさん含《ふく》まれている
ブラックスモーカー（400度《ど》）
まわりの温度《おんど》は２度《ど》くらい
「ホワイトスモーカー」という白《しろ》い熱水《ねっすい》が出《で》てくるものも
「チムニー」と呼《よ》ばれるえんとつみたいな形《かたち》の地形《ちけい》。熱水《ねっすい》の中《なか》にあった金属《きんぞく》などが出《で》てきたもの

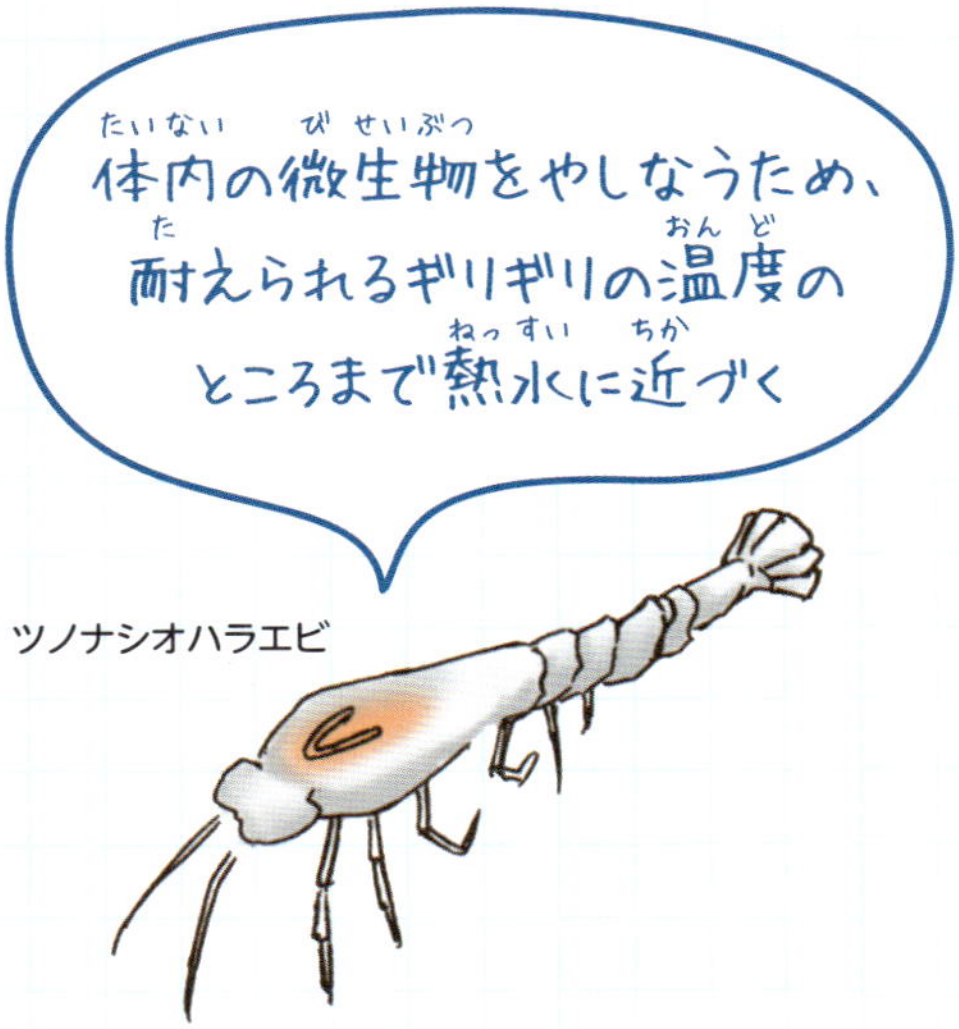
体内《たいない》の微生物《びせいぶつ》をやしなうため、耐《た》えられるギリギリの温度《おんど》のところまで熱水《ねっすい》に近《ちか》づく

ツノナシオハラエビ

なが〜い管《くだ》の中《なか》に棲《す》んでいる

ハオリムシ
(チューブワーム)

鉄《てつ》の鱗《うろこ》を持《も》つ

スケーリーフット

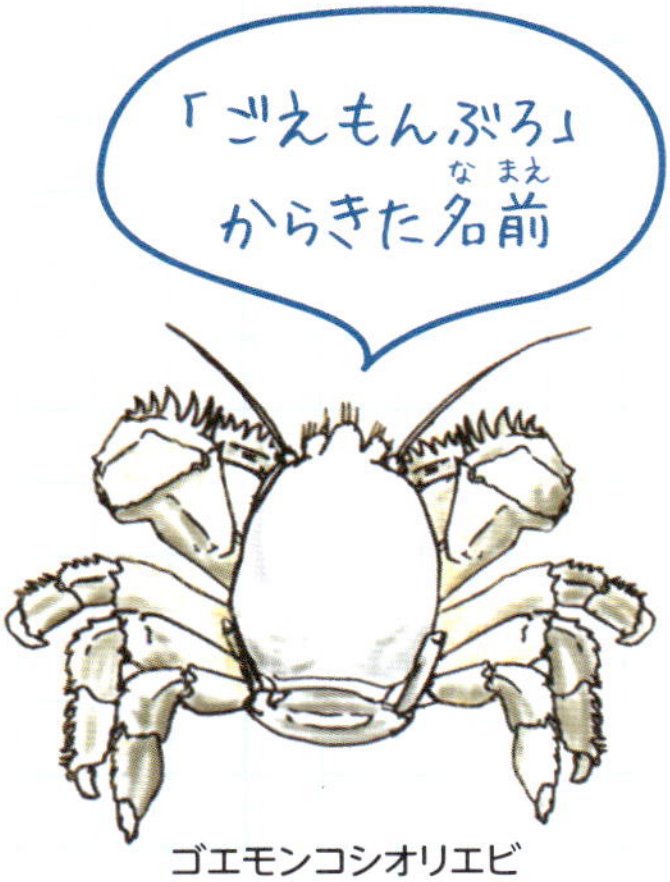
「ごえもんぶろ」からきた名前《なまえ》

ゴエモンコシオリエビ

熱水域《ねっすいいき》とよく似《に》た環境《かんきょう》「冷水湧出帯《れいすいゆうしゅつたい》」

※「冷水《れいすい》」といっても、冷《つめ》たい水《みず》ではなく、まわりの海水《かいすい》とあまり温度《おんど》は変《か》わらない。

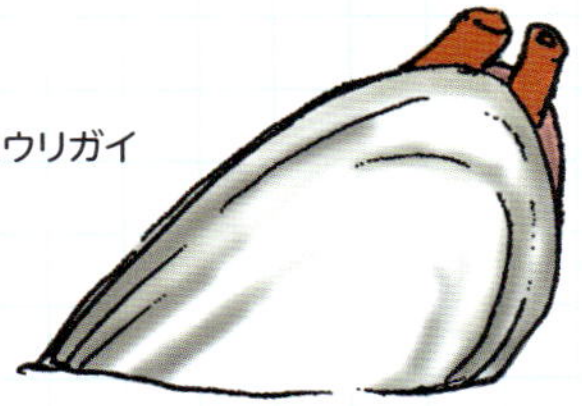
赤《あか》い血液《けつえき》を持《も》つ白《しろ》い貝《かい》。冷水湧出帯《れいすいゆうしゅつたい》からわき出《で》る水《みず》に含《ふく》まれる硫化水素《りゅうかすいそ》やメタンを、共生藻《きょうせいそう》が利用《りよう》して生《い》きている

シロウリガイ

磯《いそ》に行《い》ってみよう

海《うみ》に行《い》ったら泳《およ》ぐのも楽《たの》しいけれど、干潮《かんちょう》（海面《かいめん》が下《さ》がる時間帯《じかんたい》）のときに現《あらわ》れる「岩場《いわば》」で遊《あそ》ぶのもとても楽《たの》しい。

岩場《いわば》のすき間《ま》にできた小《ちい》さな「海《うみ》」には、閉《と》じこめられた生《い》き物《もの》たちがたくさん。じっと水《みず》の中《なか》を見《み》ていると、何《なに》やらモゾモゾ動《うご》くものが目《め》に入《はい》ってくる。それはたいていヤドカリだったり、ヨコエビだったり、イソギンチャクだったりする。魚《さかな》が泳《およ》いでいることもあるし、ウニがゆっくり動《うご》く姿《すがた》を見《み》ることもできるかもしれない。

生《い》き物《もの》たちの生活《せいかつ》を間近《まぢか》で観察《かんさつ》するチャンス。けがをしないように気《き》をつけて、実際《じっさい》に行《い》って見《み》てみよう！

すき間《ま》を見《み》てみよう

イソガニ

岩《いわ》のすき間《ま》

ムラサキウニ

アメフラシ

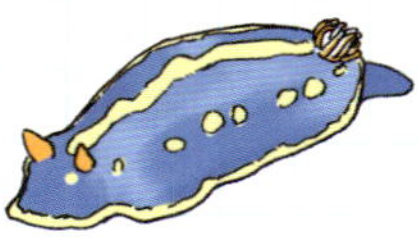

海藻《かいそう》のすき間《ま》

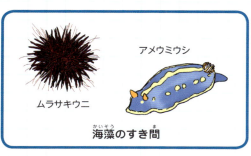

見《み》つけ方《かた》ポイント

潮《しお》だまり（タイドプール）に行《い》ったら、しばらくじっとする

持《も》っていくと便《べん》利《り》!

見《み》つけてもさわらないで! 海《うみ》にいる危険《きけん》な生《い》き物《もの》

注《ちゅう》 潮《しお》だまりであそんでいると、夢中《むちゅう》になって満《み》ち潮《しお》に気《き》づかず、岸《きし》にもどれなくなることがあります。必《かなら》ず大人《おとな》といっしょに行《い》こう。

コラム

図書館《としょかん》は不思議《ふしぎ》の宝庫《ほうこ》

何《なに》かを調《しら》べたいと思《おも》ったとき、キミは何《なに》で調《しら》べているかな。最近《さいきん》だとインターネットで調《しら》べる人《ひと》が多《おお》いかな。

たとえばこの生《い》き物《もの》はなんだろう？と思《おも》ったときに、写真《しゃしん》から調《しら》べることもできるし、特徴《とくちょう》を言葉《ことば》で打《う》ちこんで検索《けんさく》をかけることもできる。他《ほか》にはどんなところに棲《す》んでいるのか、どんな人《ひと》が見《み》つけたのか、どんな様子《ようす》なのか見《み》ることもできるかもしれない。私《わたし》もよくインターネットで情報《じょうほう》を探《さが》す。でも、やっぱり一番確実《いちばんかくじつ》な情報《じょうほう》を、となると、「本《ほん》」を探《さが》すんだ。

たくさんの本《ほん》が並《なら》んでいる図書館《としょかん》は、一日中《いちにちじゅう》いても楽《たの》しい。生《い》き物《もの》について私《わたし》が真《ま》っ先《さき》に向《む》かうのは、子《こ》ども向《む》けのコーナー。あそこほど、わかりやすくて詳《くわ》しい本《ほん》が並《なら》んでいる場所《ばしょ》はなかなかない。その生《い》き物専門《ものせんもん》の本《ほん》もあれば、その生《い》き物《もの》が棲《す》む場所《ばしょ》で見《み》つかる別《べつ》の生《い》き物《もの》の探《さが》し方《かた》なんかも載《の》っている。シリーズになっていて、別々《べつべつ》の生《い》き物《もの》の話《はなし》のはずなのに、全部読《ぜんぶよ》むとどこかで全部世界《ぜんぶせかい》がつながっていることを教《おし》えてくれるものもある。図《ず》や写真《しゃしん》をたくさん使《つか》っているものもあるよ。

インターネットだと、知《し》りたいことが全部《ぜんぶ》１つのページに載《の》っていることってあまりないんだ。だから、検索《けんさく》をするにも頭《あたま》を使《つか》って言葉《ことば》を考《かんが》えなければならないし、その情報《じょうほう》が本当《ほんとう》かどうかも考《かんが》えなければならない。何《なに》かについて深《ふか》く知《し》りたいときは、本《ほん》を一冊《いっさつ》借《か》りて最初《さいしょ》から最後《さいご》まで読《よ》んでみるのもオススメだよ！

陸《りく》のはなし

最初《さいしょ》に陸《りく》に上《あ》がったのは植物《しょくぶつ》
その次《つぎ》は昆虫《こんちゅう》だったそうだ
場所《ばしょ》によって環境《かんきょう》がまったく異《こと》なる世界《せかい》
生物《せいぶつ》の多様性《たようせい》を大《おお》きく生《う》み出《だ》した大地《だいち》
さあ、踏《ふ》み出《だ》そう
進化《しんか》の足跡《あしあと》を追《お》いかけて

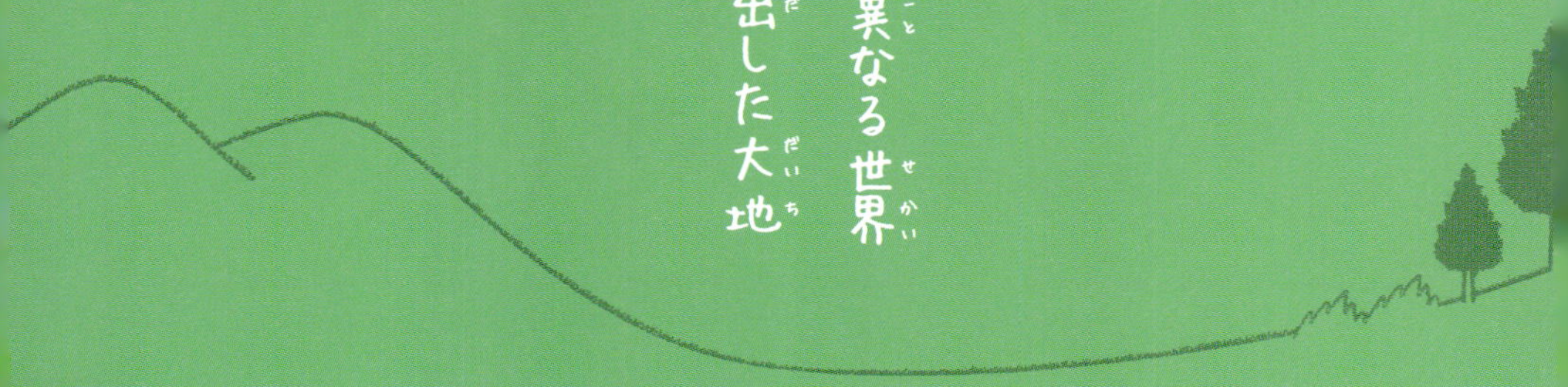

なぞなぞ？

この子《こ》だれの子《こ》？

★★★

1

キャベツ畑《ばたけ》で見《み》つかるかも

2

アブラムシを食《た》べてしまうよ

さわると黄色《きいろ》い汁《しる》を出《だ》す

3

クワの葉《は》を食《た》べてまゆを作《つく》るよ

4

ミカン畑《ばたけ》であいましょう

さわるとくさい角《つの》を出《だ》す！

土《つち》の中《なか》

5

大人《おとな》のオスには立派《りっぱ》な角《つの》があるよ！

6

大人《おとな》のオスはカナカナと鳴《な》くよ

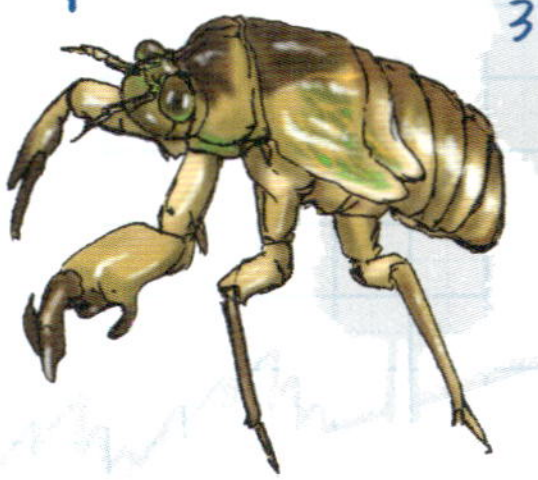

土《つち》の中《なか》にも3年《ねん》？

水《みず》の中《なか》

大人《おとな》になるとすごいスピードで空《そら》を飛《と》べる！

7

大人《おとな》も子《こ》どもも光《ひか》ります

8

大人《おとな》になるとかっこいい甲虫《こうちゅう》になるよ

10

9

あまり人《ひと》には好《す》かれていません

おまけ この子《こ》だれの子《こ》？「さなぎ」編《へん》

とてもきれいな翅《はね》を持《も》つよ

大人《おとな》のメスは時々《ときどき》血《ち》をすいます

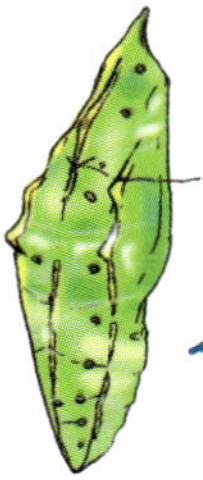

白《しろ》と黒《くろ》の翅《はね》を持《も》つよ

大人《おとな》になったら背中《せなか》に7つ星《ほし》をせおいます

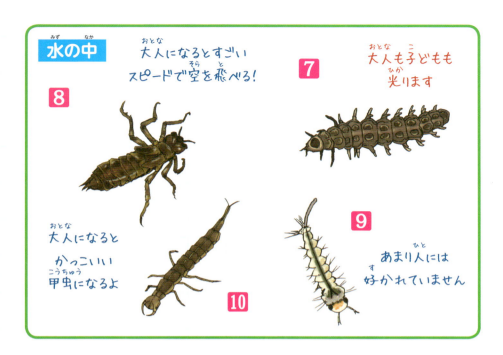

なぞなぞ?

この子《こ》だれの子《こ》?

【解答《かいとう》】

①モンシロチョウ

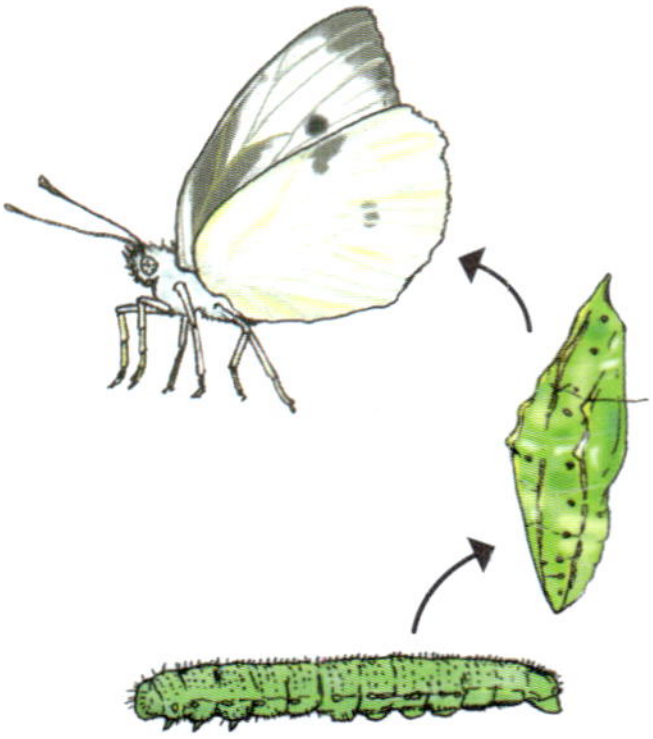

②ナナホシテントウ

③カイコガ

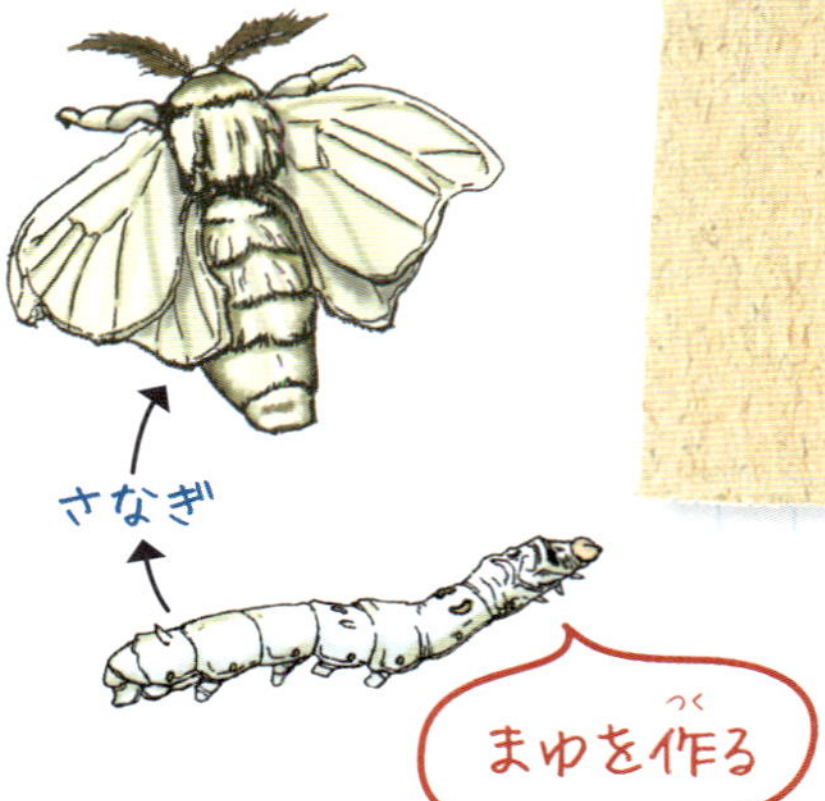
さなぎ
まゆを作《つく》る

④アゲハ（ナミアゲハ）

⑤カブトムシ

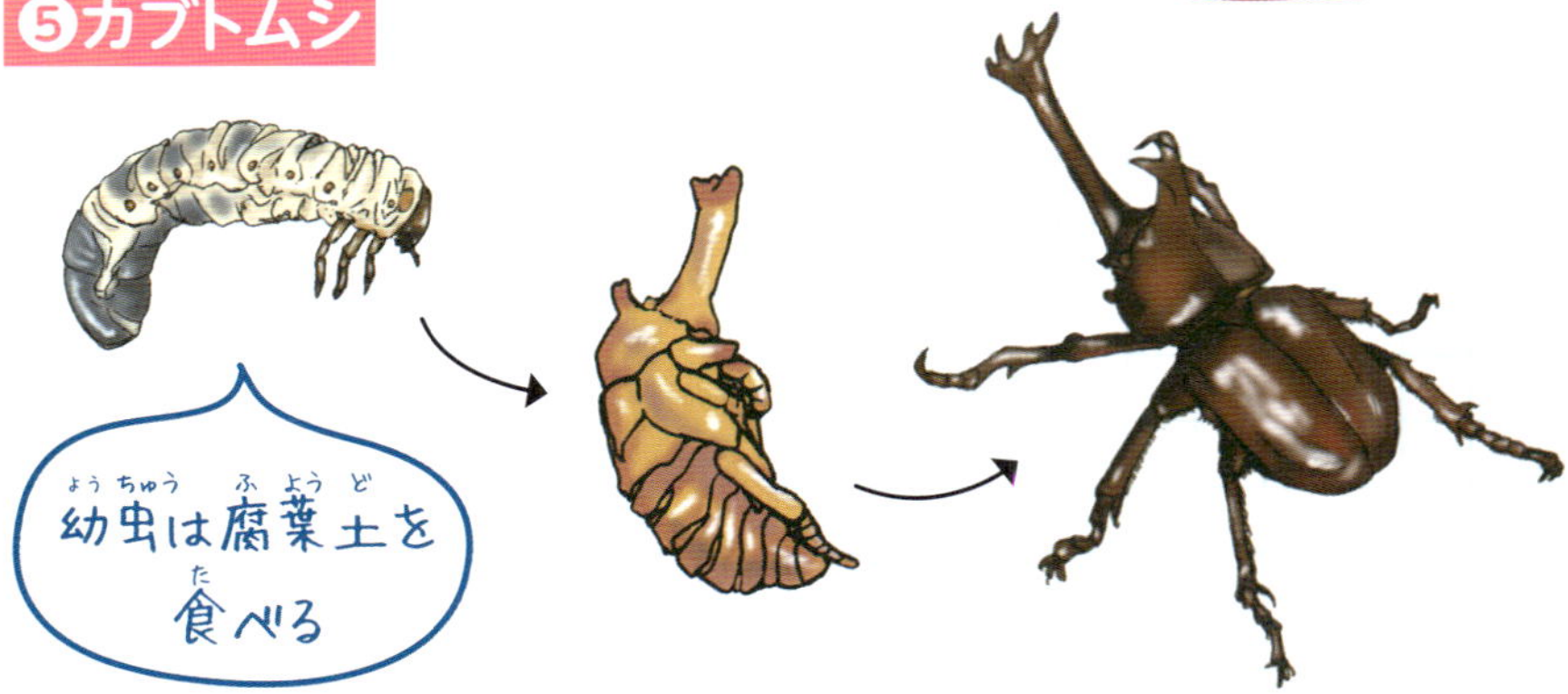
幼虫《ようちゅう》は腐葉土《ふようど》を食《た》べる

⑨アカイエカ

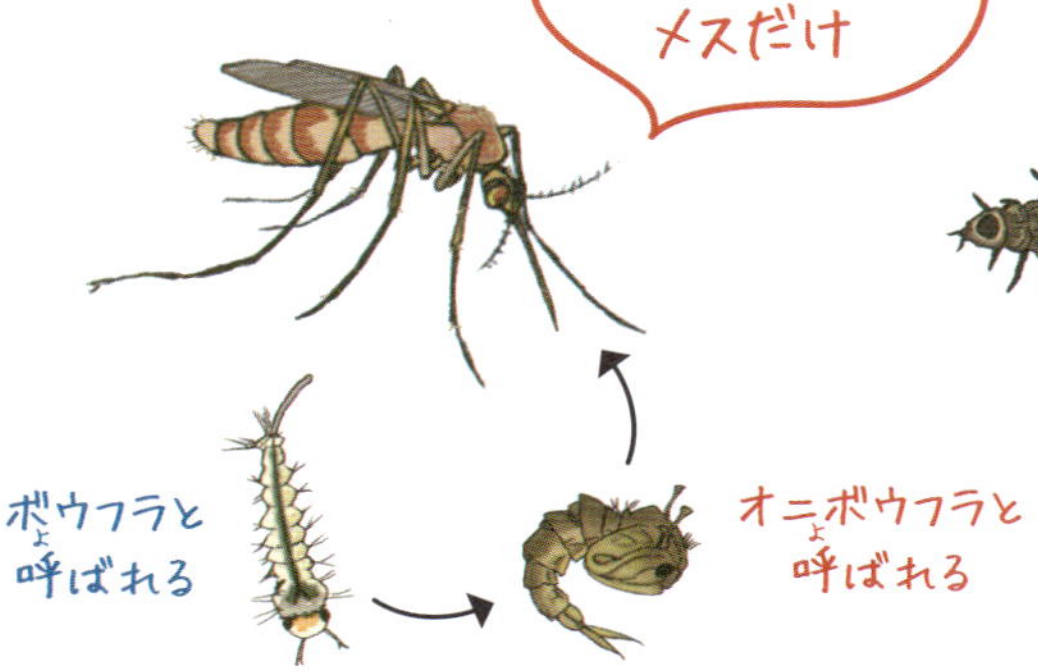

⑦ゲンジボタル

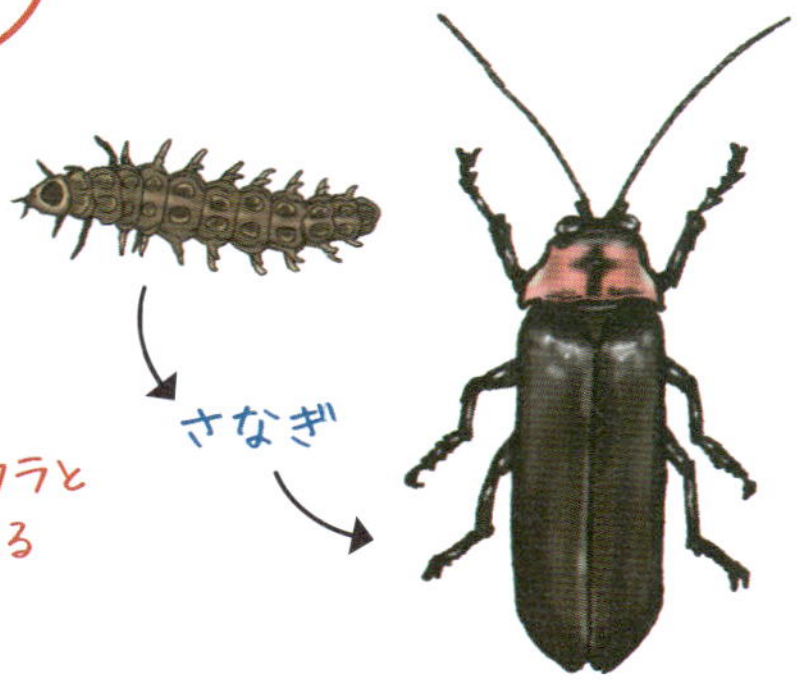

⑩ゲンゴロウ

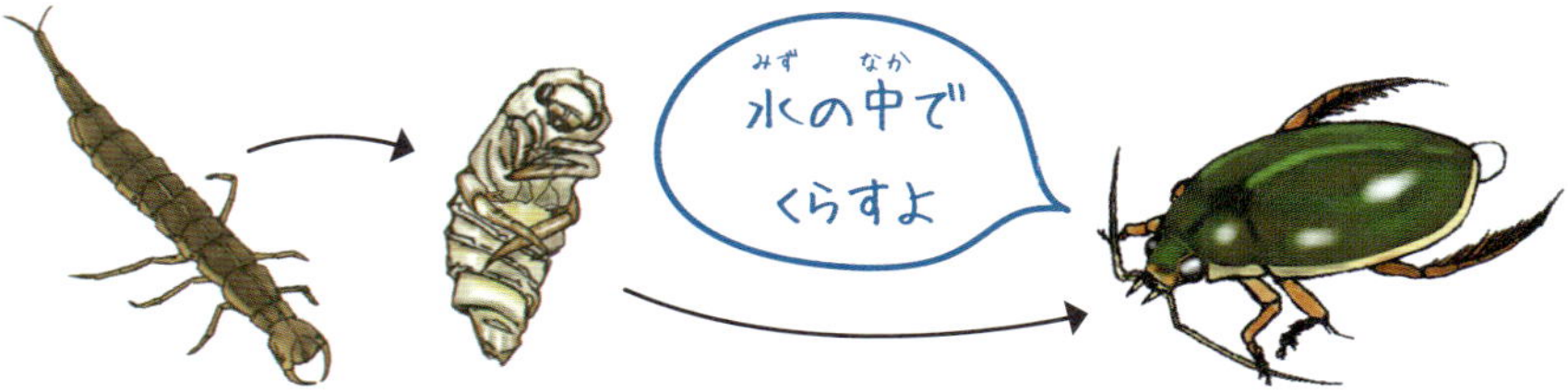

さなぎの時期《じき》がない

⑧オニヤンマ

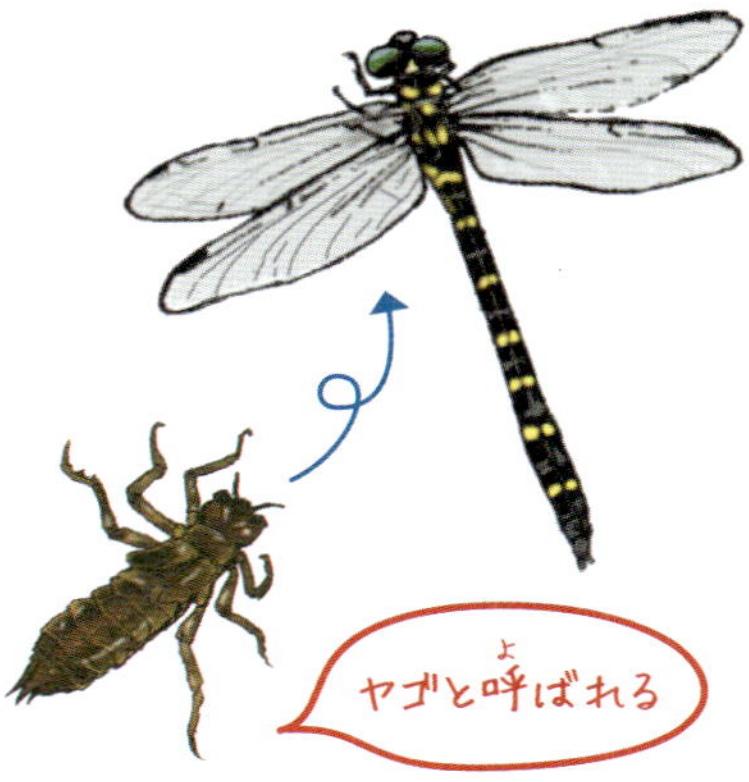

⑥ヒグラシ

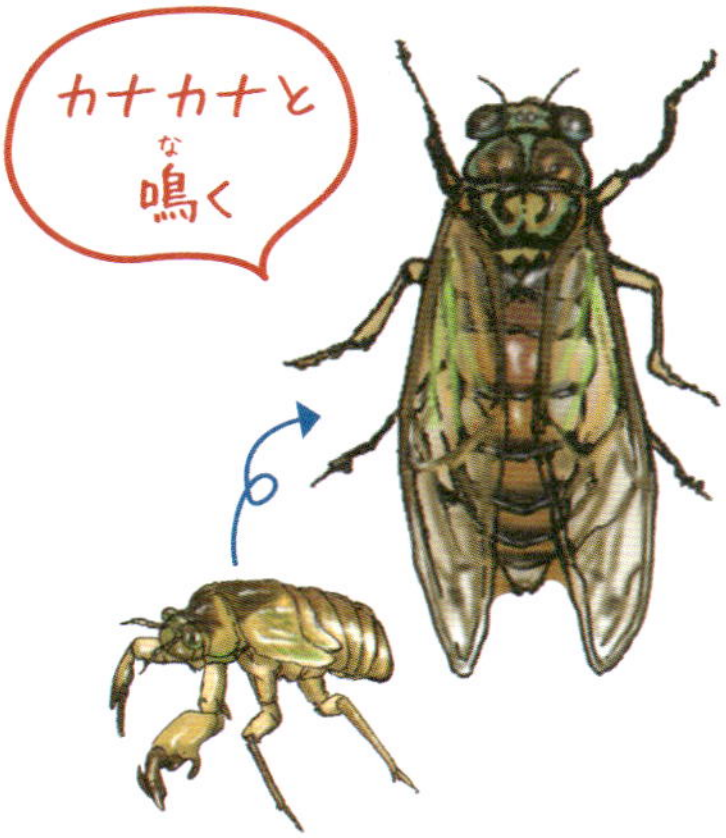

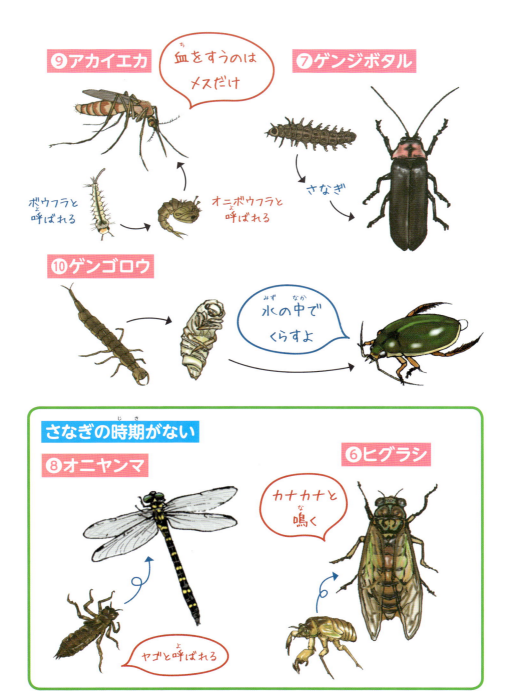

これも虫《むし》、あれも虫《むし》

虫《むし》、というと、キミはどんな生《い》き物《もの》を思《おも》い浮《う》かべるかな。今《いま》では昆虫《こんちゅう》をはじめとする「節足動物《せっそくどうぶつ》」の生《い》き物《もの》を呼《よ》ぶときに使《つか》うことが多《おお》いけど、「虫《むし》」という漢字《かんじ》はもともと「（魚《さかな》や鳥《とり》、獣《けもの》以外《いがい》の）小《ちい》さな生《い》き物《もの》」という意味《いみ》で使《つか》われていたんだ。その証拠《しょうこ》に、この虫《むし》という漢字《かんじ》は、ハ虫類《ちゅうるい》であるヘビの仲間《なかま》の「マムシ」の形《かたち》からできたもの。昔《むかし》の人《ひと》にとって、小《ちい》さな生《い》き物《もの》はまとめて「虫《むし》」だったんだって。

漢字《かんじ》のなりたち

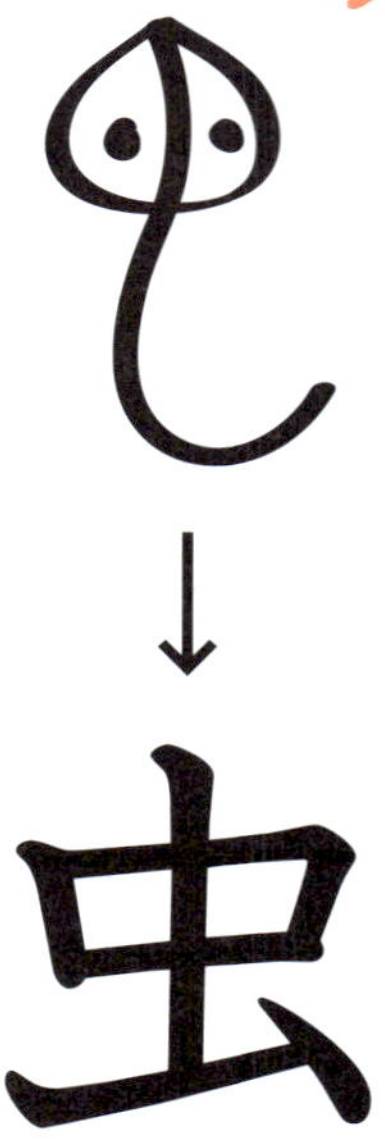

昆虫《こんちゅう》ではないけれど

「虫《むし》へん」がつく漢字《かんじ》

蛇 ヘビ	蛙 カエル	蜆 シジミ	蛸 タコ
蝸 カタツムリ	蛭 ヒル	蚓 ミミズ	蝦 エビ

生《い》き物《もの》ではないけれど…

虹 ニジ …昔《むかし》の人《ひと》は空《そら》の虹《にじ》をヘビに見《み》立《た》てていたんだって！

節足動物《せっそくどうぶつ》

全生物《ぜんせいぶつ》の中《なか》で一番多《いちばんおお》い

昆虫類《こんちゅうるい》

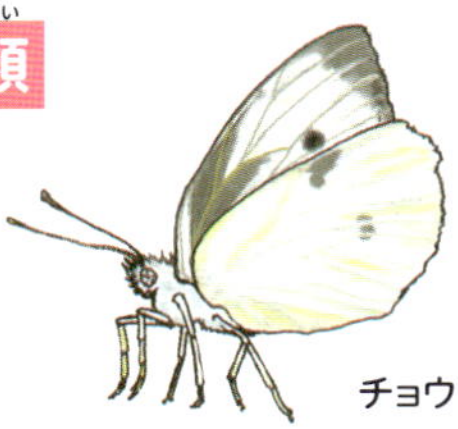

チョウ

昆虫類《こんちゅうるい》の共通点《きょうつうてん》

①足《あし》は6本《ぽん》（3対《つい》）
②頭《あたま》・胸《むね》・腹《はら》の3つに分《わ》かれている
③足《あし》や翅《はね》は胸《むね》から生《は》えている

※翅《はね》はふつう4枚《まい》だけど、2枚《まい》のもの、持《も》たないものもいるよ。

甲殻類《こうかくるい》（エビやカニの仲間《なかま》）

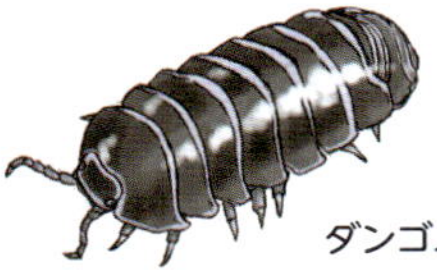

かたい甲《こう》らで身《み》を守《まも》る

ダンゴムシ

鋏角類《きょうかくるい》（クモ、サソリ、ダニ）

触角《しょっかく》がない！
足《あし》は8本《ぽん》

サソリ

多足類《たそくるい》（ムカデ、ヤスデ、ゲジ）

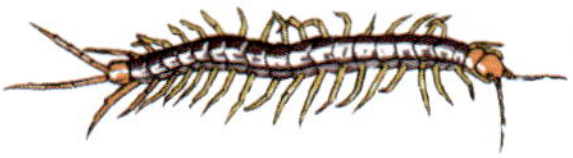

たくさん足《あし》を持《も》っている！

おまけ「あなたは何《なに》むし？」

〈軟体動物《なんたいどうぶつ》〉

カタツムリ

でんでんむし

〈ハ虫類《ちゅうるい》〉

ながむし

マムシ（ヘビ）

〈へん平動物《ぺいどうぶつ》〉

なみうずむし

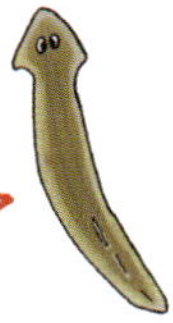

プラナリア

プランクトンの中《なか》にもたくさん「ムシ」がつく生《い》き物《もの》がいる！

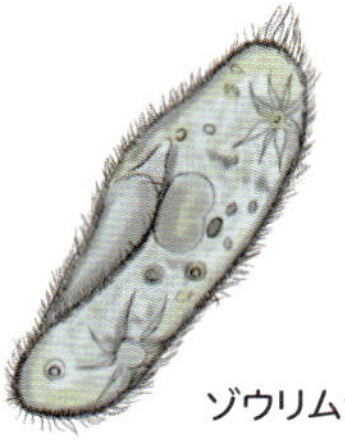

ゾウリムシ

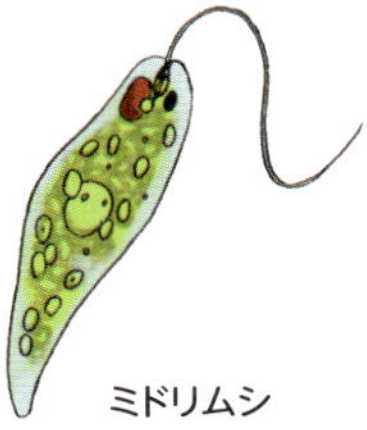

ミドリムシ

ラッパムシ

触角《しょっかく》を持《も》つのはだれ？

触角《しょっかく》とは、主《おも》に節足動物《せっそくどうぶつ》や軟体動物《なんたいどうぶつ》の頭《あたま》にある、2本以上《ほんいじょう》ある角《つの》のように見《み》える細長《ほそなが》いもののことだ。地面《じめん》にいるアリが、盛《さか》んに触角同士《しょっかくどうし》でツンツンしあっている姿《すがた》を見《み》たことはないかな。

その言葉《ことば》どおり、触角《しょっかく》はさわっていろいろなものを確認《かくにん》するためのアンテナだ。確認《かくにん》できるものはたくさんある。ものがあるかどうか、空気《くうき》の流《なが》れ、熱《ねつ》、音《おと》、においや味《あじ》。そして、オスかメスか、仲間《なかま》か敵《てき》かの判断《はんだん》までしているそうだ。動物《どうぶつ》の種類《しゅるい》によって形《かたち》や仕組《しく》みはちがうけれど、どの虫《むし》も触角《しょっかく》の手入《てい》れは欠《か》かさない。前足《まえあし》で器用《きよう》に触角《しょっかく》をきれいにしている姿《すがた》をぜひ見《み》てみてほしい。

あっちにエサがあったよ！
キミは私《わたし》の仲間《なかま》だね！
触角《しょっかく》がないと方向《ほうこう》もわからなくなってしまう

※働《はたら》きアリはみんなメスだよ → P106

形《かたち》はいろいろ

節足動物《せっそくどうぶつ》

甲殻類《こうかくるい》などは2対《つい》の触角《しょっかく》を持《も》つことも

ヒゲコガネ

オナガミズアオ
（オス）

フサフサした触角《しょっかく》は、少《すこ》しのにおい（フェロモン）などを受《う》けとるためといわれているよ

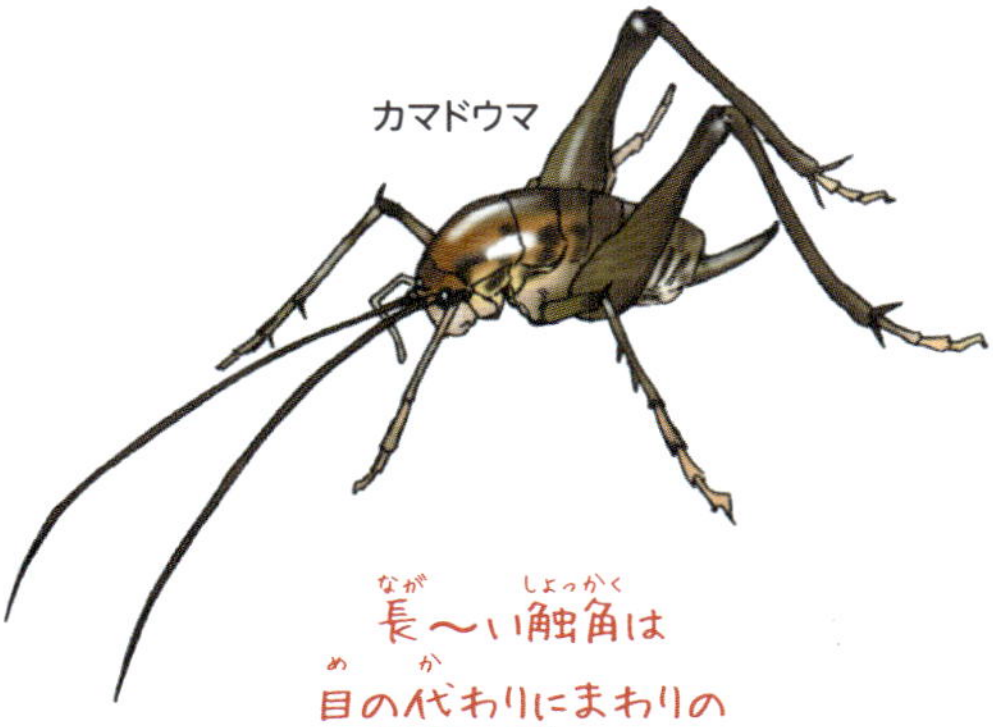

カマドウマ

長《なが》〜い触角《しょっかく》は
目《め》の代《か》わりにまわりの
様子《ようす》を探《さぐ》るため

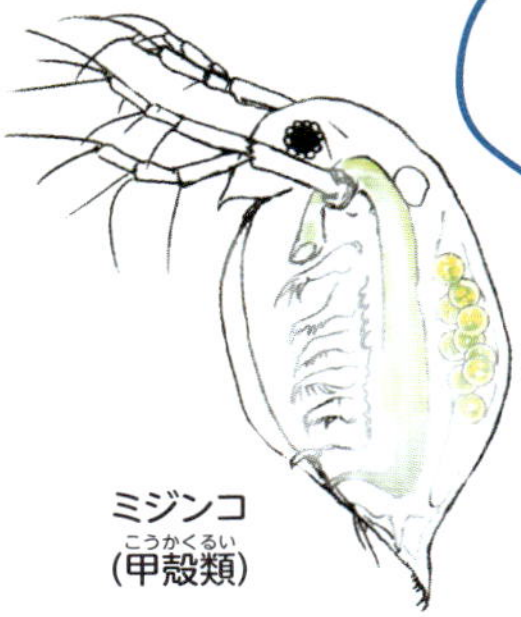

ミジンコ
（甲殻類《こうかくるい》）

泳《およ》ぐのにも使《つか》うよ

軟体動物《なんたいどうぶつ》

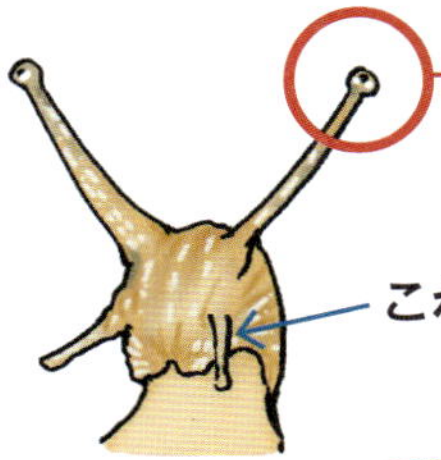

カタツムリ

触角《しょっかく》の先《さき》に目《め》がある

これも触角《しょっかく》

1キロメートル先《さき》のにおいもわかる

ヒゲがないと大変《たいへん》！

ネコなどホ乳類《にゅうるい》のヒゲも触角《しょっかく》と同《おな》じ？
→ P204

アメフラシの目《め》は
触角《しょっかく》と触角《しょっかく》の間《あいだ》！

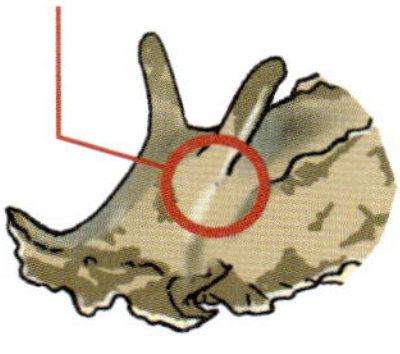

アメフラシ

さなぎになる虫《むし》、ならない虫《むし》

昆虫《こんちゅう》の中《なか》には、さなぎの時期《じき》があるものとないものとがいる。さなぎの時期《じき》がある昆《こん》虫《ちゅう》は、幼虫《ようちゅう》と成虫《せいちゅう》で姿《すがた》もエサもちがうことが多《おお》い。これは、幼虫《ようちゅう》と成虫《せいちゅう》で食《た》べるものを変《か》えて、お互《たが》い食《た》べるものに困《こま》らないようにしたのではないかといわれているよ。見《み》た目《め》も完全《かんぜん》に変《か》わることから、さなぎの時期《じき》がある昆虫《こんちゅう》のことを「完全変態《かんぜんへんたい》」と呼《よ》ぶんだ。

さなぎの中《なか》では、必要《ひつよう》な部品《ぶひん》だけ残《のこ》して、一度《いちど》体《からだ》の大部分《だいぶぶん》をとかして体《からだ》の作《つく》り直《なお》しをしているらしい。動《うご》かないさなぎも、立派《りっぱ》に生《い》きているんだね。

完全変態《かんぜんへんたい》 チョウ・カブトムシ（甲虫類《こうちゅうるい》）・ハチ・アリなど

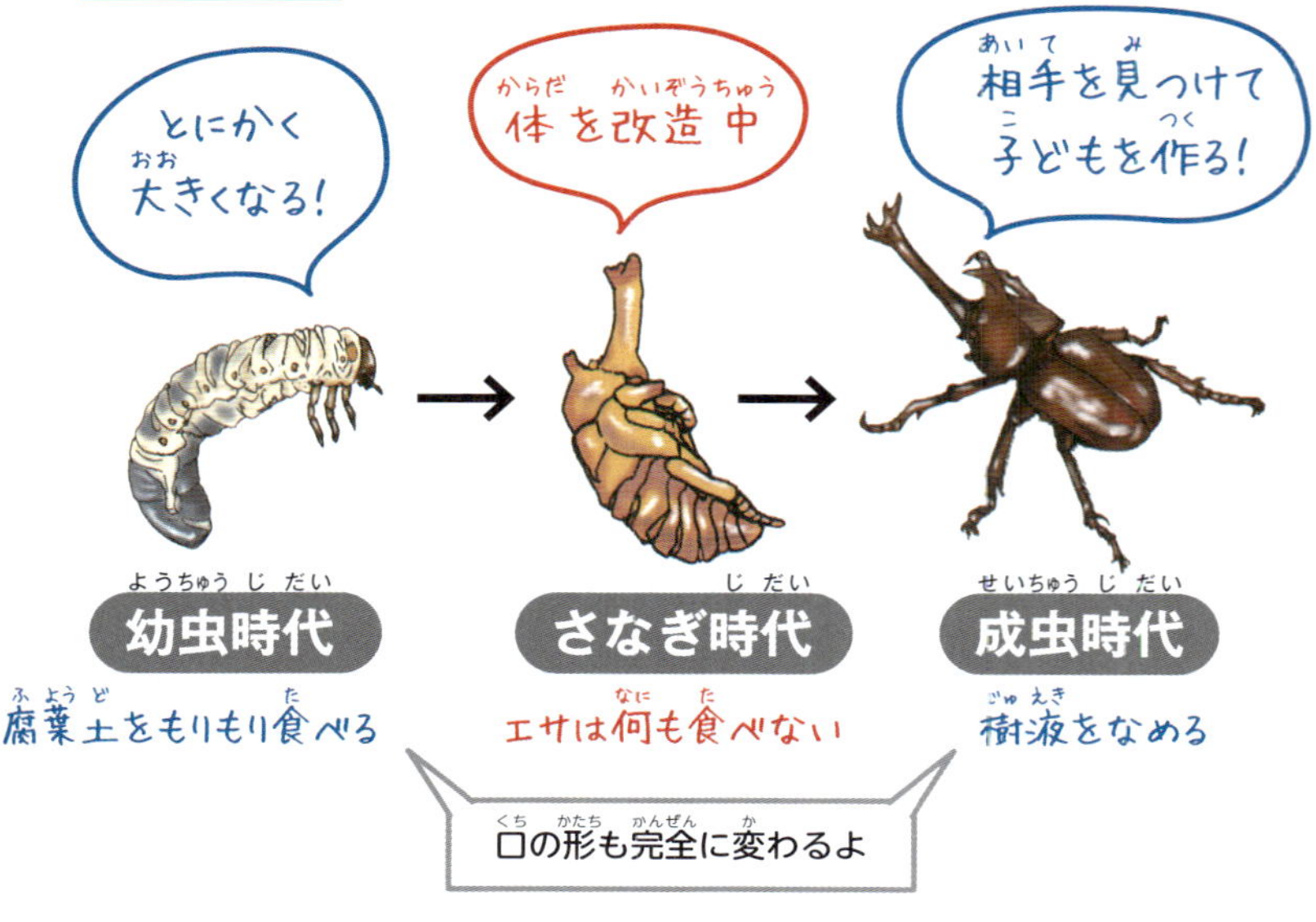

とにかく大《おお》きくなる!
体《からだ》を改造中《かいぞうちゅう》
相手《あいて》を見《み》つけて子《こ》どもを作《つく》る!
幼虫時代《ようちゅうじだい》
さなぎ時代《じだい》
成虫時代《せいちゅうじだい》
腐葉土《ふようど》をもりもり食《た》べる
エサは何《なに》も食《た》べない
樹液《じゅえき》をなめる
口《くち》の形《かたち》も完全《かんぜん》に変《か》わるよ

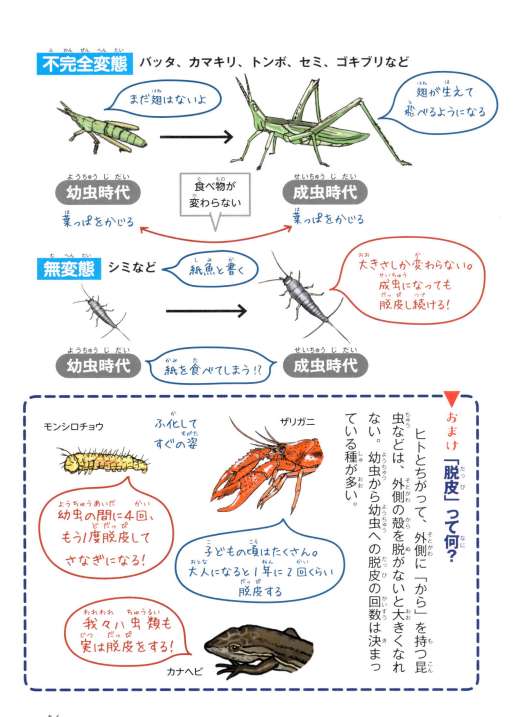

不《ふ》完《かん》全《ぜん》変《へん》態《たい》　バッタ、カマキリ、トンボ、セミ、ゴキブリなど

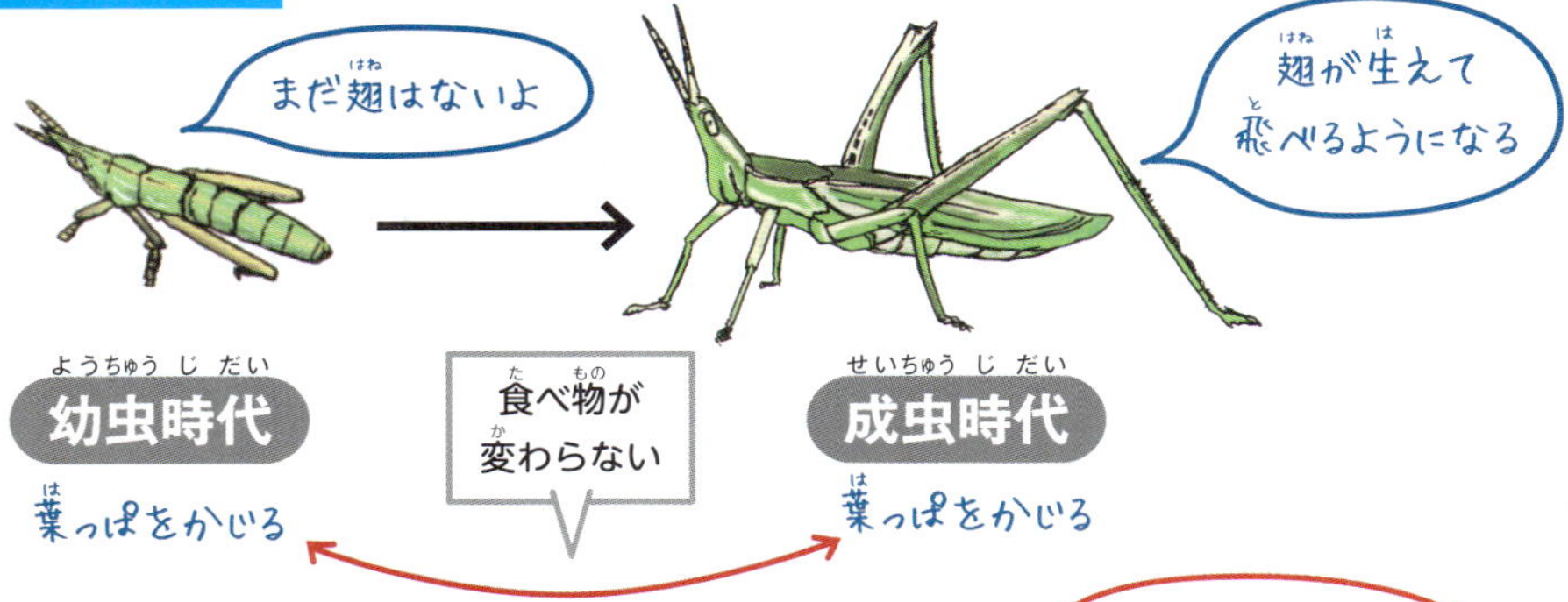

無《む》変《へん》態《たい》　シミなど

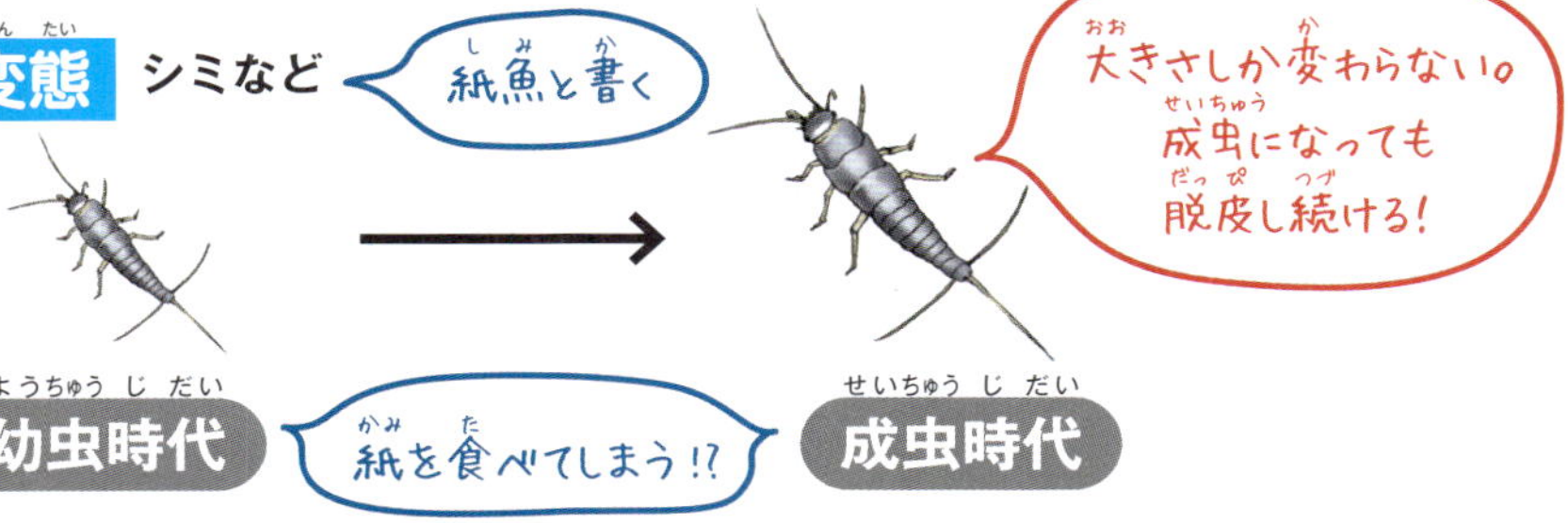

おまけ 「脱皮《だっぴ》」って何《なに》?

ヒトとちがって、外側《そとがわ》に「から」を持《も》つ昆《こん》虫《ちゅう》などは、外側《そとがわ》の殻《から》を脱《ぬ》がないと大《おお》きくなれない。幼虫《ようちゅう》から幼虫《ようちゅう》への脱皮《だっぴ》の回数《かいすう》は決《き》まっている種《しゅ》が多《おお》い。

モンシロチョウ

ザリガニ

カナヘビ

チョウとガって何《なに》がちがうの？

キレイな翅《はね》を持《も》つのがチョウ、地味《じみ》なのがガ……というわけではないのがおもしろい「チョウ目《もく》」のグループ。そう、ガも「チョウ目《もく》」という大《おお》きな仲間《なかま》に入《はい》っている。見分《みわ》け方《かた》はいろいろあるらしい。とまった時《とき》に翅《はね》が閉《と》じていればチョウ、開《ひら》いていればガだとか、チョウは昼間《ひるま》に行動《こうどう》してガは夜《よる》に行動《こうどう》するとか、触角《しょっかく》の形《かたち》がちがうなんてこともいわれているけれど、そのすべてに例外《れいがい》がある。完全《かんぜん》に分《わ》ける方法《ほうほう》はないんだ。海外《かいがい》にはガを表《あらわ》す言葉《ことば》がそもそもないという国《くに》もあるんだよ。

鱗粉《りんぷん》がある翅《はね》を持《も》つ

チョウ目《もく》（鱗翅目《りんしもく》）

21の大《おお》きな仲間《なかま》

チョウの仲間《なかま》

①シャクガモドキ科《か》
②セセリチョウ科《か》
③アゲハチョウの仲間《なかま》
　アゲハチョウ科《か》
　シジミチョウ科《か》
　シロチョウ科《か》など
の３グループ

ガの仲間《なかま》

チョウの仲間《なかま》以外《いがい》すべての18グループ

実《じつ》は、チョウの20～30倍《ばい》の種類《しゅるい》がいるといわれている！

チョウ

昼《ひる》に行動《こうどう》するものが多《おお》い

花《はな》の色《いろ》を見分《みわ》けられる

きれいな翅《はね》をたたんでとまる

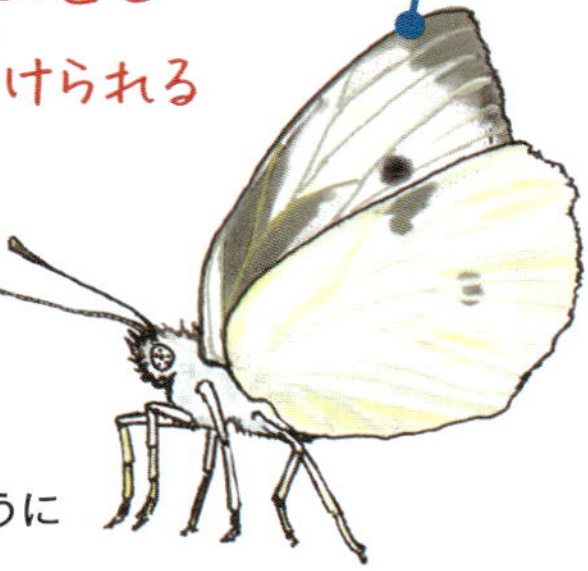

触角《しょっかく》の先《さき》がこん棒《ぼう》のようになっている

モンシロチョウ

ガ

夜《よる》に行動《こうどう》するものが多《おお》い

目《め》の代《か》わりに耳《みみ》（触覚《しょっかく》）が発達《はったつ》。超音波《ちょうおんぱ》が聞《き》こえる

クスサン

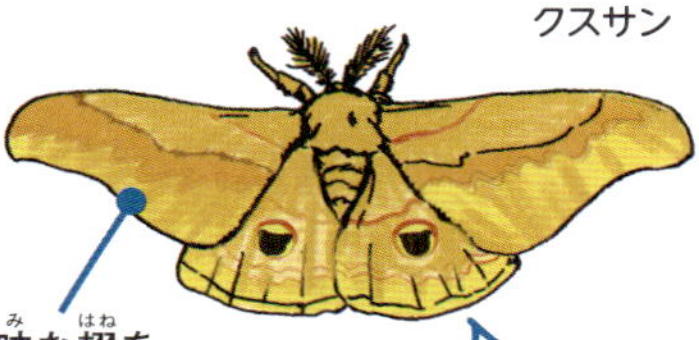

地味《じみ》な翅《はね》を広《ひろ》げてとまる

寒《さむ》さ対策《たいさく》で鱗粉《りんぷん》が増《ふ》えた？

でも、例外《れいがい》もたくさんいる

地味《じみ》だけどチョウの仲間《なかま》です

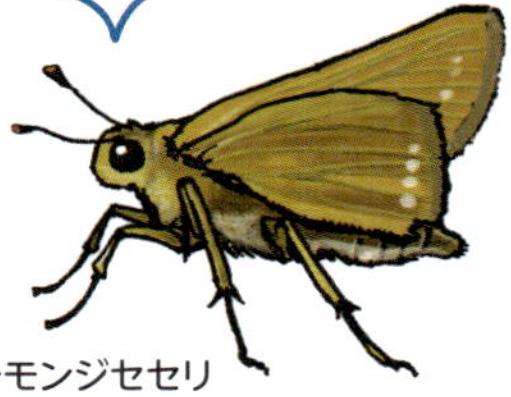

イチモンジセセリ

オオスカシバ（ガ）

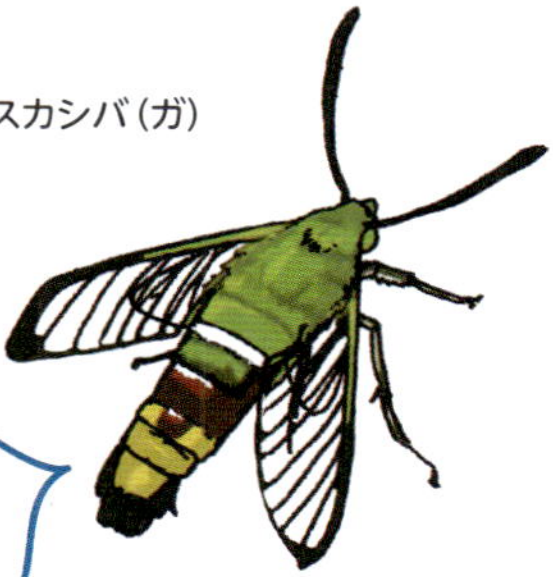

昼《ひる》に行動《こうどう》！でもガの仲間《なかま》だよ

なんと翅《はね》に鱗粉《りんぷん》がない！

名前《なまえ》のとおり、ジャコウアゲハのまねをしているよ。なぜでしょう？

→ P202

アゲハモドキ（ガの仲間《なかま》）

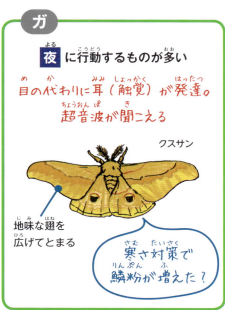

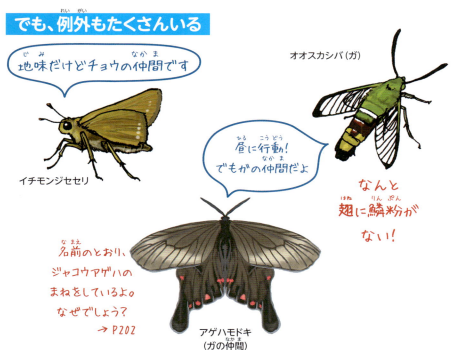

同《おな》じチョウなのに翅《はね》の色《いろ》がちがう!?

チョウってどれぐらい生《い》きるか知《し》ってる? 卵《たまご》から生《う》まれて成虫《せいちゅう》になって死《し》んでしまうまで、だいたい数《すう》か月《げつ》だそうだ。だから、1年間《ねんかん》に何度《なんど》も世代交代《せだいこうたい》をしているものが多《おお》い。どの時期《じき》に成虫《せいちゅう》になったかで、同《おな》じチョウなのに翅《はね》の色《いろ》がちがうものもいるよ。

成虫《せいちゅう》になると目立《めだ》つようになって、他《ほか》の動物《どうぶつ》に食《た》べられやすくなってしまう。生《い》き残《のこ》って次《つぎ》の世代《せだい》に命《いのち》をつなげるために、成《せい》虫《ちゅう》でいる時間《じかん》を短《みじか》くしているものが多《おお》いといわれているよ。

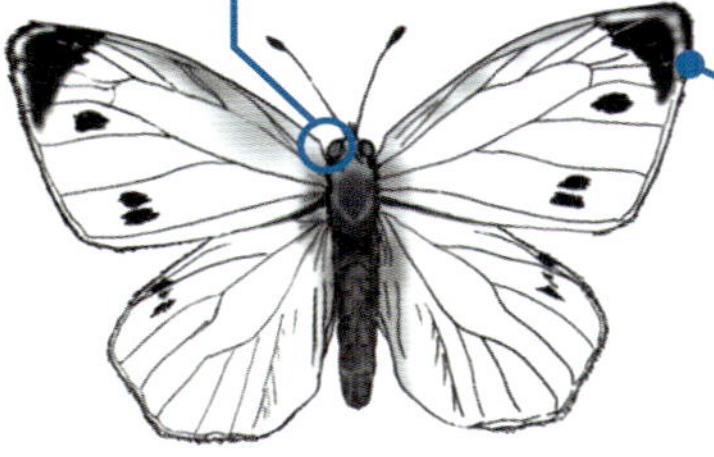
複眼《ふくがん》は紫外線《しがいせん》も見《み》える!
たくさんの目《め》が集《あつ》まっている!?
翅《はね》は鱗粉《りんぷん》で模様《もよう》がかかれている!
オスは「発香鱗《はっこうりん》」を持《も》っていて、そのにおいで「オスだぞ!」とアピールをしているんだって。

モンシロチョウが見《み》るとオスとメスで色《いろ》がちがう!

オス
メス

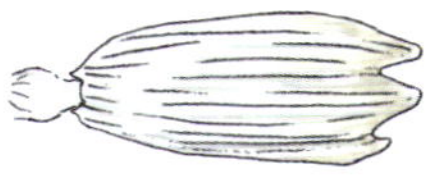
鱗粉拡大図《りんぷんかくだいず》

アゲハチョウ　1年《ねん》で4~5回世代交代《かいせだいこうたい》をくり返《かえ》す

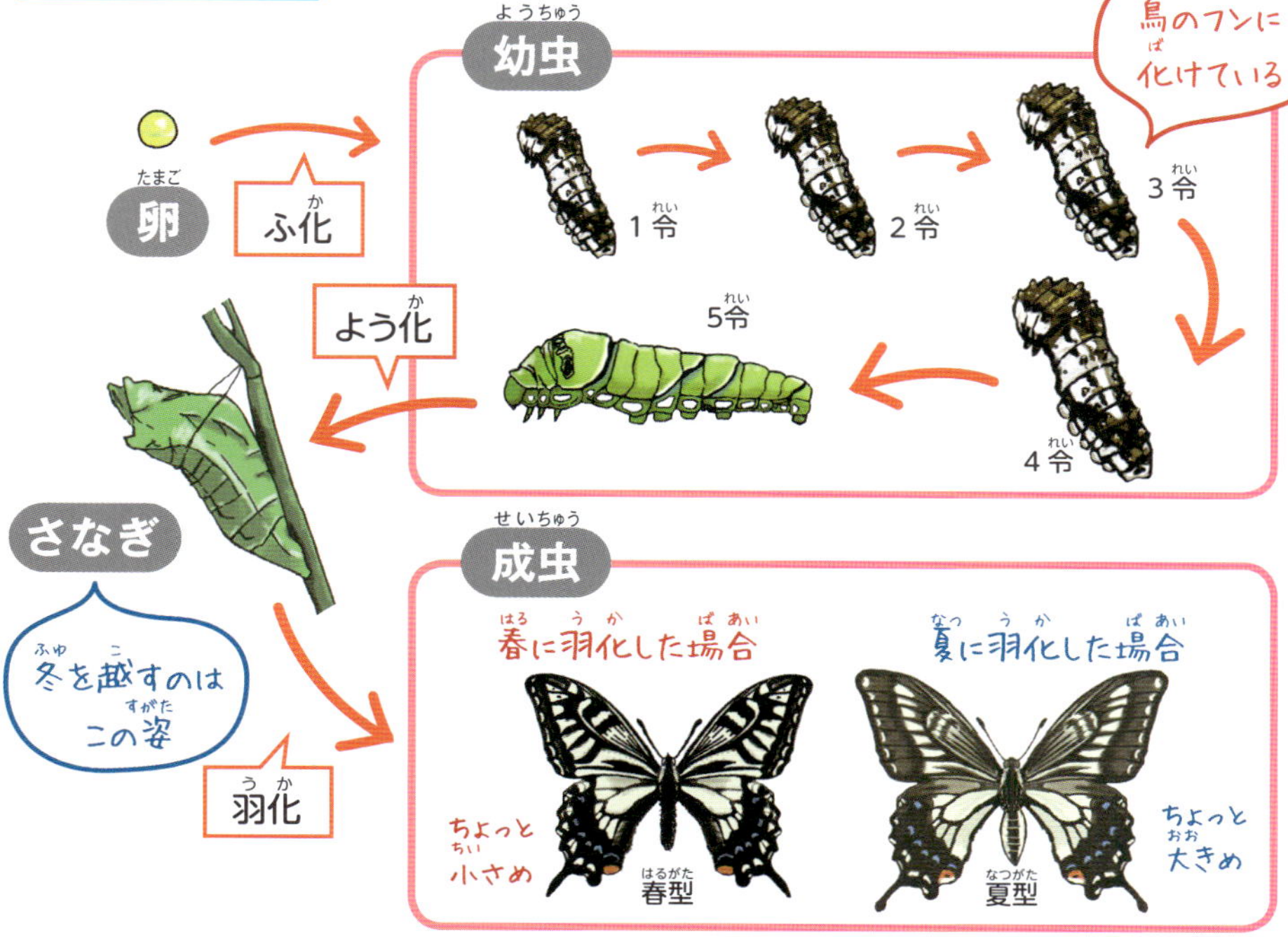

☆卵《たまご》から成虫《せいちゅう》になるスピードは、種類《しゅるい》や環境《かんきょう》、季節《きせつ》によってもちがう

▼おまけ

新芽《しんめ》を食《た》べる「ミドリシジミ」世代交代《せだいこうたい》は1年《ねん》に1回《かい》……

埼玉県《さいたまけん》の「県蝶《けんちょう》」でもあるミドリシジミは、1年《ねん》に1度《ど》しか成虫《せいちゅう》の姿《すがた》を見《み》ることができない。というのも、このミドリシジミの幼虫《ようちゅう》は、ハンノキの「新芽《しんめ》」を食《た》べる。そのため、卵《たまご》で冬《ふゆ》を越《こ》し、次《つぎ》の年《とし》の4~5月頃《がつごろ》にふ化《か》して、幼虫《ようちゅう》は新芽《しんめ》にもぐりこむ。

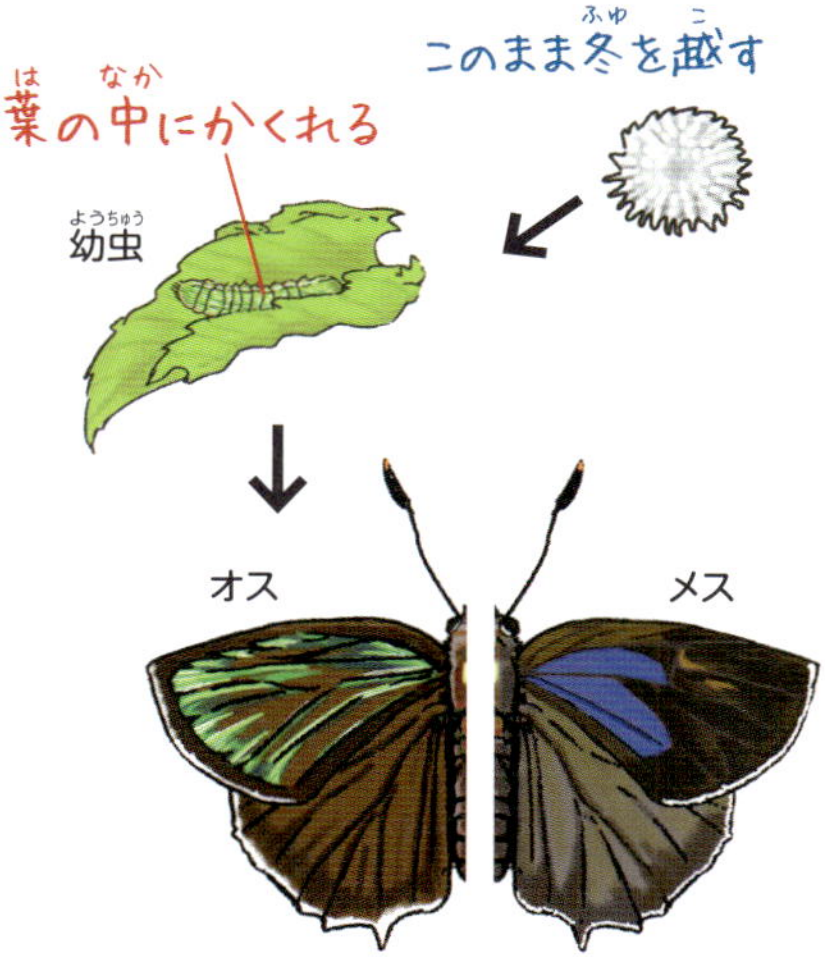

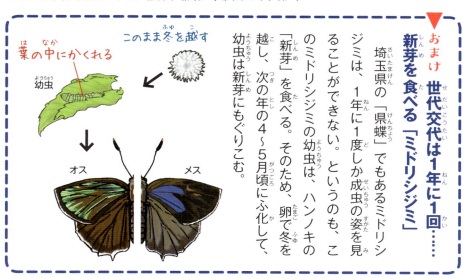

旅《たび》するチョウ、海《うみ》を越《こ》える

渡《わた》り鳥《どり》ならぬ渡《わた》りチョウは日本《にほん》にもいる。アサギマダラというとてもきれいなチョウは、なんと海《うみ》を渡《わた》って移動《いどう》する。春《はる》から初夏《しょか》にかけて沖縄《おきなわ》や九州《きゅうしゅう》の島《しま》を出《で》て、関東《かんとう》や東北《とうほく》のほうまで飛《と》んでくる。秋《あき》になると、今度《こんど》はその子《こ》どもたちが南《みなみ》を目指《めざ》して飛《と》ぶ。移動《いどう》の最長記録《さいちょうきろく》は2000キロメートルといわれているよ。台湾《たいわん》と日本《にほん》を行《い》き来《き》している集団《しゅうだん》もいるそうだ。

でも、どうしてそんな距離《きょり》をわざわざ移動《いどう》するのか。どうやって方角《ほうがく》や目的地《もくてきち》を決《き》めているのか。実《じつ》はまだ何《なに》もわかっていない。たくさんのなぞを持《も》つチョウなんだ。

秋《あき》
南《みなみ》のほうに飛《と》んでくる

1匹《ぴき》の
最長飛翔距離《さいちょうひしょうきょり》は2750キロメートル！（和歌山《わかやま》～香港《ほんこん》）

春《はる》　夏《なつ》
北《きた》のほうに飛《と》んでくる

アサギマダラ

毒《どく》を持《も》つ植物《しょくぶつ》を食《た》べて毒《どく》を体《からだ》にためているので非常《ひじょう》に「まずい」らしい

5センチメートルぐらいのチョウ

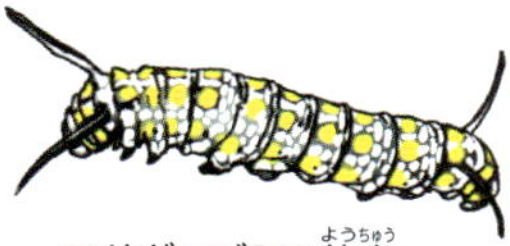

アサギマダラの幼虫《ようちゅう》

ちなみに

北《きた》アメリカに棲《す》む「オオカバマダラ」は、世代交代《せだいこうたい》をしながら南北《なんぼく》3500キロメートルも移動《いどう》するよ

イチモンジセセリ

私《わたし》も秋《あき》には南西《なんせい》の方《ほう》に100キロメートルほど移動《いどう》しますよ

3センチメートルくらいのチョウ

おまけ「マーキング調査《ちょうさ》」

全国《ぜんこく》で行《おこな》われているアサギマダラの渡《わた》り調査《ちょうさ》。翅《はね》に直接《ちょくせつ》文字《もじ》を書《か》きこむという方法《ほう》がとられている。鳥《とり》や魚《さかな》だと、発信機《はっしんき》を取《と》りつけて追《お》うことができるけど、さすがに小《ちい》さなチョウには取《と》りつけられないんだ。文字《もじ》入《い》りアサギマダラを見《み》つけたら、どこから来《き》たのか読《よ》んでみよう。

例《れい》:8月《がつ》10日山形県《やまがたけん》蔵王《ざおう》でつかまえた!

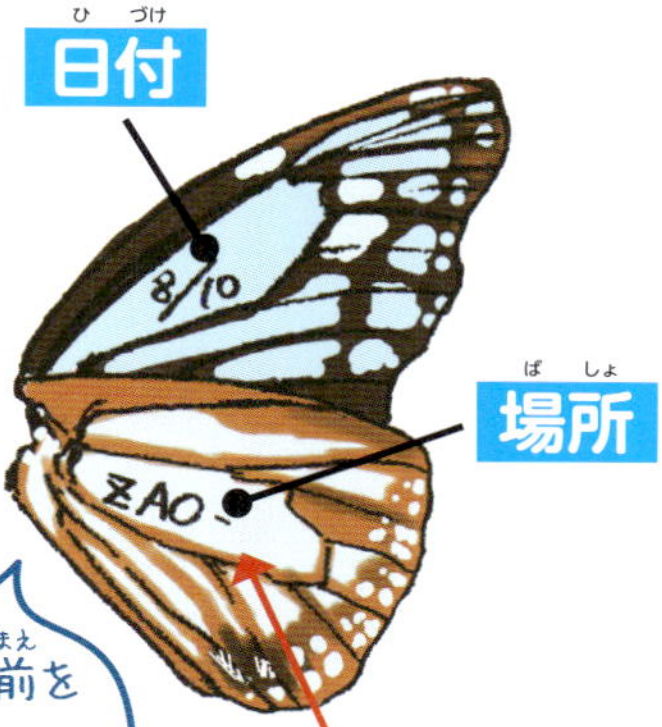

自分《じぶん》の名前《なまえ》を書《か》くこともあるそうだ

この辺《へん》は他《ほか》のチョウに比《くら》べて鱗粉《りんぷん》が少《すく》ないんだって

おなかで鳴《な》く、翅《はね》で鳴《な》く

鳴《な》く虫《むし》というとセミや、スズムシやコオロギ、キリギリスが有名《ゆうめい》だね。どれも、オスがメスを引《ひ》き寄《よ》せるための行動《こうどう》だ。でも、その鳴《な》き方《かた》はちがう。セミは腹《はら》の部分《ぶぶん》で、スズムシなどの秋《あき》の虫《むし》は翅《はね》をふるわせて鳴《な》く。ちなみに、オス同《どう》士《し》のケンカでも鳴《な》くことがあるそうだ。ふつうの虫《むし》は触角《しょっかく》で音《おと》を感《かん》じるけれど、そこはさすが「鳴《な》く虫《むし》」。ふつうの虫《むし》にはない、耳《みみ》の代《か》わりになるものをきちんと持《も》っている。

鳴《な》くことでメスを呼《よ》ぶ虫《むし》たちは、成虫《せいちゅう》にならないと音《おと》を出《だ》すことも聞《き》くこともできないそうだ。これも大人《おとな》と子《こ》どものちがいなんだろうね。

コオロギの鳴《な》き方《かた》

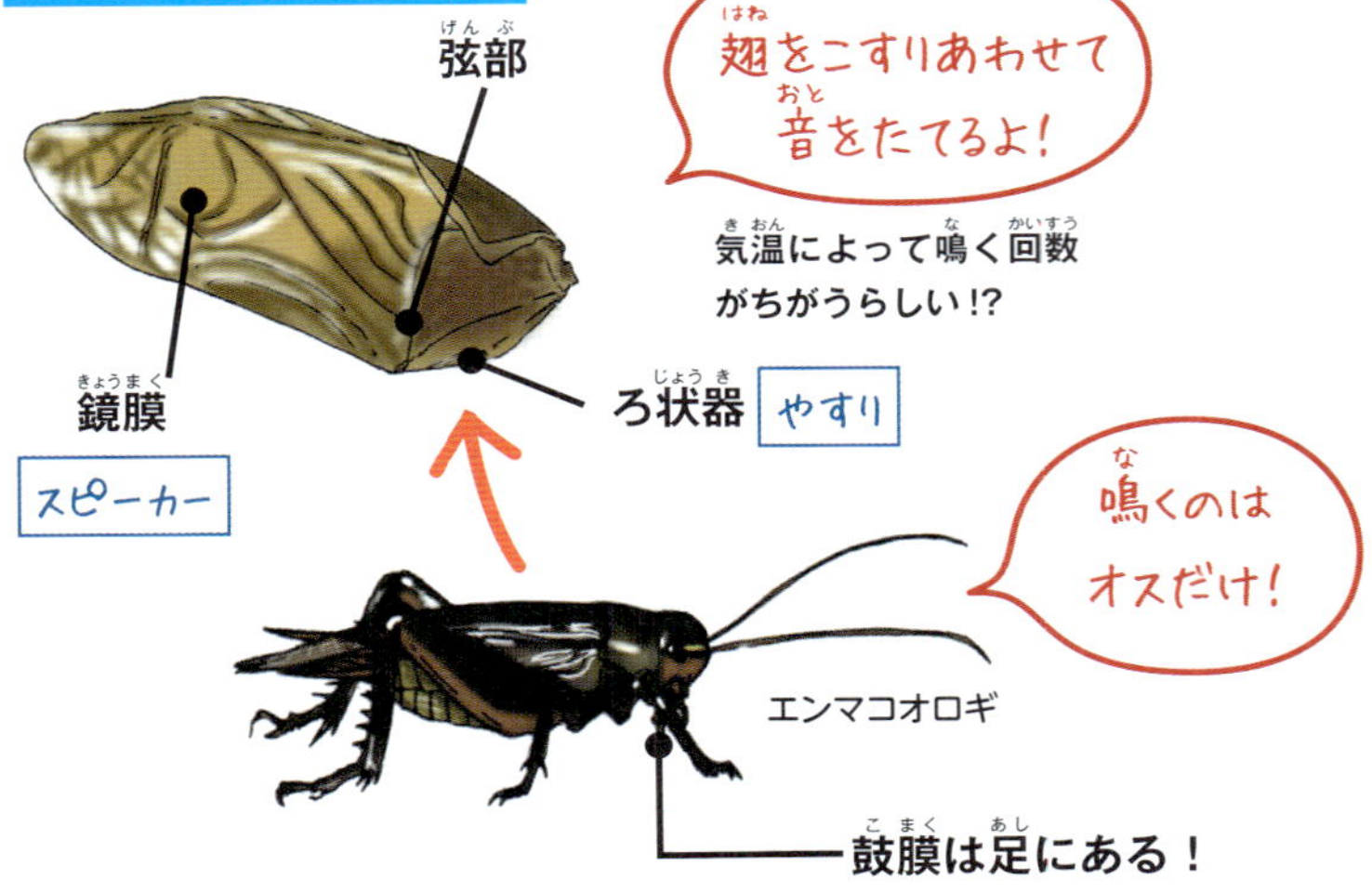

弦部《げんぶ》
翅《はね》をこすりあわせて音《おと》をたてるよ！
気温《きおん》によって鳴《な》く回数《かいすう》がちがうらしい!?
鏡膜《きょうまく》
スピーカー
ろ状器《じょうき》
やすり
鳴《な》くのはオスだけ！
エンマコオロギ
鼓膜《こまく》は足《あし》にある！

→P187

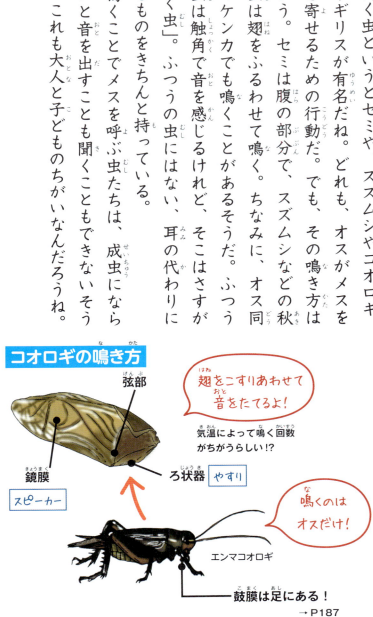

セミの鳴《な》き方《かた》

オスのおなかに
注目《ちゅうもく》！

メス

オス

おなか

おなかの大《おお》きさは
こんなにちがう！

だから音《おと》がよく
ひびくんだ！

おなかの中《なか》は
実《じつ》は空《から》っぽ！

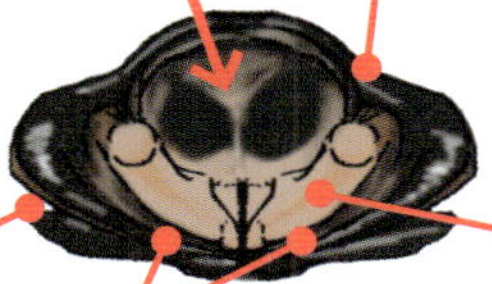

背側《せがわ》

発音膜《はつおんまく》

腹弁《ふくべん》

発音筋《はつおんきん》

腹側《はらがわ》

鼓膜《こまく》
（ここで音《おと》を聞《き》く！）

鳴《な》き方《かた》いろいろ！

鳥類《ちょうるい》以外《いがい》の脊椎動物《せきついどうぶつ》

声帯《せいたい》

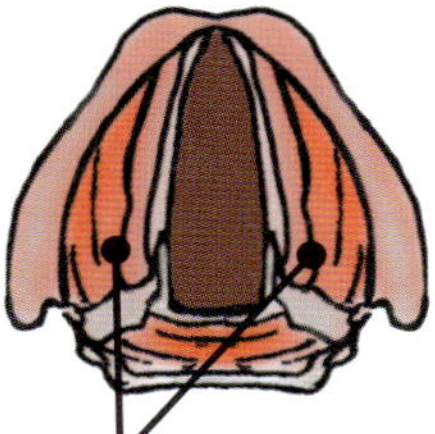

ここがふるえて
音《おと》になる！

※もともとは食《た》べたものが肺《はい》
などに入《はい》らないようにする
ためのものだったんだ

鳥類《ちょうるい》はこっち

鳴管《めいかん》

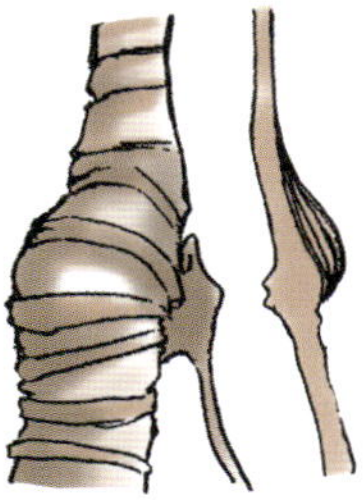

肺《はい》につながっている

ハクジラの

音唇《おんしん》

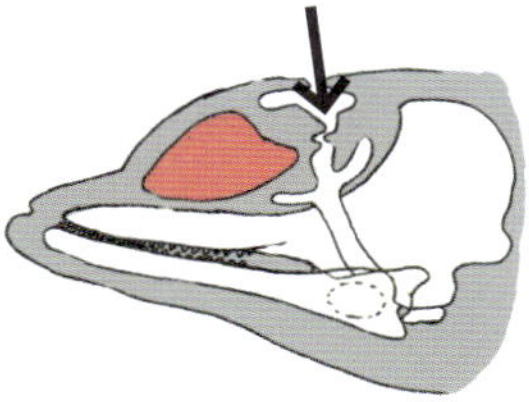

「音波《おんぱ》」で仲間《なかま》と
会話《かいわ》をしている？

くわしくは P208「ツルの一声《ひとこえ》」を見《み》てみよう

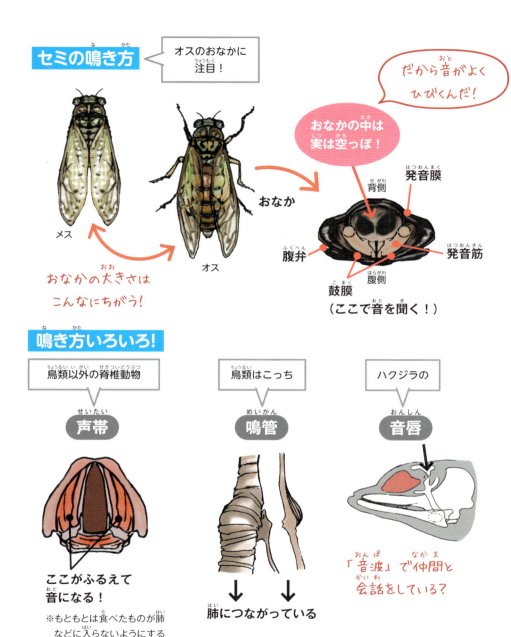

セミの一生《いっしょう》

セミはさなぎの時期《じき》がない「不《ふ》完全変態《かんぜんへんたい》」と呼《よ》ばれる成長《せいちょう》の仕方《しかた》をするよ。数年《すうねん》を幼虫《ようちゅう》の姿《すがた》のまま土《つち》の中《なか》でくらし、成虫《せいちゅう》でいられるのは2週間《しゅうかん》から1か月《げつ》ぐらいしかない。幼虫《ようちゅう》でいる時間《じかん》が長《なが》いのは、エサである「木《き》の汁《しる》」には栄養《えいよう》が少《すく》なくて、成長《せいちょう》するのに時間《じかん》がかかるからと考《かんが》えられている。安全《あんぜん》な土《つち》の中《なか》でゆっくり育《そだ》って、大人《おとな》になったほんの一瞬《いっしゅん》だけ外《そと》の世界《せかい》ですごして、次《つぎ》の世代《せだい》を残《のこ》すんだ。

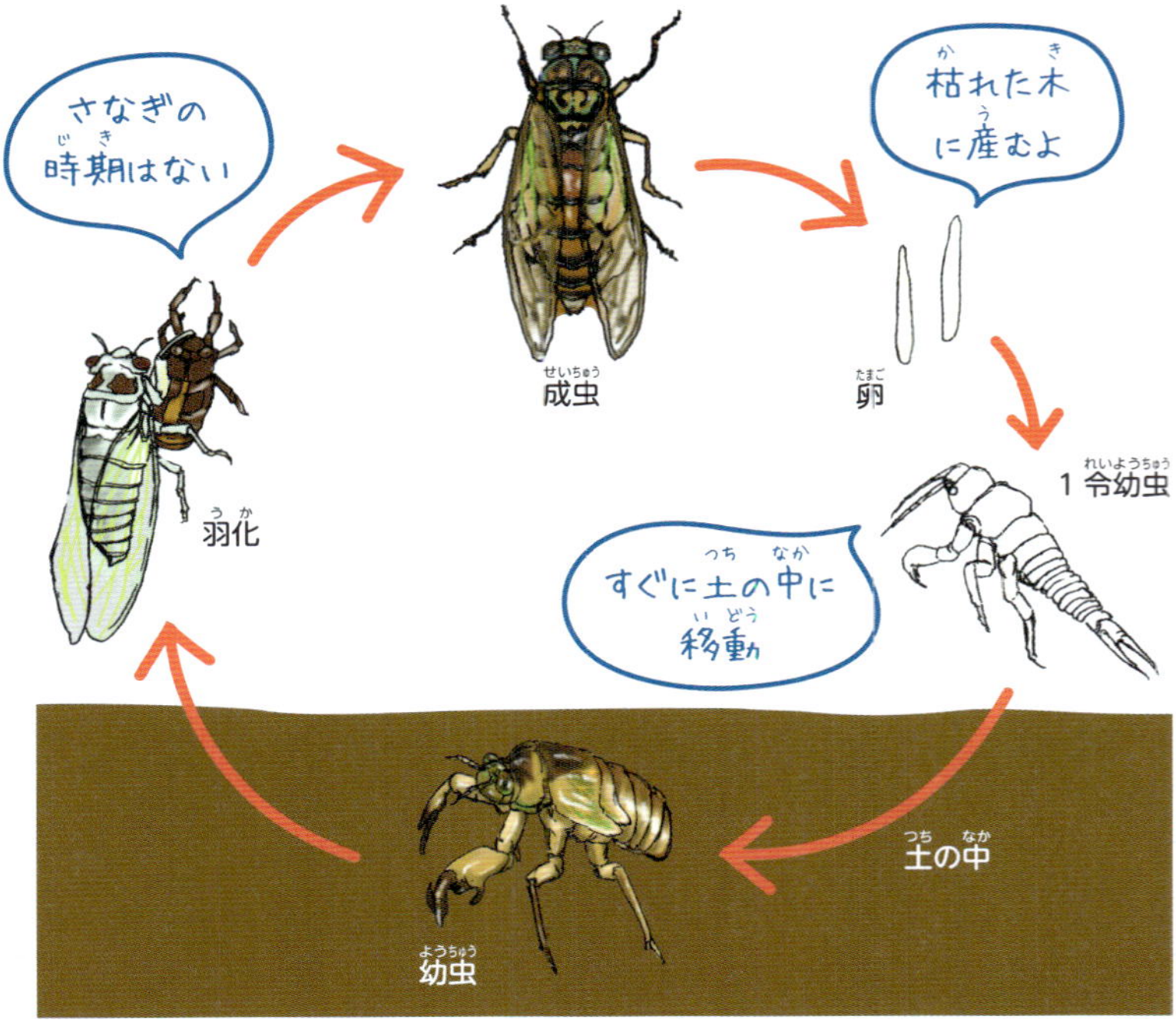

セミのぬけがらを見《み》てみよう!

セミの種類《しゅるい》によってけっこう形《かたち》がちがうよ。いろいろ集《あつ》めてみよう!

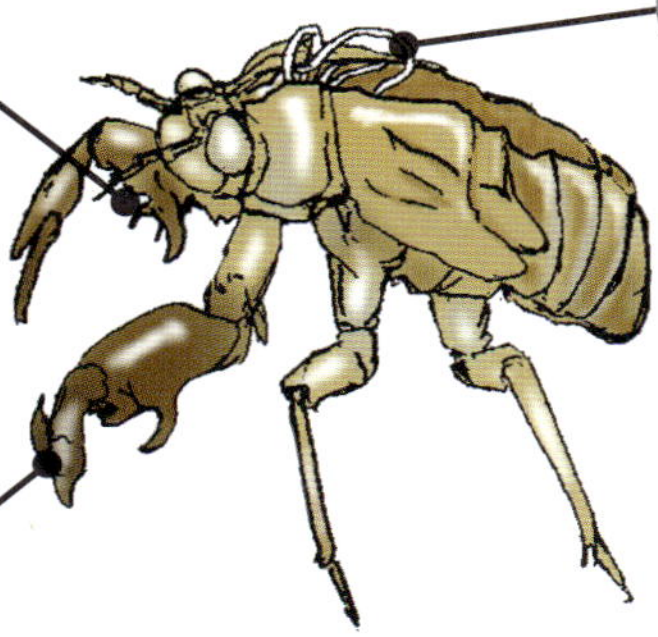

口《くち》の形《かたち》は親《おや》と同《おな》じ！

親《おや》は木《き》のみきから、子《こ》は木《き》の根《ね》から汁《しる》をすうよ

白《しろ》い糸《いと》は何《なに》？

気管《きかん》という空《くう》気《き》の通《とお》り道《みち》の内側《うちがわ》の皮《かわ》

土《つち》を掘《ほ》りやすい手《て》

何《なに》かの動物《どうぶつ》に似《に》ているかも？
→ P45

おまけ「セミっていつ鳴《な》くの？」

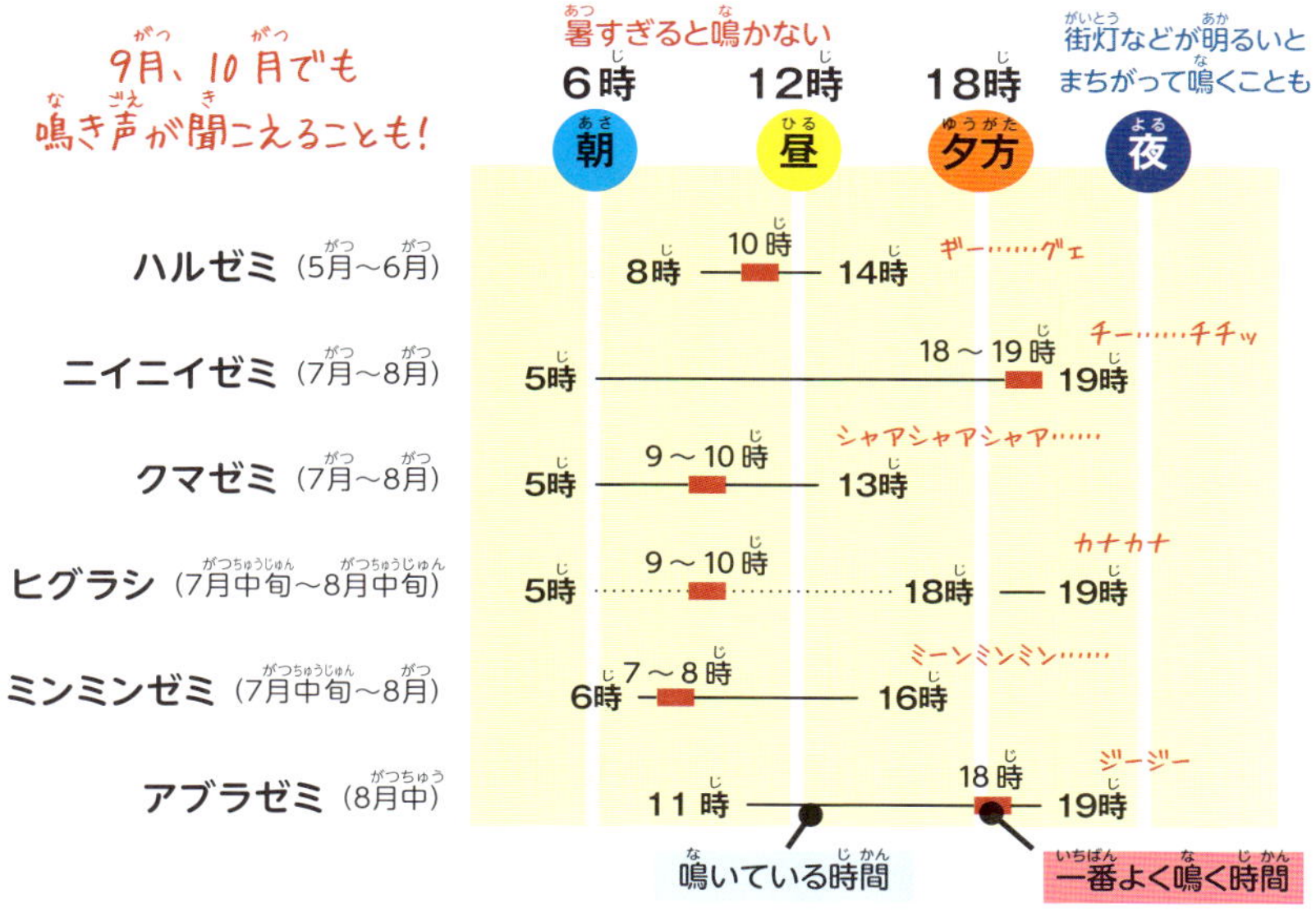
9月《がつ》、10月《がつ》でも鳴《な》き声《ごえ》が聞《き》こえることも!
暑《あつ》すぎると鳴《な》かない
街灯《がいとう》などが明《あか》るいとまちがって鳴《な》くことも
6時《じ》 朝《あさ》
12時《じ》 昼《ひる》
18時《じ》 夕方《ゆうがた》
夜《よる》
ハルゼミ（5月《がつ》～6月《がつ》） 8時《じ》 10時《じ》 14時《じ》 ギー……グェ
ニイニイゼミ（7月《がつ》～8月《がつ》） 5時《じ》 18～19時《じ》 19時《じ》 チー……チチッ
クマゼミ（7月《がつ》～8月《がつ》） 5時《じ》 9～10時《じ》 13時《じ》 シャアシャアシャア……
ヒグラシ（7月中旬《がつちゅうじゅん》～8月中旬《がつちゅうじゅん》） 5時《じ》 9～10時《じ》 18時《じ》 19時《じ》 カナカナ
ミンミンゼミ（7月中旬《がつちゅうじゅん》～8月《がつ》） 6時《じ》 7～8時《じ》 16時《じ》 ミーンミンミン……
アブラゼミ（8月中《がつちゅう》） 11時《じ》 18時《じ》 19時《じ》 ジージー
鳴《な》いている時間《じかん》
一番《いちばん》よく鳴《な》く時間《じかん》

ホタルの光《ひか》り方《かた》って、ちがいがあるの？

光《ひか》る虫《むし》といえば、ホタルは外《はず》せない。有名《ゆうめい》なのはゲンジボタルやヘイケボタルだけど、日本《にほん》には約《やく》40種類《しゅるい》のホタルが棲《す》んでいるよ。どの種《しゅ》も幼虫《ようちゅう》やさなぎのときには光《ひか》るけれど、成虫《せいちゅう》になったあとまで光《ひか》る種《しゅ》はそのうち10種類《しゅるい》くらいなんだ。

ホタルは、体内《たいない》の化学反応《かがくはんのう》によって光《ひか》る。電球《でんきゅう》とちがって、さわっても熱《あつ》くないから、ホタルの光《ひかり》は「冷光《れいこう》」とも呼《よ》ばれるよ。

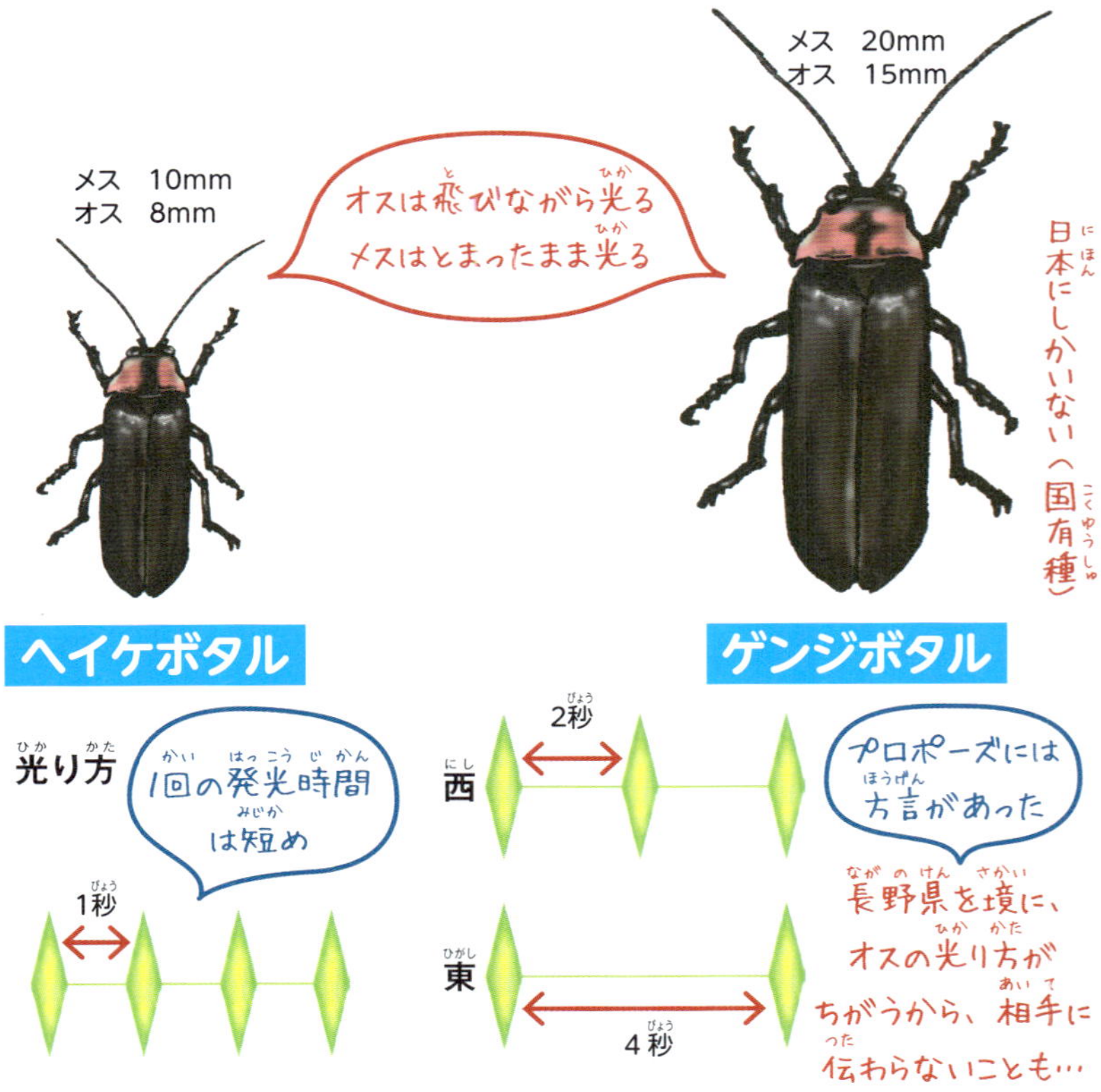
メス　20mm
オス　15mm
メス　10mm
オス　8mm
オスは飛《と》びながら光《ひか》る
メスはとまったまま光《ひか》る
日本《にほん》にしかいない（国有種《こくゆうしゅ》）
ヘイケボタル
ゲンジボタル
光《ひか》り方《かた》
1回《かい》の発光時間《はっこうじかん》は短《みじか》め
1秒《びょう》
2秒《びょう》
西《にし》
東《ひがし》
4秒《びょう》
プロポーズには方言《ほうげん》があった
長野県《ながのけん》を境《さかい》に、オスの光《ひか》り方《かた》がちがうから、相手《あいて》に伝《つた》わらないことも…

ホタルの種類《しゅるい》によっても、地域《ちいき》によっても、その時《とき》の気温《きおん》によってもちがう！

動物園《どうぶつえん》でも見《み》られる？

オーストラリア・ニュージーランド

グローワーム

洞窟《どうくつ》の天井《てんじょう》に星空《ほしぞら》を作《つく》る虫《むし》

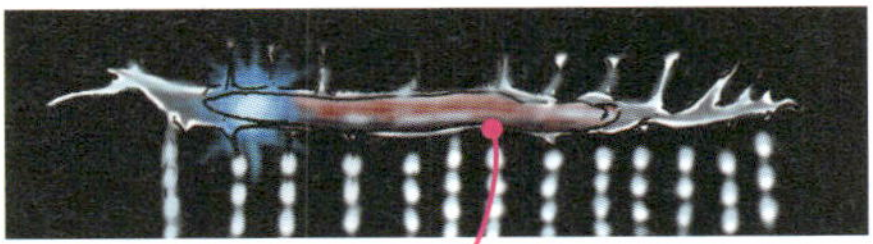

キノコバエの仲間《なかま》の幼虫《ようちゅう》

おなかがすくと光《ひか》る粘液《ねんえき》を出《だ》すよ。星空《ほしぞら》と勘《かん》ちがいして飛《と》んできた小《ちい》さい虫《むし》を食《た》べてしまう

ホタルの光《ひかり》（発光器《はっこうき》）

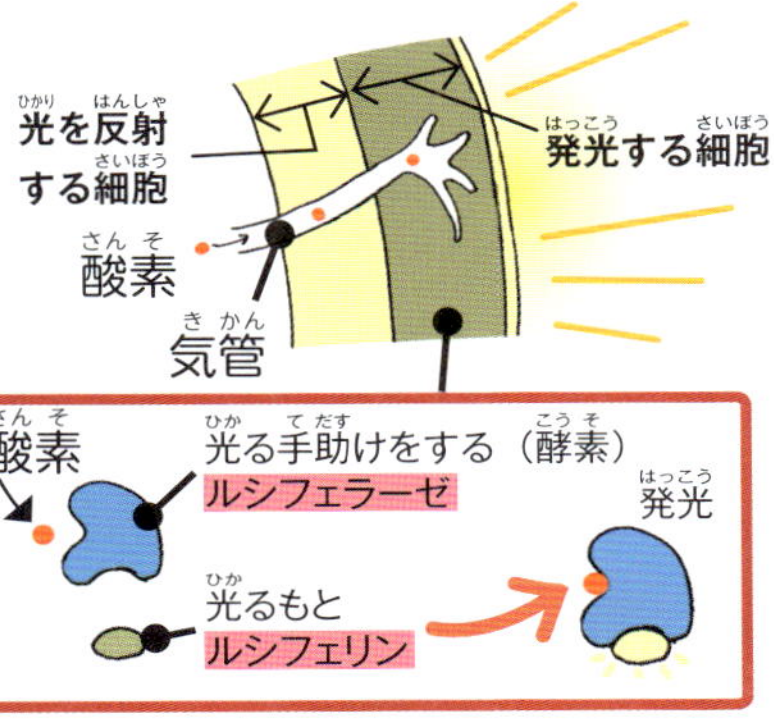
光《ひかり》を反射《はんしゃ》する細胞《さいぼう》
発光《はっこう》する細胞《さいぼう》
酸素《さんそ》
気管《きかん》
酸素《さんそ》
光《ひか》る手助《てだす》けをする（酵素《こうそ》）
ルシフェラーゼ
発光《はっこう》
光《ひか》るもと
ルシフェリン

光《ひかり》の点滅《てんめつ》のスピードは呼吸《こきゅう》のスピード！？（酸素《さんそ》があるかないかで光《ひか》るかどうかがきまる）

ブラジル

鉄道虫《てつどうむし》

（ホタルモドキ科《か》フリクソトリクス）

光《ひか》るのは私《わたし》たちメスだけなのです

メスは一生《いっしょう》幼虫《ようちゅう》の姿《すがた》のままですごす

☆日本《にほん》にいるイリオモテボタルも、メスは幼虫《ようちゅう》の姿《すがた》のままで光《ひか》るよ

おまけ「光《ひか》るキノコ」

光《ひか》るのは動物《どうぶつ》だけじゃない。光《ひか》るキノコやコケだって存在《そんざい》する。有名《ゆうめい》なのはツキヨタケ。昼間《ひるま》はどこにでも生《は》えていそうなふつうのキノコだけど、夜《よる》になると緑色《みどりいろ》に光《ひか》る。どうして光《ひか》るのかはまだなぞのまま。ちなみに猛毒《もうどく》キノコなので、食《た》べないように注意《ちゅうい》が必要《ひつよう》だ。

昼間《ひるま》

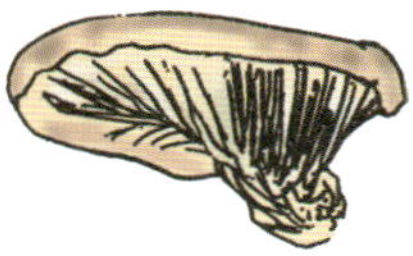

夜《よる》になると……

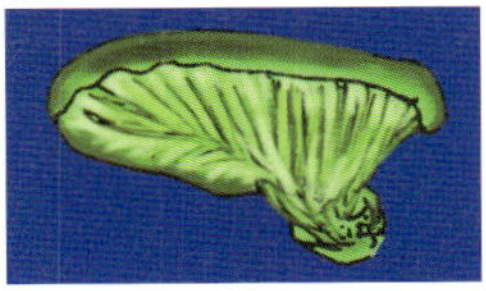

働《はたら》いているのはみんなメス

1匹《ぴき》、2匹《ひき》ではなく、集団《しゅうだん》で生《せい》活《かつ》する虫《むし》がいる。女王《じょおう》と働《はたら》き手《て》のように階級《かいきゅう》がある社会《しゃかい》を作《つく》って生《せい》活《かつ》をしている、社会性昆虫《しゃかいせいこんちゅう》と呼《よ》ばれるハチやアリが有名《ゆうめい》だ。

ハチやアリは、エサを見《み》つけると、みんなで協力《きょうりょく》して運《はこ》ぶんだ。ちなみに、どちらも働《はたら》いているのはみんな「メス」だ。

言葉《ことば》を持《も》たない彼《かれ》らは、ダンスや「におい」でエサの場所《ばしょ》を知《し》らせているよ。

アリの 道《みち》しるべフェロモン

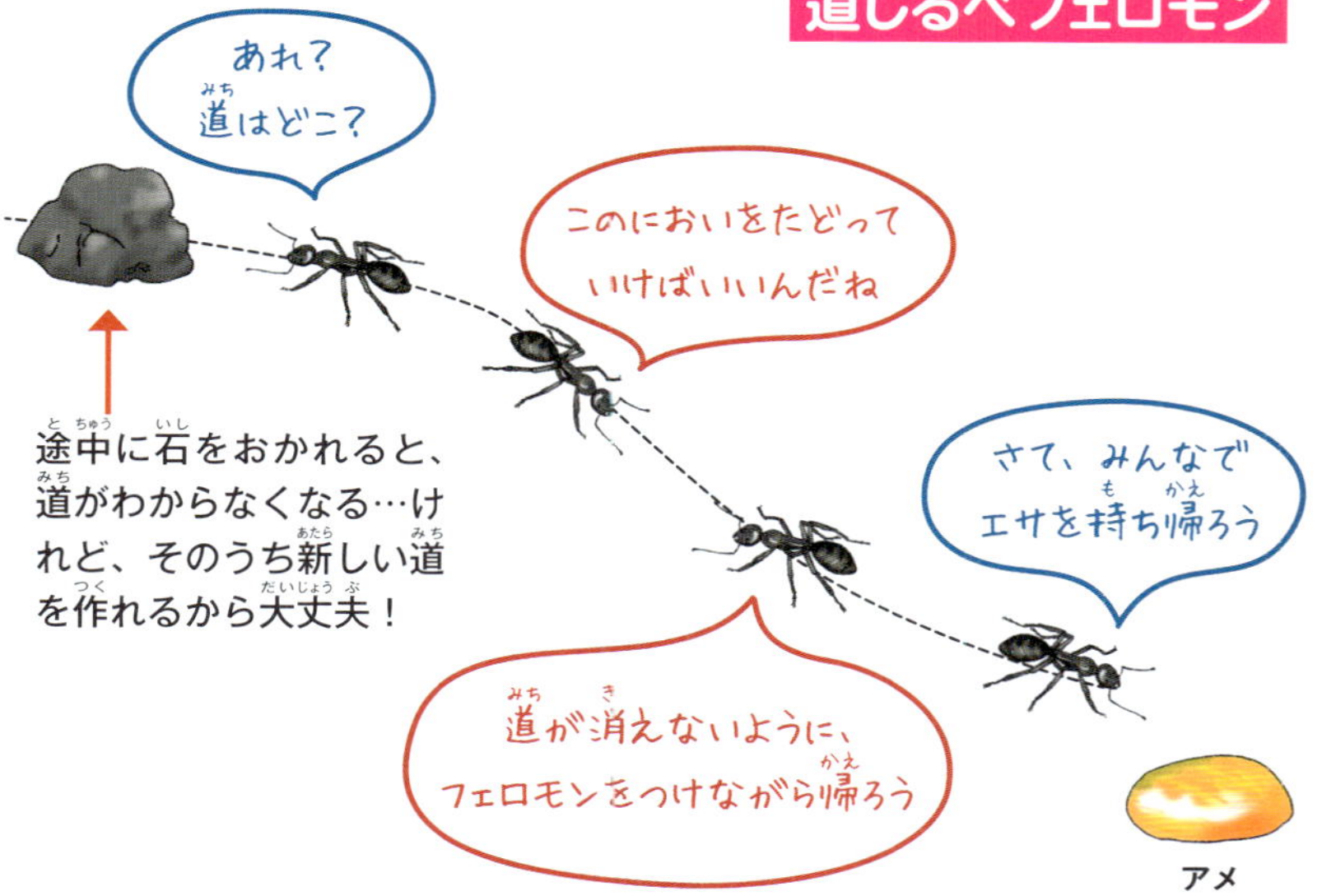

あれ？ 道《みち》はどこ？
このにおいをたどっていけばいいんだね
途中《とちゅう》に石《いし》をおかれると、道《みち》がわからなくなる…けれど、そのうち新《あたら》しい道《みち》を作《つく》れるから大丈夫《だいじょうぶ》！
さて、みんなでエサを持《も》ち帰《かえ》ろう
道《みち》が消《き》えないように、フェロモンをつけながら帰《かえ》ろう
アメ

☆シロアリ（ゴキブリの仲間《なかま》）も同《おな》じように道《みち》しるべフェロモンを使《つか》うよ

ミツバチの 8の字《じ》ダンス

巣《す》の上側《うえがわ》＝太陽《たいよう》の位置《いち》としている。

巣《す》から100メートル以上《いじょう》はなれた場所《ばしょ》に花《はな》を見《み》つけたとき、巣《す》にもどったミツバチは、おなかを左右《さゆう》にふりながら動《うご》いて、他《ほか》のミツバチに花《はな》の場所《ばしょ》を教《おし》えるんだ

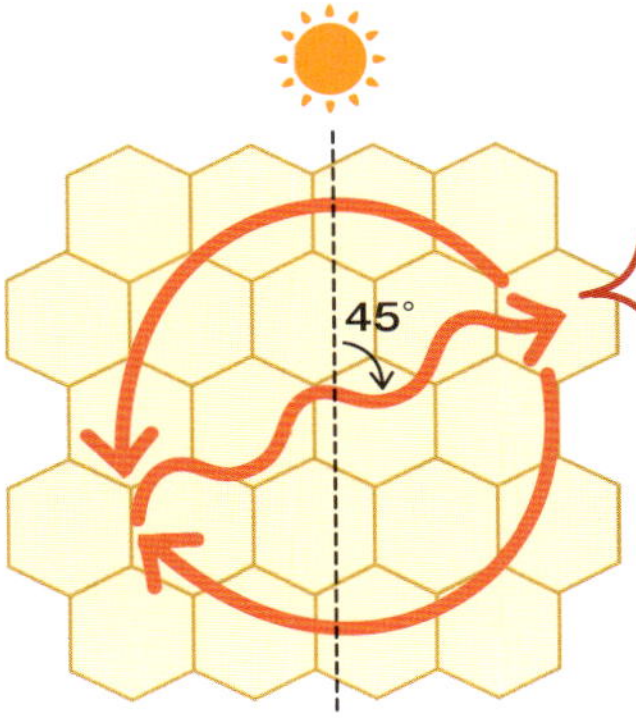

ダンスの時間《じかん》と距離《きょり》は比例《ひれい》しているようだ

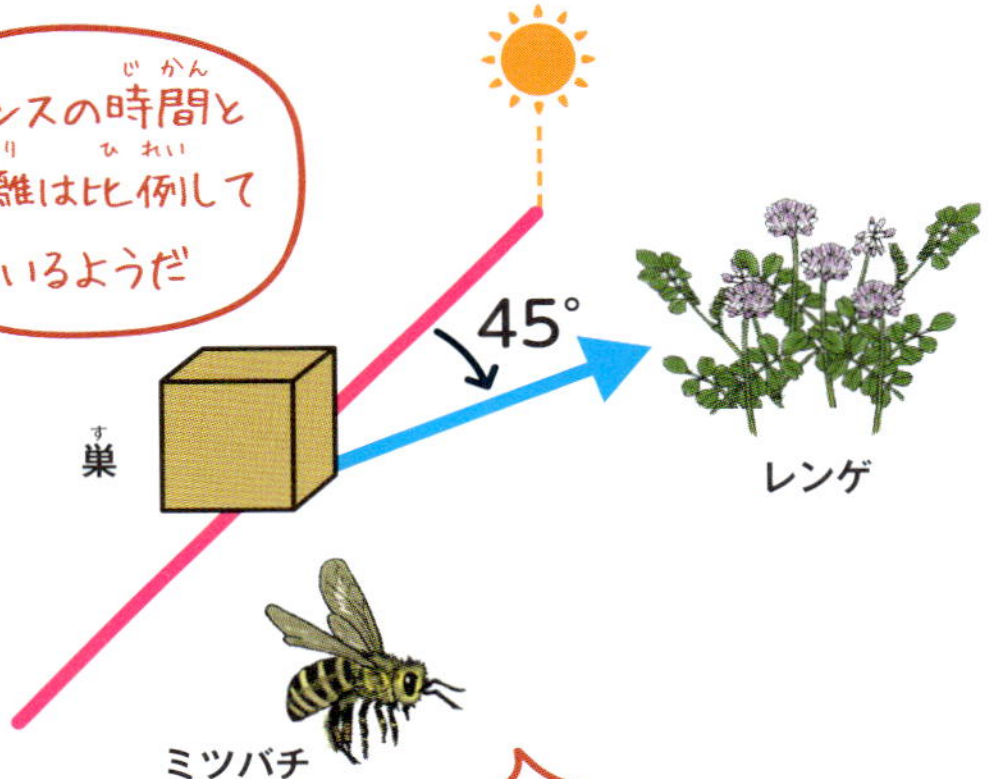

おなかをふりながら、花《はな》のある方向《ほうこう》へ進《すす》む。甘《あま》いみつがたくさんあるほど活発《かっぱつ》におどる!

方向《ほうこう》と距離《きょり》がわかれば、あとはにおいなどで探《さが》すよ

おまけ 「女王《じょおう》がいるネズミの社会《しゃかい》」

ハダカデバネズミという生《い》き物《もの》は、女王《じょおう》を筆頭《ひっとう》に平均《へいきん》80匹《ぴき》、多《おお》いと300匹《びき》くらいの集団《しゅうだん》で社会《しゃかい》を作《つく》って生活《せいかつ》している。女王《じょおう》とその相手《あいて》のオス以外《いがい》は子《こ》を作《つく》らず、子育《こそだ》てや巣《す》の警備《けいび》など役割分担《やくわりぶんたん》をしているらしい。このハダカデバネズミ、ふつうのネズミの寿命《じゅみょう》が数年《すうねん》なのに対《たい》して30年《ねん》ぐらいの寿命《じゅみょう》を持《も》つ。途中《とちゅう》で歳《とし》をとらなくなるというなぞも持《も》っているんだ。

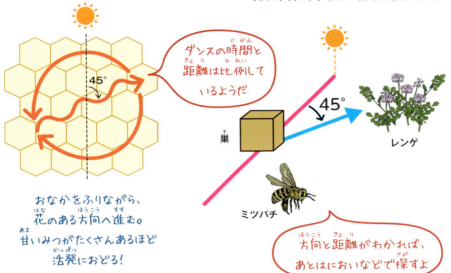

なぞなぞ?

犯人《はんにん》はだれだ?

★★★

木《き》を見《み》てみると、葉《は》っぱの様子《ようす》がなんかおかしいぞ? 犯人《はんにん》はだれだろう?

1

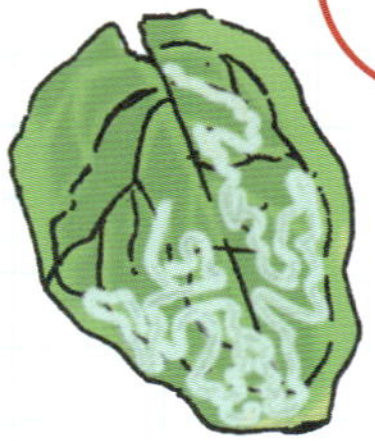
葉《は》っぱに絵《え》を
かいたのだれ!?

2

葉《は》っぱを
切《き》りとったのだれ?

3

葉《は》を穴《あな》だらけに
したのはだれ?

7

枝《えだ》ごと
切《き》られている

これ
落《お》としたの
だれ?

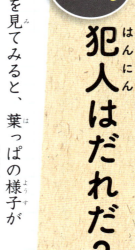

6

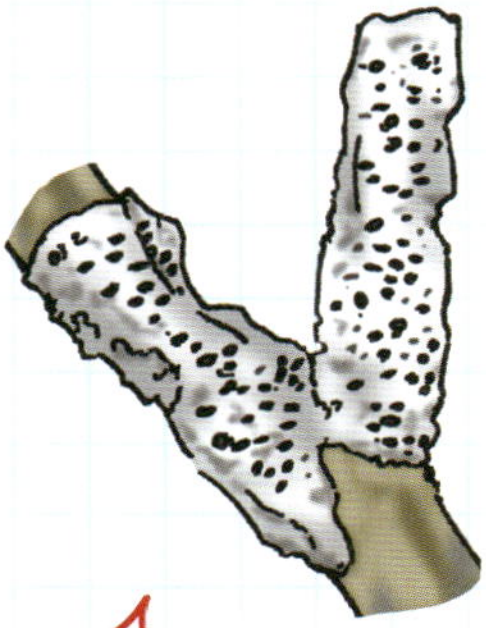

5

木《き》の葉《は》っぱに
くっついている

4

枝《えだ》にべったり
ついている

サクラが
花《はな》ごと落《お》ちてる!

9

8

葉《は》っぱがまかれて
ころがっている!

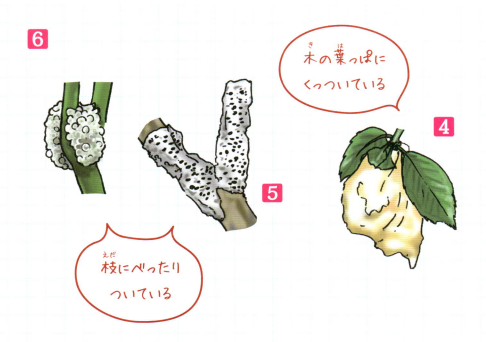

なぞなぞ？

犯人《はんにん》はだれだ？

【解答《かいとう》】

犯人《はんにん》はハモグリバエの幼虫《ようちゅう》 1

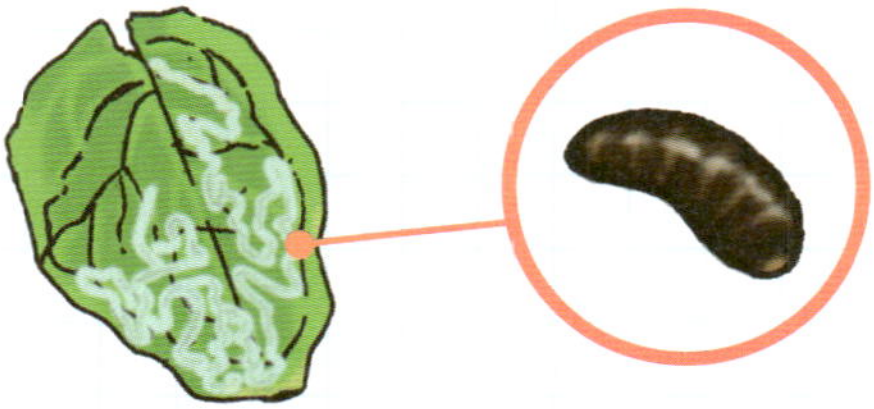
葉《は》の中《なか》を
食《た》べながら進《すす》む

犯人《はんにん》はハキリバチ 2

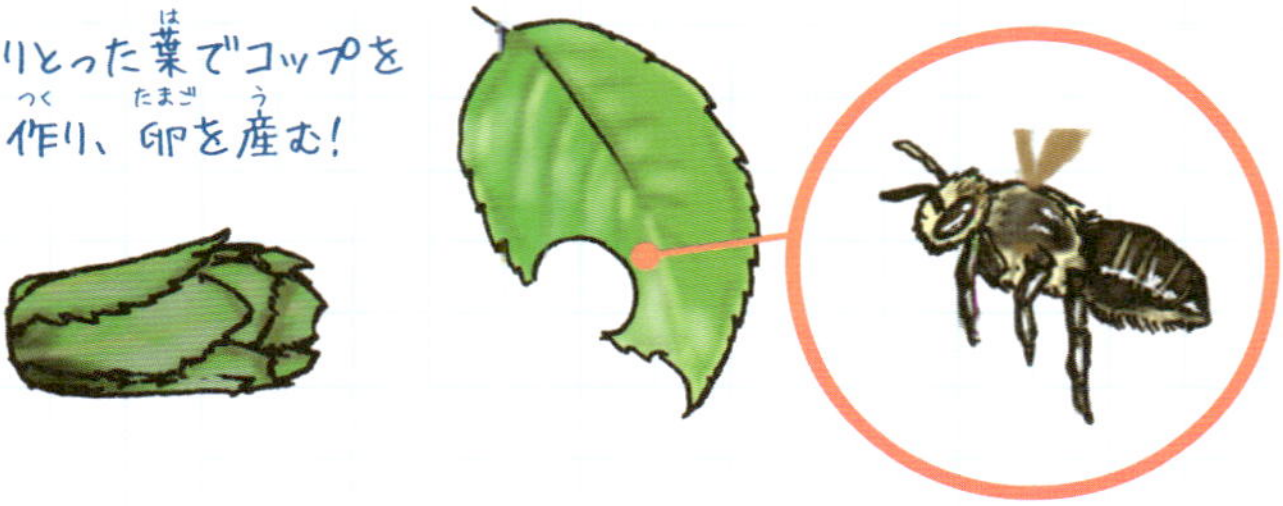
切《き》りとった葉《は》でコップを
作《つく》り、卵《たまご》を産《う》む！

犯人《はんにん》はイラガの幼虫《ようちゅう》 3

毒《どく》があるので
さわらない！

4 犯人《はんにん》はモリアオガエル（の卵《たまご》）

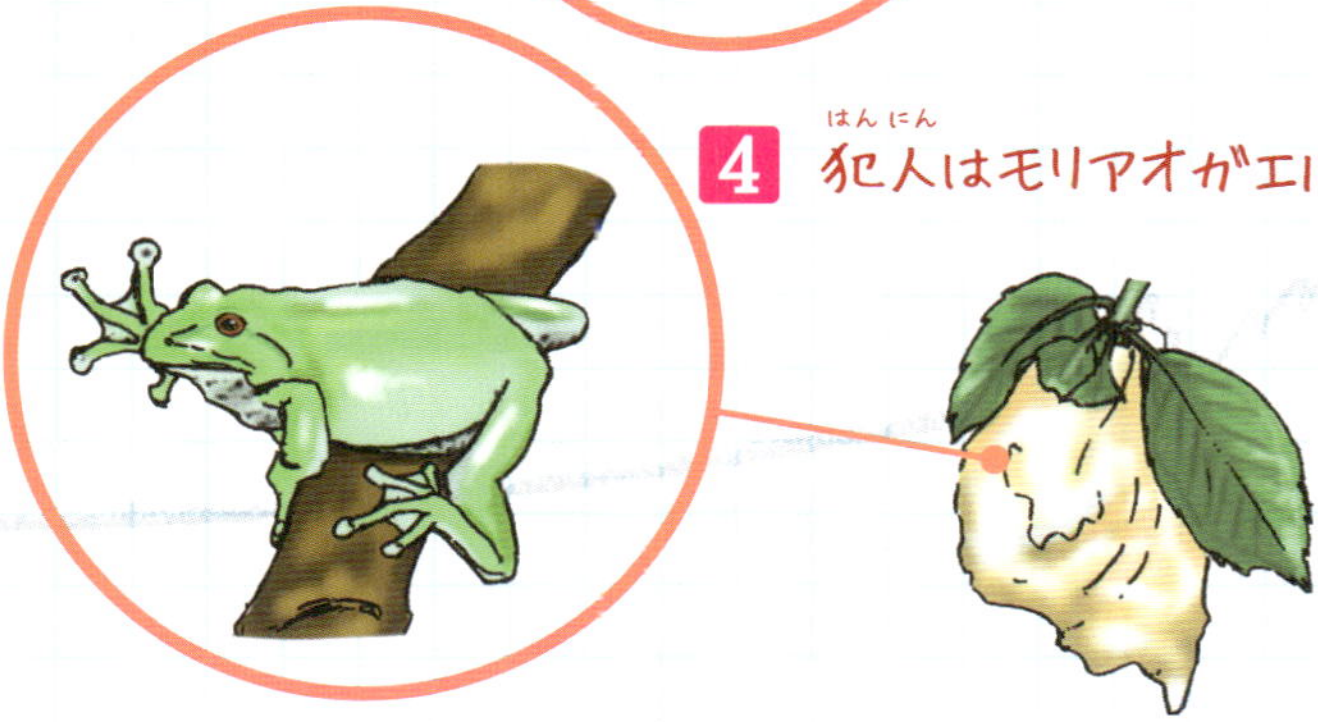

6 犯人《はんにん》はアワフキムシ

泡《あわ》の中《なか》は湿度《しつど》がほぼ変《か》わらない
安全《あんぜん》な「おうち」になる

5 犯人《はんにん》はイボタロウムシ（カイガラムシの一種《いっしゅ》）

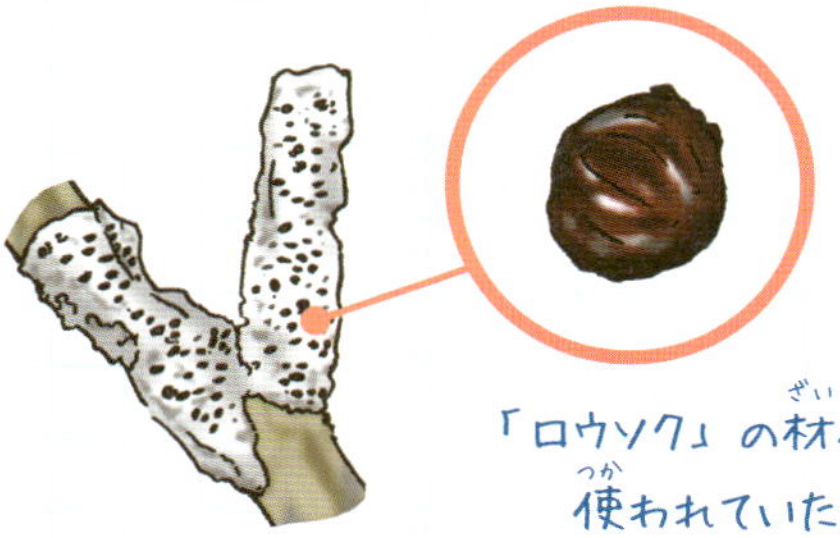

「ロウソク」の材料《ざいりょう》に
使《つか》われていた！

8 犯人《はんにん》はオトシブミ

卵《たまご》を産《う》みつけている

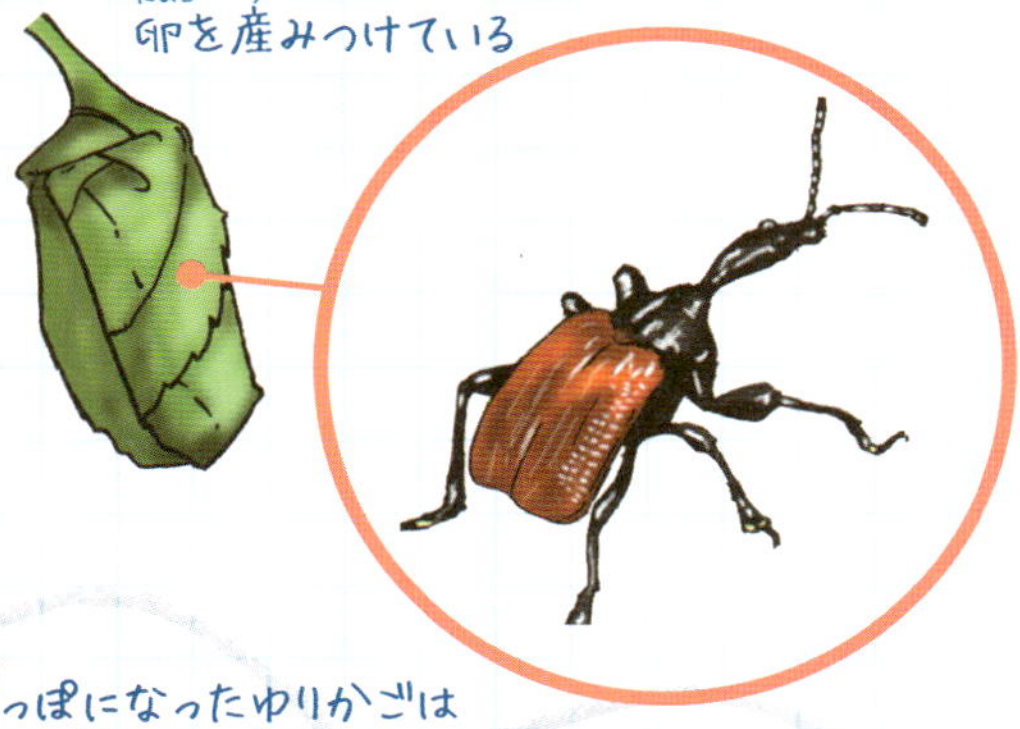

空《から》っぽになったゆりかごは
他《ほか》の生《い》き物《もの》が
利用《りよう》していることもある

7

犯人《はんにん》はチョッキリ

卵《たまご》を産《う》みつけて、
枝《えだ》ごと「ちょっきり」する

9

犯人《はんにん》は鳥《とり》!?
（スズメなど）

サクラはふつう、花《はな》びらが
1枚《まい》1枚《まい》バラバラにちっていく。
花《はな》ごと落《お》ちたのは、鳥《とり》に食《た》べられたから！

食《た》べる専門《せんもん》の口《くち》

ヒトは肉《にく》や野菜《やさい》などいろいろなものを食《た》べるけど、ほとんどの昆虫《こんちゅう》は、食《た》べるものが決《き》まっている。だからこそ、口《くち》の形《かたち》を変《か》えることで、必要《ひつよう》なものを確実《かくじつ》に食《た》べられるよう進化《しんか》してきた。口《くち》の形《かたち》を見《み》れば、何《なに》を食《た》べるのか、あるいはどうやって食《た》べるのか予想《よそう》することができる。食《た》べ方《かた》は「かむ」、「すう」、「なめる」の3つに大《おお》きく分《わ》けることができるよ。それぞれの中《なか》でも、食《た》べるものによってさらに口《くち》の形《かたち》がちがう。キミはいくつ知《し》っているかな？

かむ(かじる)口《くち》

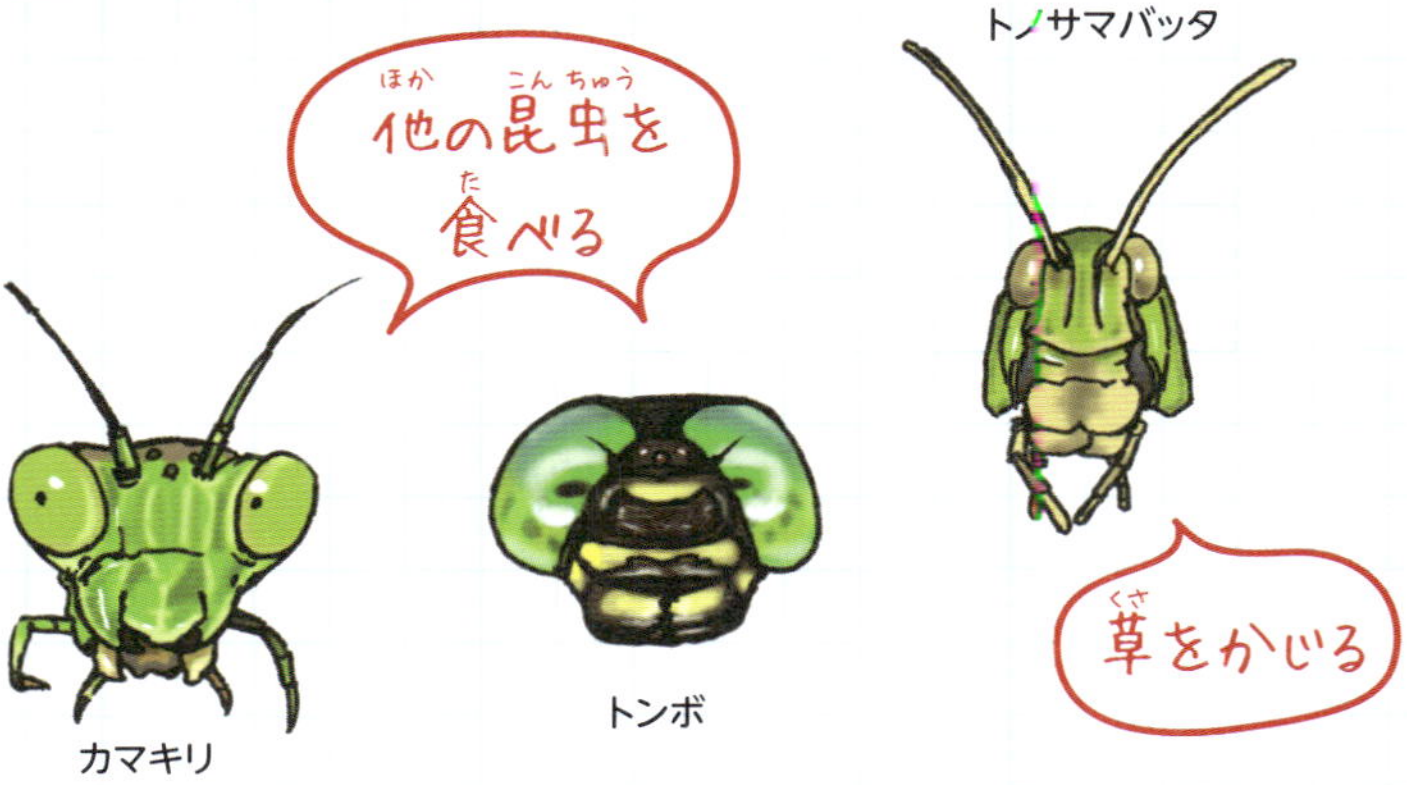
トノサマバッタ
他《ほか》の昆虫《こんちゅう》を食《た》べる
草《くさ》をかじる
カマキリ
トンボ

☆昆虫《こんちゅう》は口《くち》ではなくおなかにある気門《きもん》から空気《くうき》を出《だ》し入《い》れして呼吸《こきゅう》をしているよ。
「呼吸《こきゅう》するための口《くち》」はどんな形《かたち》？ → P174

すう(刺《さ》してすう)口《くち》

アカイエカ（メス）

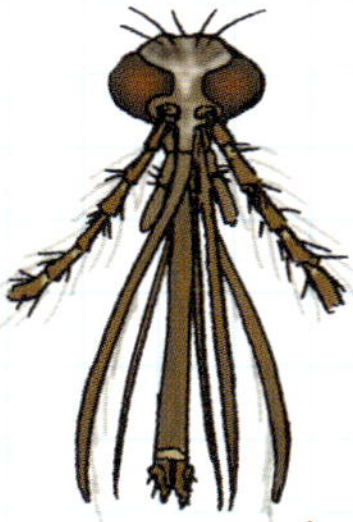

注射《ちゅうしゃ》の針《はり》のモデルになった

動物《どうぶつ》の血《ち》をすう

木《き》のみきに刺《さ》して樹液《じゅえき》をすう

セミ

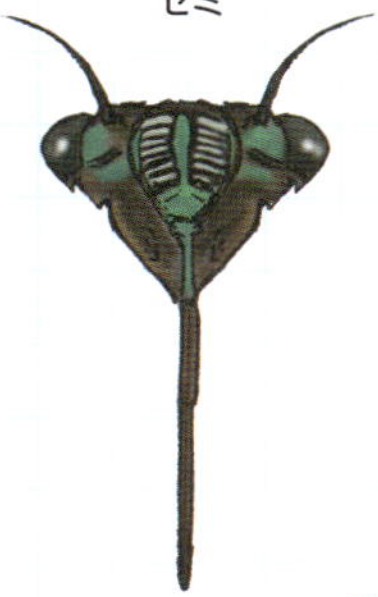

チョウ

花《はな》のみつをすう

なめる口《くち》

ハエ

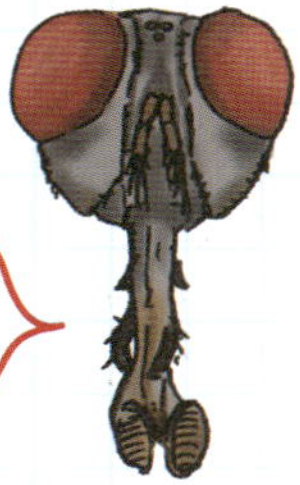

くさったものをなめる

樹液《じゅえき》をなめる

カブトムシ

おまけ「魚《さかな》の不思議《ふしぎ》な口《くち》」

サンゴをかみくだく

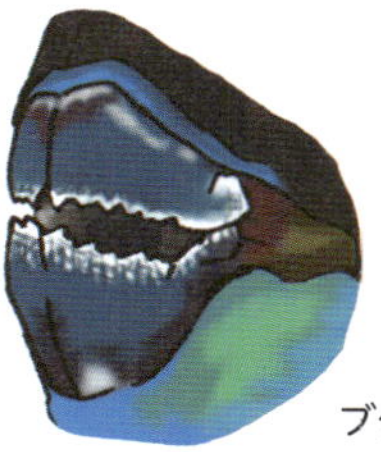

ブダイ

他《ほか》の生《い》き物《もの》の体液《たいえき》をすう

ヤツメウナギ

☆鳥類《ちょうるい》も食《た》べ物《もの》によってくちばしの形《かたち》が変《か》わる →P127

生物同士《せいぶつどうし》の関係《かんけい》は持《も》ちつ持《も》たれつ

森《もり》や海《うみ》、草原《そうげん》や田《た》んぼなど、それぞれの場所《ばしょ》に様々《さまざま》な生《い》き物《もの》が棲《す》み着《つ》いていて、互《たが》いに「食《く》う、食《く》われる」という関係《かんけい》にある。この関係《かんけい》を「食物連鎖《しょくもつれんさ》」というよ。そして、生《い》き物同士《ものどうし》のつながりをまとめて「生態系《せいたいけい》」というんだ。生《い》き物《もの》は、一《ひと》つの種《しゅ》だけでは生《い》きていくことはできない。生《い》き物《もの》を守《まも》りたいなら、その生態系《せいたいけい》ごと、なにより、その地域《ちいき》の環《かん》境《きょう》ごと守《まも》っていかなければ意味《いみ》がないんだ。

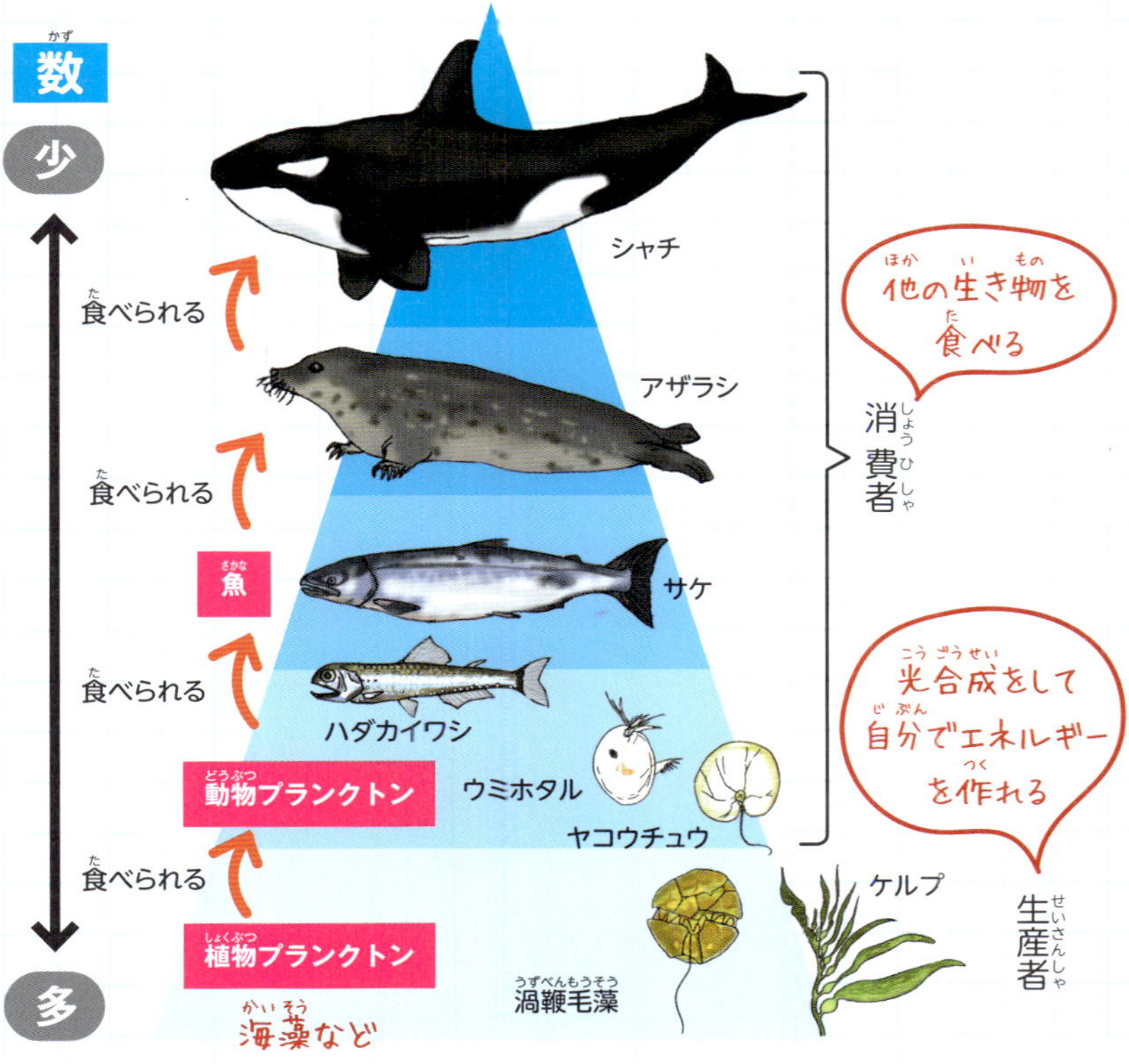

アンブレラ種《しゅ》

猛禽類《もうきんるい》（ワシ、タカ、フクロウなど）や
大型《おおがた》の肉食動物《にくしょくどうぶつ》（すべてではない）

「カサ」という意味《いみ》だよ

いろんな種類《しゅるい》の生《い》き物《もの》（エサ）がないと生《い》きていけない！

☆アンブレラ種《しゅ》を保護《ほご》することで、その地域《ちいき》の生物的多様性《せいぶつてきたようせい》、生態系《せいたいけい》をカサを広《ひろ》げるように保護《ほご》することができる

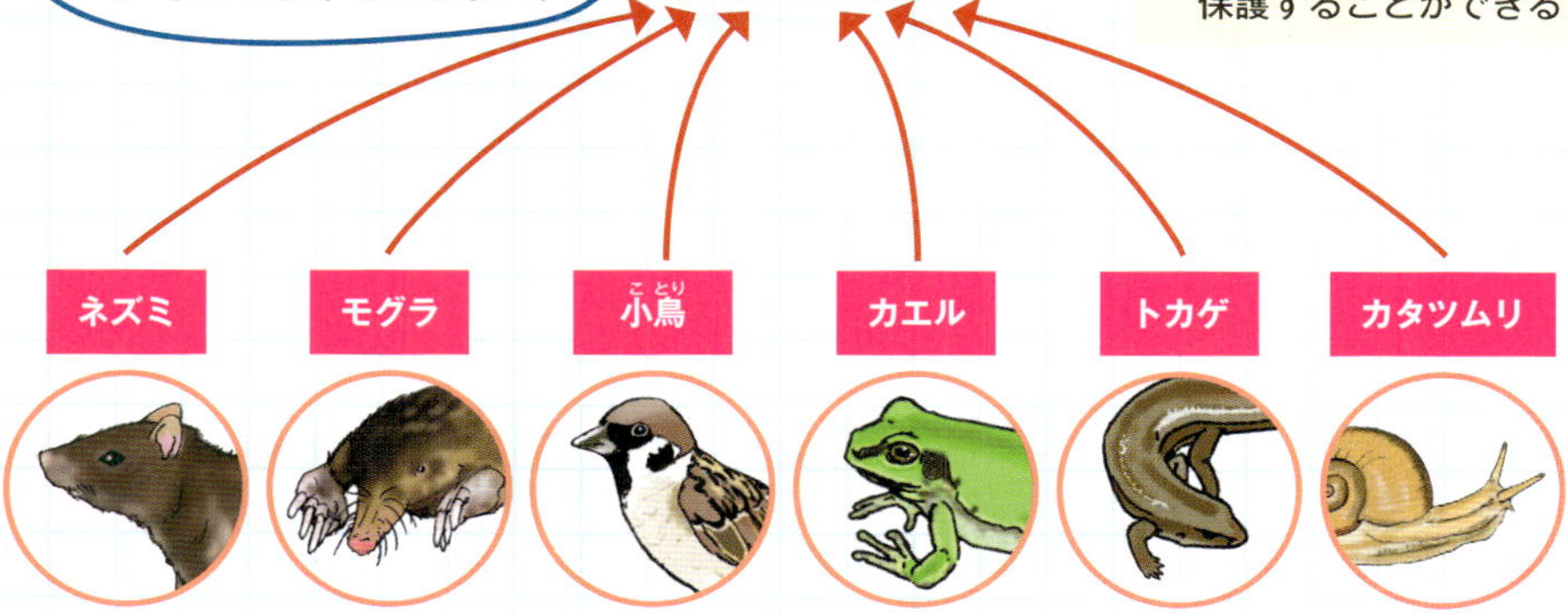

ネズミ
モグラ
小鳥《ことり》
カエル
トカゲ
カタツムリ

キーストーン種《しゅ》

その生態系《せいたいけい》を支《ささ》える、くさび石《いし》（キーストーン）の役割《やくわり》を持《も》つ。（下《した》の例《れい》では、ラッコがキーストーン種《しゅ》）

❶ ヒトがたくさんとってしまった

❷ ラッコが減《へ》るとウニがたくさん増《ふ》えて海藻《かいそう》を食《た》べつくしてしまう！

ラッコ

私《わたし》がいないとみんな困《こま》っちゃう

ウニ

ケルプ

❸ 大変《たいへん》だ！
海藻《かいそう》を棲《す》みかにしている
魚《さかな》たちがいなくなってしまう！

どうやってかくれる？ 命《いのち》がけのかくれんぼ

動物《どうぶつ》がまわりの景色《けしき》や他《ほか》の動物《どうぶつ》によく似《に》た色《いろ》や形《かたち》になることを「擬態《ぎたい》」というよ。ほとんどの場合《ばあい》は自分《じぶん》の身《み》を守《まも》るためのものだ。しかし、中《なか》にはえものをねらうためにわざと擬態《ぎたい》をする肉食《にくしょく》の動物《どうぶつ》もいる。敵《てき》にねらわれないように、あるいは、エサを確実《かくじつ》につかまえて生《い》きていくために、動物《どうぶつ》たちはまさに命《いのち》がけのかくれんぼをしているんだ。

カエルは、皮《ひ》ふにある黄《き》、青《あお》、黒《くろ》の3つの色素《しきそ》を自由《じゆう》にあやつって体《からだ》の色《いろ》を変《か》えている！

変幻自在《へんげんじざい》？
アマガエルの「色《いろ》」変化《へんげ》

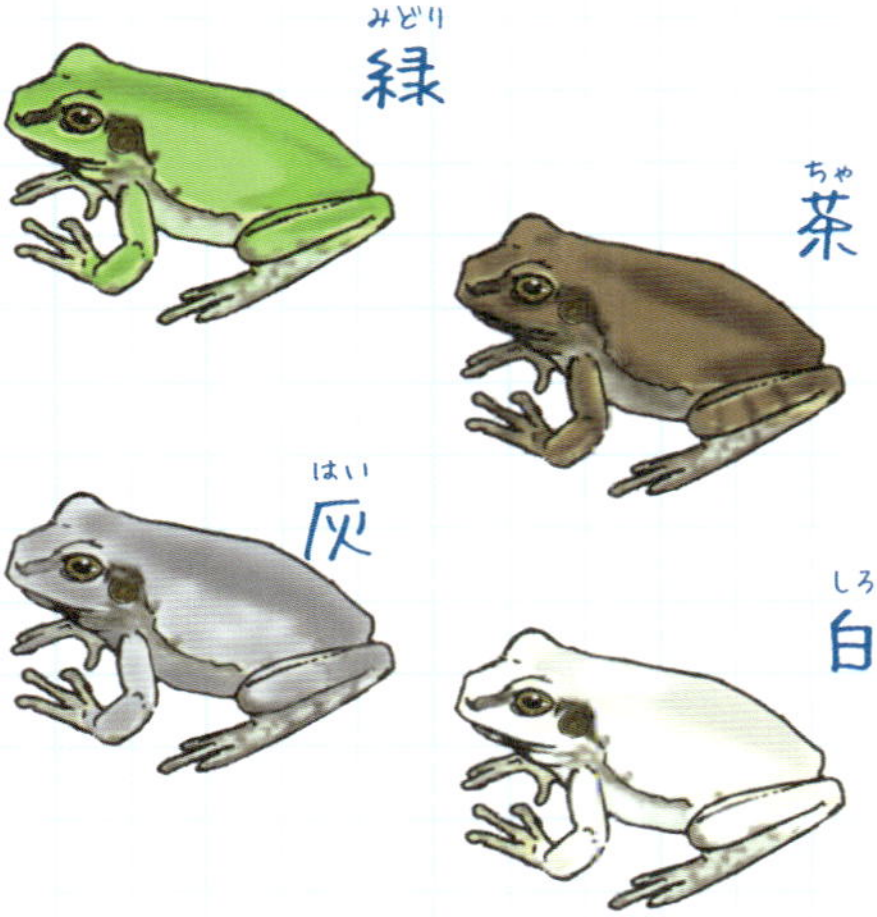
緑《みどり》
茶《ちゃ》
灰《はい》
白《しろ》

こんなアマガエルもいる

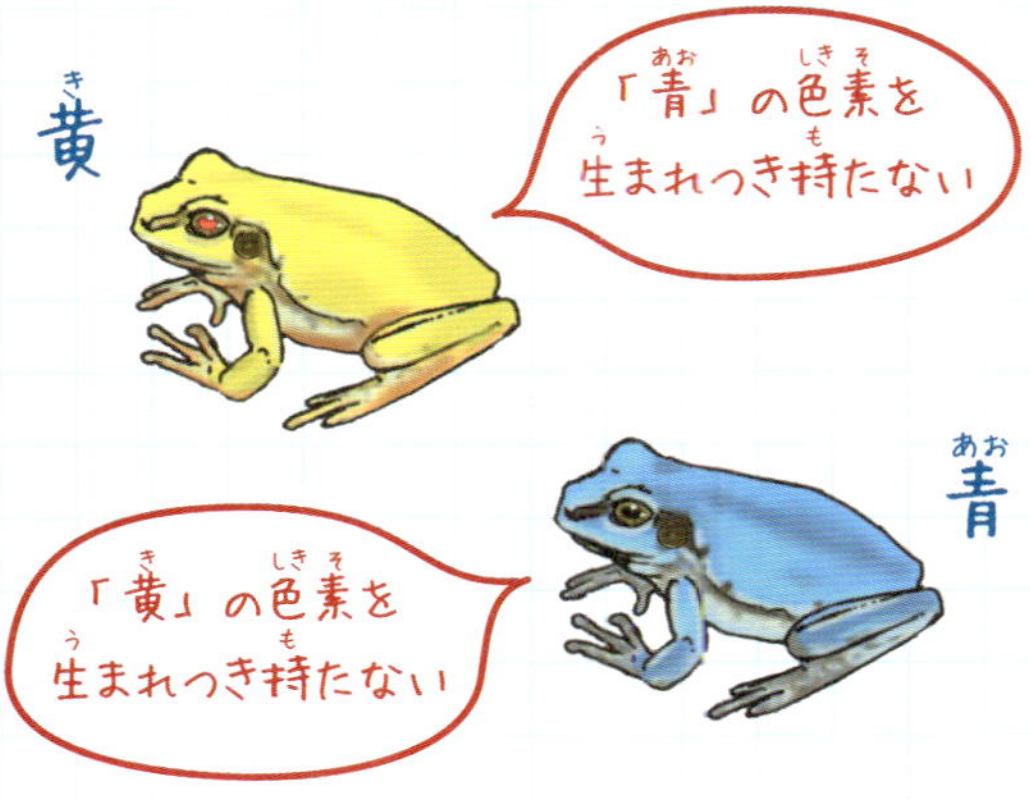
黄《き》
「青《あお》」の色素《しきそ》を生《う》まれつき持《も》たない
青《あお》
「黄《き》」の色素《しきそ》を生《う》まれつき持《も》たない

木《き》の枝《えだ》そっくり！

シャクトリムシ
〈シャクガの幼虫《ようちゅう》〉

糸《いと》でくっついている

こっちが頭《あたま》

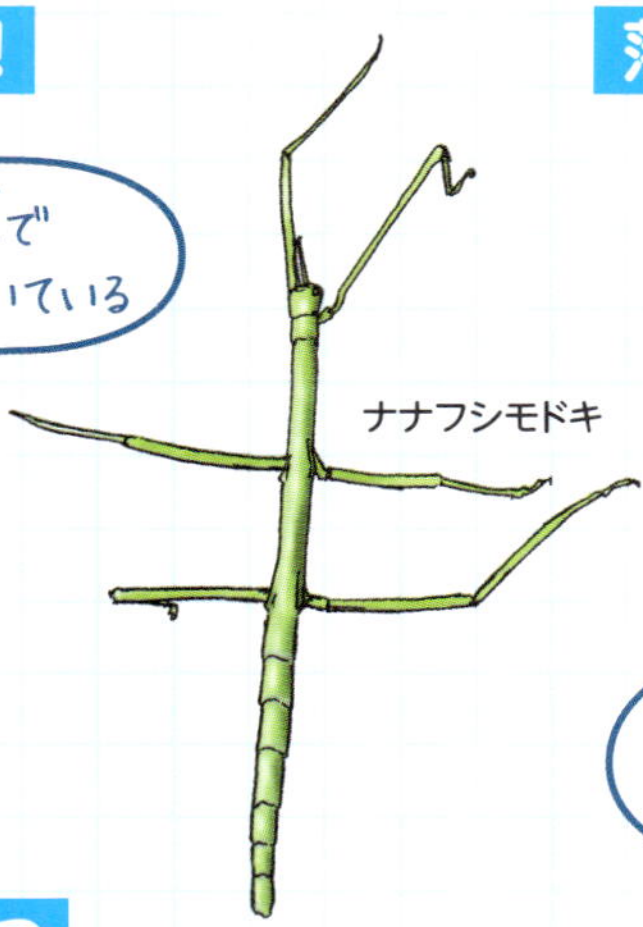

ナナフシモドキ

落《お》ち葉《ば》そっくり！

これ、翅《はね》の模様《もよう》なんだ

ムラサキシャチホコ

水《みず》の中《なか》でもまねするよ

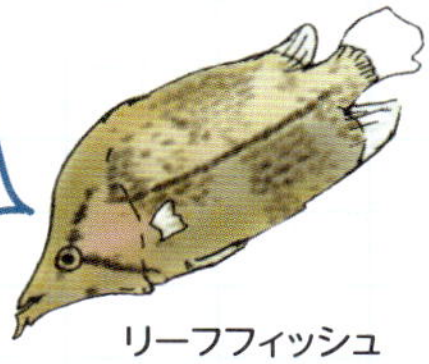

リーフフィッシュ

これも擬態《ぎたい》の1つ

シマウマ
草木《くさき》にまぎれるのではなく、「刺《さ》すハエ」から逃《に》げるための模様《もよう》なんだって!

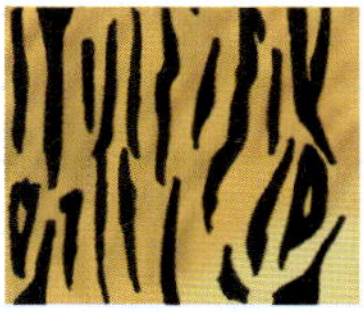

トラ
草食動物《そうしょくどうぶつ》は色《いろ》を見分《みわ》けられない。たてじまは草木《くさき》にまぎれてしまう。

おまけ 「どうしてハチはみんな似《に》た色《いろ》をしているの？」

派手《はで》な色《いろ》や模様《もよう》を持《も》つ生《い》き物《もの》は毒《どく》を持《も》つものが多《おお》い。天敵《てんてき》にハチが1匹《ぴき》食《た》べられそうになると、そのハチは攻撃《こうげき》をする。すると、その天敵《てんてき》は似《に》た色《いろ》や形《かたち》の生《い》き物《もの》を食《た》べなくなるんだ。

どっちも毒《どく》を持《も》っているし、刺《さ》す。
こんな「似《に》た者同士《ものどうし》」は
「ミューラー型擬態《がたぎたい》」といわれるよ

アシナガバチ

スズメバチ

☆刺《さ》さない、毒《どく》を持《も》たない、でも、ハチに似《に》た生《い》き物《もの》もいるよ→P203

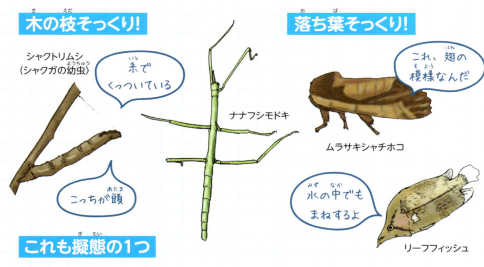

守《まも》るための毒《どく》、食《た》べるための毒《どく》

動物《どうぶつ》にも植物《しょくぶつ》にも、毒《どく》を持《も》つ生《い》き物《もの》はたくさんいる。毒《どく》は動《うご》きの遅《おそ》い、あるいは動《うご》かない生《い》き物《もの》の生《い》き残《のこ》り術《じゅつ》だ。毒《どく》を使《つか》って自分《じぶん》のなわばりを周囲《しゅうい》に知《し》らせたり、食《た》べられないように工夫《くふう》している。あるいはエサをつかまえるための道具《どうぐ》として使《つか》うものもいる。

自分《じぶん》にとっては毒《どく》ではないけれど、他《ほか》の生《い》き物《もの》にとっては毒《どく》になる。そこにはまだ解明《かいめい》されていないなぞがたくさんあるんだ。

二枚貝《にまいがい》
貝毒《かいどく》の原因《げんいん》となるプランクトンも食《た》べてしまった
ホタテ
本来《ほんらい》は毒《どく》を持《も》たない。
消化管《しょうかかん》である中腸腺《ちゅうちょうせん》にたまっていってしまう
ムラサキインコガイ
原因《げんいん》は、水中《すいちゅう》の渦鞭毛藻《うずべんもうそう》
フグ毒《どく》に似《に》たまひ性貝毒《せいかいどく》や下痢性貝毒《げりせいかいどく》を持《も》つ

☆うっかり毒《どく》を持《も》ってしまう生《い》き物《もの》もいるわけだ

自分《じぶん》を守《まも》るための毒《どく》

●食《た》べられないように、身《み》を守《まも》る

皮《ひ》ふに毒《どく》を持《も》つ。
粘液《ねんえき》が目《め》に
入《はい》ったりすると痛《いた》いぞ

アカハライモリ

ウマノスズクサという
毒草《どくそう》を食《た》べる

ジャコウアゲハ

いかくのために
角《つの》を出《だ》す

ジャコウアゲハ
の幼虫《ようちゅう》

●他《ほか》の生《い》き物《もの》が
なわばりに
入《はい》るのをふせぐ

ススキ

他《ほか》の植物《しょくぶつ》が
入《はい》ってこられないように
根《ね》から毒《どく》を出《だ》す

「アレロパシー」というよ

他《ほか》の生《い》き物《もの》を食《た》べるための毒《どく》

●「出血毒《しゅっけつどく》」

実《じつ》はハブよりももう毒《どく》
血管《けっかん》や筋肉《きんにく》をこわしてしまう

マムシ

●まひさせる

スズメバチ

スズメバチは幼虫《ようちゅう》のために
他《ほか》の生《い》き物《もの》を狩《か》って
肉団子《にくだんご》にしてしまう

足《あし》がたくさんある生《い》き物《もの》

ムカデは「百足《むかで》」と漢字《かんじ》で書《か》くけれど、実際《じっさい》に足《あし》が１００本《ぽん》あるわけではないよ。昔《むかし》の人《ひと》は「たくさん」という様子《ようす》を表《あらわ》すときに百《ひゃく》という言葉《ことば》を使《つか》うことが多《おお》かったんだ。それだけ足《あし》が多《おお》い、ということだ。

世界《せかい》で一番足《いちばんあし》が多《おお》いのは、パナマで発見《はっけん》されたヤスデの一種《いっしゅ》。ムカデと同《おな》じ「多足類《たそくるい》」の動物《どうぶつ》で、足《あし》の数《かず》はなんと、７５０本《ぽん》あるんだって！　よく転《ころ》ばないなあと思《おも》ってしまうよね。

ムカデ

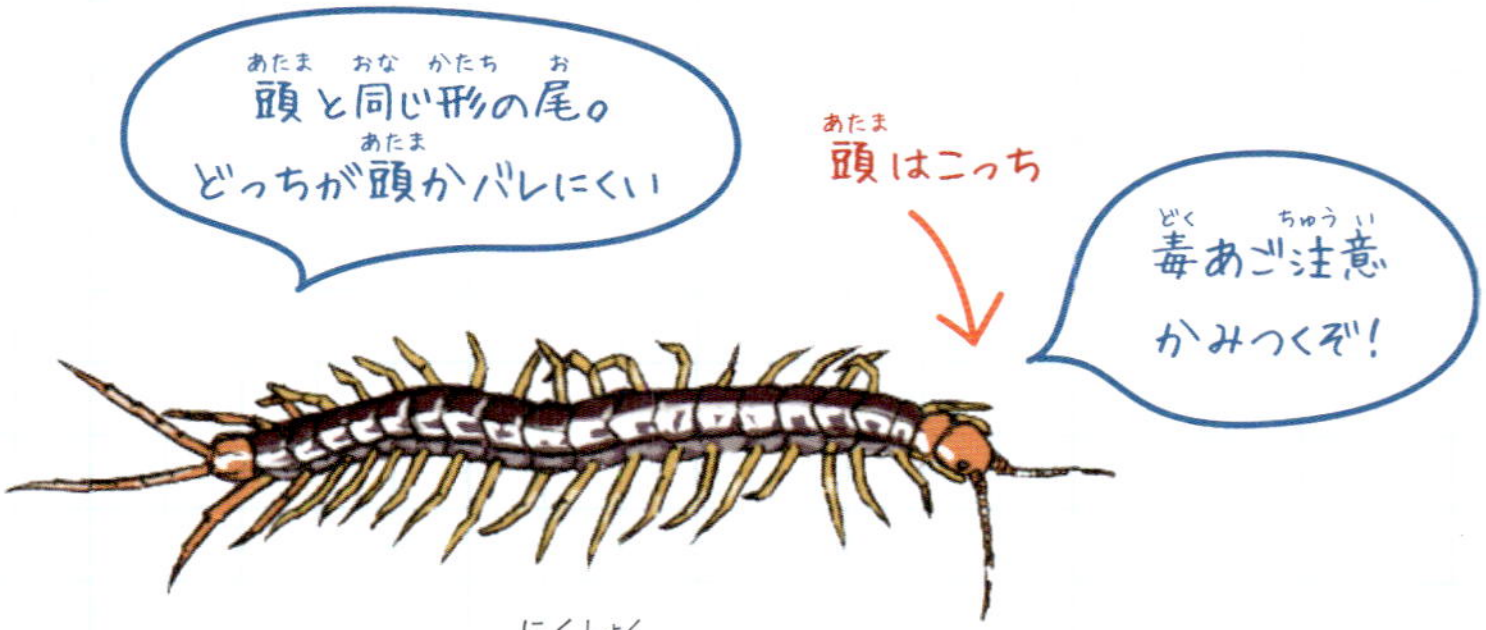
頭《あたま》と同《おな》じ形《かたち》の尾《お》。
どっちが頭《あたま》かバレにくい
頭《あたま》はこっち
毒《どく》あご注意《ちゅうい》
かみつくぞ！

肉食《にくしょく》

大型《おおがた》のムカデ
（トビズムカデなど）だと、
ネズミなんかも食《た》べてしまう！

1つの体節《たいせつ》に
2本《ほん》（1対《つい》）の足《あし》

ゲジ

「ゲジゲジ」でおなじみ

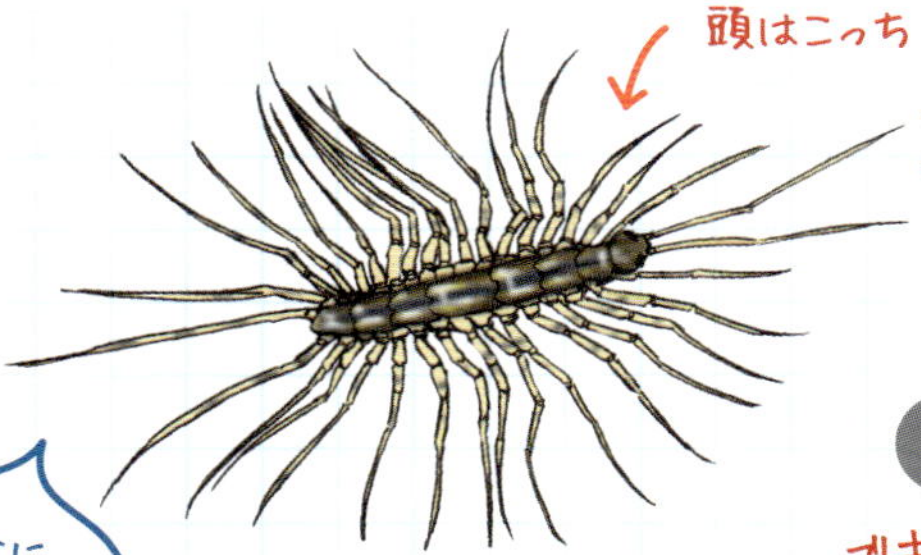

頭《あたま》はこっち

体《からだ》は16節《せつ》あり、足《あし》は15対《つい》！

毒《どく》はそんなに持《も》ってないよ

肉食《にくしょく》

ゴキブリだって食《た》べちゃう

ヤスデ

かみつかないけどくさ〜い汁《しる》を出《だ》して丸《まる》くなるよ！

腐植食《ふしょくしょく》

落《お》ち葉《ば》などを食《た》べる分解者《ぶんかいしゃ》 →P218

（一部《いちぶ》を除《のぞ》いて）1つの体節《たいせつ》に4本《ほん》（2対《つい》）の足《あし》

すべて節足動物多足類《せっそくどうぶつたそくるい》の仲間《なかま》！

おまけ 「ゴカイの誤解《ごかい》」

つりをするときにエサに使《つか》われることが多《おお》い「ゴカイ」や「イソメ」という生《い》き物《もの》がいるよ。見《み》た目《め》は足《あし》がたくさんあるムカデなどによく似《に》ているけれど、あれは足《あし》ではなく「いぼ脚《あし》」と呼《よ》ばれる毛《け》やでっぱりでしかないんだ。ミミズやヒルなどと同《おな》じ「環形《かんけい》動物《どうぶつ》」の仲間《なかま》で、「多毛類《たもうるい》」と呼《よ》ばれているよ。

ゴカイ

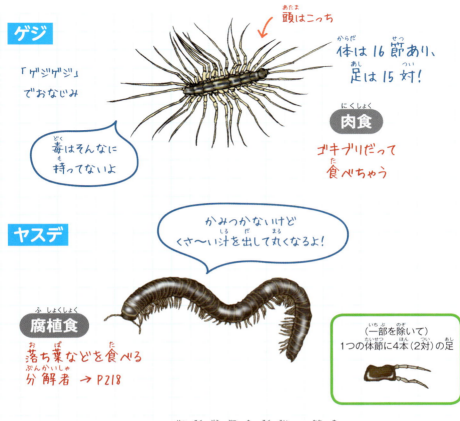

足《あし》がないのに歩《ある》ける？

ふつう、歩《ある》くためには足《あし》が必要《ひつよう》だ。でも、ヘビは足《あし》が1本《ぽん》もない。それなのにあんなに速《はや》く動《うご》けるのはどうしてなんだろう。そう思《おも》ったことはないかな？

もともと、せまいすき間《ま》で生活《せいかつ》していたトカゲが邪魔《じゃま》な手足《てあし》を退化《たいか》させて進化《しんか》したのがヘビだといわれているよ。足《あし》の代《か》わりになったのは、なんと鱗《うろこ》だ。「腹《ふく》板《ばん》」と呼《よ》ばれる特別《とくべつ》な鱗《うろこ》を地面《じめん》のでこぼこにひっかけて、あとは体《からだ》の筋肉《きんにく》を動《うご》かすだけで動《うご》くことができる。場所《ばしょ》によって歩《ある》き方《かた》を使《つか》い分《わ》けてもいるんだって。

ヘビは

鱗《うろこ》で歩《ある》く

蛇腹《じゃばら》ってどんな形《かたち》のこと？

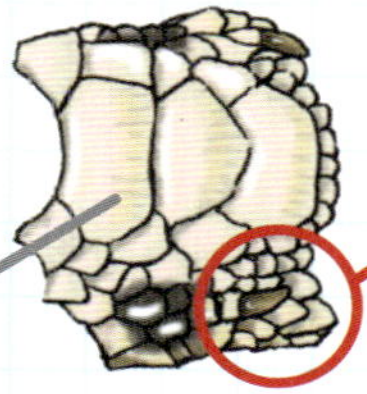

腹板《ふくばん》
ニシキヘビには、
後《うし》ろ足《あし》の痕跡《こんせき》が
残《のこ》っている！

ナメクジは

おなかの筋肉《きんにく》で歩《ある》く

ナメクジ
貝類《かいるい》は
基本的《きほんてき》にこれ

ゴカイは

毛《け》で歩《ある》く

足《あし》では
ないんだ
ゴカイ

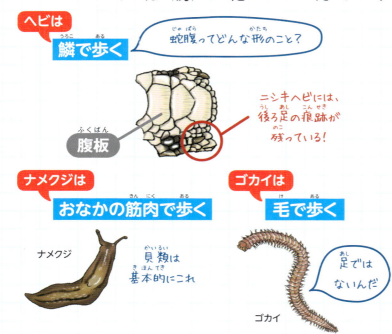

ヘビの歩《ある》き方《かた》いろいろ

●**蛇行**《だこう》：体《からだ》をくねらせて、腹板《ふくばん》で地面《じめん》のでこぼこをとらえ、前《まえ》に進《すす》む。

体《からだ》を左右《さゆう》にくねらせて進《すす》む

●**直進運動**《ちょくしんうんどう》：腹《はら》の筋肉《きんにく》や腹板《ふくばん》の間《あいだ》を縮《ちぢ》ませのばす。ゆっくり前《まえ》に進《すす》める。

ブルドーザーのキャタピラと同《おな》じ?

●**アコーディオン運動**《うんどう》：体《からだ》を縮《ちぢ》めたりのばしたりして進《すす》む。

つるつるしたところでも動《うご》ける

●**横《よこ》ばい運動**《うんどう》：体《からだ》の一部《いちぶ》だけを地面《じめん》につけて他《ほか》は完全《かんぜん》に持《も》ち上《あ》げ、ななめ横《よこ》に進《すす》む。

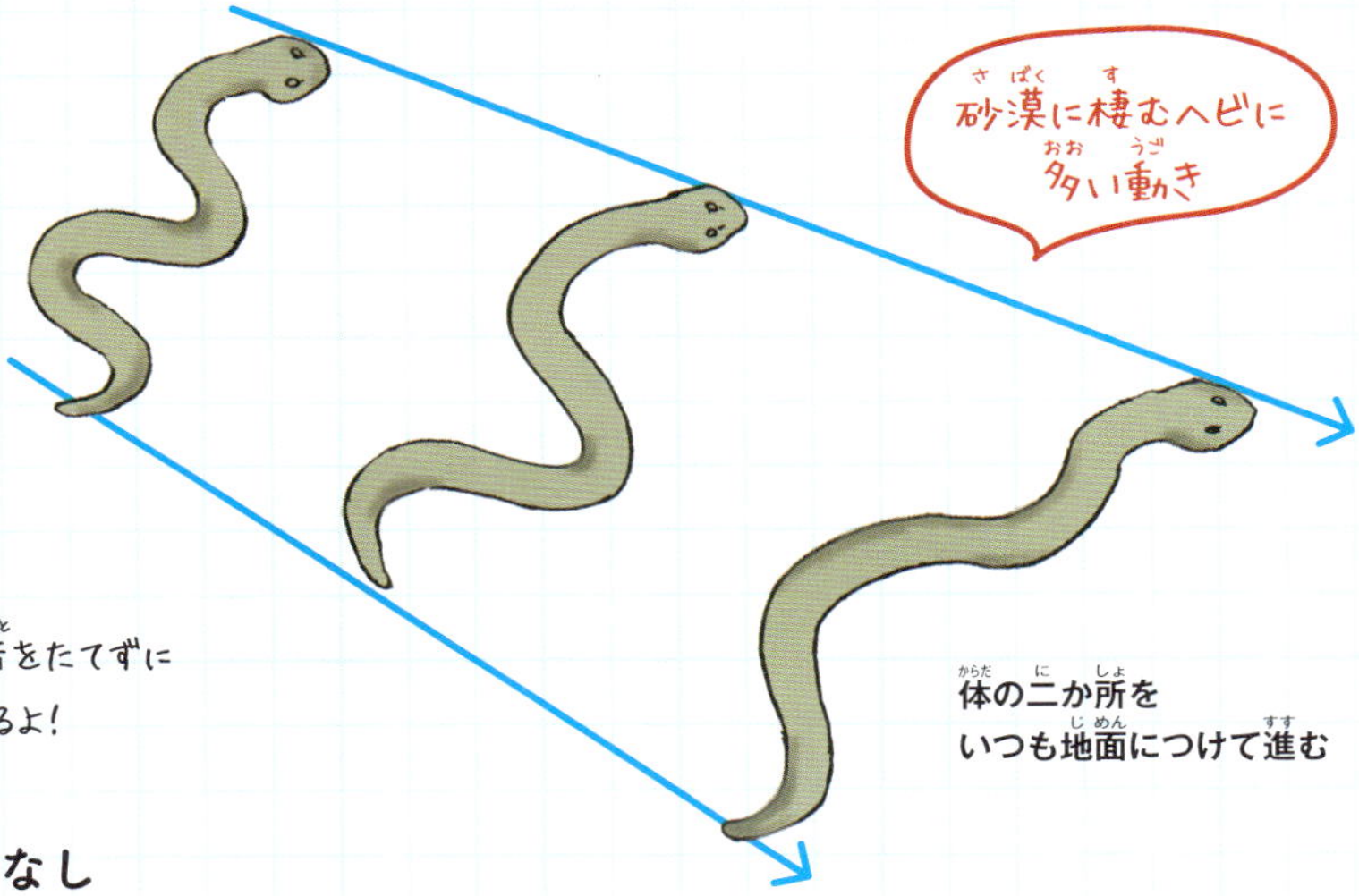

砂漠《さばく》に棲《す》むヘビに多《おお》い動《うご》き

体《からだ》の二《に》か所《しょ》をいつも地面《じめん》につけて進《すす》む

☆ほとんど音《おと》をたてずに移動《いどう》できるよ!

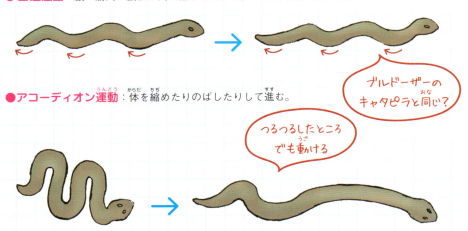

カタツムリとナメクジ、どこがちがう？

「カタツムリの殻《から》を取《と》ったら、ナメクジになるんですか？」よく聞《き》かれるけれど、なりません。カタツムリとナメクジは別《べつ》の動物《どうぶつ》だ。カタツムリの殻《から》を無理《むり》に取《と》ると死《し》んでしまうからやめようね。

重《おも》い殻《から》をなくす(退化《たいか》させる)ことで、ナメクジは「速《はや》さ」を手《て》に入《い》れた。せまいところにもすぐに入《はい》れるようになった。そうやって生《い》き残《のこ》れるよう「進《しん》化《か》」したのがナメクジなんだ。似《に》たような進化《しんか》は海《うみ》の中《なか》でも起《お》こっていて、タコやイカも、殻《から》を脱《ぬ》ぎ捨《す》てて進化《しんか》した生《い》き物《もの》の一《ひと》つだよ。

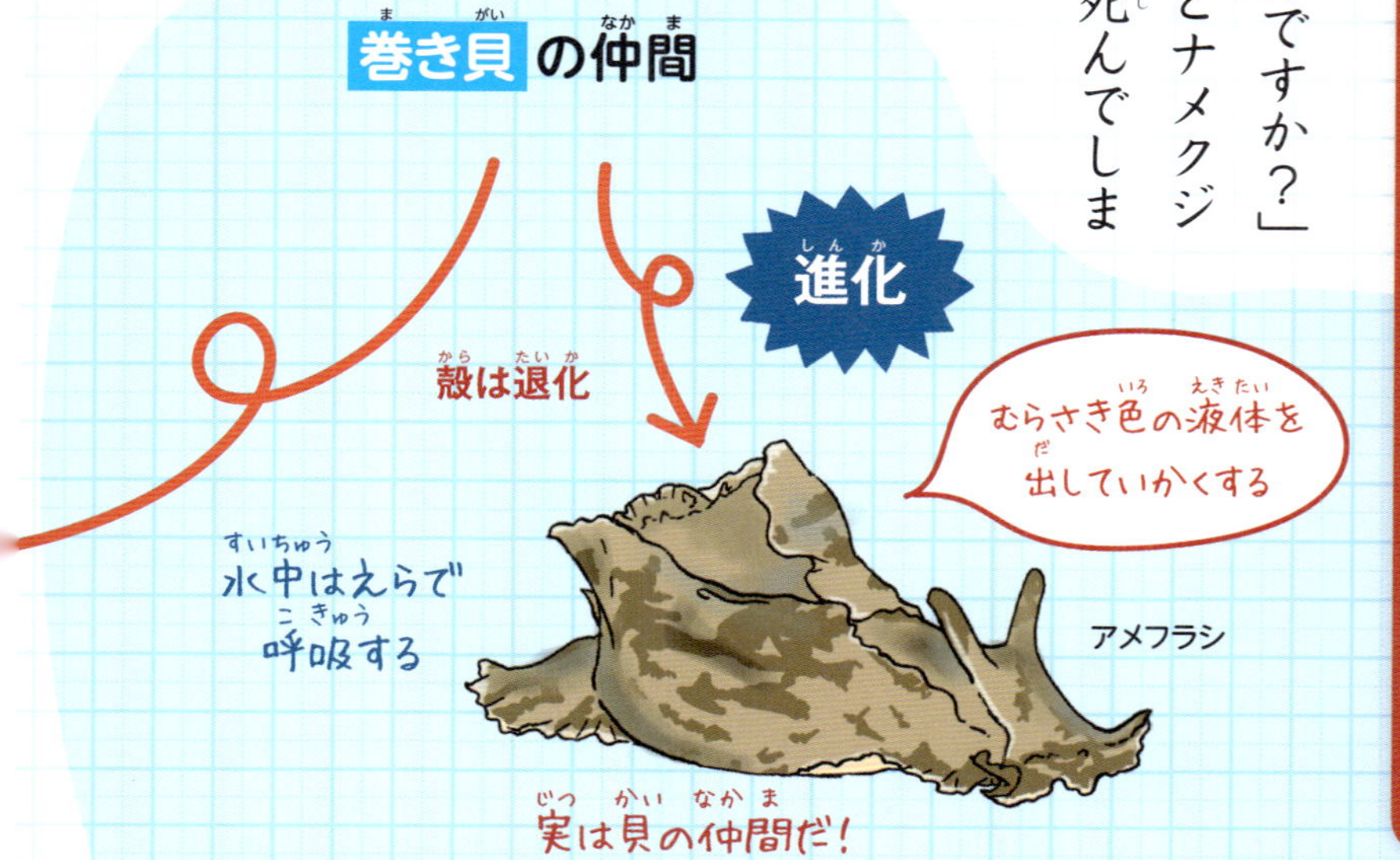
巻《ま》き貝《がい》の仲間《なかま》
進化《しんか》
殻《から》は退化《たいか》
むらさき色《いろ》の液体《えきたい》を出《だ》していかくする
水中《すいちゅう》はえらで呼吸《こきゅう》する
アメフラシ
実《じつ》は貝《かい》の仲間《なかま》だ！

塩《しお》をかけられると
体中《からだじゅう》の水《みず》がなくなって
しぼんでしまう。
とけるわけではないよ。

☆カタツムリも塩《しお》をかけると
しぼんでしまう（死《し》んでしまう）よ

ナメクジ

砂糖《さとう》でも
しぼんじゃう！

ためしてみる？

ビールが好《す》き！

殻《から》は退化《たいか》

進化《しんか》

殻《から》の中身《なかみ》はおなかの中身《なかみ》。
とると死《し》んでしまうよ。
コンクリートをなめたりして
カルシウム（殻《から》の成分《せいぶん》）を得《え》ている！

殻《から》で敵《てき》や
乾燥《かんそう》から身《み》を守《まも》る

カタツムリ

卵《たまご》から出《で》てくるときから
殻《から》を持《も》っているよ

進化《しんか》

食《た》べ物《もの》でフンの色《いろ》が変《か》わる

ニンジン　キュウリ

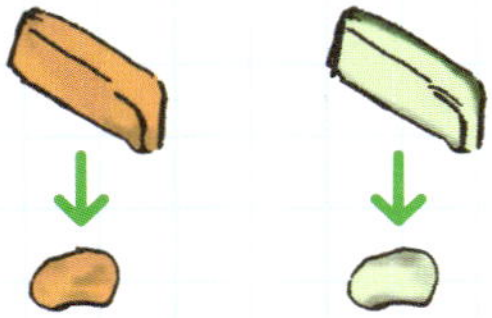

えらは退化《たいか》。
代《か》わりに肺《はい》ができた

カタツムリの殻《から》には
ヒミツがかくされている！？
→P212

ただいま進化《しんか》中《ちゅう》

そもそも「進化《しんか》」ってなんだろう？　その場所《ばしょ》で生《い》きていけるように体《からだ》の形《かたち》を変《か》えること？　生《い》きていくために棲《す》む場所《ばしょ》を変《か》えること？　答《こた》えは、全部《ぜんぶ》だ。ある種類《しゅるい》の生《い》き物《もの》の集団《しゅうだん》が、時間《じかん》をかけて変《か》わっていくことそのものを進化《しんか》というよ。有名《ゆうめい》なのは「ダーウィンの進化論《しんかろん》」かな。生《い》き物《もの》は同《おな》じ仲間《なかま》の中《なか》でも少《すこ》しずつちがう。あるちがいで生《い》き残《のこ》るかどうかに差《さ》がつき、やがてその特徴《とくちょう》を持《も》つものだけが仲間《なかま》の中《なか》で生《い》き残《のこ》った（自然選択《しぜんせんたく》による進化《しんか》）と考《かんが》えたんだ。現在《げんざい》では、それだけでは説明《せつめい》できないことが見《み》つかってきているので、あくまで「こうではないか」という仮説《かせつ》の一《ひと》つではある。この仮説《かせつ》はまちがっているという意見《いけん》もある。でも、どうしてこんな形《かたち》の生《い》き物《もの》がいるんだろう、と考《かんが》えるのはとてもおもしろいことだよね。

最近《さいきん》では、見《み》た目《め》や骨格《こっかく》などの形《かたち》からの分類《ぶんるい》ではなく、遺伝子《いでんし》など目《め》には見《み》えない情報《じょうほう》から進化《しんか》の道《みち》を探《さぐ》る研究《けんきゅう》もされているよ。

ダーウィンフィンチ

ガラパゴス諸島《しょとう》に棲《す》む小鳥《ことり》。共通《きょうつう》の祖先《そせん》を持《も》ち、環境《かんきょう》によって形《かたち》（特《とく》にくちばし）を変《か》えてきた（適応《てきおう》していった）と考《かんが》えられている

オオガラパゴスフィンチ

大《おお》きくてかたい種子《しゅし》を食《た》べる

ガラパゴスフィンチ

中《ちゅう》くらいの種子《しゅし》を食《た》べる

それぞれの種《しゅ》の中《なか》でもくちばしの高《たか》さが少《すこ》しずつちがう

コダーウィンフィンチ

小《ちい》さな種子《しゅし》や花《はな》のみつをすう

ムシクイフィンチ

昆虫《こんちゅう》を探《さぐ》って食《た》べる

サボテンフィンチ

少《すこ》し長《なが》めのくちばしを持《も》つ

別《べつ》の種《しゅ》といわれているが、交雑《こうざつ》（交尾《こうび》をして子《こ》どもを作《つく》る）ができる種《しゅ》もいる。今《いま》はまだ「種分化《しゅぶんか》」中《ちゅう》の生《い》き物《もの》の可能性《かのうせい》もあるそうだ

おまけ「食《た》べ物《もの》で変《か》わる鳥《とり》のくちばし」

トキ

くちばしでドジョウなどエサをねらってつきだす

ハチドリ

花《はな》のおくにさしこんでみつをすう

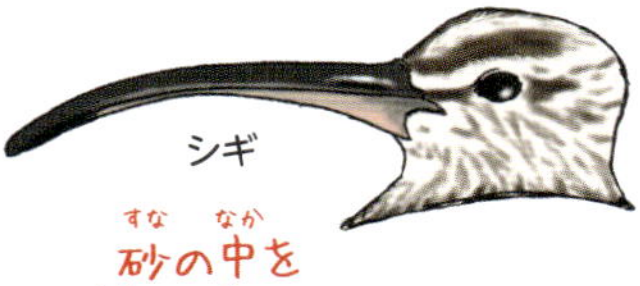

シギ

砂《すな》の中《なか》を探《さぐ》って食《た》べる

オニオオハシ

体温《たいおん》を下《さ》げるため、大《おお》きくなったのでは？と考《かんが》えられている

→ P140

ハヤブサ

小動物《しょうどうぶつ》の肉《にく》をちぎって食《た》べる

共《とも》に生《い》き残《のこ》ろう「共生《きょうせい》」

食《く》う、食《く》われるの関係《かんけい》だけではなく、同《おな》じ場所《ばしょ》でいくつかの種類《しゅるい》がお互《たが》いに関係《かんけい》しながら生活《せいかつ》していることそのものを「共生《きょうせい》」というんだ。共《とも》に助《たす》け合《あ》って生《い》きるだけではないのが、自然界《しぜんかい》の厳《きび》しいところ。でも、どの生《い》き物《もの》も、自分《じぶん》たちの種族《しゅぞく》だけでは生《い》き続《つづ》けることはできない。だからこそ、関《かか》わり合《あ》いが大切《たいせつ》になってくるんだ。

相利共生《そうりきょうせい》 どちらも得《とく》をする

イソギンチャクに 得《とく》
光合成《こうごうせい》をして
栄養分《えいようぶん》を作《つく》る
褐虫藻《かっちゅうそう》
クマノミ
守《まも》って!
毒針《どくばり》（刺胞《しほう》）を
持《も》っている!
イソギンチャク
イソギンチャクに 得《とく》
波《なみ》を作《つく》って新鮮《しんせん》な海水《かいすい》を送《おく》るよ!
近《ちか》づく生《い》き物《もの》を追《お》い払《はら》うよ!
クマノミ・褐虫藻に 得《とく》
守《まも》りましょう!

これも共生《きょうせい》！

片利共生《へんりきょうせい》

片方《かたほう》だけが得《とく》をする

知《し》っとく！
コバンザメはサメではなくスズキの仲間《なかま》

寄生《きせい》

あなたの養分《ようぶん》をもらいます……

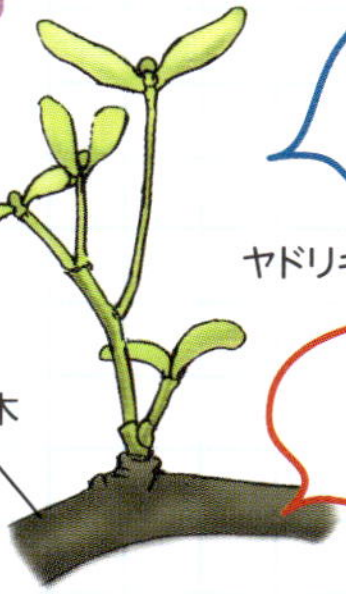

緑肥《りょくひ》といって、田植《たう》えや種《たね》まきの前《まえ》の田畑《たはた》にわざわざレンゲソウを植《う》えて、栄養《えいよう》のある土《つち》にすることもあるんだよ！

おまけ「植物《しょくぶつ》も助《たす》け合《あ》っている？」

マメ科《か》の植物《しょくぶつ》は、根《ね》に「根粒菌《こんりゅうきん》」という菌《きん》を棲《す》まわせることができる。その代《か》わり、土《つち》にあまり栄養《えいよう》がなくても、根《ね》に棲《す》む根粒菌《こんりゅうきん》が窒素《ちっそ》などの養分《ようぶん》を分《わ》けてくれる。根《ね》のボコボコした部分《ぶぶん》には、たくさんの菌《きん》たちが棲《す》み着《つ》いているんだ。

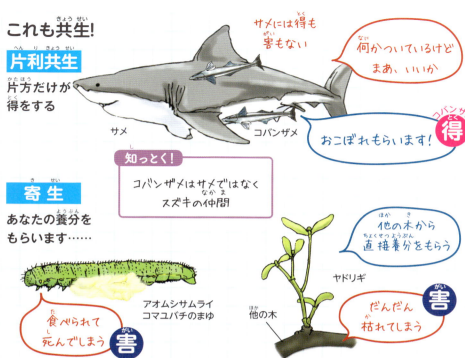

仲間《なかま》を増《ふ》やして生《い》き残《のこ》れ！ 増《ふ》え方《かた》いろいろ

生《い》き物《もの》の増《ふ》え方《かた》は大《おお》きく分《わ》けて２つある。ひたすら自分《じぶん》のコピー（クローン）を増《ふ》やす「無性生殖《むせいせいしょく》」と、オスとメスが出会《であ》って子《こ》を作《つく》って増《ふ》える「有性生殖《ゆうせいせいしょく》」だ。

無性生殖《むせいせいしょく》ではとにかく増《ふ》えるのが速《はや》い。なんせ相手《あいて》はいらない。どんどん増《ふ》える。でも、自分《じぶん》が棲《す》みにくい環境《かんきょう》になると、自分《じぶん》のコピーも棲《す》みにくい。だから、全滅《ぜんめつ》してしまう可能性《かのうせい》がある。一方《いっぽう》、有性生殖《ゆうせいせいしょく》の場合《ばあい》は必《かなら》ず相手《あいて》が必要《ひつよう》だ。でも、自分《じぶん》とは少《すこ》しちがう性質《せいしつ》を持《も》つ子《こ》が生《う》まれるから、親《おや》にとって棲《す》みにくい環境《かんきょう》になっても、子《こ》は生《い》き残《のこ》るという可能性《かのうせい》はある。どっちの増《ふ》え方《かた》にも意味《いみ》はあるんだ。

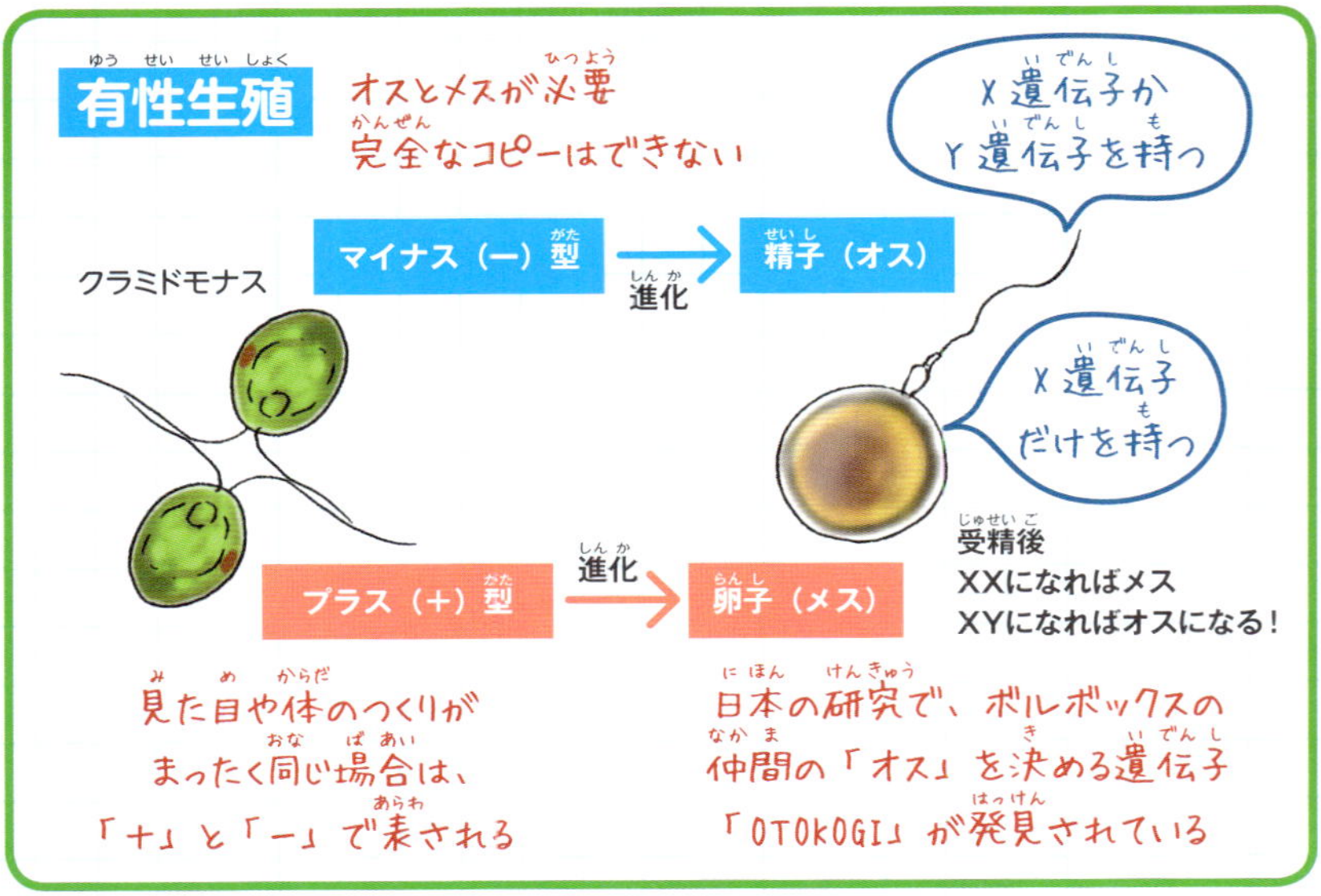

無性生殖《むせいせいしょく》

相手《あいて》はいらない！

分裂《ぶんれつ》

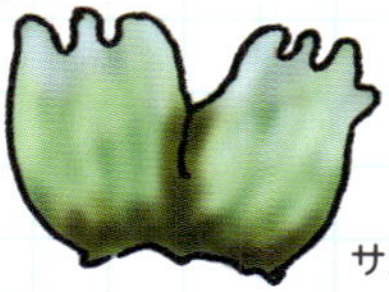

サンゴ

出芽《しゅつが》

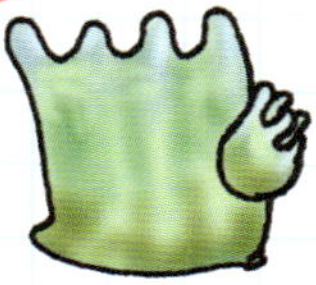

サンゴは有性生殖《ゆうせいせいしょく》もするよ！

満月《まんげつ》の日《ひ》にいっせいに卵《たまご》と精子《せいし》が入《はい》ったカプセルを産《う》むんだよ

栄養生殖《えいようせいしょく》

植物《しょくぶつ》に多《おお》い増《ふ》え方《かた》

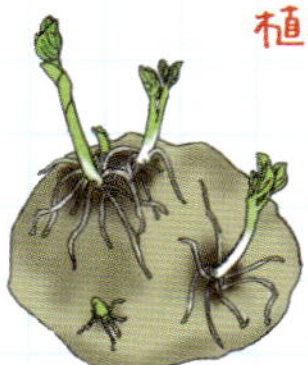

私《わたし》の正体《しょうたい》は地下《ちか》の「くき」！

ジャガイモ（ナス科《か》）

芽《め》からは根《ね》も葉《は》も出《で》てくる

私《わたし》の正体《しょうたい》は「根《ね》」！

他《ほか》にも葉《は》から芽《め》を出《だ》す、くきの形《かたち》を変《か》えた「むかご」で増《ふ》えるものもいる！

サツマイモ
（ヒルガオ科《か》）

くきや葉《は》が出《で》てくるところと根《ね》が出《で》てくるところは決《き》まっている

単為生殖《たんいせいしょく》

メスだけで子《こ》どもを作《つく》れる！

女王《じょおう》バチ XX

単為生殖《たんいせいしょく》 → オス X

ママとまったく同《おな》じ遺伝子《いでんし》。でも数《かず》は半分《はんぶん》しかないからオスになる

有性生殖《ゆうせいせいしょく》 → メス XX

ママとはちょっとちがう遺伝子《いでんし》でも数《かず》は同《おな》じなのでメス

他《ほか》にもミジンコやアブラムシ、シュモクザメやコモドオオトカゲなど、様々《さまざま》な生《い》き物《もの》で単為生殖《たんいせいしょく》が確認《かくにん》されているよ

仲間《なかま》を増《ふ》やして生《い》き残《のこ》れ！ 産《う》み方《かた》いろいろ

有性生殖《ゆうせいせいしょく》をする生《い》き物《もの》でも、子《こ》どもの産《う》み方《かた》にちがいがある。ホ乳類《にゅうるい》は親《おや》と似《に》た子《こ》（胎児《たいじ》）を産《う》むが、それ以外《いがい》はみんな卵《たまご》を産《う》む。

地球上《ちきゅうじょう》の生《い》き物《もの》の中《なか》で、最《もっと》も多《おお》く卵《たまご》を産《う》むのはなんだか知《し》っているかい？ マンボウという大《おお》きな魚《さかな》で、3億個《おくこ》もの卵《たまご》を産《う》むよ。でも、その中《なか》で大人《おとな》になれるのはたった1、2匹《ひき》だけ。たくさん産《う》むのは、成長《せいちょう》していく中《なか》で食《た》べられたり、死《し》んでしまうものが多《おお》いからなんだ。逆《ぎゃく》に、鳥類《ちょうるい》やハ虫《ちゅう》類《るい》など親《おや》が卵《たまご》を守《まも》る場合《ばあい》は、子《こ》どものうちに死《し》んでしまう数《かず》が少《すく》ないから、産《う》む卵《たまご》の数《かず》は少《すく》なくても子孫《しそん》を残《のこ》していけるんだ。ホ乳類《にゅうるい》になると、1回《かい》に産《う》む子《こ》どもの数《かず》はもっと少《すく》なくなる。

たくさん産《う》むけど育《そだ》てません
大人《おとな》になるって大変《たいへん》！
マンボウ

大人《おとな》になれる確率《かくりつ》は $\frac{1}{300000000}$ ぐらい。産《う》んだ卵《たまご》はバラバラに分《わ》かれて海《うみ》の中《なか》に広《ひろ》がるよ。卵《たまご》や稚魚《ちぎょ》はマグロやカツオのエサになってしまうことが多《おお》いそうだ。

育《そだ》てるから少《すく》なく産《う》む

鳥類《ちょうるい》は卵《たまご》を産《う》むが、魚類《ぎょるい》や昆虫《こんちゅう》などよりもその数《かず》は少《すく》ない。

胎生《たいせい》 卵《たまご》ではなく、親《おや》と似《に》た姿《すがた》で生《う》まれる（ホ乳類《にゅうるい》）

生《う》まれた時《とき》は
90～180グラムしかない！

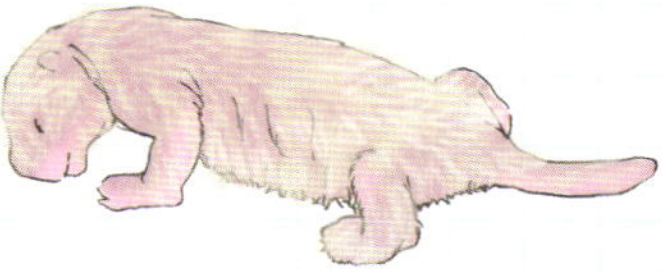

ヒトでいう妊娠《にんしん》３か月半《げつはん》ぐらいの姿《すがた》で生《う》まれてくる

３年《ねん》に１回《かい》くらい子《こ》どもを産《う》む。
１年《ねん》くらい母乳《ぼにゅう》を与《あた》える

双子《ふたご》を産《う》んでも
片方《かたほう》しか
育《そだ》てられないの

ジャイアントパンダ
（メス：80～120kg）

おまけ「卵胎生《らんたいせい》」

ホ乳類《にゅうるい》はおなかの中《なか》である程度《ていど》子《こ》どもが育《そだ》ってから外《そと》に産《う》む。お母《かあ》さんはとっても大変《たいへん》だけど、少《すく》ない数《かず》の子《こ》どもを確実《かくじつ》に育《そだ》てていくための方法《ほうほう》だ。これに近《ちか》いことを、魚類《ぎょるい》であるシロワニも行《おこな》っている。「卵胎生《らんたいせい》」といって、お母《かあ》さんのおなかの中《なか》で卵《たまご》からふ化《か》し、ある程度《ていど》大《おお》きくなってから外《そと》に出《で》てくるんだ。

先《さき》にふ化《か》したシロワニの子《こ》どもは、他《ほか》の卵《たまご》や小《ちい》さい兄弟《きょうだい》たちを食《た》べてしまうんだ。大《おお》きくなれた子《こ》どもだけが生《い》きて海《うみ》へと出《で》ていけるんだ

シロワニ

生《い》きている化石《かせき》って何《なに》？

太古《たいこ》の時代《じだい》に生《い》きていた祖先《そせん》の形《かたち》を残《のこ》したまま、現代《げんだい》に生《い》きる生《い》き物《もの》たち。

中《ちゅう》

カモノハシ
オーストラリアの一部《いちぶ》だけに棲《す》む

ラティマーさんが見《み》つけたので「ラティメリア」という学名《がくめい》がついている

古《こ》

シーラカンス
3億《おく》7千万年前《せんまんねんまえ》に現《あらわ》れた。当時《とうじ》は120種以上《しゅいじょう》いたが、現在見《げんざいみ》つかっているのは2種《しゅ》のみ

ウナギではないけれど

ヌタウナギ（3億年前《おくねんまえ》）

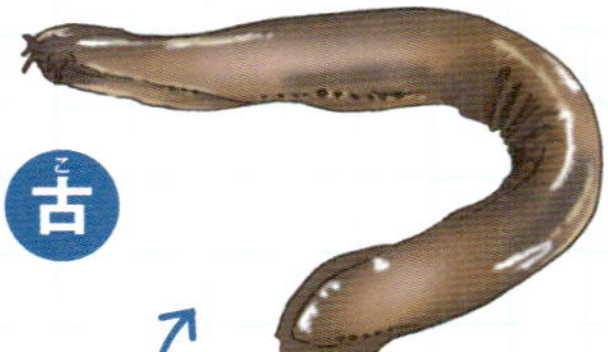

古《こ》

一番古《いちばんふる》いタイプの魚類《ぎょるい》
(厳密《げんみつ》には魚類《ぎょるい》ではない)

オオサンショウウオ（3000万年前《まんねんまえ》）

新《しん》

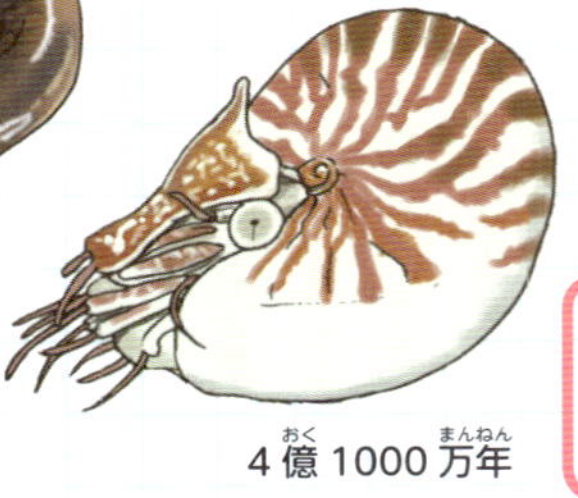

4億《おく》1000万年《まんねん》

古《こ》

オウムガイ
実《じつ》はアンモナイトよりも先《さき》に現《あらわ》れていた

※何年前《なんねんまえ》かの表記《ひょうき》は資料《しりょう》によって異《こと》なることがあります

新《しん》生《せい》代《だい》 6600万年前《まんねんまえ》

中《ちゅう》生《せい》代《だい》 2億《おく》5100万年前《まんねんまえ》

古《こ》生《せい》代《だい》 5億《おく》4200万年前《まんねんまえ》

先《せん》カンブリア

中《ちゅう》 イチョウ
ギンナンは恐竜《きょうりゅう》が食《た》べていたのかも?

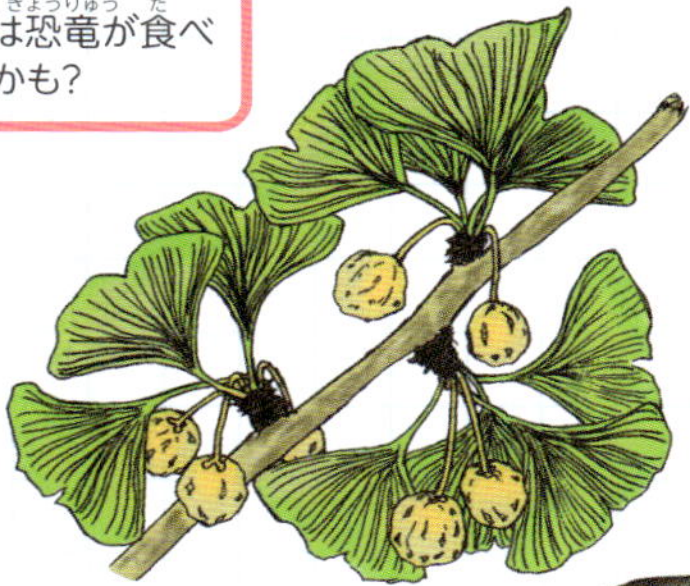

カブトエビ 中《ちゅう》
田《た》んぼによくいる
→ P220

カブトガニ（2億年《おくねん》） 中《ちゅう》

中《ちゅう》

メタセコイア

まだ背骨《せぼね》は持《も》っていない

古《こ》 ナメクジウオ

脊椎動物《せきついどうぶつ》のご先祖《せんぞ》さま

魚《さかな》じゃないよ

数値《すうち》:理科年表《りかねんぴょう》(2018)より

化石《かせき》からわかるあれやこれ

◎当時《とうじ》の**時代《じだい》**がわかる！
(示準化石《しじゅんかせき》)

アンモナイトだ！ ということは「中生代《ちゅうせいだい》」だ！

◎当時《とうじ》の**まわりの様子《ようす》**がわかる
(示相化石《しそうかせき》)

サンゴだ！ ここはあたたかくて浅《あさ》い海《うみ》だったのかな？

☆他《ほか》にも、足跡《あしあと》や巣穴《すあな》など生物《せいぶつ》そのもの以外《いがい》の化石《かせき》（生痕化石《せいこんかせき》）もあるよ

なぞなぞ？

仲間《なかま》はだれだ？

★★★

似《に》た「仲間《なかま》」として同《おな》じグループになるのはだれ？

ヒント：5つのグループに分《わ》けられるよ！

ラット

ハリモグラ

ワオキツネザル

ハイラックス

カモノハシ

ツパイ

ラクダ

キリン

カバ

ゾウ

サイ

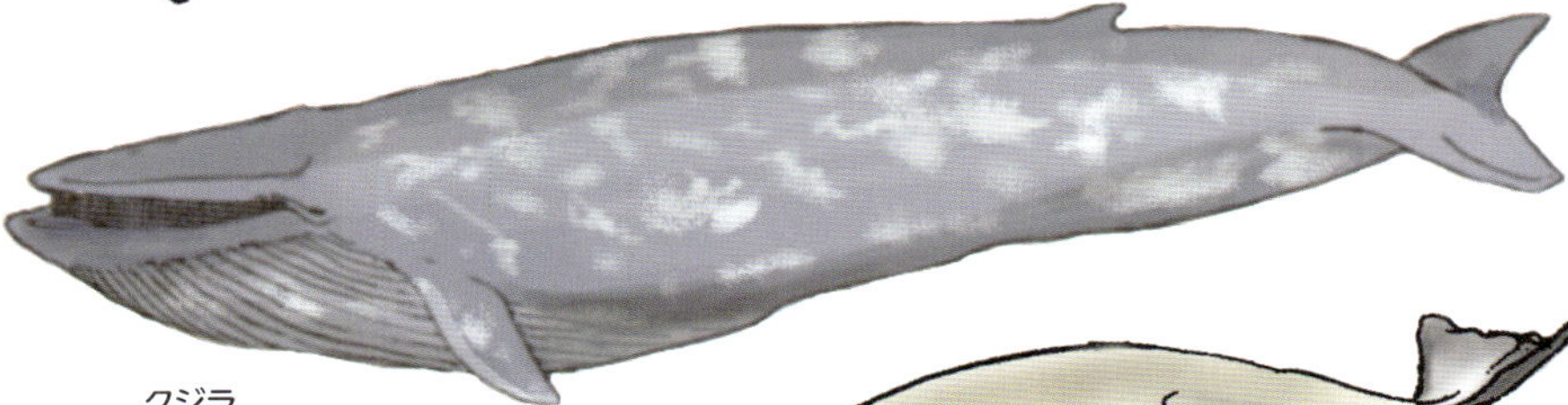

クジラ

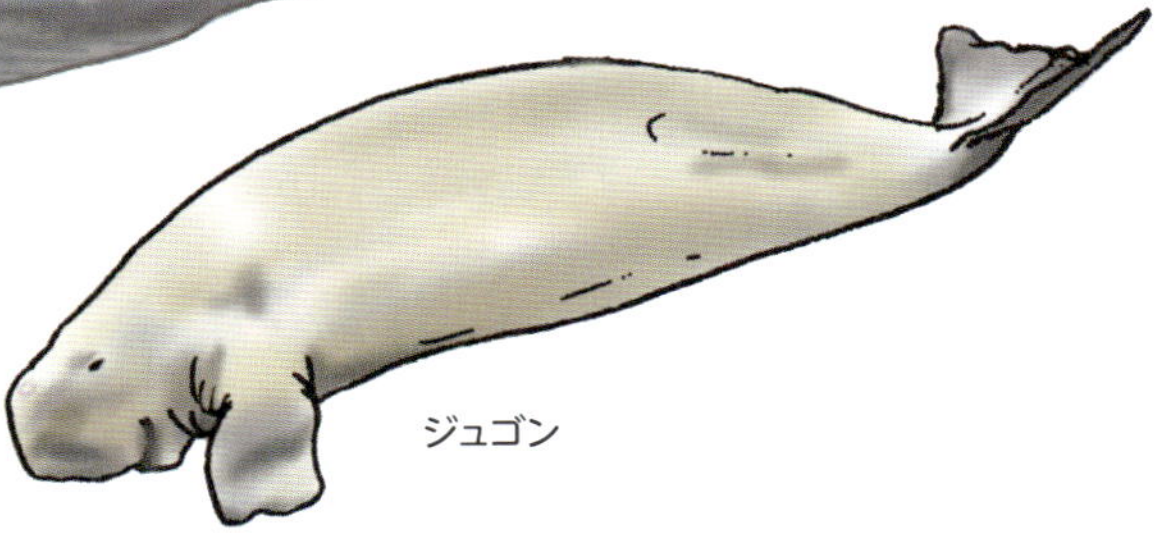

ジュゴン

なぞなぞ？

仲間《なかま》はだれだ？【解答《かいとう》】

最近《さいきん》の研究《けんきゅう》で、見《み》た目《め》はまったくちがうけれど、実《じつ》はすごく近《ちか》い仲間《なかま》だった、ということが多《おお》くの生《い》き物《もの》の間《あいだ》でわかってきたよ。大《おお》きさも棲《す》むところもまったくちがうのに、同《おな》じ遺伝子《いでんし》を持《も》っていたり、同《おな》じ進化《しんか》の道《みち》をたどった証拠《しょうこ》が見《み》つかってきているんだ。

とはいえ、生《い》き物《もの》は「最初《さいしょ》の生《い》き物《もの》」からいろいろな方向《ほうこう》に進化《しんか》していったともいわれているよ。「最初《さいしょ》の生《い》き物《もの》」って、どんな姿《すがた》だったんだろう？

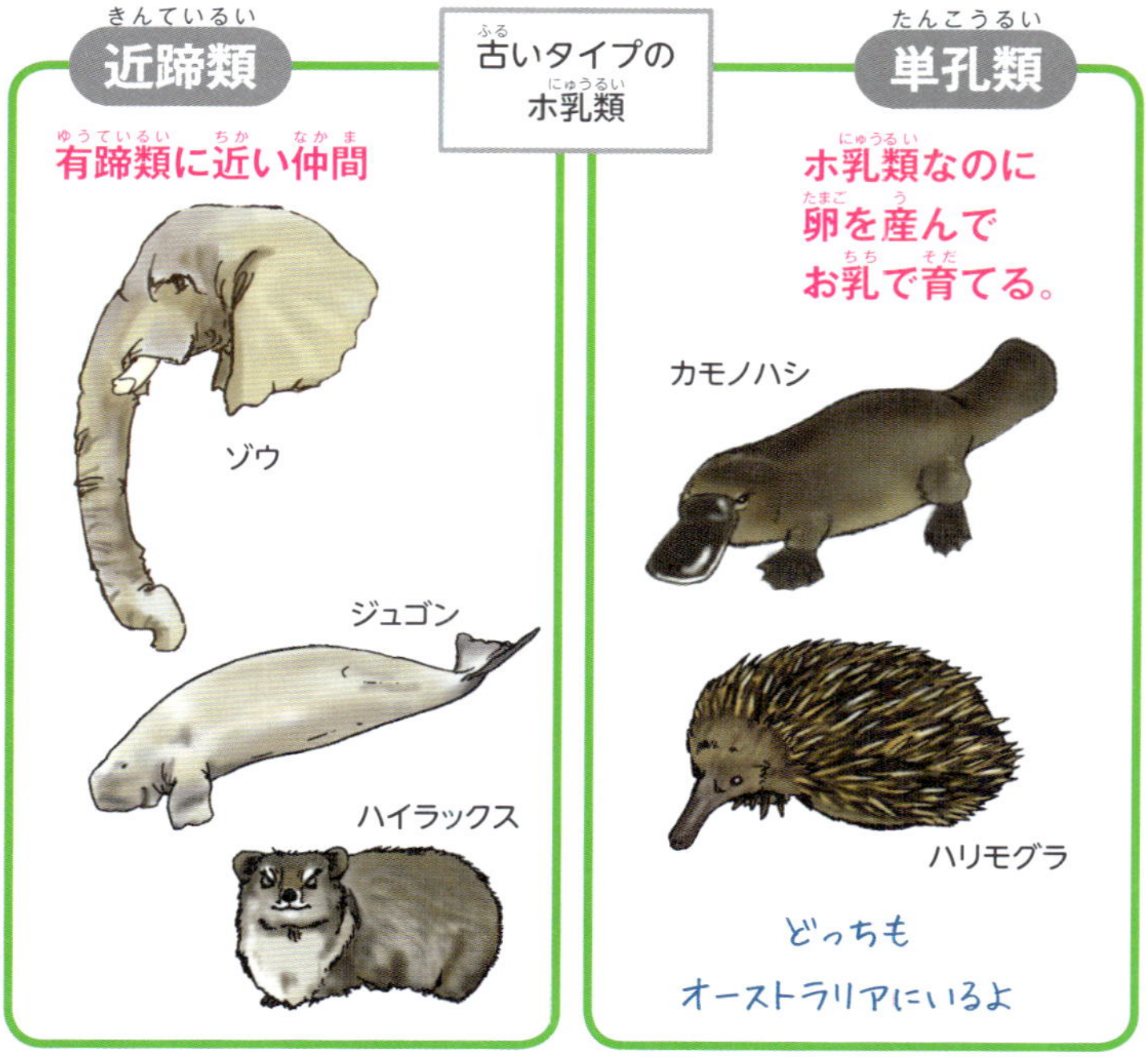
古《ふる》いタイプのホ乳類《にゅうるい》
近蹄類《きんているい》
有蹄類《ゆうているい》に近《ちか》い仲間《なかま》
ゾウ
ジュゴン
ハイラックス
単孔類《たんこうるい》
ホ乳類《にゅうるい》なのに
卵《たまご》を産《う》んで
お乳《ちち》で育《そだ》てる。
カモノハシ
ハリモグラ
どっちも
オーストラリアにいるよ

キリン

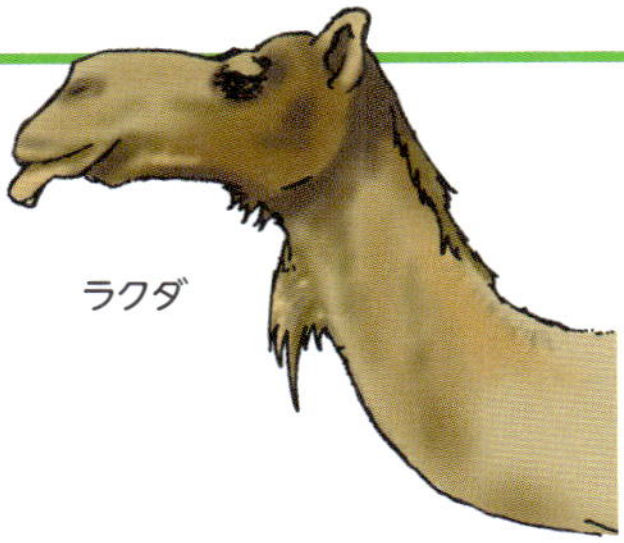

ラクダ

陸《りく》にいた先祖《せんぞ》は、蹄類《ているい》と同《おな》じかかとの骨《ほね》の構造《こうぞう》を持《も》っていたそうだ！

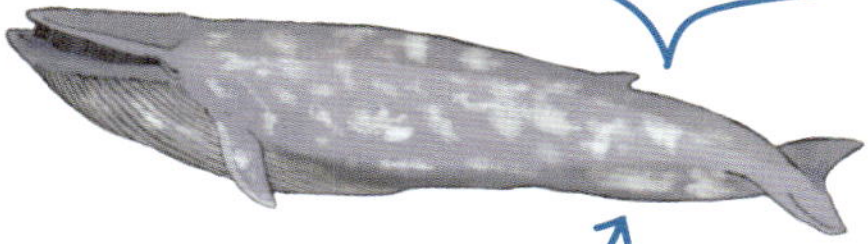

クジラ

カバ

とても近《ちか》い仲間《なかま》

他《ほか》にもウシやシカなど９科《か》が入《はい》る。有蹄動物《ゆうていどうぶつ》の約《やく》90パーセントを占《し》める。基本的《きほんてき》に蹄《ひづめ》は２つに分《わ》かれている。

鯨偶蹄目《くじらぐうていもく》

サイ

ウマ、バク、サイの３科《か》。指《ゆび》の数《かず》が奇数《きすう》！

奇蹄目《きていもく》

蹄《ひづめ》を持《も》つ「有蹄動物《ゆうていどうぶつ》」の仲間《なかま》

超霊長類《ちょうれいちょうるい》

(真主齧上目《しんしゅげつじょうもく》。ネズミやウサギ、サル、などをまとめたグループ)

ワオキツネザル

どちらかというと霊長類《れいちょうるい》に近《ちか》い

ラット

ツパイ

遺伝子《いでんし》の解析《かいせき》によってわかったグループ分《わ》けだよ

暑《あつ》いところの動物《どうぶつ》、寒《さむ》いところの動物《どうぶつ》

恒温動物《こうおんどうぶつ》であるホ乳類《にゅうるい》にとっても、暑《あつ》すぎる環境《かんきょう》、寒《さむ》すぎる環境《かんきょう》は耐《た》えられないものだ。

だから、暑《あつ》いところに棲《す》む動物《どうぶつ》は、熱《ねつ》が逃《に》げやすいように、寒《さむ》いところに棲《す》む動物《どうぶつ》は熱《ねつ》が逃《に》げにくいように、進化《しんか》していったといわれているよ。

ポイントは体《からだ》の大《おお》きさと、耳《みみ》の大《おお》きさらしい。どういうことだろう？

250cm
700kg
ホッキョクグマ
140cm
65kg
マレーグマ
(東南《とうなん》アジアに棲《す》むクマ)

知《し》っとく！

ホッキョクグマの毛《け》は無色透明《むしょくとうめい》で、光《ひかり》を集《あつ》めて体《からだ》をあたためることができるんだ

ベルクマンの法則《ほうそく》

恒温動物《こうおんどうぶつ》では、同《おな》じ種《しゅ》でも寒《さむ》いところにいるものほど体《からだ》が大《おお》きい（体重《たいじゅう》が重《おも》い）

熱《ねつ》の増《ふ》え方《かた》

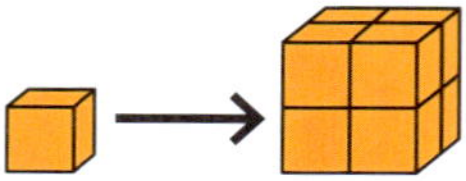

大《おお》きさ（体積《たいせき》） 1 —8倍《ばい》→ 8

面《めん》の数《かず》（表面積《ひょうめんせき》） 6 —4倍《ばい》→ 24

熱《ねつ》の逃《に》げやすさ

暑《あつ》いところ

サハラ砂漠《さばく》などに棲《す》んでいる

北半球《きたはんきゅう》に広《ひろ》く分布《ぶんぷ》する

マイナス70度《ど》にも耐《た》えられる!?

寒《さむ》いところ

アレンの法則《ほうそく》

恒温動物《こうおんどうぶつ》では、同《おな》じ種《しゅ》でも寒《さむ》いところにいるものほど突出部《とっしゅつぶ》（耳《みみ》や尾《お》など）が短《みじか》くなる

鳥《とり》はくちばしで体温《たいおん》を逃《に》がしている。そのため、暑《あつ》いところの鳥《とり》はくちばしが大《おお》きいらしいぞ！

体温調節《たいおんちょうせつ》の仕方《しかた》いろいろ！

汗《あせ》をかく場合《ばあい》

水《みず》（汗《あせ》）が水蒸気《すいじょうき》になる（蒸発《じょうはつ》する）とき、まわりの熱《ねつ》をうばうので、体温《たいおん》が下《さ》がる
（体温《たいおん》が上《あ》がりすぎない）

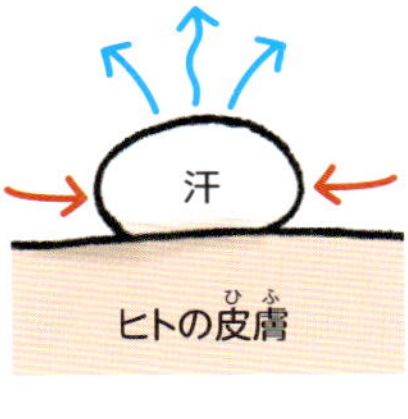

植物《しょくぶつ》も汗《あせ》をかく!?

気孔《きこう》から水蒸気《すいじょうき》を出《だ》す
（蒸散《じょうさん》というよ）

汗《あせ》をかけない場合《ばあい》

長《なが》い耳《みみ》のヒミツ
毛細血管《もうさいけっかん》を張《は》り巡《めぐ》らせ、熱《ねつ》を放出《ほうしゅつ》させる

ぬれた舌《した》を出《だ》す

夏《なつ》毛《げ》と冬《ふゆ》毛《げ》

恒温動物《こうおんどうぶつ》である鳥類《ちょうるい》やホ乳類《にゅうるい》の中《なか》には、季節《きせつ》によって毛《け》の生《は》え方《かた》を変《か》えるものがいる。寒《さむ》い冬《ふゆ》になっても、体温《たいおん》を保《たも》たなければならないからだ。

冬《ふゆ》の間《あいだ》だけ雪《ゆき》に覆《おお》われるような地域《ちいき》では、なんと毛《け》の色《いろ》もすべて変《か》えてしまうものもいるんだ。これは、雪《ゆき》で真《ま》っ白《しろ》になった景色《けしき》の中《なか》でも目立《めだ》たないようにするための工夫《くふう》だ。ヒトが季節《きせつ》によって服《ふく》を変《か》えるように、動物《どうぶつ》たちも毛《け》を変《か》えることで厳《きび》しい自然《しぜん》の変化《へんか》を乗《の》りきっているんだよ。

体《からだ》の色《いろ》も変《か》わる

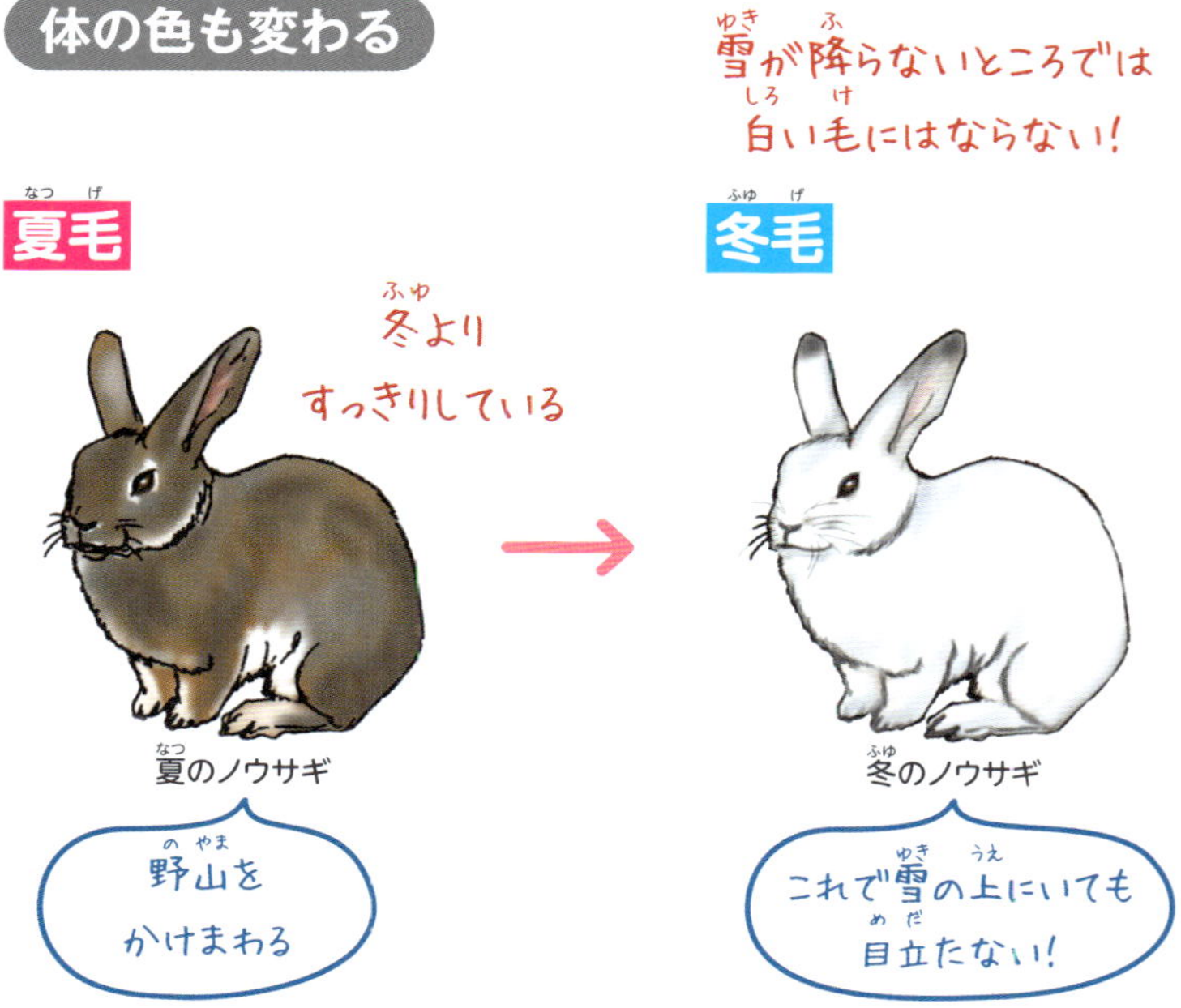
雪《ゆき》が降《ふ》らないところでは
白《しろ》い毛《け》にはならない！
夏毛《なつげ》
冬毛《ふゆげ》
冬《ふゆ》より
すっきりしている
夏《なつ》のノウサギ
冬《ふゆ》のノウサギ
野山《のやま》を
かけまわる
これで雪《ゆき》の上《うえ》にいても
目立《めだ》たない！

夏《なつ》のオコジョ

ノネズミだけでなく、
ノウサギやライチョウを
食《た》べてしまうことも!

冬《ふゆ》のオコジョ

雪《ゆき》にまぎれて
えものをねらう

色《いろ》は変《か》わらないけれど…

冬《ふゆ》のタヌキはホワホワする
ぐらい毛《け》が深《ふか》くなる。
夏《なつ》はどんな姿《すがた》なんだろう?

鳥《とり》たちも変身《へんしん》する!?

冬《ふゆ》のスズメ

冬毛《ふゆげ》をふくらませて
さらに寒《さむ》さに
耐《た》えている

色《いろ》が変《か》わる!

夏《なつ》のライチョウ

冬《ふゆ》のライチョウ

体《たい》温《おん》が変《か》わる動物《どうぶつ》、変《か》わらない動物《どうぶつ》

ホ乳類《にゅうるい》や鳥類《ちょうるい》はさわるとあたたかいと感《かん》じるけれど、ハ虫類《ちゅうるい》や魚《さかな》などはさわると少《すこ》しひんやりするね。いつもはこれぐらいの温度《おんど》、と体《たい》温《おん》がだいたい決《き》まっている動物《どうぶつ》を「恒温動物《こうおんどうぶつ》」、気温《きおん》や水温《すいおん》、地温《ちおん》といったまわりの温度《おんど》によって体温《たいおん》が変《か》わる動物《どうぶつ》を「変温動物《へんおんどうぶつ》」というよ。恒温動物《こうおんどうぶつ》は体温《たいおん》をほぼ同《おな》じぐらいに保《たも》つことで、外《そと》の温度《おんど》に影響《えいきょう》されにくい「動《うご》きやすい体《からだ》」を手《て》に入《い》れた。しかし、その体温《たいおん》を保《たも》つためにたくさんものを食《た》べないといけないんだ。変温動物《へんおんどうぶつ》は、熱《ねつ》を作《つく》るために必要以上《ひつよういじょう》に食《た》べる必要《ひつよう》はない。これも一《ひと》つの戦略《せんりゃく》のちがいなんだ。

変温動物《へんおんどうぶつ》 鳥類《ちょうるい》、ホ乳類《にゅうるい》以外《いがい》のすべての動物《どうぶつ》

省《しょう》エネ生活《せいかつ》

カナヘビ
(ハ虫類《ちゅうるい》)

暑《あつ》すぎても
寒《さむ》すぎても動《うご》けない

気温《きおん》が低《ひく》いときは
日《ひ》なたぼっこをし、
気温《きおん》が高《たか》いときは
木《こ》かげでじっとしているよ

昆虫《こんちゅう》も日《ひ》なたぼっこを
するんだって!

恒温動物《こうおんどうぶつ》

鳥類《ちょうるい》

ハト

素早《すばや》く飛《と》べるように
体温《たいおん》は高《たか》め
（42度《ど》くらい）

ホ乳類《にゅうるい》

体温《たいおん》は36～37度《ど》

クジラ

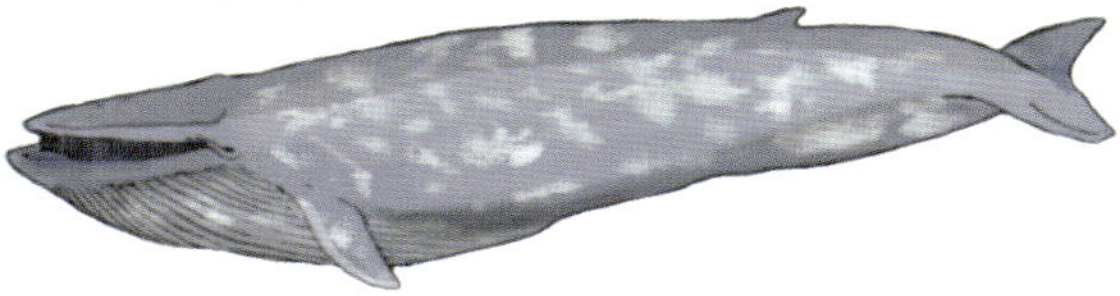

恒温動物《こうおんどうぶつ》なのに…変温動物《へんおんどうぶつ》?

葉《は》っぱ8グラムで
1日《にち》生きていける

ナマケモノ

体温《たいおん》は24度《ど》～35度《ど》ぐらい。体温《たいおん》が下《さ》がりすぎると死《し》んでしまう!?

体温《たいおん》（熱《ねつ》）は、動《うご》いているときは**筋肉《きんにく》**が、じっとしているときは**肝臓《かんぞう》**が作《つく》っているといわれているよ。血液《けつえき》が熱《ねつ》を全身《ぜんしん》に運《はこ》んでいるんだ

変温動物《へんおんどうぶつ》なのに…恒温動物《こうおんどうぶつ》?

鳥類《ちょうるい》やホ乳類《にゅうるい》と似《に》た
体温《たいおん》の保《たも》ち方《かた》をしている

体温《たいおん》が海水《かいすい》の温度《おんど》
＋15度《ど》になると…

マグロ

泳《およ》ぐ速《はや》さ2.7倍《ばい》
回遊距離《かいゆうきょり》2.5倍《ばい》に!

体温《たいおん》が海水《かいすい》の温度《おんど》
＋5度《ど》になると…

冷《つめ》たい深海《しんかい》でも
元気《げんき》に泳《およ》ぐ!

アカマンボウ
（リュウグウノツカイの仲間《なかま》）

冬眠《とうみん》の方法《ほうほう》もいろいろ

冬《ふゆ》になると寒《さむ》いし、エサも少《すく》なくなる。だから無駄《むだ》にエネルギーを使《つか》わないように眠《ねむ》ってしまおう。それが動物《どうぶつ》の「冬眠《とうみん》」だ。

ホ乳類《にゅうるい》にも冬眠《とうみん》する生《い》き物《もの》がいる。この行動《こうどう》は、正確《せいかく》には「冬眠《とうみん》」と「冬《ふゆ》ごもり」との２つに分《わ》けられる。クマのような大《おお》きな動物《どうぶつ》はうつらうつらするぐらいの眠《ねむ》りでなんとか冬《ふゆ》を越《こ》せるので「冬《ふゆ》ごもり」。しかし、ヤマネのような体《からだ》の小《ちい》さな動物《どうぶつ》は、体温《たいおん》を保《たも》つよりも奪《うば》われるほうが早《はや》いんだ。だから、クマとちがって「仮死《かし》状態《じょうたい》」になる。これが正《ただ》しい「冬眠《とうみん》」。厳《きび》しい自然《ぜん》の冬《ふゆ》を乗《の》り越《こ》えるのは、本当《ほんとう》に大変《たいへん》なんだ。

ヤマネ型《がた》冬眠《とうみん》

「不思議《ふしぎ》の国《くに》のアリス」の「眠《ねむ》りネズミ」の正体《しょうたい》かも？

他《ほか》にはコウモリやハチドリが同《おな》じような冬眠《とうみん》をする

こんなにちがう

	ふだん		冬眠中《とうみんちゅう》
体温《たいおん》	36度《ど》	➡	0度《ど》近《ちか》く
脈拍《みゃくはく》（1分間《ぶんかん》）	600回《かい》	➡	60回《かい》
呼吸《こきゅう》（1分間《ぶんかん》）	80回《かい》	➡	1回《かい》

春《はる》までひたすら眠《ねむ》る。起《お》きると１時間《じかん》くらいで体温《たいおん》が元《もと》どおりになる！

クマ型《がた》冬眠《とうみん》

「冬《ふゆ》ごもり」ともいう

なんと冬眠中《とうみんちゅう》に出産《しゅっさん》をする!

脈拍《みゃくはく》も呼吸数《こきゅうすう》も下《さ》がるけど、体温《たいおん》は大《おお》きくは下《さ》がらない

秋《あき》にたくさん食《た》べて春《はる》までは飲《の》まず食《く》わず。うんちやおしっこ(排《はい》せつ)もしない。どうしてそれで生《い》きていけるの?…まだまだ研究中《けんきゅうちゅう》だ

☆シマリスも冬《ふゆ》ごもりをする(何日《なんにち》かおきに目《め》をさまして、巣《す》にためたエサを食《た》べる)

変温動物《へんおんどうぶつ》の冬越《ふゆご》し

凍《こお》ってしまうと死《し》んでしまうので、土《つち》の中《なか》や水《みず》の中《なか》にかくれたり、姿《すがた》を変《か》えたりして冬《ふゆ》を越《こ》すよ

土《つち》の中《なか》

カエル

昆虫《こんちゅう》の冬越《ふゆご》し姿《すがた》は様々《さまざま》

成虫《せいちゅう》で冬越《ふゆご》しするものもいるよ

バッタ(卵《たまご》)

ヤゴ

トンボ(幼虫《ようちゅう》)

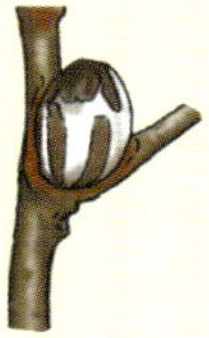

イラガ(サナギ)

夏《なつ》を眠《ねむ》ってすごす「夏眠《かみん》」とは?

カタツムリやカエルなど

Zzzzz

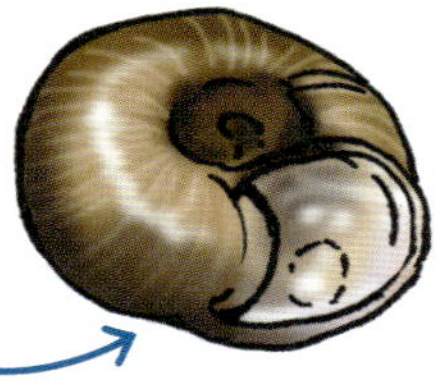

うすい膜《まく》をはって乾燥《かんそう》をふせぐ

暑《あつ》すぎてツライ…。動《うご》きやすくなるまでじっとしていよう…

木《き》の上《うえ》でくらすためのあれこれ

動物《どうぶつ》は様々《さまざま》な場所《ばしょ》で体《からだ》の形《かたち》を合《あ》わせながら進化《しんか》していった。地面《じめん》から木《き》の上《うえ》に生活《せいかつ》の場《ば》を変《か》えたホ乳類《にゅうるい》にも、その変《へん》化《か》は見《み》られるよ。たとえば、木《き》の上《うえ》で生活《せいかつ》するサルにはある共通《きょうつう》の特徴《とくちょう》がある。それは、しっぽ（尾《お》）が長《なが》いということ。くるりと尾《お》を枝《えだ》にからませて、命綱《いのちづな》のように使《つか》っているものもいるけれど、どちらかというとバランスを保《たも》つために使《つか》われるそうだ。ニホンザルやチンパンジーなどの類人猿《るいじんえん》は、地《ち》上《じょう》でくらすようになったから、尾《お》は短《みじか》くなっているよ。

他《ほか》にも、枝《えだ》をつかみやすいように、今《いま》のヒトに似《に》た手《て》を持《も》っていたり、鋭《するど》い爪《つめ》を持《も》ったりしている動物《どうぶつ》がいる。ヒトの手《て》にある指紋《しもん》も、実《じつ》は木《き》の上《うえ》で生活《せいかつ》していたときに使《つか》っていた「滑《すべ》り止《ど》め」の名残《なごり》なんだ。

体《からだ》よりも長《なが》いしっぽで
バランスをとっている
ワオキツネザル
黒《くろ》と白《しろ》の輪《わ》の尾《お》を
持《も》つのが名前《なまえ》の由来《ゆらい》

しっぽでバランスをとる！
でもしっぽがなくなっちゃう
こともあるよ →P200

シマリス

木《き》をつかんで
いられる手《て》を持《も》つ！

コアラ

1日《にち》22時間《じかん》も眠《ねむ》るよ
エサのユーカリの葉《は》の毒《どく》を
分解《ぶんかい》するのにエネルギーを
使《つか》うんだ…

ナマケモノ

さかさまにぶらさがっているから、
毛《け》の生《は》え方《かた》が
他《ほか》の生《い》き物《もの》と逆《ぎゃく》らしい？

手《て》の形《かたち》いろいろ

アイアイ

中《なか》ゆび《ゆび》で木《き》を
たたいて虫《むし》が
いないか探《さが》す

実《じつ》はゆびは7本《ほん》？

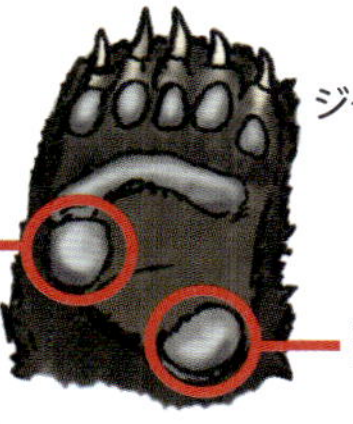

ジャイアントパンダ

第《だい》6のゆび

第《だい》7のゆび

これで竹《たけ》をつかめるようになった！

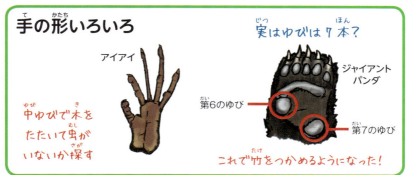

海《うみ》に戻《もど》った生《い》き物《もの》たち、どこがちがう？

ホ乳類《にゅうるい》の中《なか》には、一度《いちど》は陸《りく》に上《あ》がって生《せい》活《かつ》をし始《はじ》めたけれど、また海《うみ》に戻《もど》った生《い》き物《もの》がいるよ。クジラやジュゴンなどがそうだ。

陸《りく》では「乾燥《かんそう》」に耐《た》えなければならず、「自分《じぶん》の重《おも》さ」に苦《くる》しむことになった。今《いま》までは海水《かいすい》にぷかぷかと浮《う》かぶことができていたけれど、陸《りく》ではそれができない。つまり、陸上《りくじょう》では、大《おお》きくなりすぎると動《うご》けなくなってしまうんだ。だったら広《ひろ》くてエサも豊《ほう》富《ふ》にある海《うみ》に戻《もど》ってしまおうと考《かんが》えたのかもしれないね。

鯨偶蹄目《くじらぐうていもく》
歯《は》がないクジラ（ヒゲクジラ）と
歯《は》があるクジラ（ハクジラ）がいるよ
どっちも
ハクジラの一種《いっしゅ》
シロナガス
クジラ
シャチ
バンドウ
イルカ
海《うみ》のギャング！
クジラをおそうこともあるぞ！

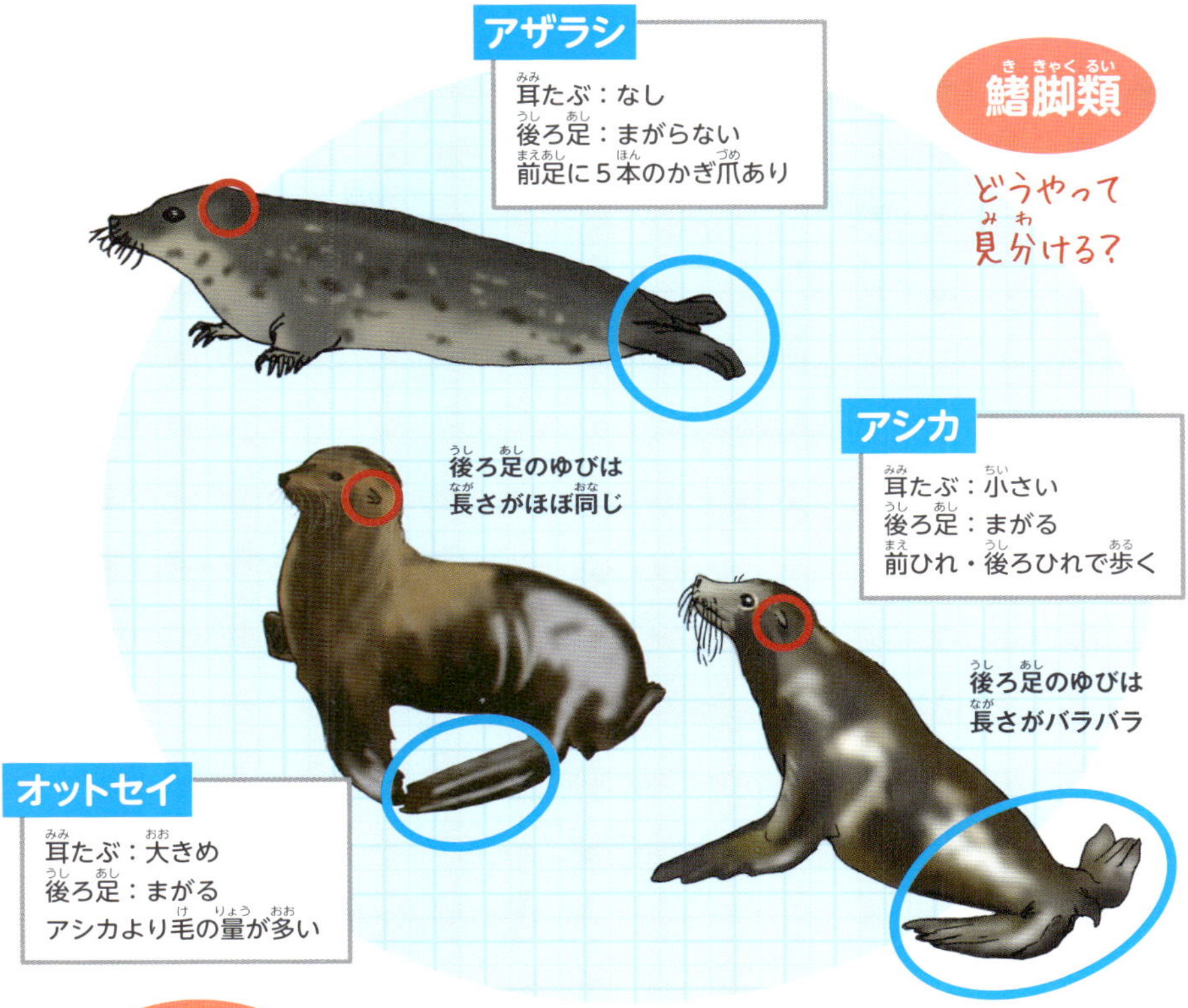
鰭脚類《ききゃくるい》
どうやって見分《みわ》ける？
アザラシ
耳《みみ》たぶ：なし
後《うし》ろ足《あし》：まがらない
前足《まえあし》に5本《ほん》のかぎ爪《づめ》あり
後《うし》ろ足《あし》のゆびは長《なが》さがほぼ同《おな》じ
アシカ
耳《みみ》たぶ：小《ちい》さい
後《うし》ろ足《あし》：まがる
前《まえ》ひれ・後《うし》ろひれで歩《ある》く
後《うし》ろ足《あし》のゆびは長《なが》さがバラバラ
オットセイ
耳《みみ》たぶ：大《おお》きめ
後《うし》ろ足《あし》：まがる
アシカより毛《け》の量《りょう》が多《おお》い

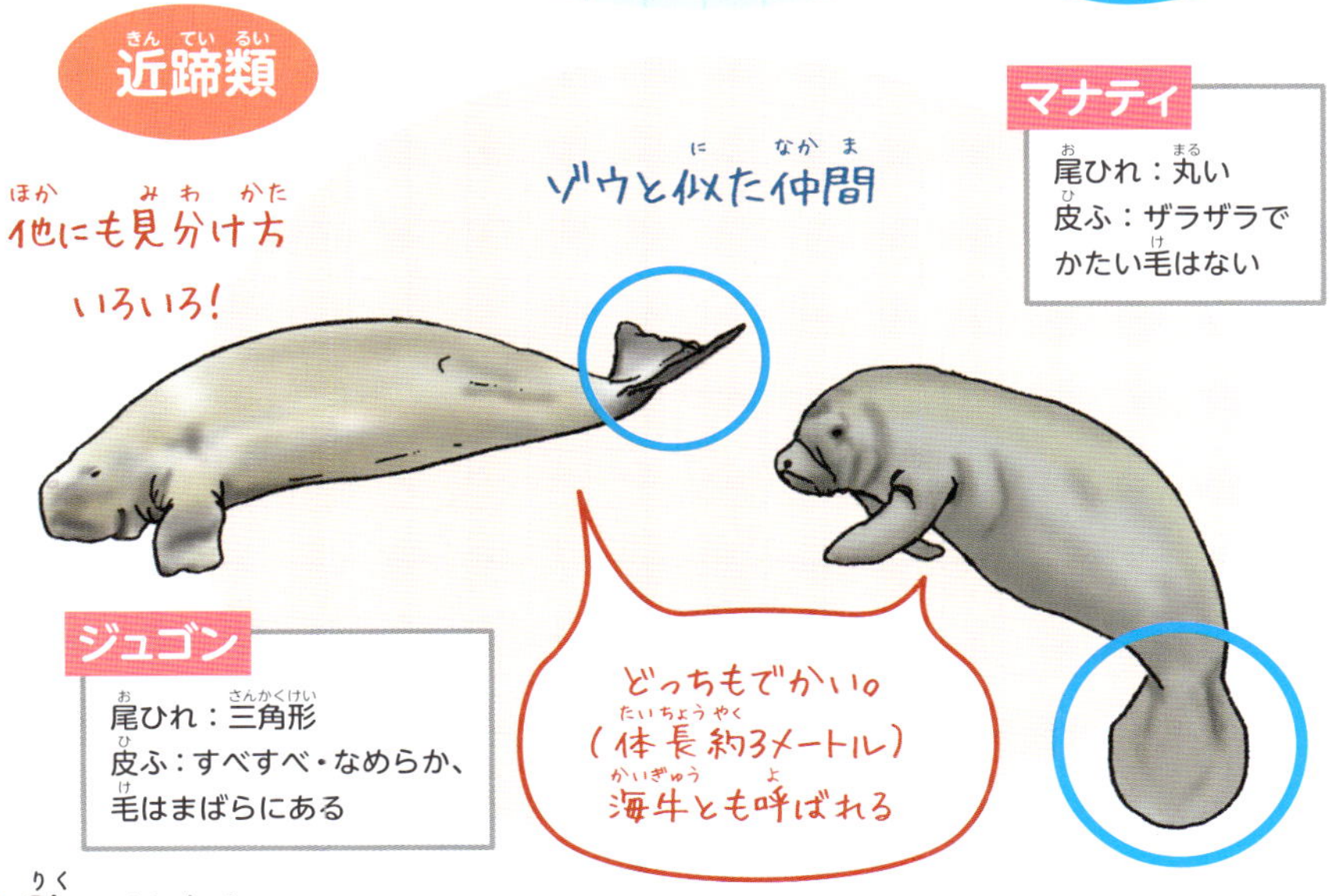
近蹄類《きんているい》
他《ほか》にも見分《みわ》け方《かた》いろいろ！
ゾウと似《に》た仲間《なかま》
マナティ
尾《お》ひれ：丸《まる》い
皮《ひ》ふ：ザラザラでかたい毛《け》はない
ジュゴン
尾《お》ひれ：三角形《さんかくけい》
皮《ひ》ふ：すべすべ・なめらか、毛《け》はまばらにある
どっちもでかい。（体長約《たいちょうやく》3メートル）
海牛《かいぎゅう》とも呼《よ》ばれる

鳥《とり》の翼《つばさ》、コウモリの翼《つばさ》、どこがちがう？

夜空《よぞら》を飛《と》ぶコウモリも立派《りっぱ》なホ乳類《にゅうるい》の一員《いちいん》だ。しかし、コウモリの体《からだ》のつくりは、鳥《とり》によく似《に》ている。飛《と》ぶために体《からだ》に対《たい》して手《て》（翼《つばさ》）が大《おお》きいこと、そして骨《ほね》は細《ほそ》く、丈夫《じょうぶ》なこと。翼《つばさ》を動《うご》かすための筋肉《きんにく》も発達《はったつ》している。だから、よく鳥《とり》の仲間《なかま》とまちがえられてしまう。

でも、コウモリはやっぱりホ乳類《にゅうるい》の仲間《なかま》なんだ。うでや指《ゆび》の骨《ほね》がどうなっているか見比《みくら》べてみるとわかりやすいよ。コウモリの翼《つばさ》の中《なか》にかくれている骨《ほね》は、ホ乳類《にゅうるい》の中《なか》でもヒトのものにとてもよく似《に》ている。

コウモリの翼《つばさ》は、ホ乳類《にゅうるい》でありながら空《そら》を飛《と》ぶことで生《い》き延《の》びてきた進化《しんか》の証《あかし》でもあるんだ。

とにかく体《からだ》を軽《かる》くしたい！　後《うし》ろ足《あし》も小《ちい》さくしたら歩《ある》けなくなっちゃった！？
超音波《ちょうおんぱ》を出《だ》して、その反響《はんきょう》で世界《せかい》を「見《み》て」いるよ。集団《しゅうだん》で行動《こうどう》するときは、1匹《ぴき》ずつ声音《こわね》を変《か》えているんだって！
さかさまにぶらさがったまま子育《こそだ》てもするよ。卵《たまご》は産《う》まないよ

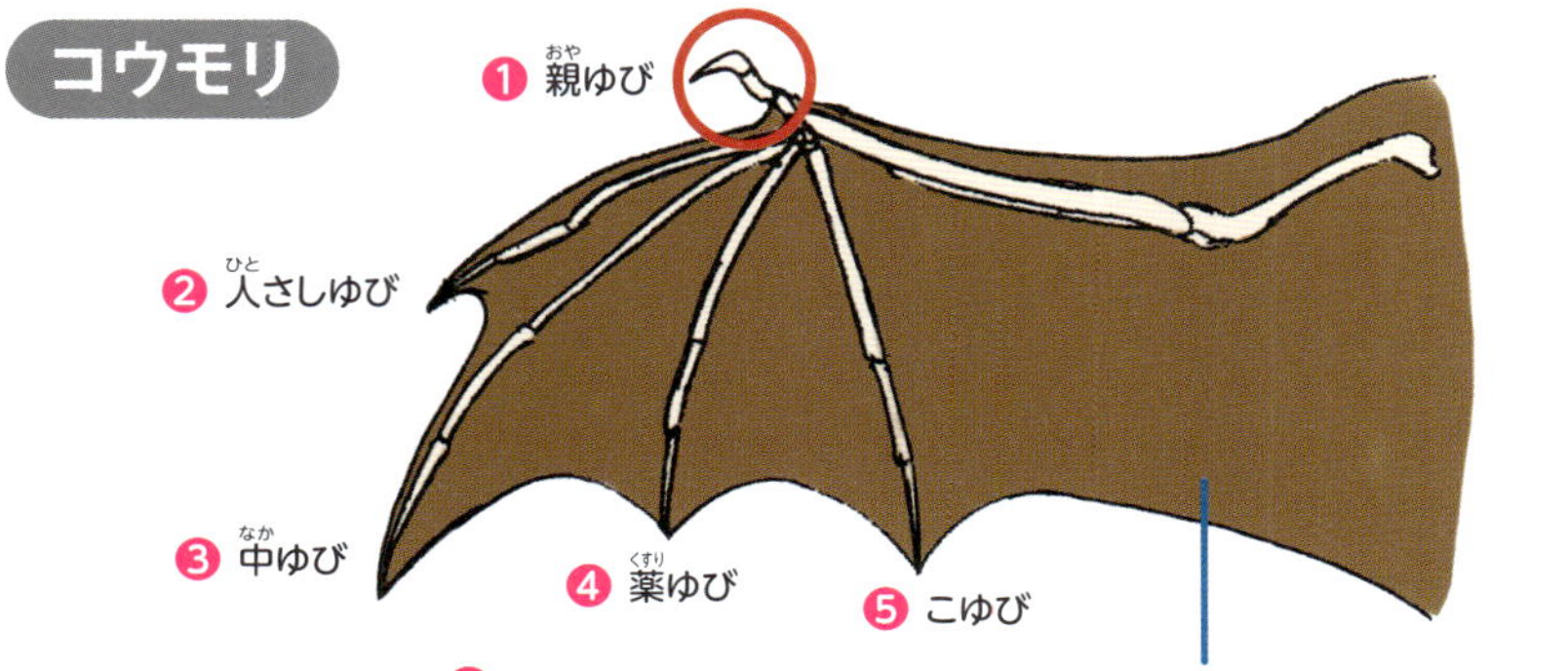
コウモリ
1 親《おや》ゆび
2 人《ひと》さしゆび
3 中《なか》ゆび
4 薬《くすり》ゆび
5 こゆび
この飛膜《ひまく》の中《なか》にある筋肉《きんにく》が
はばたくためのポイントらしい

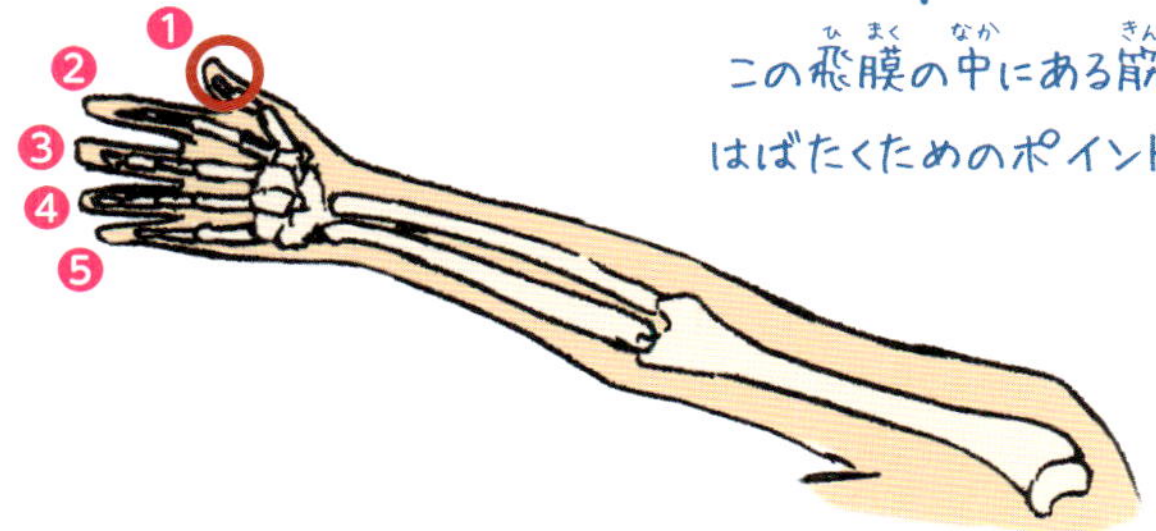
ヒト
1
2
3
4
5

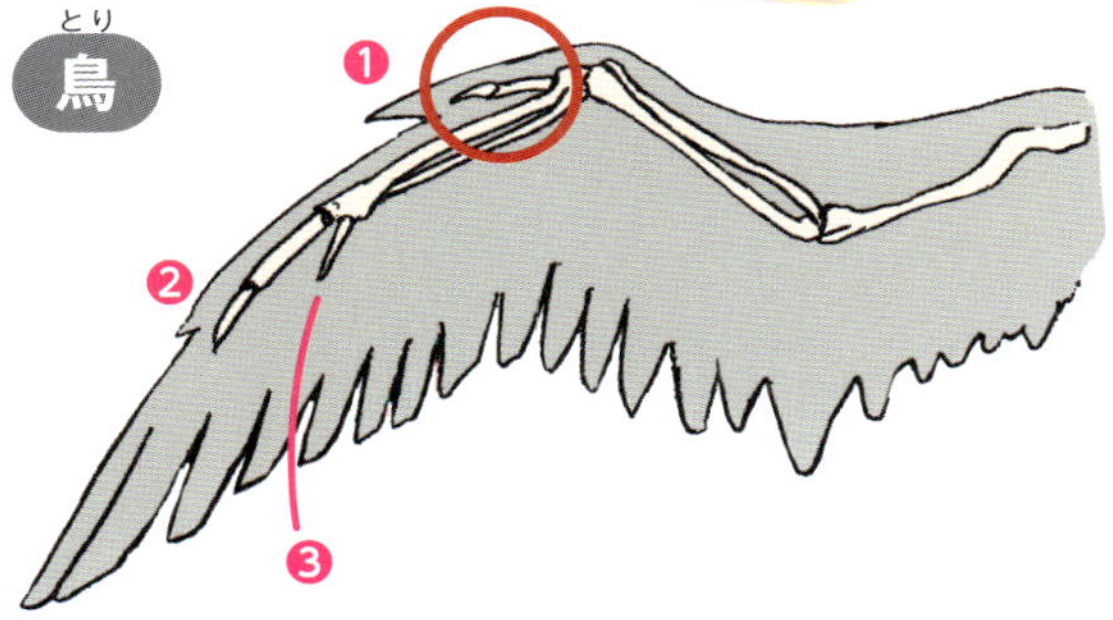
鳥《とり》
1
2
3

最前線《さいぜんせん》

鳥類《ちょうるい》が恐竜《きょうりゅう》の一部《いちぶ》から進化《しんか》した証拠《しょうこ》として、翼《つばさ》のゆびが恐竜《きょうりゅう》と同《おな》じでき方《かた》であることが、2011年《ねん》に解明《かいめい》されたよ。

昆虫《こんちゅう》の翅《はね》はどこから?

昆虫《こんちゅう》の場合《ばあい》、はねは、「翅《はね》」と書《か》くよ。約《やく》4億年前《おくねんまえ》ぐらいから昆虫《こんちゅう》が翅《はね》を持《も》ち始《はじ》めたことはわかっている。さて、昆虫《こんちゅう》は体《からだ》のどの部分《ぶぶん》を進化《しんか》させて翅《はね》を作《つく》り出《だ》したのか。背中《せなか》を覆《おお》う板《いた》の部分《ぶぶん》が進化《しんか》したのか、それとも気管鰓《きかんえら》のうち、胸《むね》の部分《ぶぶん》にあったものが進化《しんか》したのか。有力《ゆうりょく》なのはこの2つだが、実《じつ》はまだ解明《かいめい》されていないなぞなのである。

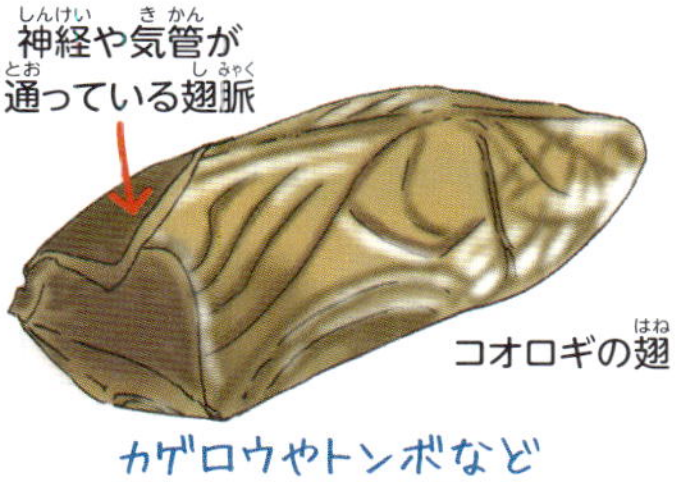
神経《しんけい》や気管《きかん》が通《とお》っている翅脈《しみゃく》
コオロギの翅《はね》

カゲロウやトンボなど古《ふる》いタイプほど細《こま》かく翅脈《しみゃく》が分《わ》かれているといわれている。

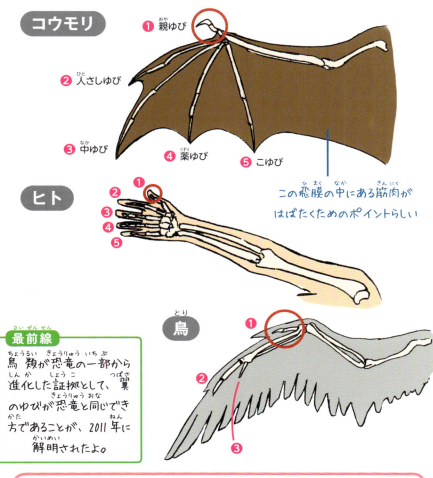

旅《たび》する鳥《とり》のヒミツ①

「渡《わた》り鳥《どり》」と呼《よ》ばれる鳥《とり》たちがいる。季節《きせつ》によって移動《いどう》をくり返《かえ》して生活《せいかつ》する場所《ばしょ》を変《か》えているんだ。

日本《にほん》にはどんな渡《わた》り鳥《どり》が来《き》ているんだろうか？

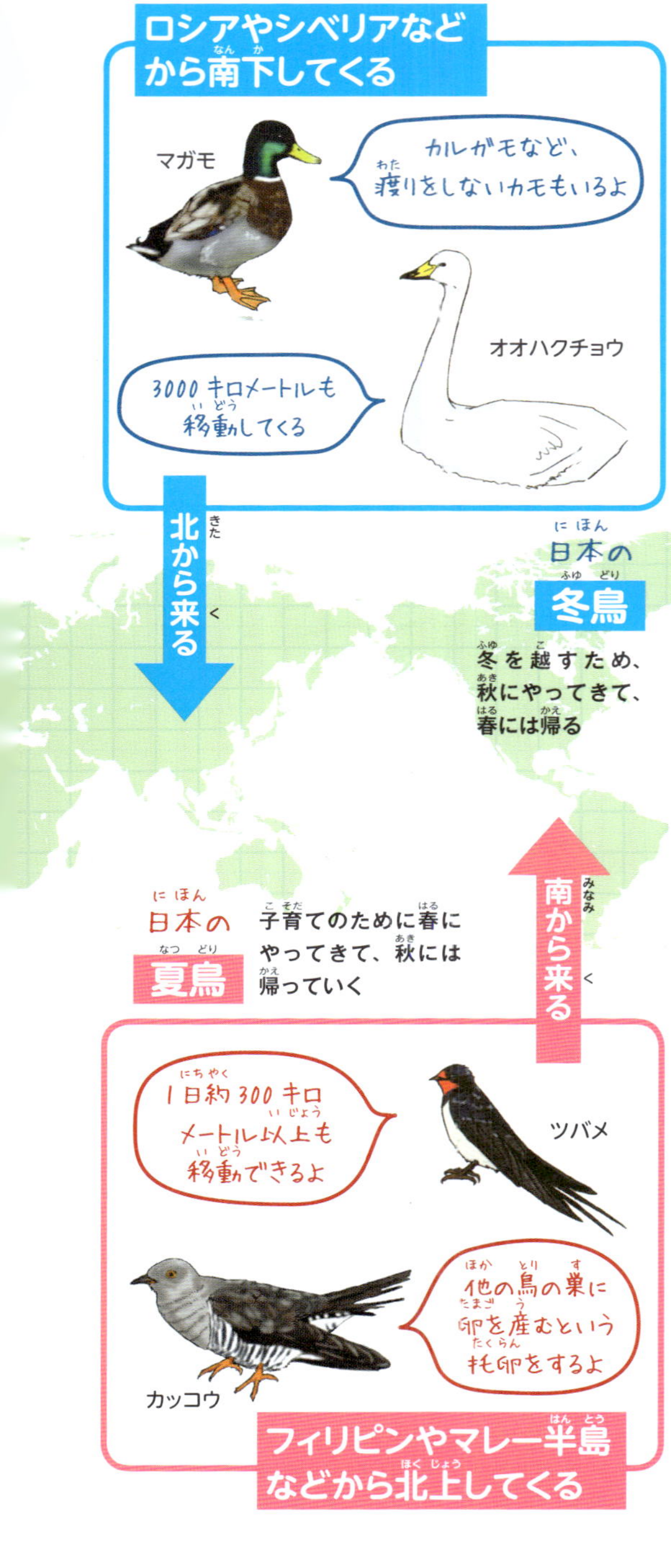

越《こ》える高《たか》さNO.1

世界最小《せかいさいしょう》のツル

アネハヅル

ヒマラヤ

上空《じょうくう》8000メートルを飛《と》ぶ

上空《じょうくう》の気温《きおん》は
マイナス30度《ど》、
酸素《さんそ》は地上《ちじょう》の3分《ぶん》の1しか
ないといわれている。
「V字《ブイじ》」の群《む》れが
ポイントだそうだ

1年《ねん》のうちに北極《ほっきょく》と南極《なんきょく》を往復《おうふく》!

長《ちょう》きょり移動《いどう》NO.1

キョクアジサシ

往復《おうふく》で
8万《まん》キロメートル
飛《と》ぶ

日本《にほん》の

漂鳥《ひょうちょう》 日本《にほん》の中《なか》で、季節《きせつ》によって移動《いどう》する

ウソ

山《やま》でくらして、
冬《ふゆ》だけ平地《へいち》に
おりてくる

最前線《さいぜんせん》

超小型発信機《ちょうこがたはっしんき》の開発《かいはつ》により、キョクアジサシは北極《ほっきょく》と南極《なんきょく》の間《あいだ》を一直線《いっちょくせん》ではなく、8の字《じ》に移動《いどう》していることがわかったんだ!

☆日本《にほん》の夏鳥《なつどり》・冬鳥《ふゆどり》・漂鳥《ひょうちょう》は他《ほか》にもまだまだたくさんいるよ。探《さが》してみよう!

風《かぜ》はだれのもの?「バードストライク」

風力発電《ふうりょくはつでん》の大《おお》きな風車《ふうしゃ》を見《み》たことはあるかい? 地球《ちきゅう》にやさしい発電《はつでん》として、風力発電用《ふうりょくはつでんよう》の風車《ふうしゃ》がつくられるようになった。でも、この風車《ふうしゃ》にぶつかって渡《わた》り鳥《どり》が死《し》んでしまう「バードストライク」という問題《もんだい》が起《お》きているんだ。だから、渡《わた》り鳥《どり》の「渡《わた》り」のルートを解明《かいめい》し、なんとか「共生《きょうせい》」できないか、研究《けんきゅう》が進《すす》められているんだ。

ぼくも風《かぜ》が
必要《ひつよう》なんだ

旅《たび》する鳥《とり》のヒミツ②

日本《にほん》にもいろいろな渡《わた》り鳥《どり》がいるけれど、どうして鳥《とり》たちは迷《まよ》わずに行《い》きたい場所《ばしょ》に行《い》けるのか。不思議《ふしぎ》に思《おも》ったことはないかな？　止《と》まり木《ぎ》のない海《うみ》の上《うえ》をずっと飛《と》び続《つづ》けられるのも不思議《ふしぎ》だ。そんな彼《かれ》らの不思議《ふしぎ》は、たくさんの人《ひと》によって解明《かいめい》されつつある。どうやら、鳥《とり》たちは体《からだ》の中《なか》に正確《せいかく》な「時計《とけい》」とコンパス（方位磁石《ほういじしゃく》）を持《も》っているらしいんだ。ではその目印《めじるし》となる太陽《たいよう》や、星《ほし》が見《み》えない雨《あめ》の日《ひ》や曇《くも》りの日《ひ》は移動《いどう》できない？　大丈夫《だいじょうぶ》。他《ほか》にも、地磁気《ちじき》（地球《ちきゅう》の磁力《じりょく》）やその季節《きせつ》に吹《ふ》く風《かぜ》の向《む》き、地形《ちけい》の特徴《とくちょう》なんかも目印《めじるし》にしているそうだ。

どの鳥《とり》がどんなルートでどこに向《む》かうのか、今《いま》も様々《さまざま》な方法《ほうほう》で研究《けんきゅう》がされているよ。多《おお》くは、金属《きんぞく》やプラスチックの標識《ひょうしき》をつけて移動《いどう》などの調査《ちょうさ》をしている。最近《さいきん》では、体《からだ》に小型《こがた》の発信機《はっしんき》をつけたり、レーダーや人工衛星《じんこうえいせい》を使《つか》ったりしているんだ。

太陽《たいよう》コンパス

他《ほか》の生物《せいぶつ》も持《も》っている

鏡《かがみ》を使《つか》って太陽《たいよう》の光《ひかり》の角度《かくど》を変《か》えると、鳥《とり》も向《む》きを変《か》えた！

クラマーの実験《じっけん》

わかったこと

光《ひかり》の向《む》きに対《たい》して体《からだ》の角度《かくど》を決《き》める！

星《ほし》コンパス

夜《よる》に「渡《わた》り」を行《おこな》う

他《ほか》の鳥《とり》で、ヒナのうちに北極星《ほっきょくせい》の位置《いち》を学習《がくしゅう》しているという研究結果《けんきゅうけっか》も出《で》ている！

他《ほか》にも、ハトの頭《あたま》から小《ち》さな磁鉄鉱《じてっこう》（ヘマタイト）が見《み》つかったりと、「磁気《じき》」を使《つか》っての渡《わた》りの研究《けんきゅう》も多《おお》くされている

外側《そとがわ》に強《つよ》い磁石《じしゃく》などがあるとコンパスがくるうことがあるらしい

鳥類《ちょうるい》は2つ肺《はい》を持《も》つ？

もともと、鳥類《ちょうるい》は肺《はい》の他《ほか》に気《き》のうという呼吸器官《こきゅうきかん》を持っている。気《き》のうとは肺《はい》についたポンプのことで、常《つね》に新鮮《しんせん》な空気《くうき》が流《なが》れるように調節《ちょうせつ》しているんだ。

→P174

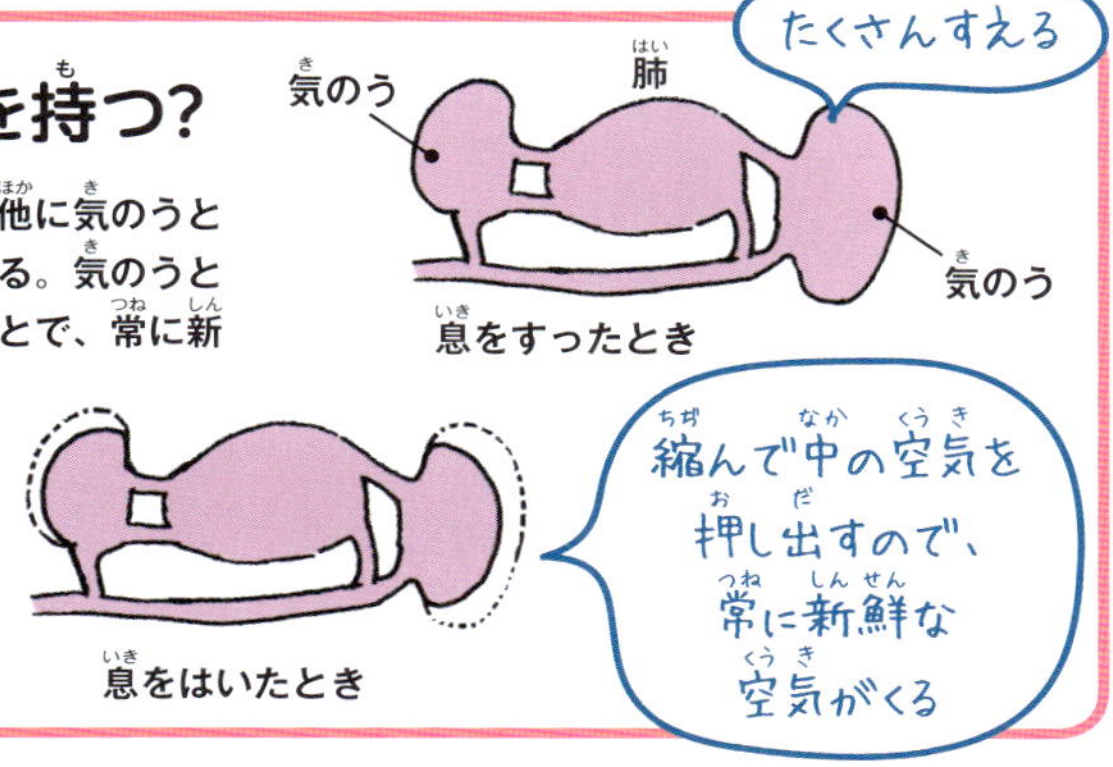

飛《と》べない鳥《とり》、飛《と》ばない鳥《とり》

鳥《とり》の中《なか》には、あえて「飛《と》ばない」ことを選《えら》んだものもいるよ。鳥《とり》は飛《と》ぶことではなれたところにあるエサを食《た》べたり、敵《てき》から逃《に》げたりできる。でも、飛《と》ぶためにはたくさんのエネルギーが必要《ひつよう》になるから、たくさん食《た》べなければならないんだ。食《た》べ物《もの》がまわりにたくさんあって、敵《てき》があまりいなければ、鳥《とり》は飛《と》ぶことをやめてしまう。

現在《げんざい》、世界《せかい》には40種類《しゅるい》ほどの飛《と》ばない鳥《とり》がいるといわれているけれど、どの鳥《とり》もヒトの影響《えいきょう》で絶滅《ぜつめつ》に瀕《ひん》している。ヒトがたくさんつかまえてしまったり（乱獲《らんかく》）、ヒトが持《も》ち込《こ》んだネコなど別《べつ》の動物《どうぶつ》（天敵《てんてき》）に食《た》べられてしまったり、棲《す》む場所《ばしょ》をうばわれてしまったものもいる。有名《ゆうめい》なのはモーリシャス島《とう》にいたドードーかな。飛《と》べず、歩《ある》くのもとってもゆっくりだったドードーは、格好《かっこう》の食糧《しょくりょう》だったそうだ。そんな過去《かこ》をくり返《かえ》さないように、動物《どうぶつ》の様々《さまざま》な保護活動《ほごかつどう》がされているよ。

走《はし》る ために進化《しんか》した 走鳥類《そうちょうるい》

鳥類《ちょうるい》の中《なか》で一番大《いちばんおお》きく一番重《いちばんおも》い

ダチョウ

キウイフルーツの名前《なまえ》のもとになった鳥《とり》

くちばしの先《さき》に鼻《はな》がある!

キーウィー

水中《すいちゅう》を飛《と》ぶ鳥《とり》 ペンギン類《るい》

泳《およ》ぐ姿《すがた》は水《みず》の中《なか》を飛《と》んでいるようでしょ?

泳《およ》ぐための翼《つばさ》「フリッパー」

コウテイペンギン

ヒト に飛《と》べなくされた 家禽《かきん》

マガモを家禽化《かきんか》した

アヒル

島《しま》 でくらす 飛《と》ばない鳥《とり》

天敵《てんてき》がいない小《ちい》さな島《しま》には、飛《と》ばなくなった鳥《とり》がいる。

数《かず》が少《すく》なくなり、ニュージーランドで保護《ほご》されている夜行性《やこうせい》のオウム

カカポ
(フクロウオウム)

沖縄島《おきなわじま》の北部《ほくぶ》にのみ生息《せいそく》するヤンバルクイナも飛《と》ばない鳥《とり》だよ

ちょっと例外《れいがい》?

飛《と》べるけど

飛《と》ばない鳥《とり》

ミフウズラ
(チドリの仲間《なかま》)

なぞなぞ?

だれが通《とお》ったの?

雪《ゆき》の上《うえ》に足跡《あしあと》がたくさん残《のこ》っているぞ。
いったいどんな動物《どうぶつ》が残《のこ》していったんだろう。

なぞなぞ？

【解答《かいとう》】だれが通《とお》ったの？

さて、どれがだれの足跡《あしあと》かわかっただろうか。

よく見《み》てみると、足《あし》の形《かたち》や歩《ある》き方《かた》がちがうことがわかるよ。

このちがい、何《なに》か意味《いみ》があるのかな？

答《こた》え

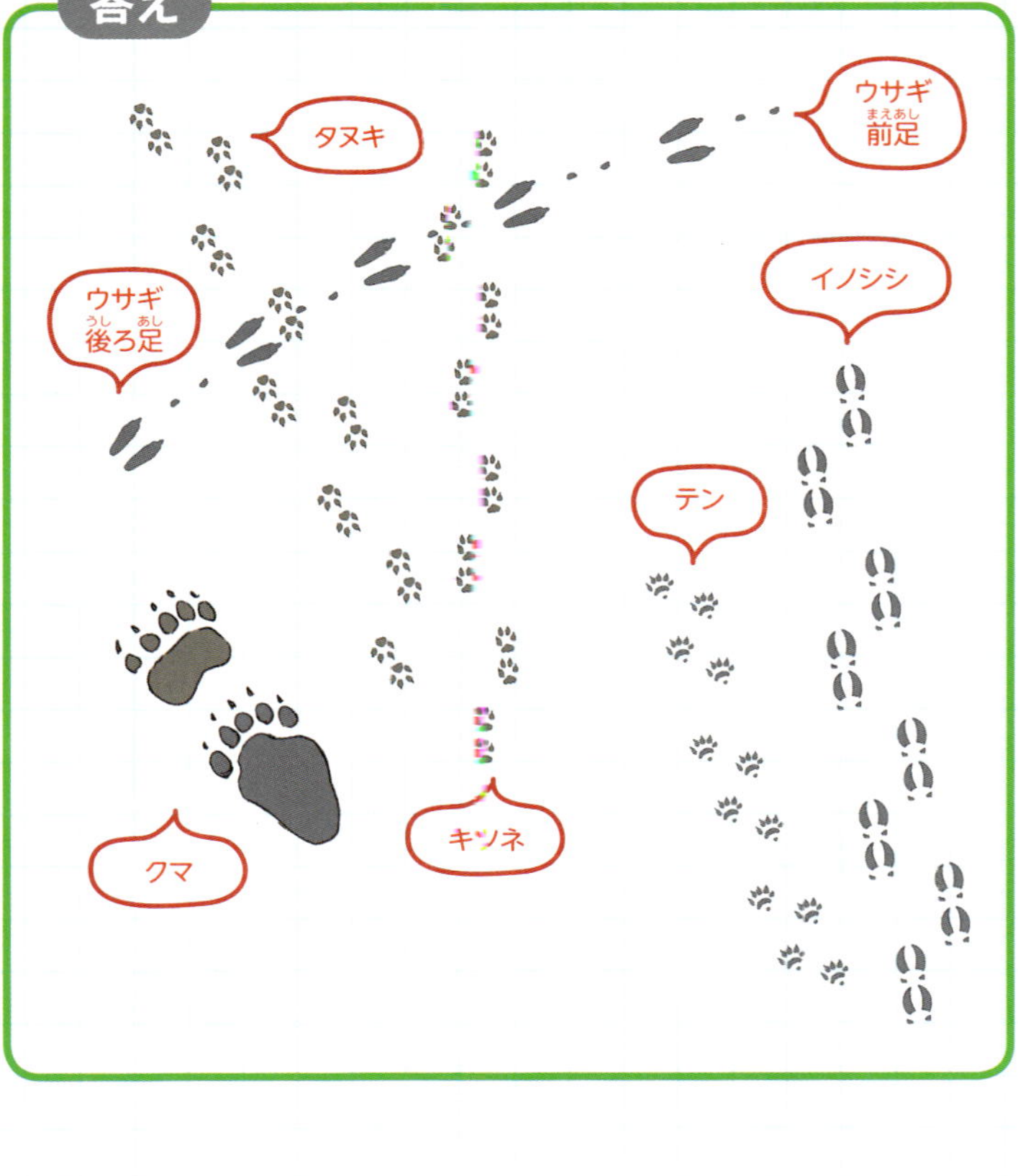

●ウサギの走《はし》り方《かた》

「脱兎《だっと》のごとく」はここから!

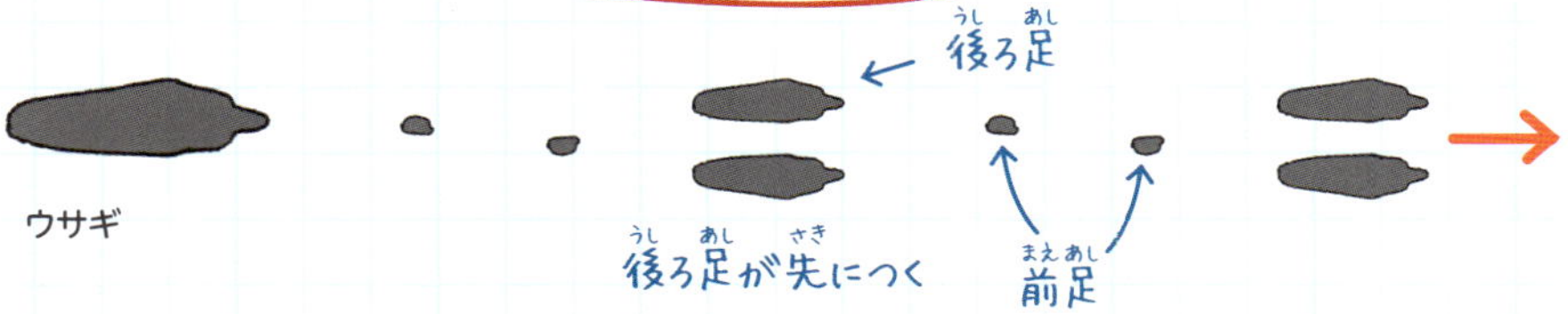

●キツネの歩《ある》き方《かた》

忍者《にんじゃ》もまねした!?

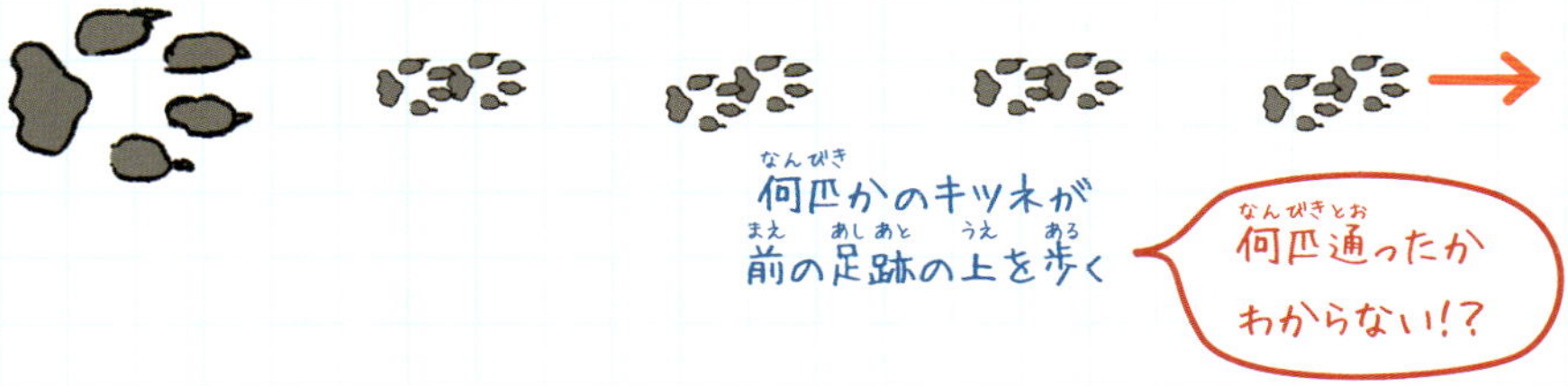

よく見《み》てみると、指《ゆび》の長《なが》さや本数《ほんすう》も動物《どうぶつ》によってちがう

歩《ある》き方《かた》のちがいのいろいろ

ホ乳類《にゅうるい》は、歩《ある》き方《かた》で大《おお》きく4つに分《わ》けることができるといわれている。棲《す》んでいる場所《ばしょ》や生活《せいかつ》の仕方《しかた》によって、足《あし》の形《かたち》も変《か》わっているんだ。

前足《まえあし》を自由《じゆう》に使《つか》えるようにした足《あし》。

えものをつかまえるための足《あし》。

速《はや》く走《はし》ることにこだわった足《あし》。

泳《およ》ぐために変《か》わった足《あし》。

自分《じぶん》の足《あし》と比《くら》べてみると、何《なに》か発見《はっけん》があるかもしれない。

蹠《せき》行《こう》型《がた》

「足《あし》のうら」という意味《いみ》

クマ、サル、ヒト

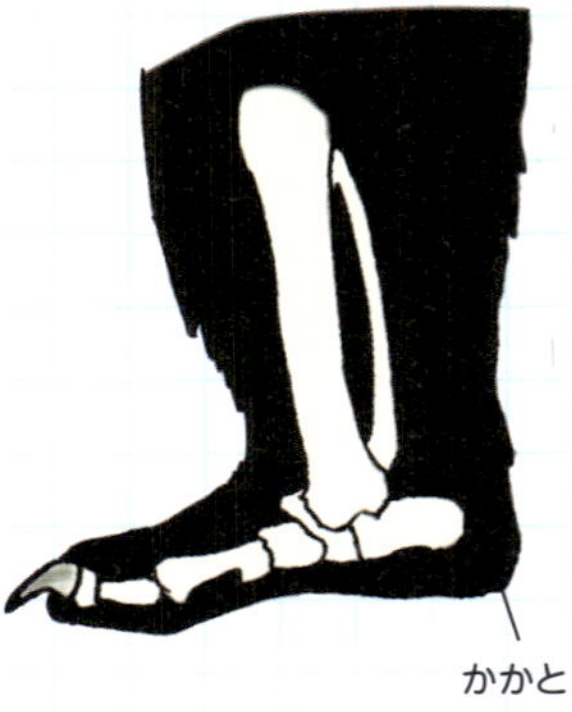

速《はや》く走《はし》れないけど、後《うし》ろ足《あし》だけで立《た》ち上《あ》がることができる！

趾《し》行《こう》型《がた》

「あしゆび」という意味《いみ》

ネコやイヌ

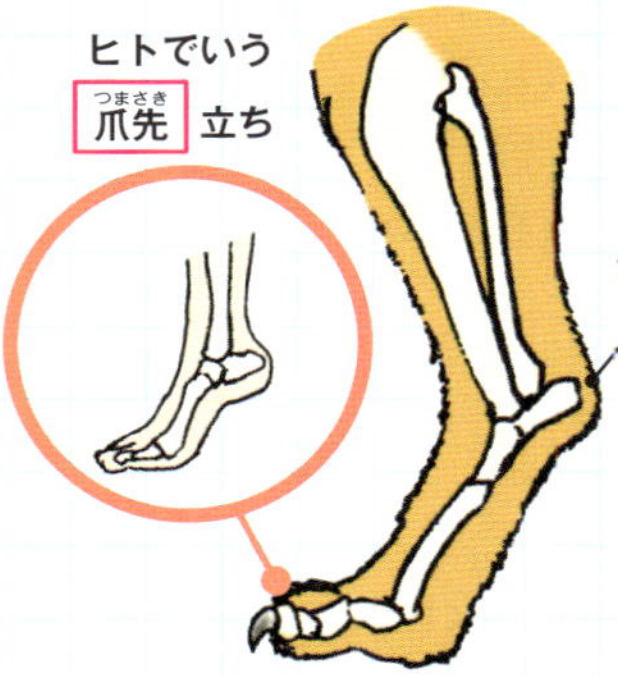

静《しず》かに歩《ある》ける
走《はし》ってえものをつかまえられる

足《あし》と手《て》のちがい

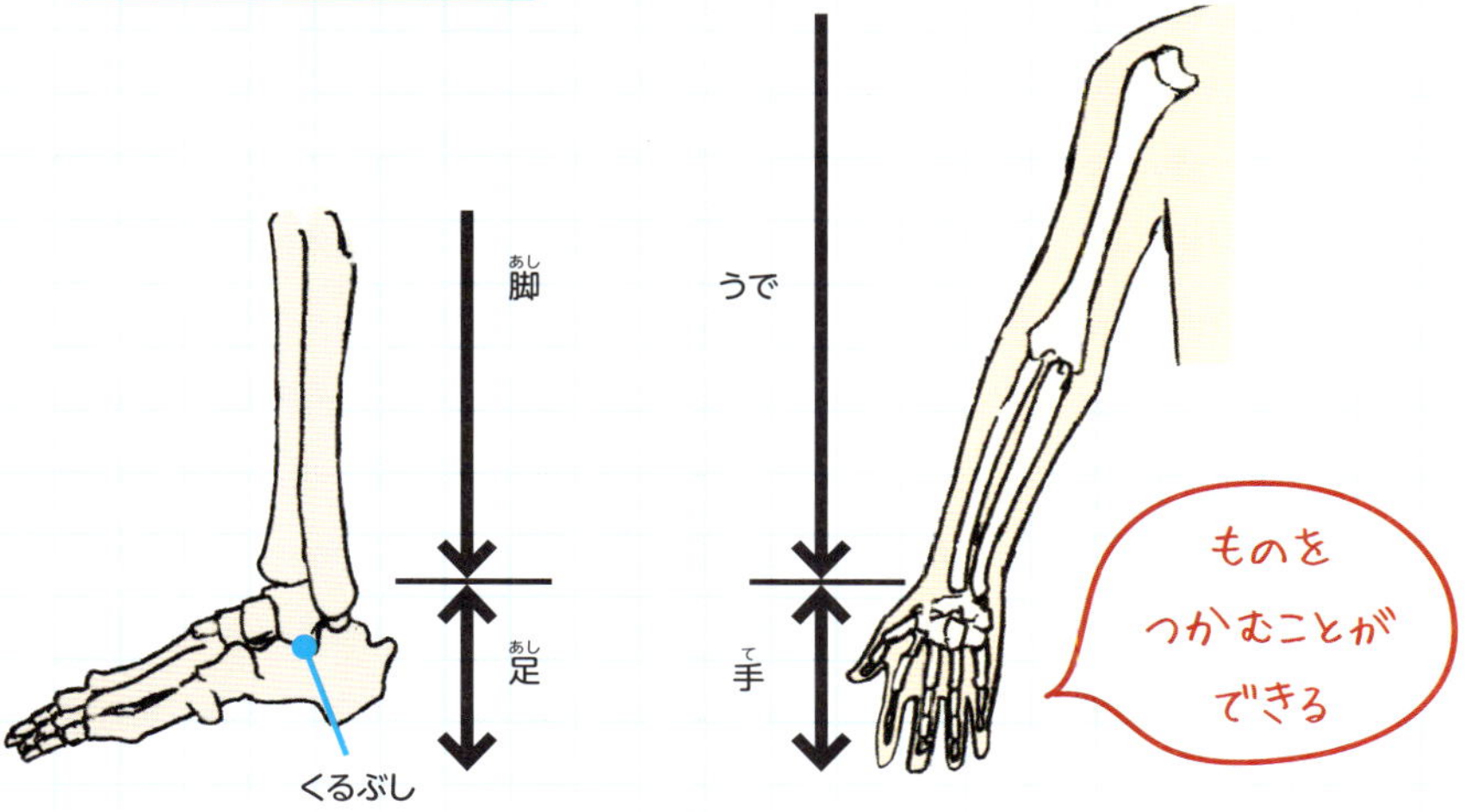
脚《あし》
足《あし》
くるぶし
うで
手《て》
ものを
つかむことが
できる

鰭足型《ひれあしがた》

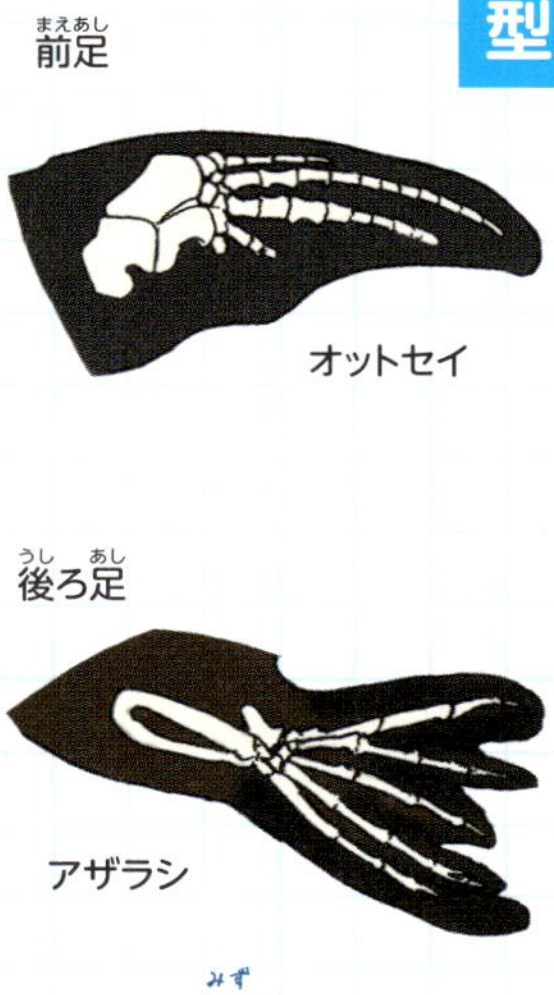
前足《まえあし》
オットセイ
後ろ足《うしろあし》
アザラシ
水《みず》をかいて
泳《およ》ぐことができる

蹄行型《ていこうがた》

「ひづめ」とも読《よ》むよ

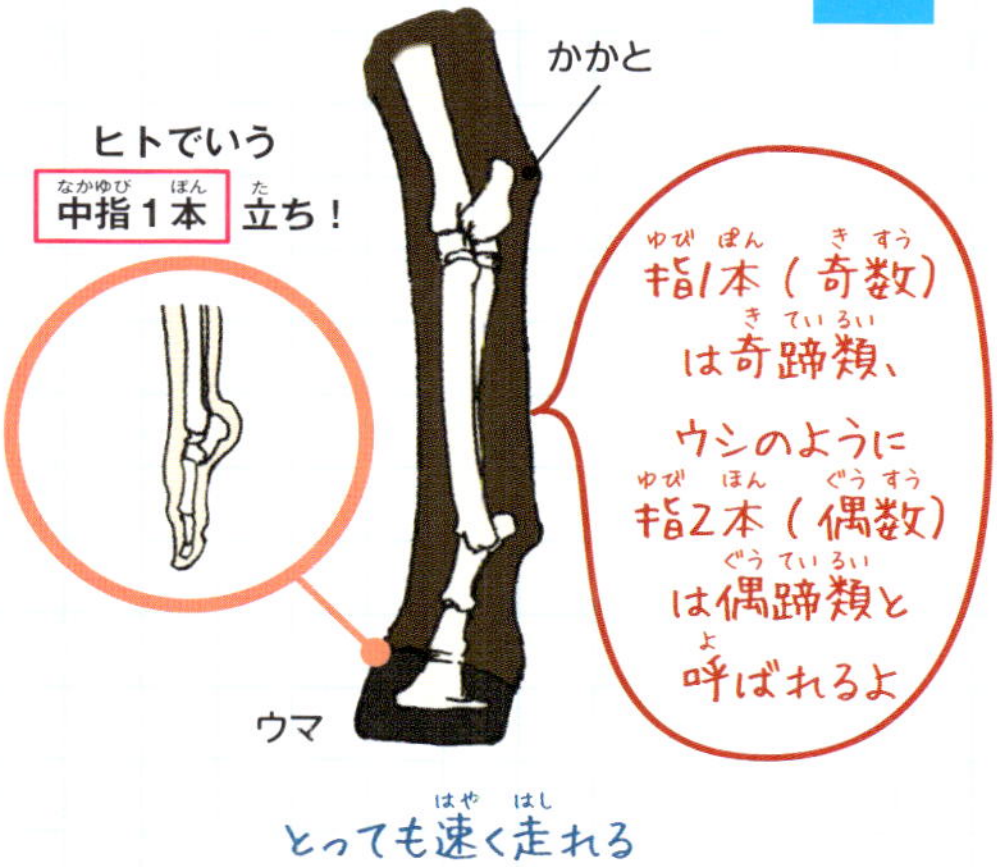
かかと
ヒトでいう
中指《なかゆび》1本《ぽん》立《た》ち！
ウマ
指《ゆび》1本《ぽん》（奇数《きすう》）
は奇蹄類《きているい》、
ウシのように
指《ゆび》2本《ほん》（偶数《ぐうすう》）
は偶蹄類《ぐうているい》と
呼《よ》ばれるよ
とっても速《はや》く走《はし》れる

食《た》べ物《もの》のちがいは生《い》き方《かた》のちがい

肉《にく》しか食《た》べない、草《くさ》しか食《た》べない。どうしてバランスよく食《た》べなくても元気《げんき》でいられるんだろう？

実《じつ》は、草食動物《そうしょくどうぶつ》だって「肉《にく》」にあたるものを食《た》べているんだ。それは、おなかの中《なか》に棲《す》んでいる「細菌《さいきん》」たちだ。肉食《にくしょく》動物《どうぶつ》も、草食動物《そうしょくどうぶつ》をつかまえるとまずは内臓《ないぞう》から食《た》べる。そうして、植物《しょくぶつ》から得《え》られる栄養分《えいようぶん》を自分《じぶん》のものにしている。

草食《そうしょく》でも肉食《にくしょく》でも必要《ひつよう》な栄養分《えいようぶん》はちゃんと食《た》べているんだ。

歯《は》から見《み》るちがい

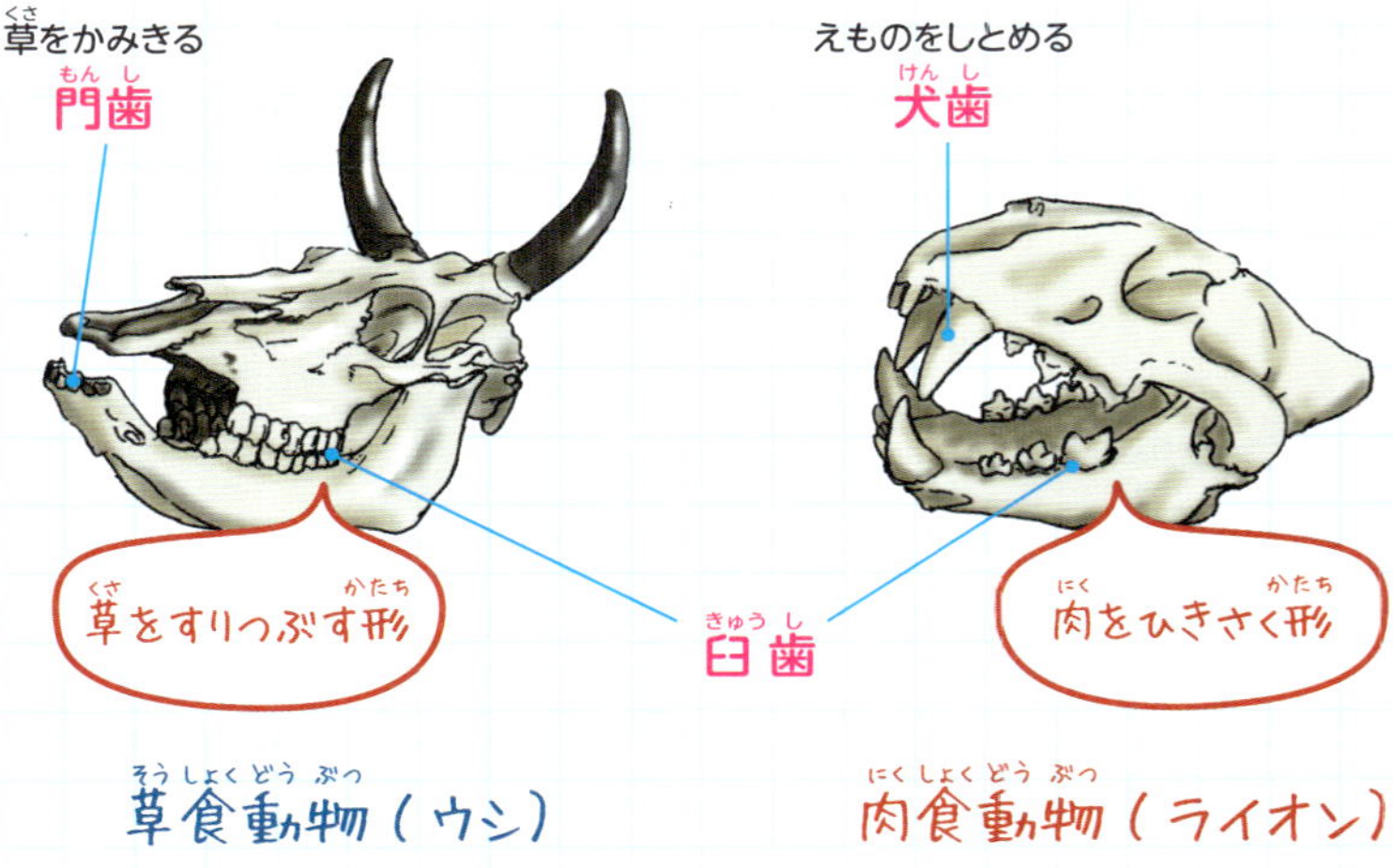

草《くさ》をかみきる
門歯《もんし》
えものをしとめる
犬歯《けんし》
草《くさ》をすりつぶす形《かたち》
臼歯《きゅうし》
肉《にく》をひきさく形《かたち》
草食動物《そうしょくどうぶつ》（ウシ）
肉食動物《にくしょくどうぶつ》（ライオン）

おなかの中《なか》のちがい

腸《ちょう》はとても長《なが》い!

ウシ

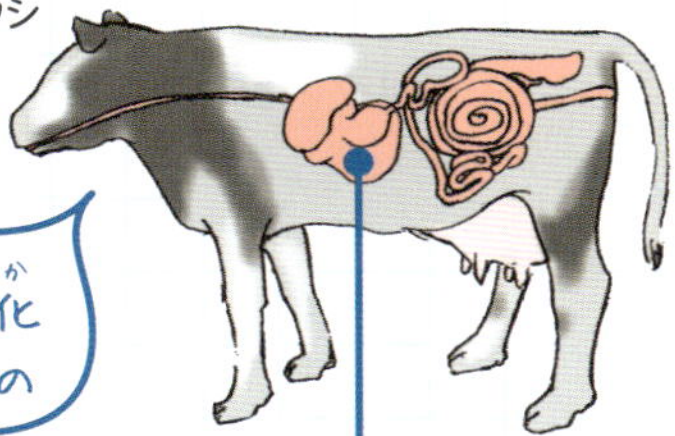

草《くさ》は消化《しょうか》しにくいの

ウシは胃《い》を4つも持《も》っている!

1つ目《め》：植物《しょくぶつ》を発酵《はっこう》させる
2つ目《め》：口《くち》までもどすポンプ（反芻《はんすう》というよ）
3つ目《め》：口《くち》からもどってきたものをすりつぶす
4つ目《め》：胃液《いえき》で消化《しょうか》する

腸《ちょう》は短《みじか》い!

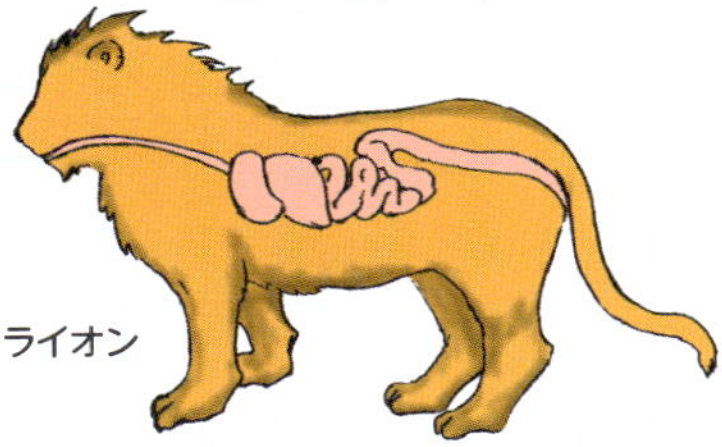

ライオン

知《し》っとく!

実際《じっさい》に狩《か》りをするのはメス。時速《じそく》60キロメートルぐらいで走《はし》るよ。ただし、長《なが》い時間《じかん》は走《はし》れない

顔《かお》のつくりもちがうの?

目《め》の位置《いち》

ウシ

はなれている
=
とにかく広《ひろ》く見《み》たい!

近《ちか》い
=
立体的《りったいてき》に見《み》たい

ライオン

敵《てき》の姿《すがた》を見《み》つけやすいから すぐに逃《に》げられるぞ!

えものまでの距離《きょり》が正確《せいかく》にわかるぞ

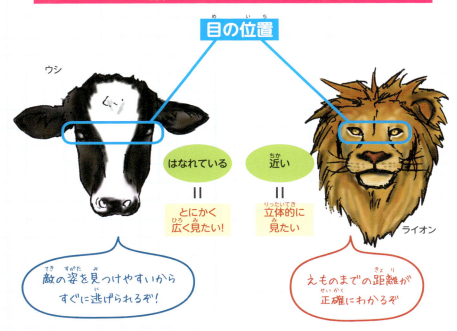

消化《しょうか》って何《なに》？

ヒトもそうだけど、多《おお》くの生《い》き物《もの》は食《た》べてすぐに栄養分《えいようぶん》を吸収《きゅうしゅう》することはできない。歯《は》などですりつぶし、「消化酵素《しょうかこうそ》」というもので目《め》に見《み》えないほどさらに細《こま》かくして、ようやく吸収《きゅうしゅう》できるものに変《か》えられるんだ。お米《こめ》をよくかむと甘《あま》く感《かん》じるよね。お米《こめ》にはでんぷんという栄養分《えいようぶん》がたくさん含《ふく》まれている。歯《は》でかんだ後《あと》、「だ液《えき》」の中《なか》に含《ふく》まれる消化酵素《しょうかこうそ》がでんぷんを「糖《とう》」という別《べつ》のものに変《か》えるから、舌《した》で甘《あま》いと感《かん》じることができるんだ。消化《しょうか》されてばらばらになった栄養分《えいようぶん》は、小腸《しょうちょう》で吸収《きゅうしゅう》されるよ。

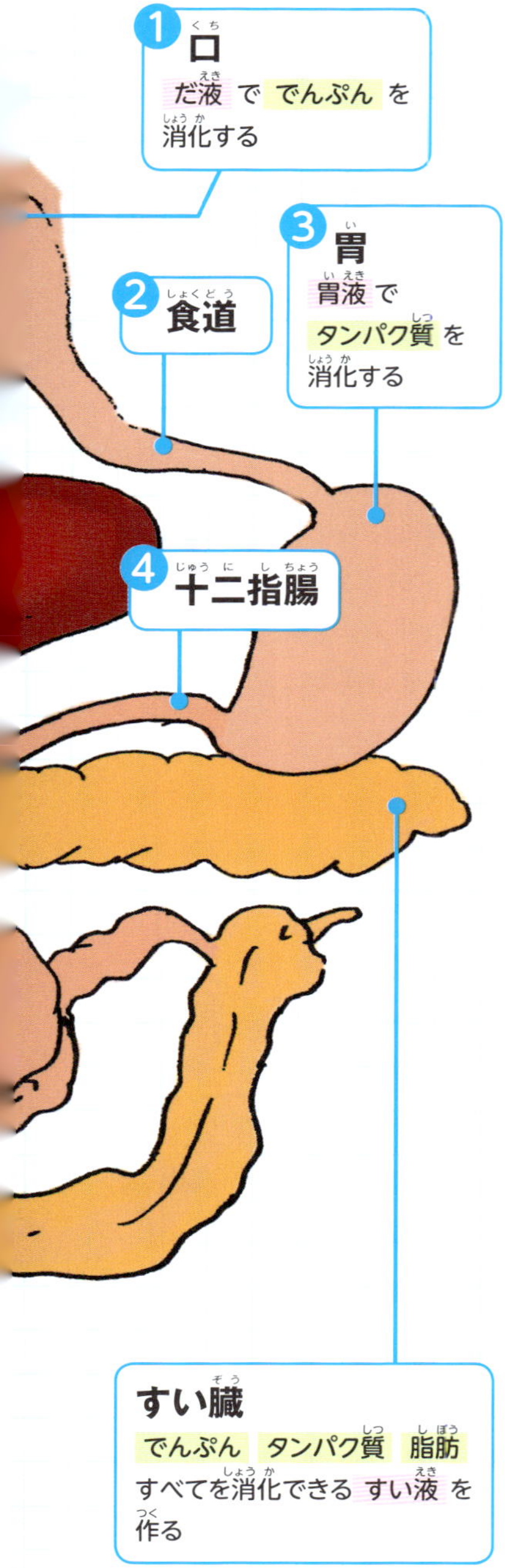
1 口《くち》
だ液《えき》 で でんぷん を消化《しょうか》する
2 食道《しょくどう》
3 胃《い》
胃液《いえき》 で タンパク質《しつ》 を消化《しょうか》する
4 十二指腸《じゅうにしちょう》
すい臓《ぞう》
でんぷん タンパク質《しつ》 脂肪《しぼう》
すべてを消化《しょうか》できる すい液《えき》 を作《つく》る

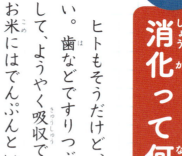

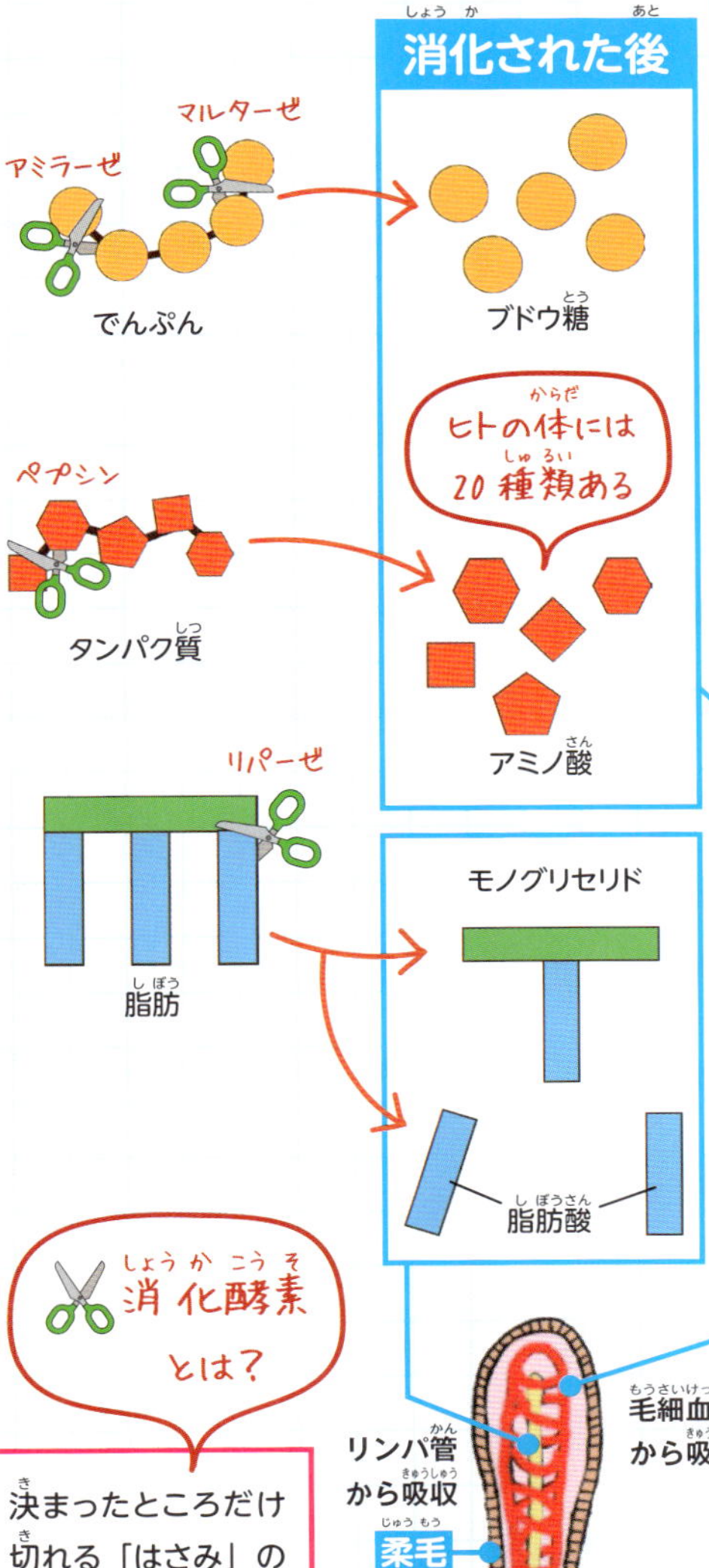

肝臓《かんぞう》

脂肪《しぼう》が水《みず》と混《ま》ざりやすくなるたん液《えき》を作《つく》る

たんのう

たん液《えき》をためるところ

草食動物《そうしょくどうぶつ》ほど長《なが》くなる

5 小腸《しょうちょう》

でんぷん　タンパク質《しつ》を腸液《ちょうえき》で消化《しょうか》しながらすべての栄《えい》養《よう》を吸収《きゅうしゅう》する

消化酵素《しょうかこうそ》とは?

決《き》まったところだけ切《き》れる「はさみ」のようなもの。
体温《たいおん》ぐらいの温度《おんど》で一番活《いちばんかつ》やくできる!

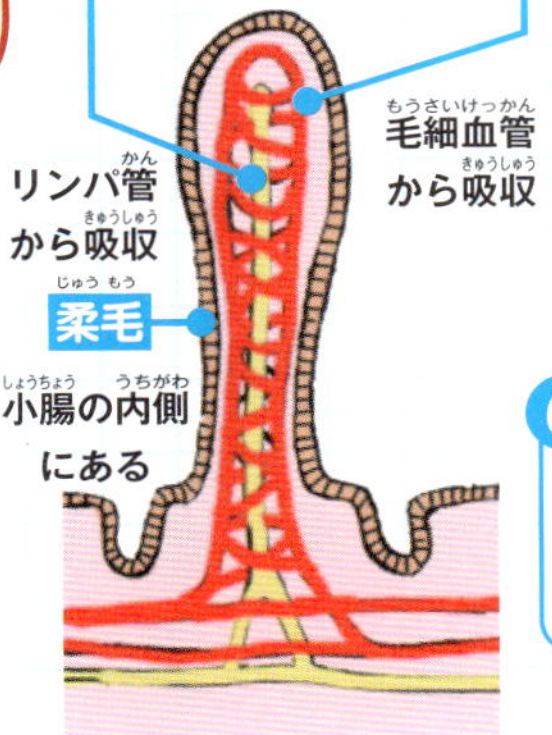

6 大腸《だいちょう》

食《た》べ物《もの》の水分《すいぶん》を最後《さいご》に吸収《きゅうしゅう》する

食《た》べ物《もの》は消化《しょうか》されながら①〜⑥の消化管《しょうかかん》を通《とお》っていくよ

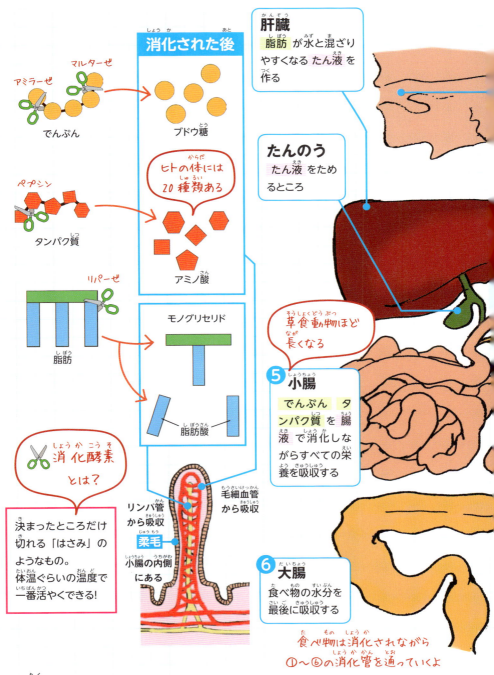

青《あお》い血《ち》を持《も》つ生《い》き物《もの》っているの？

ヒトの体《からだ》の中《なか》に流《なが》れている血液《けつえき》は赤《あか》く、様々《さまざま》なものが含《ふく》まれている。ヒトだけではなく、脊《せき》椎動物《ついどうぶつ》の血液《けつえき》はみんな赤《あか》い。それは、血液《けつえき》に赤血球《せっけっきゅう》が含《ふく》まれているからだ。赤血球《せっけっきゅう》とは酸素《さんそ》の運《はこ》び屋《や》で、ヘモグロビンという鉄《てつ》を含《ふく》む赤《あか》い色素《しきそ》を持《も》つ。酸素《さんそ》は、この赤《あか》いヘモグロビンにくっついて血液中《けつえきちゅう》を流《なが》れて全身《ぜんしん》に運《はこ》ばれているんだ。

さて、世《よ》の中《なか》にはなんと青《あお》い血液《けつえき》を持《も》つ生《い》き物《もの》がいる。エビやイカがそうだ。酸素《さんそ》をくっつける部分《ぶぶん》がヘモグロビンではなく、ヘモシアニンという別《べつ》の物質《ぶっしつ》だからなんだ。このヘモシアニンには銅《どう》が含《ふく》まれているんだよ。

赤《あか》い血《ち》を持《も》つ 多《おお》くの脊椎動物《せきついどうぶつ》の場合《ばあい》

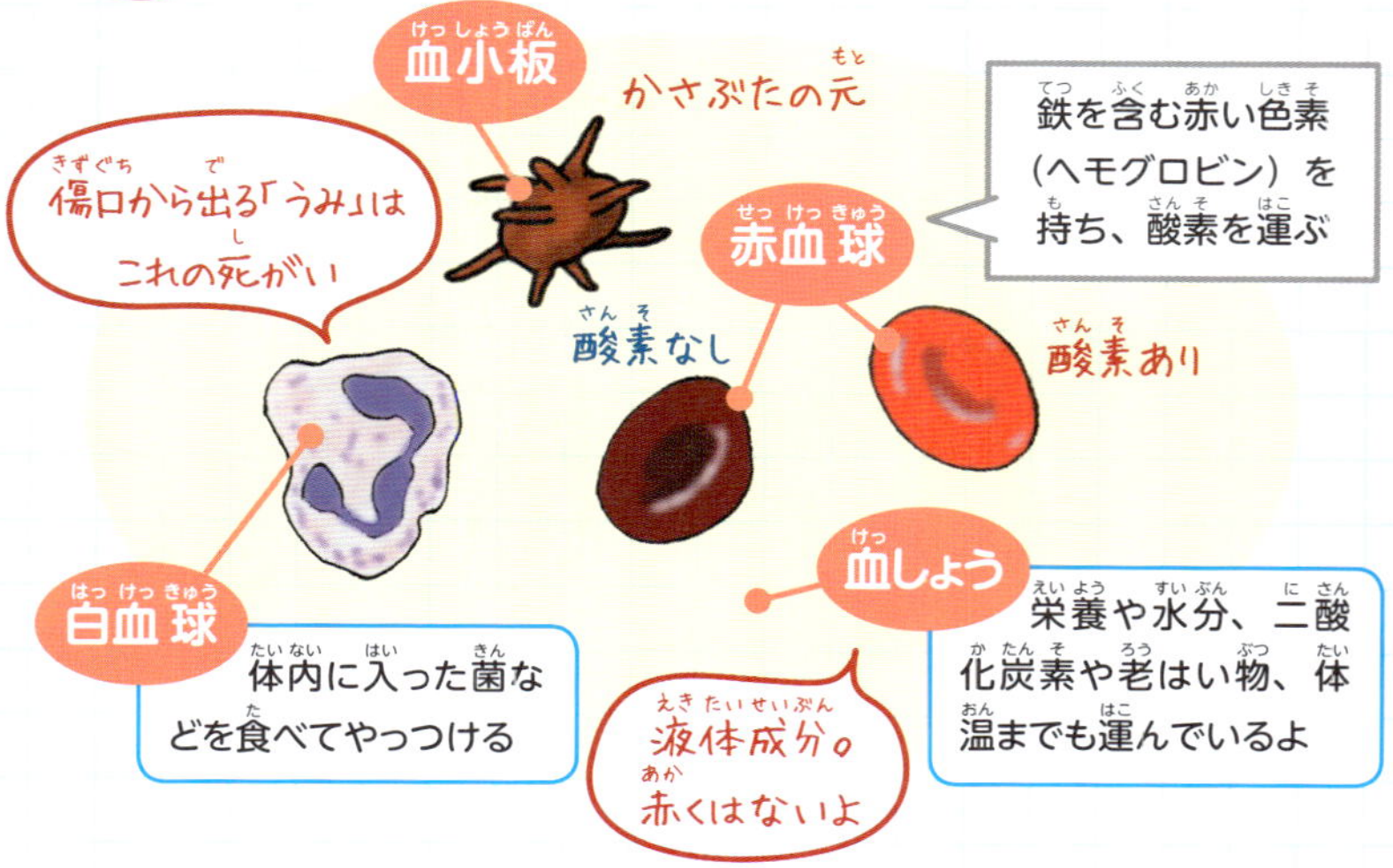

血小板《けっしょうばん》
かさぶたの元《もと》
鉄《てつ》を含《ふく》む赤《あか》い色素《しきそ》（ヘモグロビン）を持《も》ち、酸素《さんそ》を運《はこ》ぶ
傷口《きずぐち》から出《で》る「うみ」はこれの死《し》がい
赤血球《せっけっきゅう》
酸素《さんそ》なし
酸素《さんそ》あり
白血球《はっけっきゅう》
体内《たいない》に入《はい》った菌《きん》などを食《た》べてやっつける
血《けっ》しょう
栄養《えいよう》や水分《すいぶん》、二酸《にさん》化炭素《かたんそ》や老《ろう》はい物《ぶつ》、体《たい》温《おん》までも運《はこ》んでいるよ
液体成分《えきたいせいぶん》。赤《あか》くはないよ

青《あお》い血《ち》を持《も》つ生《い》き物《もの》

「ヘモシアニン」という銅《どう》を含《ふく》む色素《しきそ》が
酸素《さんそ》を運《はこ》ぶ!

ウシエビ

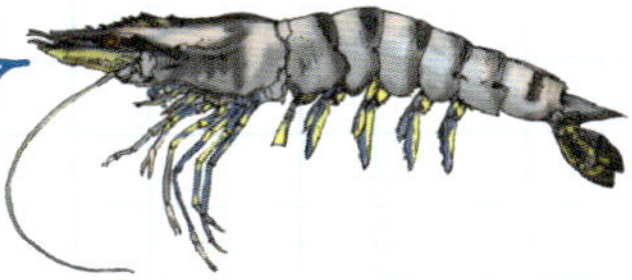

エビの卵《たまご》も
青《あお》いよ!

イカ

甲殻類《こうかくるい》や軟体動物《なんたいどうぶつ》の多《おお》くは青《あお》い血《ち》を持《も》つ!

緑《みどり》の血《ち》を持《も》つ!?

ゴカイ

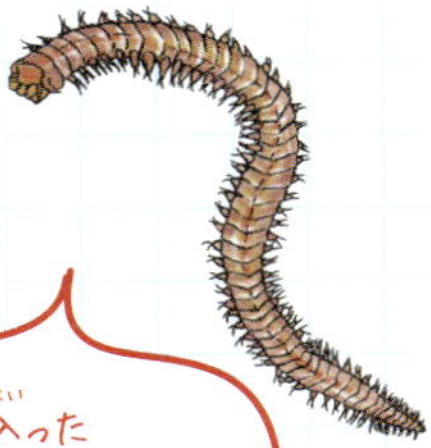

酸素《さんそ》を持《も》たないと
緑色《みどりいろ》の血《ち》に
なるらしい?

鉄《てつ》が入《はい》った
「クロロクルオリン」という
タンパク質《しつ》を持《も》つものがいる

ホヤ

バナジウムという
金属《きんぞく》を含《ふく》む
タンパク質《しつ》を持《も》っている!

☆無脊椎動物《むせきついどうぶつ》は「解放血管系《かいほうけっかんけい》」といって
体液《たいえき》も血液《けつえき》もすべて同《おな》じなのでまとめて
「血《けつ》リンパ」と呼《よ》ばれる。色《いろ》はとてもうすい

ちょっと変《か》わった生《い》き物《もの》たち

魚類《ぎょるい》なのに透明《とうめい》な血《ち》を持《も》つ

ヘモグロビンを
持《も》たない

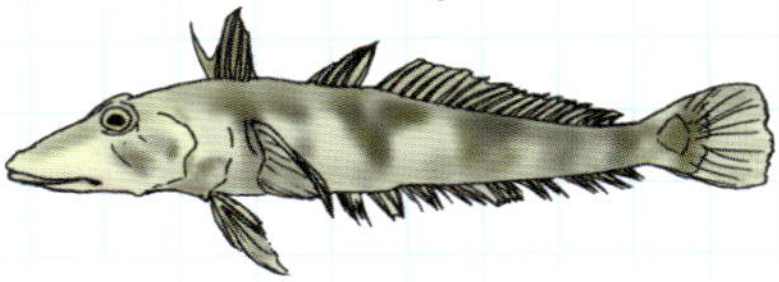

ジャノメコオリウオ

貝類《かいるい》なのに赤《あか》い血《ち》を持《も》つ

ヘモグロビンを
持《も》つ!

シロウリガイ

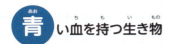

心臓《しんぞう》がない生《い》き物《もの》っているの？

ヒトは胸《むね》に心臓《しんぞう》という、全身《ぜんしん》に血液《けつえき》を送《おく》るポンプを持《も》っている。この心臓《しんぞう》は、脊椎動物《せきついどうぶつ》はみんな持《も》っているよ。無脊椎《むせきつい》動物《どうぶつ》でも昆虫《こんちゅう》をはじめるとする節足動物《せっそくどうぶつ》も持《も》っている。ただし、形《かたち》や心臓《しんぞう》がある場所《ばしょ》は脊椎動物《せきついどうぶつ》のものとだいぶちがうし、心臓《しんぞう》とつながっているはずの血管《けっかん》はない。軟体動物《なんたいどうぶつ》のイカは、なんと３つも心臓《しんぞう》を持《も》っているんだ。

一方《いっぽう》で、心臓《しんぞう》がなくても生《い》きている生《い》き物《もの》もいるよ。体《からだ》の中《なか》にポンプを持《も》たなくても、体中《からだじゅう》に必要《ひつよう》なものを送《おく》る仕組《しく》みができているんだ。

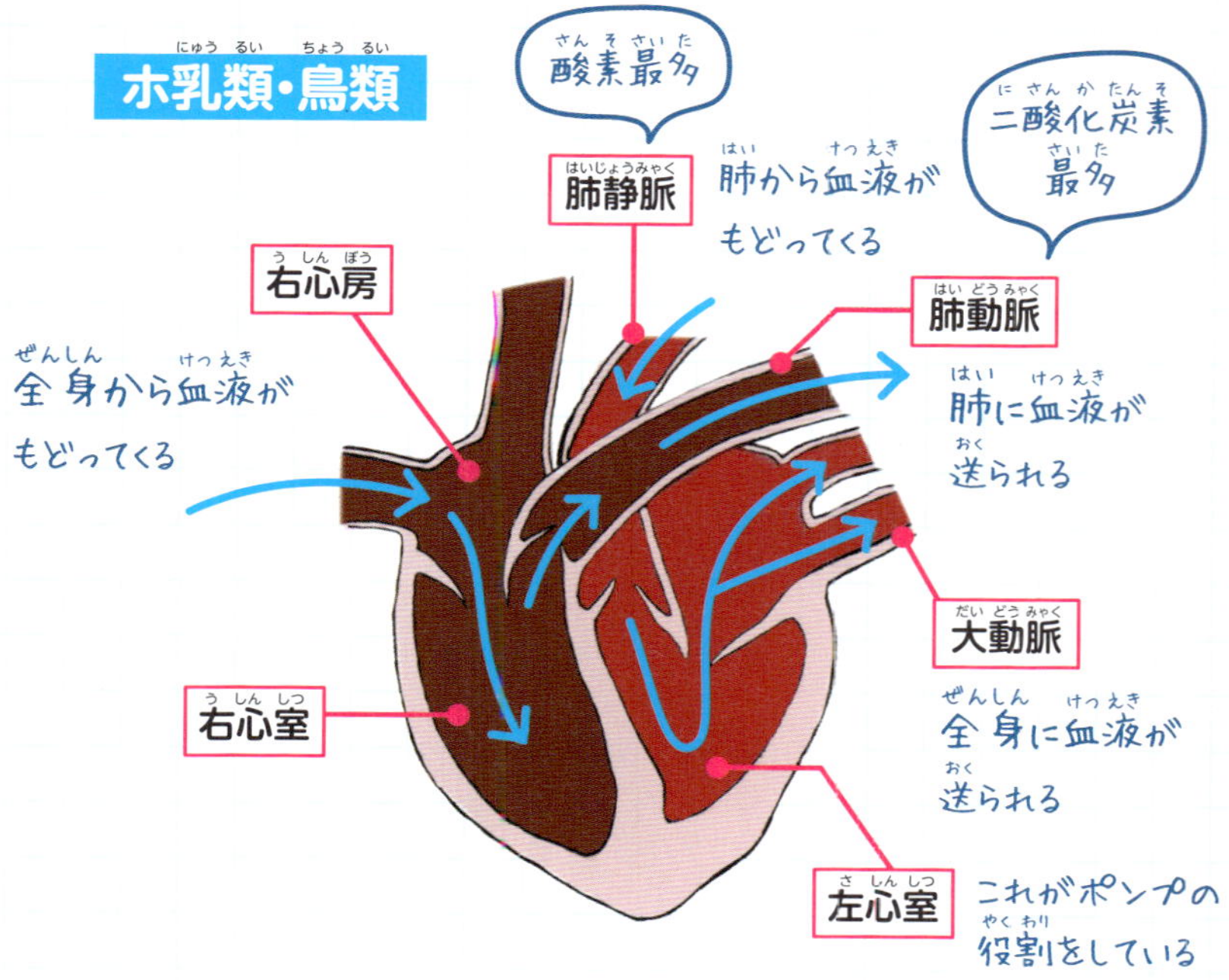

ホ乳類《にゅうるい》・鳥類《ちょうるい》
酸素最多《さんそさいた》
二酸化炭素《にさんかたんそ》最多《さいた》
肺静脈《はいじょうみゃく》
肺《はい》から血液《けつえき》がもどってくる
右心房《うしんぼう》
肺動脈《はいどうみゃく》
全身《ぜんしん》から血液《けつえき》がもどってくる
肺《はい》に血液《けつえき》が送《おく》られる
大動脈《だいどうみゃく》
右心室《うしんしつ》
全身《ぜんしん》に血液《けつえき》が送《おく》られる
左心室《さしんしつ》
これがポンプの役割《やくわり》をしている

心臓《しんぞう》がなくても生《い》きていける！

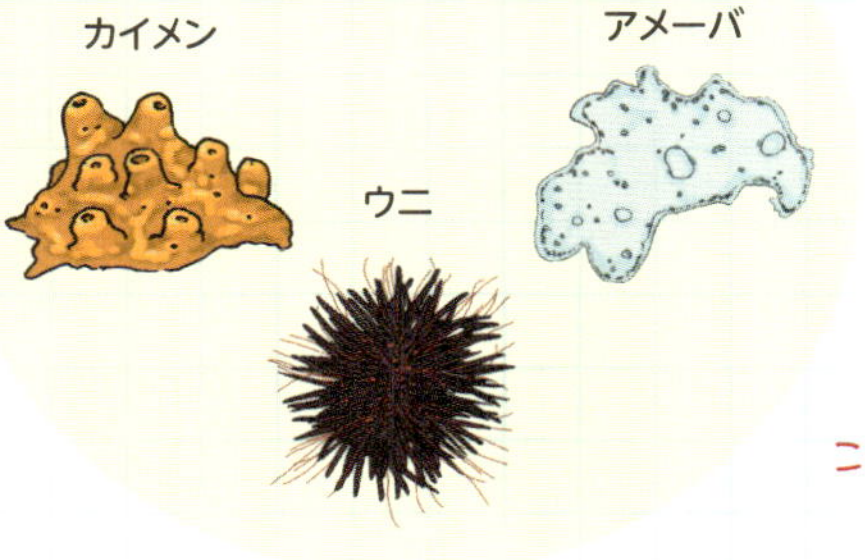

心臓《しんぞう》ってどこにあるの？

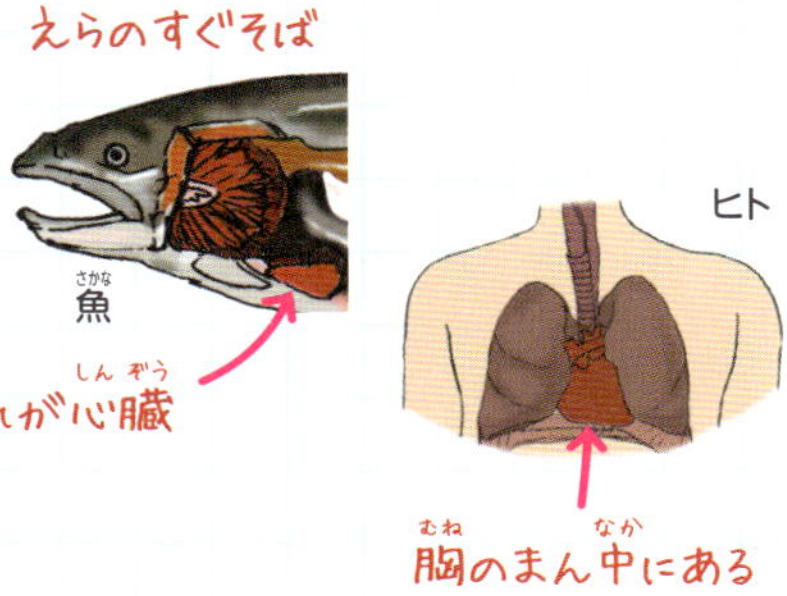

「心臓《しんぞう》っぽい」ポンプを持《も》つ生《い》き物《もの》

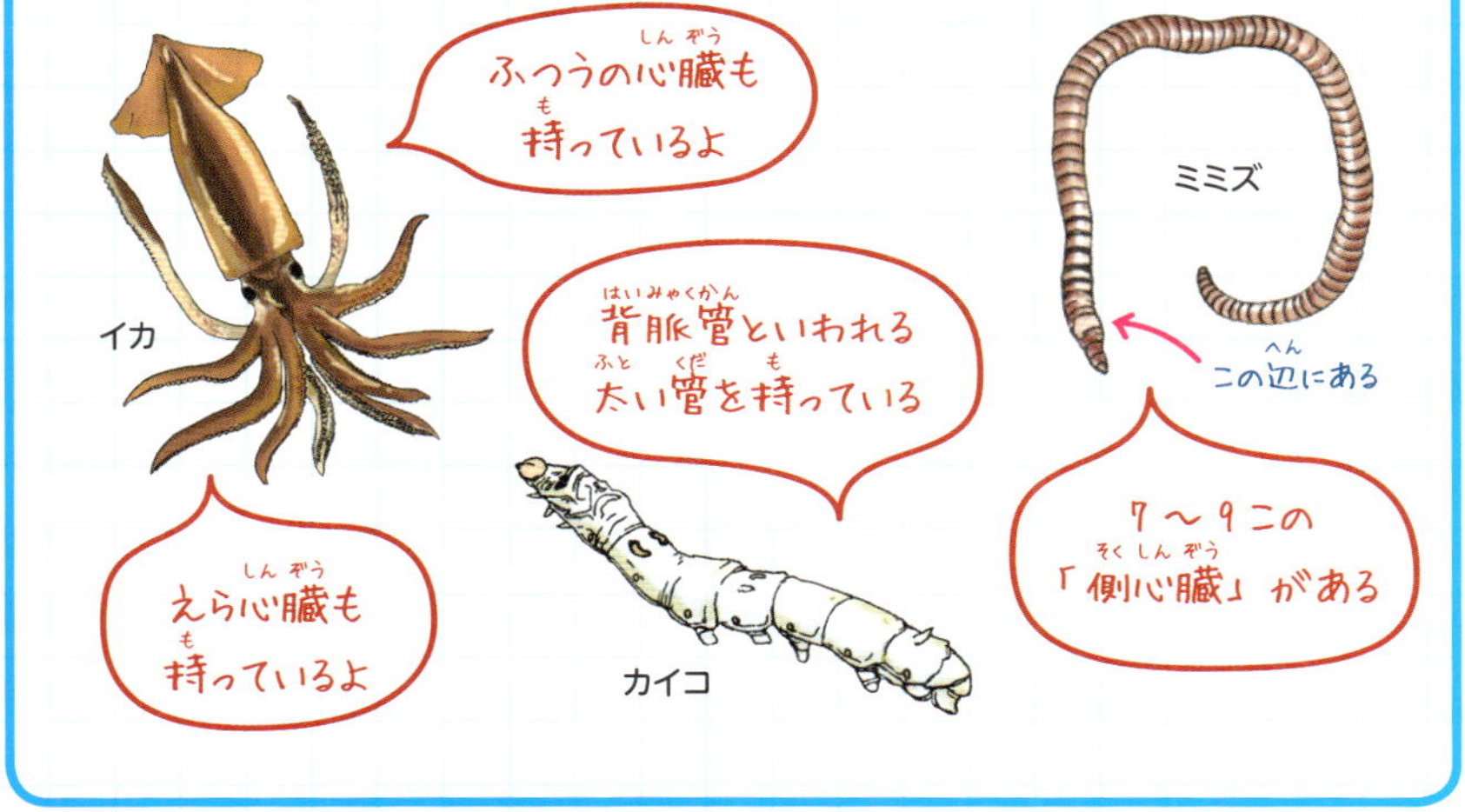

だんだん進化《しんか》したといわれているよ。何《なに》が変《か》わったかな？

呼《こ》吸《きゅう》の仕《し》方《かた》 陸《りく》上《じょう》編《へん》

陸上《りくじょう》で、体内《たいない》に空気《くうき》（酸素《さんそ》）を取《と》り入《い》れる方法《ほうほう》は、大《おお》きく分《わ》けると2つある。肺《はい》という特別《とくべつ》な場所《ばしょ》で行《おこな》うか、全身《ぜんしん》に張《は》り巡《めぐ》らされた「気管《きかん》」と呼《よ》ばれる空気《くうき》の通《とお》り道《みち》で行《おこな》うかのどちらかだ。体《からだ》の大《おお》きさや動《うご》き方《かた》によって呼吸《こきゅう》のために必《ひつ》要《よう》な酸素《さんそ》の量《りょう》は変《か》わってくる。だから、生《い》き物《もの》はそれぞれ必要《ひつよう》な量の酸素《さんそ》を得《え》られるように、形《かたち》や仕《し》組《く》みを進化《しんか》させてきているよ。

気《き》管《かん》だけで呼《こ》吸《きゅう》

昆虫《こんちゅう》など

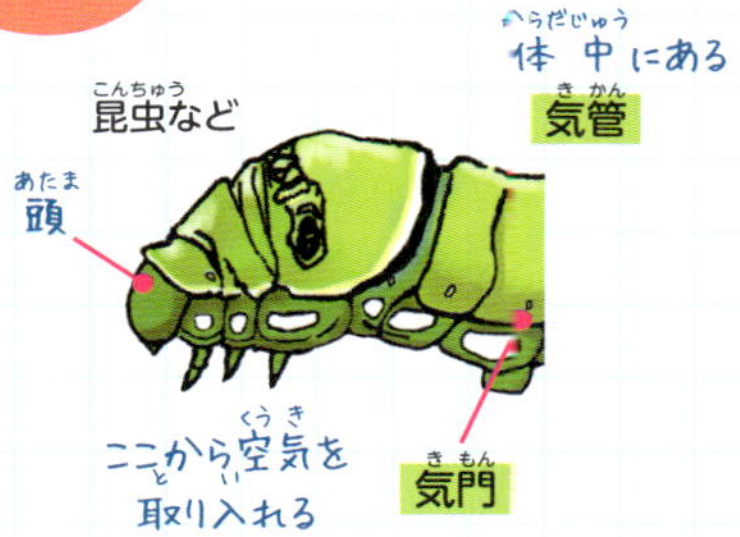

体中《からだじゅう》にある
気管《きかん》
頭《あたま》
ここから空気《くうき》を取《と》り入《い》れる
気門《きもん》

皮《ひ》ふで呼《こ》吸《きゅう》

両生類《りょうせいるい》（親《おや》）や、ミミズなど

肺《はい》と皮《ひ》ふ
両方《りょうほう》で呼吸《こきゅう》

カエル

ミミズ

植物《しょくぶつ》だって呼吸《こきゅう》する！
気孔《きこう》
孔辺細胞《こうへんさいぼう》

偽《ぎ》気《き》管《かん》

陸性《りくせい》ダンゴムシ

ぬれすぎてもかわきすぎても呼吸《こきゅう》できなくなるらしい
えら呼吸《こきゅう》はしないよ

肺《はい》で呼吸《こきゅう》

脊椎動物《せきついどうぶつ》や
陸上《りくじょう》のカタツムリなど

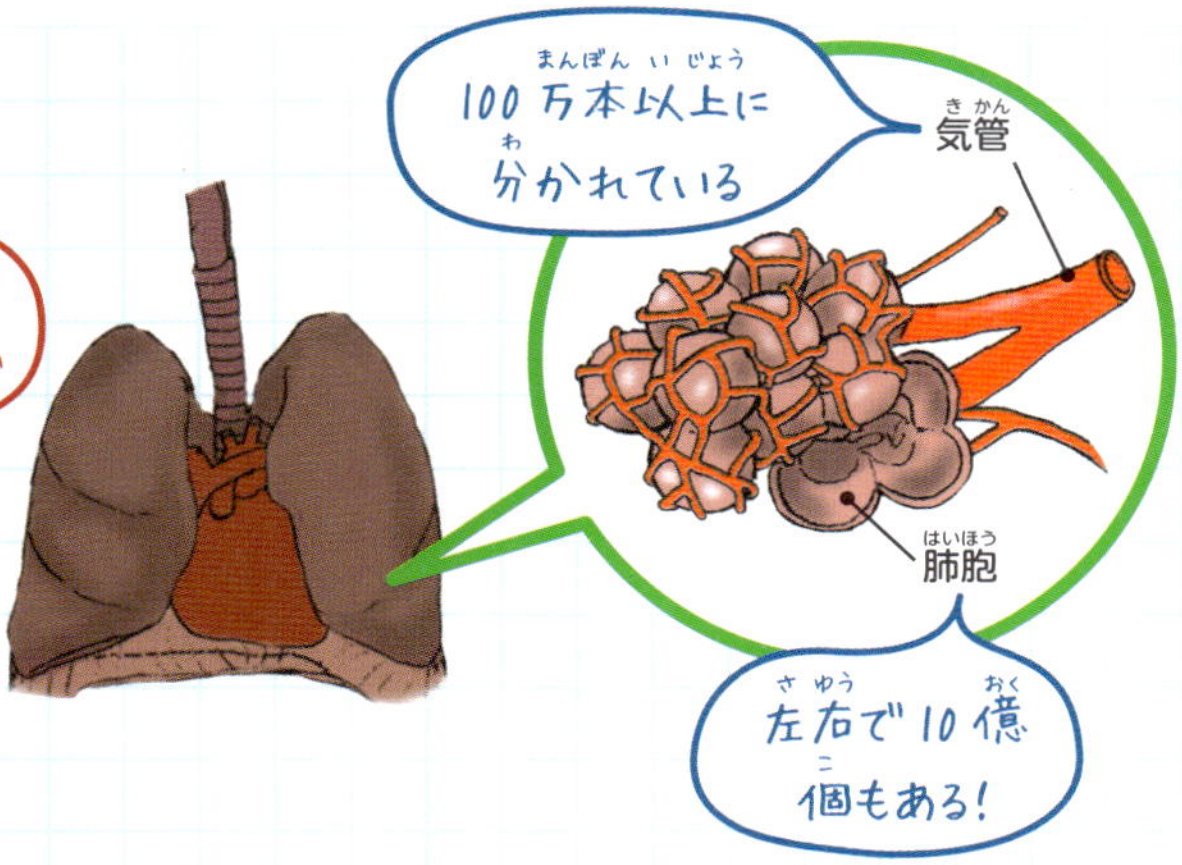

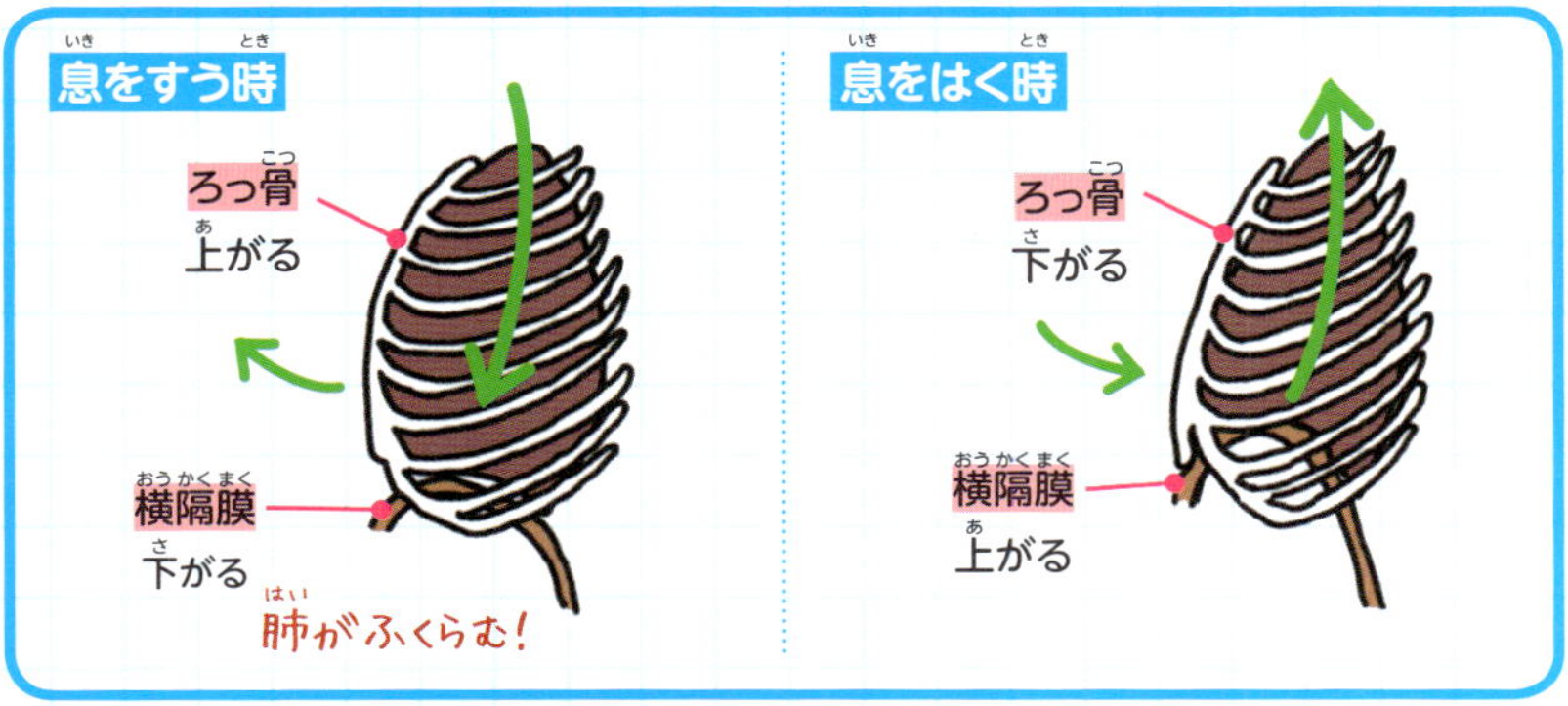

肺《はい》は消化管《しょうかかん》の一部《いちぶ》から進化《しんか》したといわれているよ→ P55

呼吸《こきゅう》を助《たす》ける器官《きかん》 気《き》のう

鳥類《ちょうるい》やハ虫類《ちゅうるい》に
見《み》られる

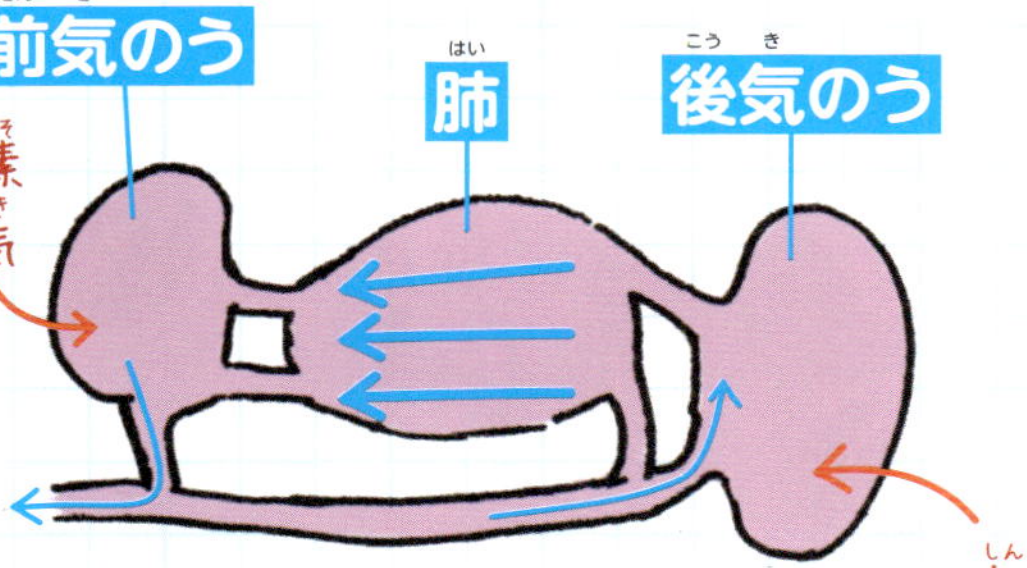

鳥類《ちょうるい》の肺《はい》の中《なか》は管状《かんじょう》になっている

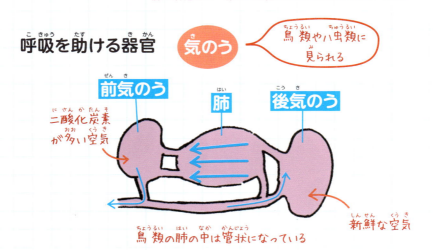

なぞなぞ？

何《なん》の世界一《せかいいち》？

★★★

魚類最大《ぎょるいさいだい》!

ジンベエザメ

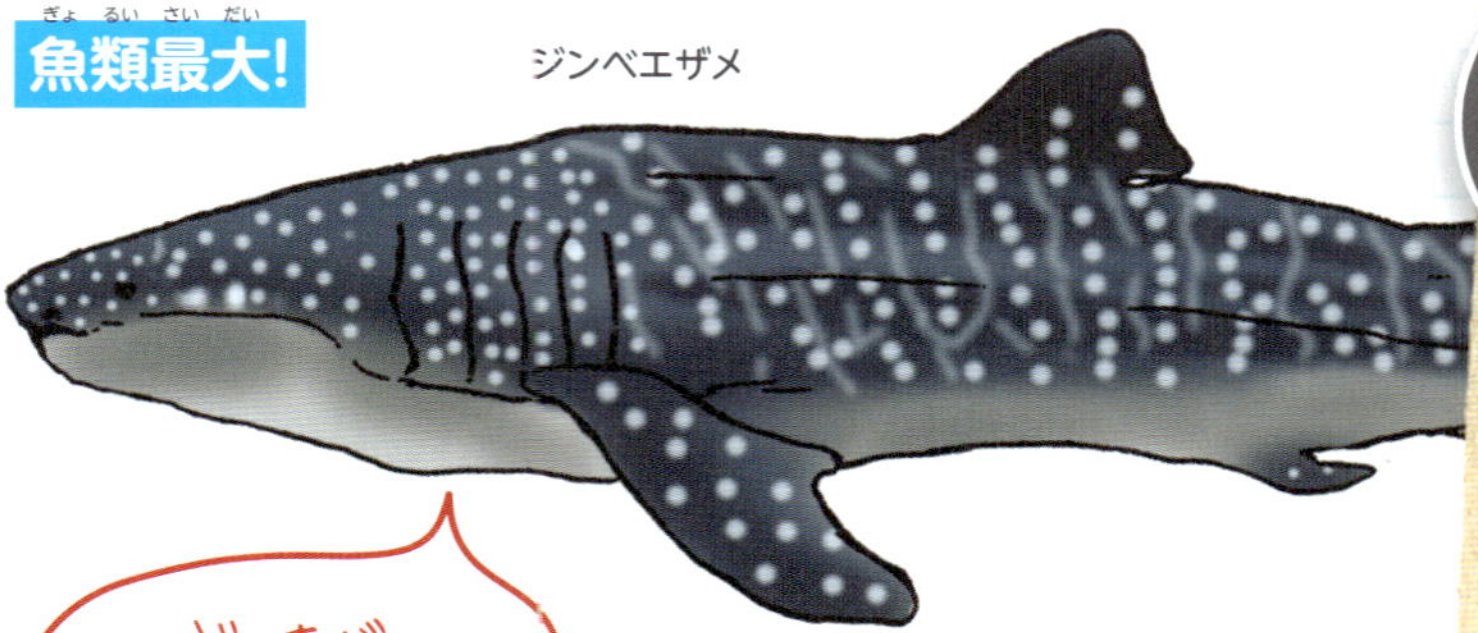

どっちが大《おお》きいでしょう?

ホ乳類最大《にゅうるいさいだい》!

シロナガスクジラ

どれぐらい小《ちい》さい?

ホ乳類最小《にゅうるいさいしょう》

トウキョウトガリネズミ

最速《さいそく》はだれだ?

チーターの走《はし》る速《はや》さは時速《じそく》115キロメートル。陸上《りくじょう》で最速《さいそく》だ。
海《うみ》と空《そら》では、どのぐらい速《はや》いのかな。

最速《さいそく》 泳《およ》ぐ!

バショウカジキ

ハヤブサ

最速《さいそく》 飛《と》ぶ!

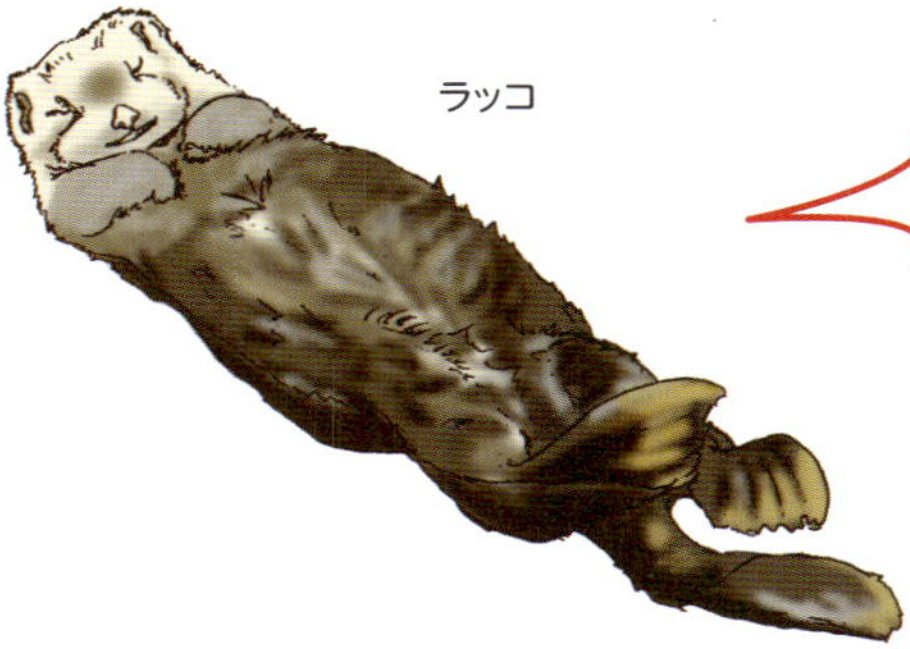

何《なん》の世界一《せかいいち》でしょう!?

2つの世界一《せかいいち》を持《も》つよ!

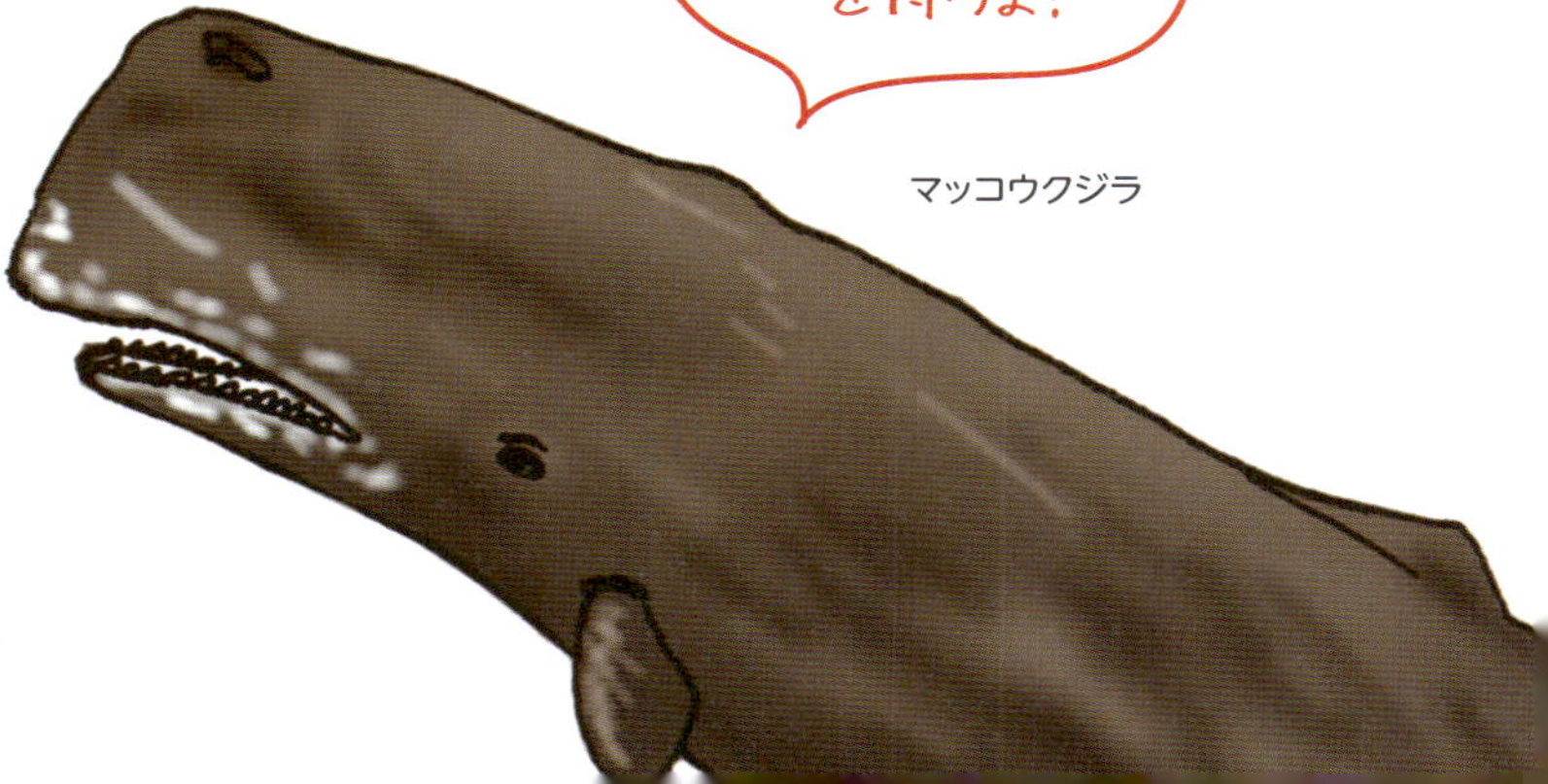

なぞなぞ？

何《なん》の世界一《せかいいち》？【解答《かいとう》】

魚類最大《ぎょるいさいだい》!

ジンベエザメ

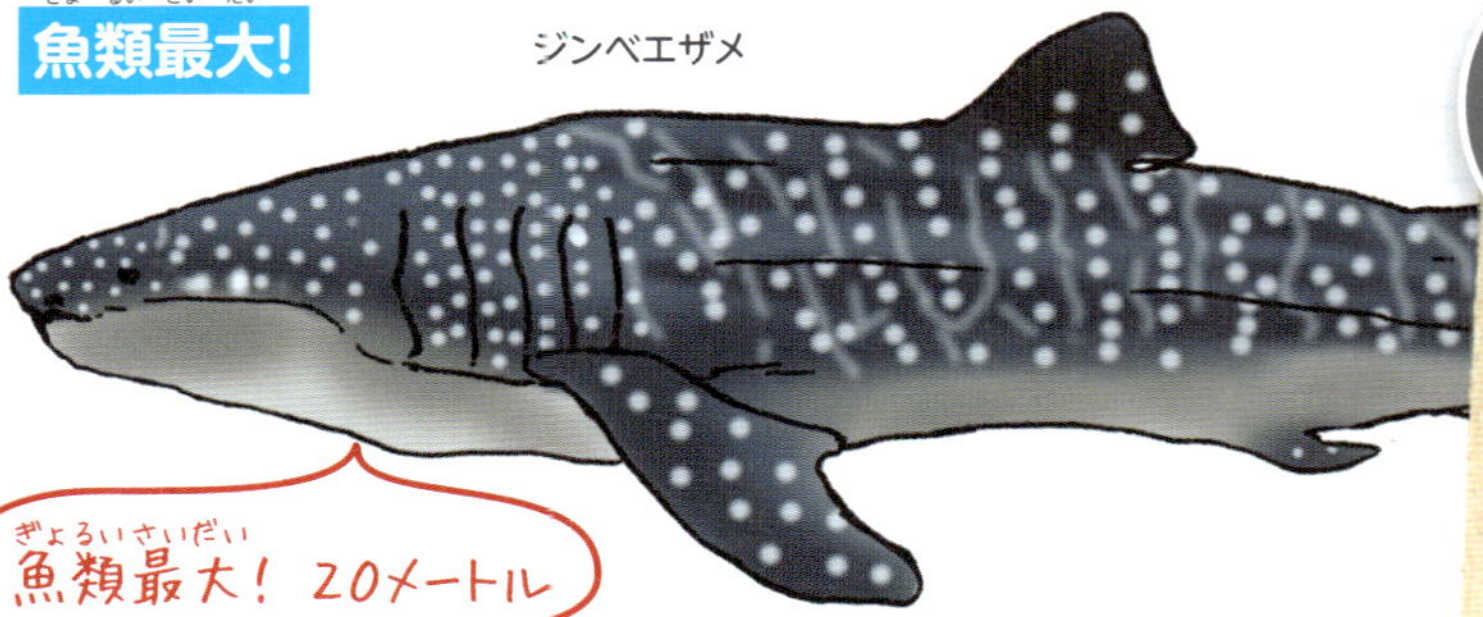

魚類最大《ぎょるいさいだい》！ 20メートル

新幹線《しんかんせん》「のぞみ」の先頭車両《せんとうしゃりょう》とほぼ同《おな》じ大《おお》きさ（23～27メートル）

ホ乳類最大《にゅうるいさいだい》!

シロナガスクジラ

シロナガスクジラのほうが大《おお》きい！

北海道《ほっかいどう》に棲《す》むモグラの仲間《なかま》。体は5センチメートル

ホ乳類最小《にゅうるいさいしょう》

トウキョウトガリネズミ

最速《さいそく》はだれだ?

チーターの速《はや》さは時速《じそく》115キロメートル。
だれが一番速《いちばんはや》いかな？

時速《じそく》390キロメートル

ハヤブサ

最速《さいそく》 飛《と》ぶ！

時速《じそく》130キロメートル

最速《さいそく》 泳《およ》ぐ！

バショウカジキ

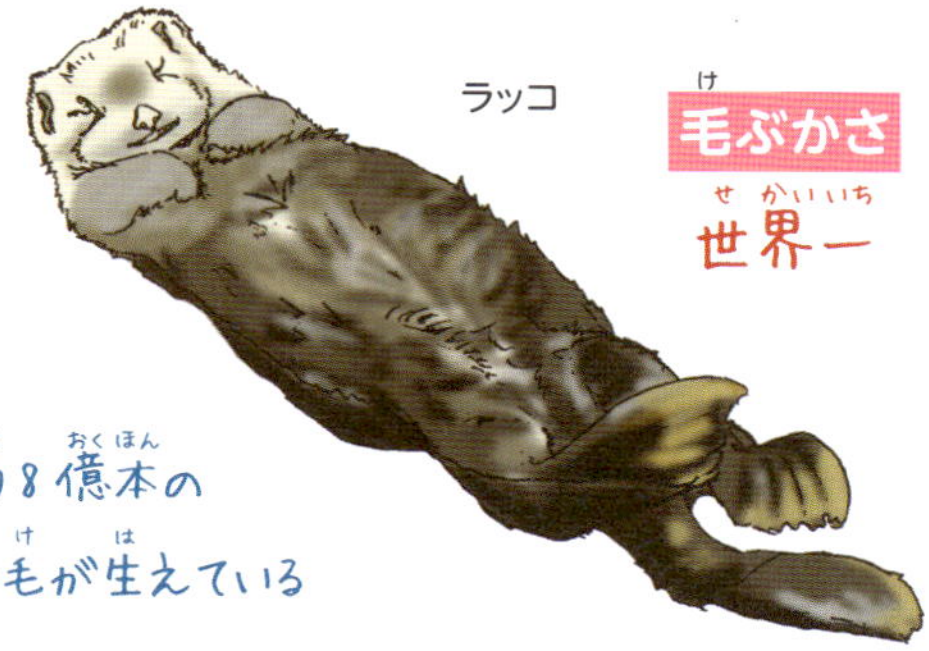

ラッコ

毛《け》ぶかさ

世界一《せかいいち》

約《やく》8億本《おくほん》の
細《こま》かい毛《け》が生《は》えている

盲腸《もうちょう》の長《なが》さ

世界一《せかいいち》

コアラ

2メートルの長さ。
ヒトの40倍《ばい》!?

鼻《はな》がいい

世界一《せかいいち》

→P184

ゾウ

脳《のう》の大《おお》きさ（重《おも》さ）

9.2キログラム　世界一《せかいいち》

深《ふか》くもぐれる!

世界一《せかいいち》

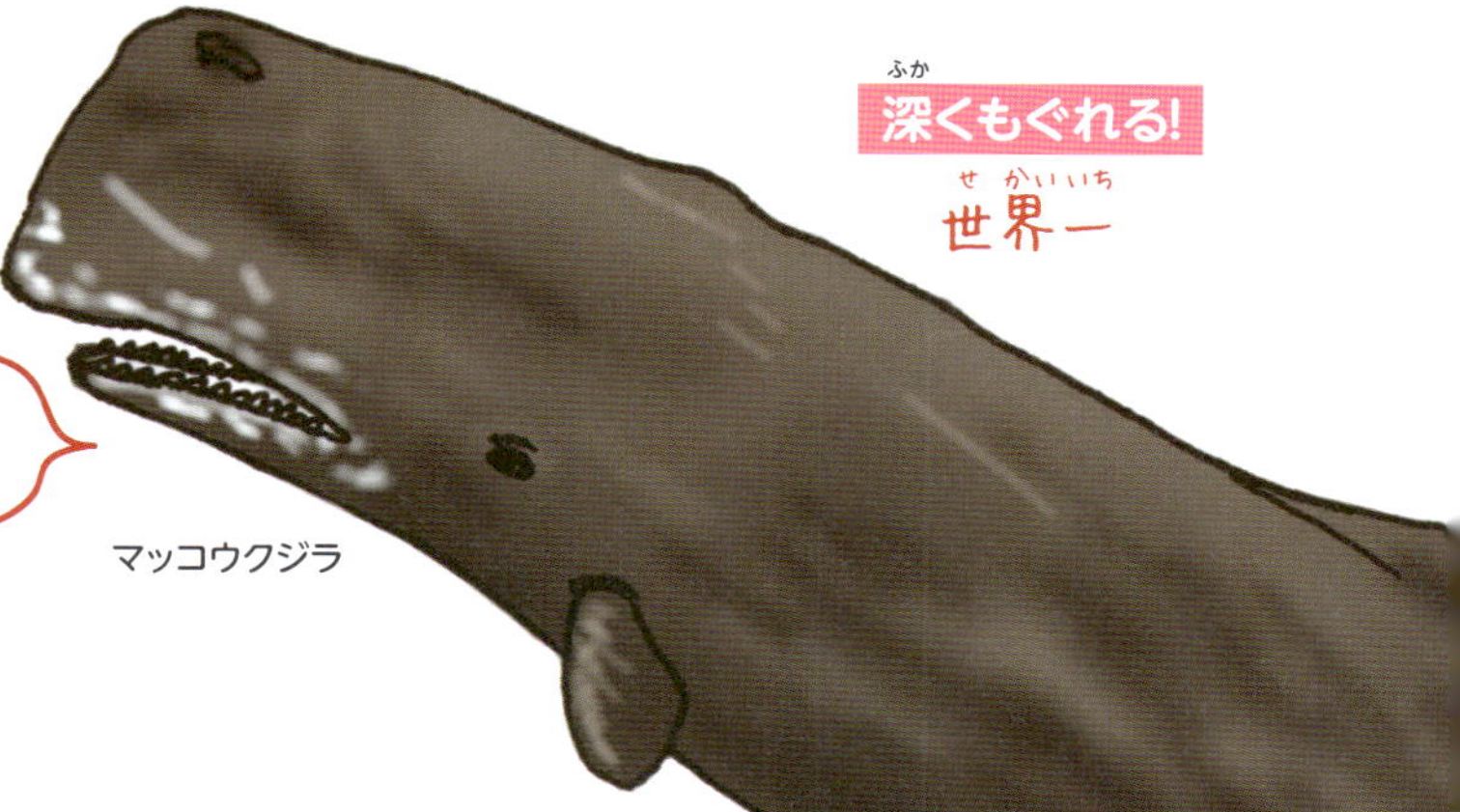

水深《すいしん》3000メートル
までもぐれるよ

マッコウクジラ

生《い》き物《もの》が見《み》る世界《せかい》もこんなにちがう

世界《せかい》を知《し》る感覚《かんかく》として、「見《み》る」ということはとても大切《たいせつ》だ。何《なに》かものに当《あ》たった光《ひかり》が反射《はんしゃ》して目《め》に入《はい》り、それが別《べつ》の信号《しんごう》に変《か》わって脳《のう》に送《おく》られる。見《み》えるとは、光《ひかり》の刺激《しげき》を脳《のう》が感《かん》じて初《はじ》めて感《かん》じられるものなんだ。

さて、ヒトをはじめとして多《おお》くの動物《どうぶつ》は2つの目《め》を持《も》っているけれど、見《み》えている景色《けしき》は1つだよね。なんで？と思《おも》ったことはないかな。左右《さゆう》の目《め》はそれぞれ別《べつ》に世界《せかい》を映《うつ》している。そこに映《うつ》った2つの世界《せかい》は、脳《のう》の中《なか》で自動的《じどうてき》に合体《がったい》するんだ。基本的《きほんてき》な仕組《しく》みはどの目《め》も同《おな》じだけれど、感《かん》じられる光《ひかり》の種類《しゅるい》は動物《どうぶつ》によってちがう。他《ほか》の動物《どうぶつ》には、この世界《せかい》はどう見《み》えているんだろうね。

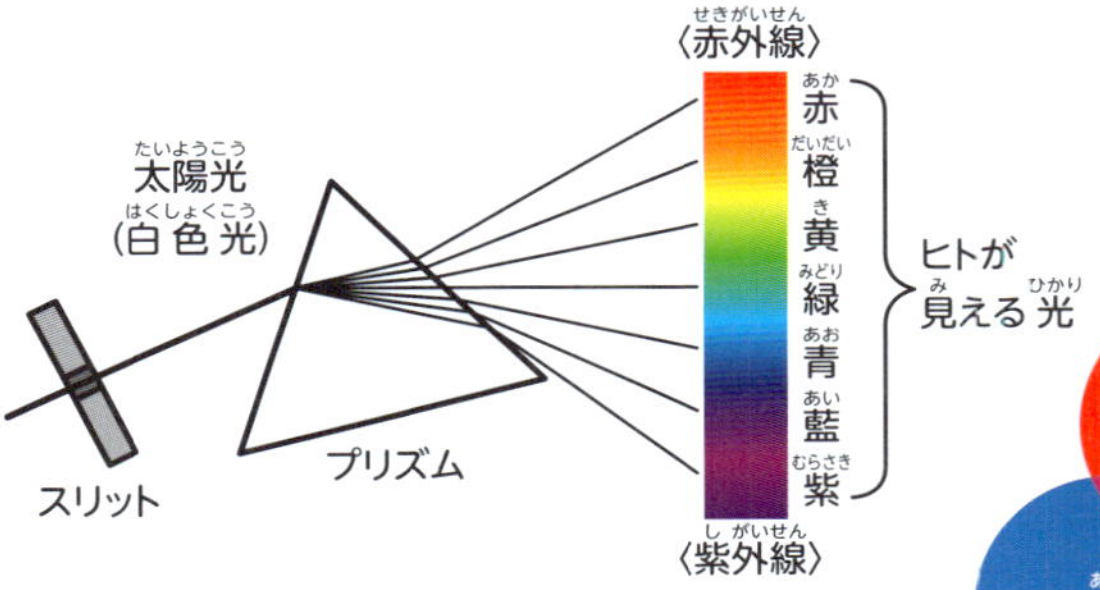

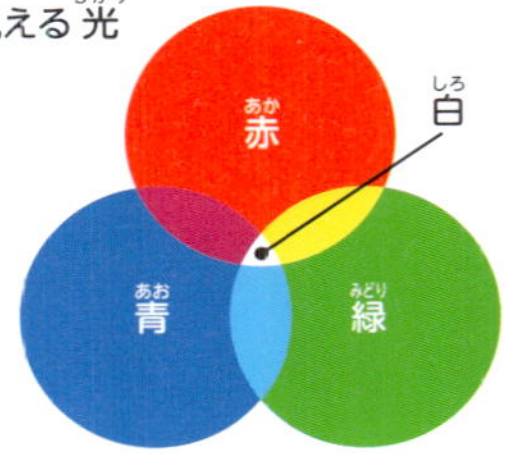

にじが七色《なないろ》なのは、白《しろ》い光《ひかり》の中《なか》に色《いろ》がかくれているからだ!!

知《し》ってる?

ネコは青《あお》や緑《みどり》は感《かん》じられても赤色《あかいろ》はわからない。イヌは赤《あか》と緑《みどり》がわからない。その代《か》わりか、ヒトには見《み》えない紫外線《しがいせん》が見《み》えるといわれている。

ヒトの目《め》

赤《あか》・緑《みどり》・青《あお》の3色《しょく》が見《み》える

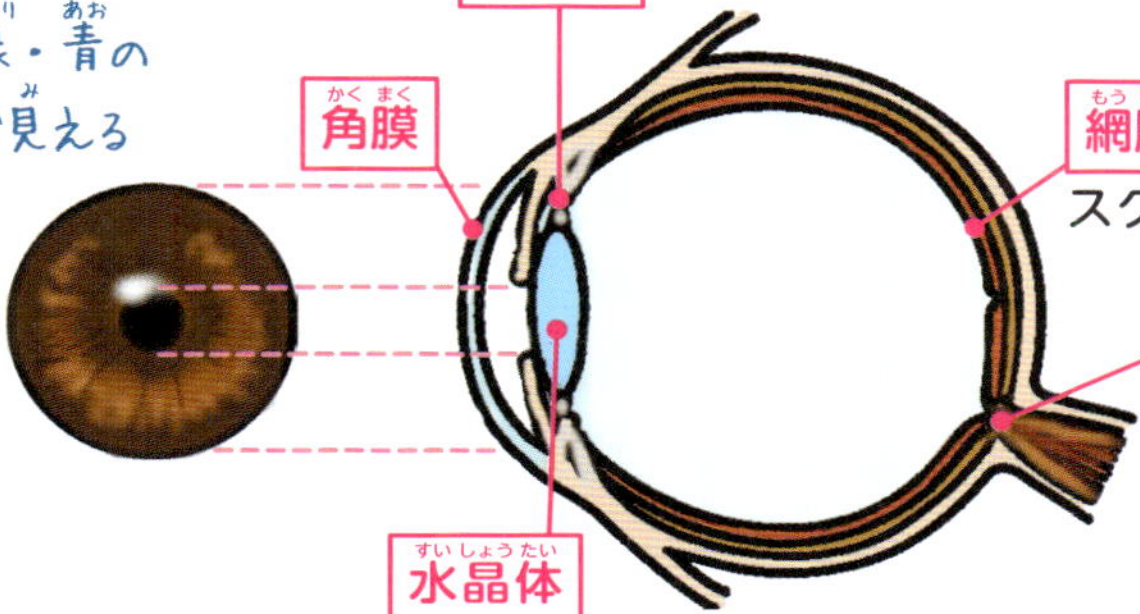

ピントをあわせる

毛様体《もうようたい》 水晶体《すいしょうたい》の厚《あつ》さを変《か》える

角膜《かくまく》

網膜《もうまく》 スクリーンの役目《やくめ》

盲点《もうてん》 ここだけ何《なに》も映《うつ》らない＝見《み》えない

水晶体《すいしょうたい》

生《い》き物《もの》の目《め》いろいろ

光《ひかり》を感《かん》じる

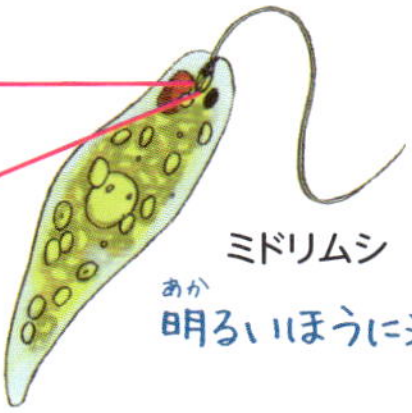

眼点《がんてん》

感光点《かんこうてん》

ミドリムシ

明《あか》るいほうに泳《およ》いでいく

外《がい》とう眼《がん》 全部《ぜんぶ》で80個《こ》くらい

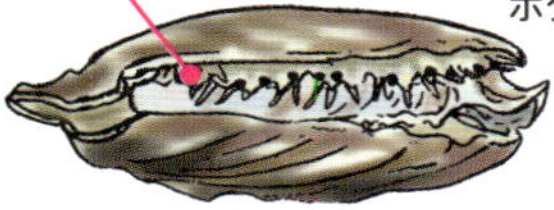

ホタテ

ある程度《ていど》形《かたち》も変《か》わる

見《み》えないところはない！

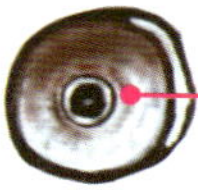

カメラ眼《がん》

イカ

水晶体《すいしょうたい》を前後《ぜんご》に動《うご》かしピントをあわせる

色《いろ》を見《み》る

単眼《たんがん》

オニヤンマ

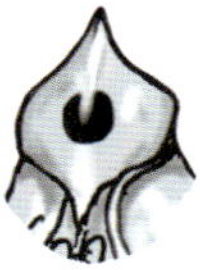

ミジンコ

1つ目《め》!?

複眼《ふくがん》 紫外線《しがいせん》だって見《み》えちゃう

カナヘビ

頭頂眼《とうちょうがん》 太陽《たいよう》の位置《いち》を探《さが》す

ピット器官《きかん》 赤外線感知器官《せきがいせんかんちきかん》

熱《ねつ》を見《み》ている!?

マムシ

第3の目《だい め》!?

世界《せかい》で一番色《いちばんいろ》を認識《にんしき》できる！

20色《しょく》はわかる

ハト

鳥類《ちょうるい》は視力《しりょく》もいい

脳《のう》のしわが多《おお》いと頭《あたま》がいいってホント？

脳《のう》は、大《おお》きく分《わ》けて大脳《だいのう》、小脳《しょうのう》、脳幹《のうかん》から構成《こうせい》されている。このうち大脳《だいのう》の表《ひょう》面《めん》の３ミリほどの厚《あつ》さの部分《ぶぶん》は大脳皮質《だいのうひしつ》という、「考《かんが》える」場所《ばしょ》だ。脳《のう》が大《おお》きければ、当然《とうぜん》この大脳皮質《だいのうひしつ》も大《おお》きくなる。しわが多《おお》いということは、しわを広《ひろ》げれば脳《のう》が大《おお》きいということと同《おな》じだ。だから、しわが多《おお》いと大脳皮質《だいのうひしつ》の部分《ぶぶん》が大《おお》きいから、頭《あたま》がいいという話《はなし》につながったのではないかといわれているよ。でも、まだそれは本当《ほんとう》かどうかわかっていないんだ。脳《のう》に秘《ひ》められたヒミツはまだまだたくさんあるんだ。

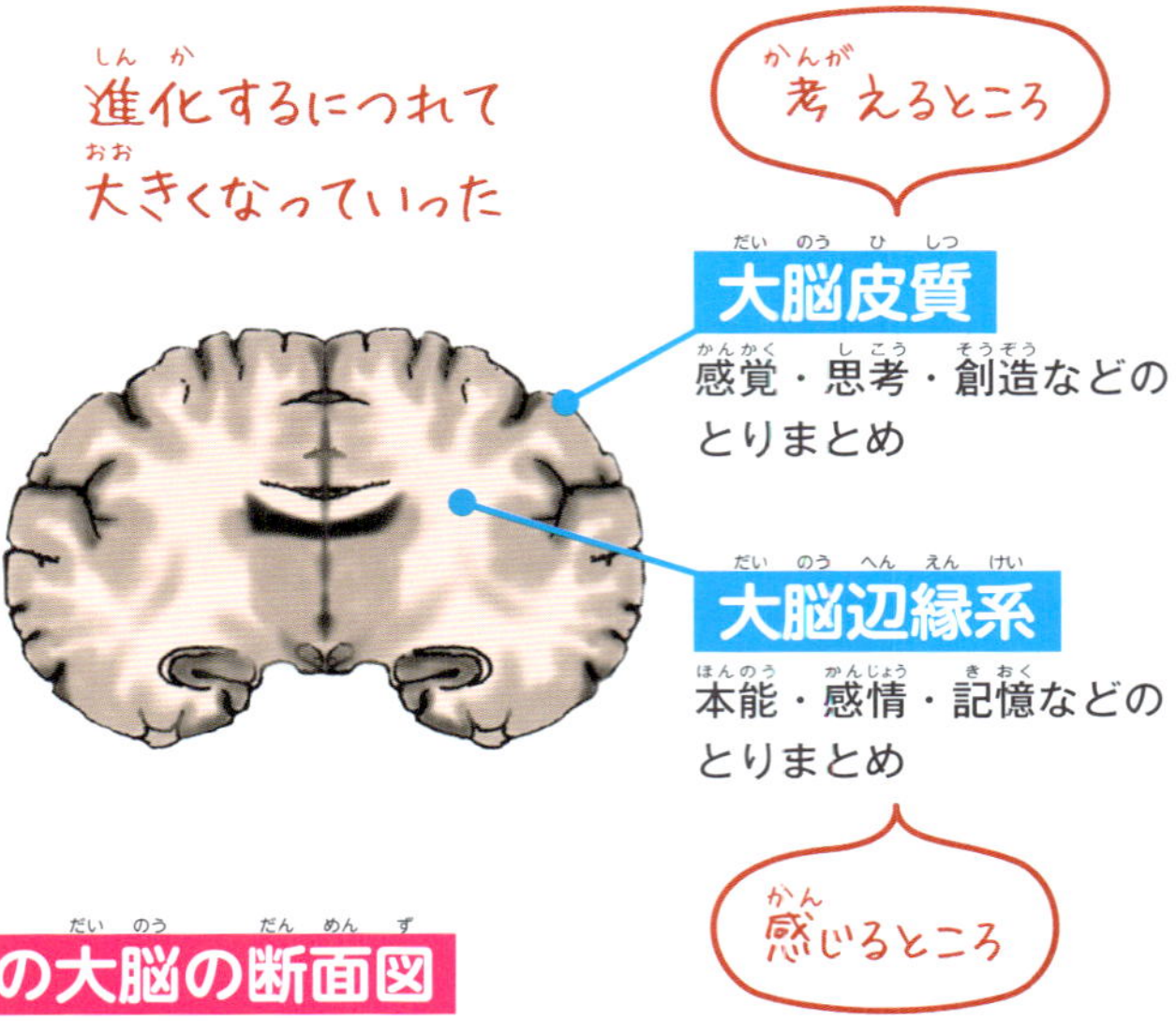

進化《しんか》するにつれて
大《おお》きくなっていった
考《かんが》えるところ
大脳皮質《だいのうひしつ》
感覚《かんかく》・思考《しこう》・創造《そうぞう》などのとりまとめ
大脳辺縁系《だいのうへんえんけい》
本能《ほんのう》・感情《かんじょう》・記憶《きおく》などのとりまとめ
感《かん》じるところ

ヒトの大脳《だいのう》の断面図《だんめんず》

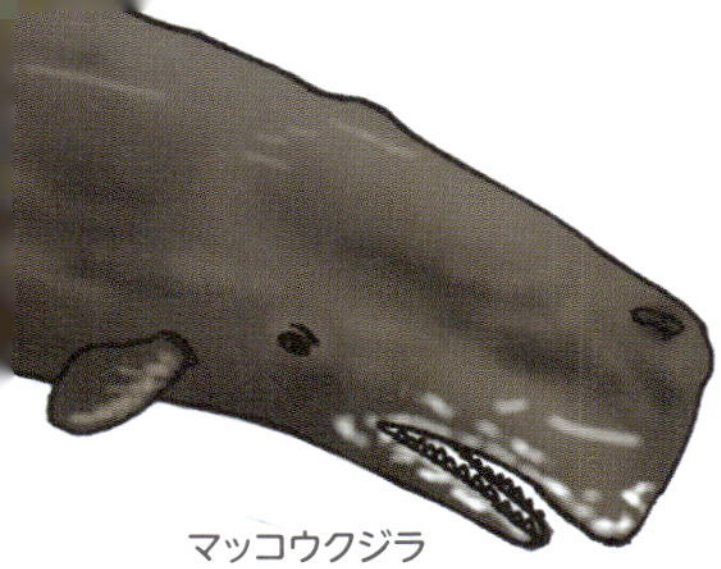

マッコウクジラ

脳《のう》の重《おも》さは**9.2キログラム**！
でも、体全体《からだぜんたい》と比《くら》べると
0.018パーセントととても少《すく》ない

バンドウイルカ

脳《のう》の重《おも》さは**1500グラム**。
体全体《からだぜんたい》と比《くら》べると
0.6パーセントと動物《どうぶつ》の中《なか》で
一番大《いちばんおお》きいといわれている
「自分《じぶん》」がわかるほど頭《あたま》がいい

ミツバチ

昆虫《こんちゅう》も「微小脳《びしょうのう》」と
呼《よ》ばれる脳《のう》を持《も》っている

知《し》っとく！

タコもイカも道具《どうぐ》を使《つか》うなど頭《あたま》がいいといわれている。特《とく》にタコは足《あし》1本《ぽん》ずつにも小《ちい》さな脳《のう》みたいなものがあるので、脳《のう》を9つ持《も》っているといわれているよ

記憶《きおく》するって、どういうこと？

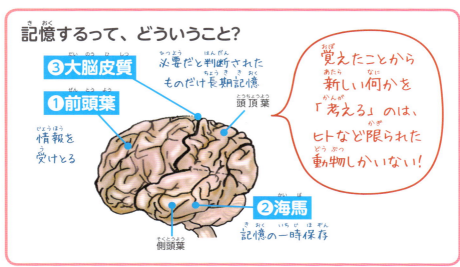

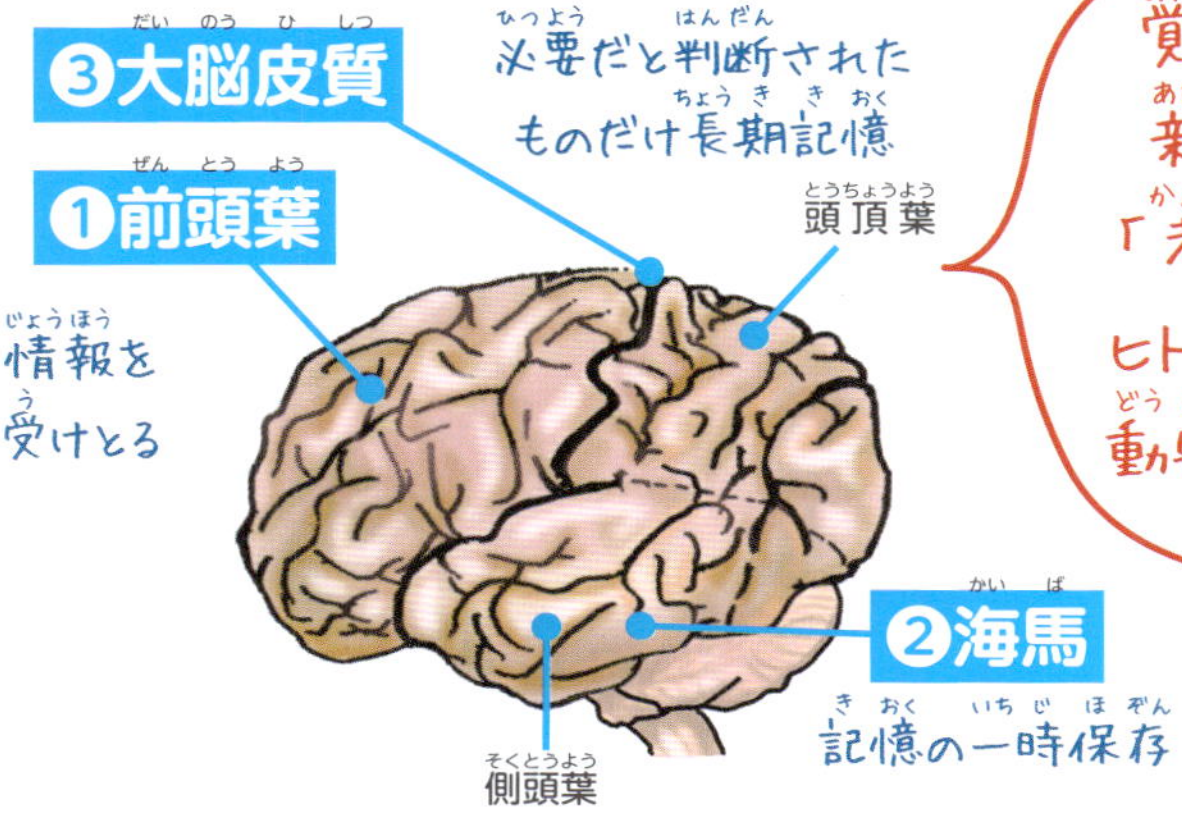
③大脳皮質《だいのうひしつ》
必要《ひつよう》だと判断《はんだん》された
ものだけ長期記憶《ちょうききおく》
①前頭葉《ぜんとうよう》
情報《じょうほう》を
受《う》けとる
頭頂葉《とうちょうよう》
②海馬《かいば》
記憶《きおく》の一時保存《いちじほぞん》
側頭葉《そくとうよう》

覚《おぼ》えたことから
新《あたら》しい何《なに》かを
「考《かんが》える」のは、
ヒトなど限《かぎ》られた
動物《どうぶつ》しかいない！

☆ワクワクしながら学習《がくしゅう》したほうが記憶《きおく》に残《のこ》りやすいのは本当《ほんとう》！

イヌよりも鼻《はな》がいい動物《どうぶつ》がいるってホント？

においの正体《しょうたい》は化学物質《かがくぶっしつ》だ。目《め》がよくない生《い》き物《もの》や夜《よる》に行動《こうどう》をする生《い》き物《もの》は、においをたどって外《そと》の世界《せかい》を認識《にんしき》している。

「鼻《はな》がいい」動物《どうぶつ》としてはイヌが有名《ゆうめい》だ。警察犬《けいさつけん》などで活《かつ》やくもしている。でも、一《いち》番鼻《ばんはな》がいい動物《どうぶつ》はイヌではなく、ゾウだといわれているよ。なんと数《すう》キロメートルはなれた場所《ばしょ》の水《みず》のにおいがわかるんだそうだ。

においを感《かん》じる部分《ぶぶん》の遺伝子《いでんし》の数《かず》を調《しら》べたら、イヌが約《やく》800個《こ》に対《たい》し、アフリカゾウは約《やく》2000個《こ》あるとわかったんだ。

ぬれている鼻《はな》は
においをかぐのに大事《だいじ》

イヌはヒトの
100万《まん》～1億倍《おくばい》
においを感《かん》じやすい。
ただし、数《すう》メートルはなれて
しまうと、においを
たどれなくなってしまう

知《し》ってる？

ヒトは数十万種類《すうじゅうまんしゅるい》のにおい物質《ぶっしつ》をかぎ分《わ》けられるといわれているよ

すごいのは嗅覚《きゅうかく》
だけじゃない!

ゾウ

- ピーナッツもつかめる
- 1トンのものを持《も》ち上《あ》げられる
- 鼻《はな》の先《さき》にある毛《け》は人《ひと》のゆび先《さき》の10倍《ばい》もびん感《かん》

上《うわ》くちびると
鼻《はな》がのびて筋肉《きんにく》が
ついたもの。
骨《ほね》はないよ

ラット

土《つち》の中《なか》の地雷《じらい》の
においをかぎ分《わ》ける

訓練《くんれん》したラットは
地雷除去《じらいじょきょ》で
活《かつ》やく中《ちゅう》!

ヒーローラットと
呼《よ》んでくれ!

ホッキョクグマ

氷《こおり》の下《した》のアザラシの
においだってわかる!

真《ま》っ白《しろ》な世界《せかい》の中《なか》で、
頼《たよ》りになるのは「におい」

魚《さかな》も鼻《はな》を持《も》っている!

ちなみに鼻《はな》の穴《あな》は4つあるよ

水《みず》にとけた化学物質《かがくぶっしつ》なら
なんでも「におい」になる

逃《に》げるためにかぐ

上流《じょうりゅう》から敵《てき》の
においがする!
逃《に》げなきゃ!

あっちから
血《ち》のにおいがするぞ!

数《すう》キロメートル先《さき》の
においがわかる

エサを見《み》つけるためにかぐ

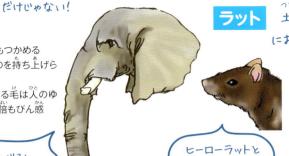

耳《みみ》以外《いがい》で音《おと》を聞《き》く生《い》き物《もの》がいるってホント？

そもそも音《おと》って何《なに》か知《し》っているかい？

音《おと》とは、ものの「ふるえ（振動《しんどう》）」のことだ。何《なに》かがふるえると、陸上《りくじょう》では空気《くうき》が、水《みず》の中《なか》であれば水《みず》が「ふるえ」を届《とど》けてくれる。その「ふるえ」を受《う》け止《と》めて、「音《おと》」という信号《しんごう》に変《か》えてくれるものであれば、どこだって「聞《き》く」ことはできるんだ。

ヒトは耳《みみ》に「鼓膜《こまく》」という変換装置《へんかんそうち》を持《も》っているから音《おと》を聞《き》くことができる。では、他《ほか》の生《い》き物《もの》はどうだろう？

たとえば、コオロギは足《あし》に鼓膜《こまく》を持《も》っている。イルカは水中《すいちゅう》で下《した》あごの骨《ほね》を通《つう》じて音《おと》を聞《き》いている。ネコは耳以外《みみいがい》に肉球《にくきゅう》や手根部《しゅこんぶ》の毛《け》でも音《おと》を聞《き》ける。ゾウは足《あし》の裏《うら》で30キロメートルはなれた土地《とち》の雨音《あまおと》を聞《き》いたりできるそうだ。ヒトも、雷《かみなり》や花火《はなび》など大《おお》きな音《おと》を体《からだ》で感《かん》じることがあるよ。

ヒトの耳《みみ》

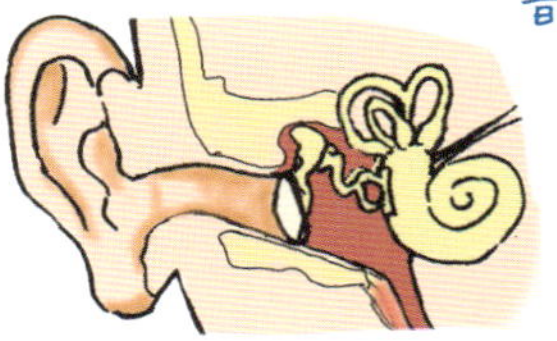

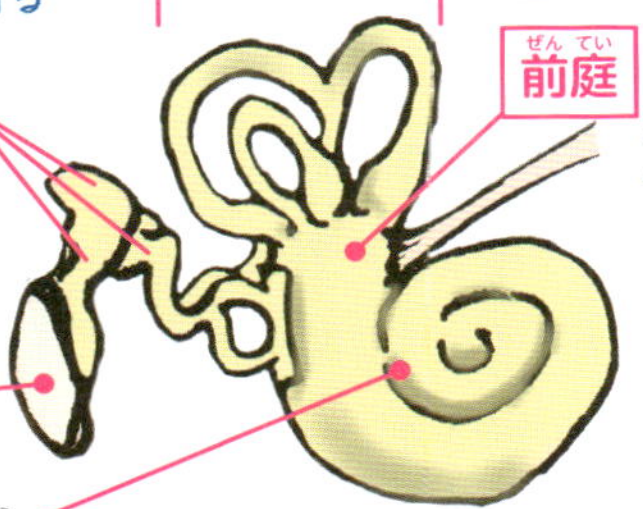

②耳小骨《じしょうこつ》
音《おと》を大《おお》きくする（3倍《ばい》）

三半規管《さんはんきかん》

前庭《ぜんてい》
平衡感覚《へいこうかんかく》に関係《かんけい》する

①鼓膜《こまく》
外《そと》から振動《しんどう》を受《う》け止《と》める

③蝸牛《かぎゅう》 うずまき管《かん》ともいうよ

中《なか》のリンパ液《えき》に振動《しんどう》が伝《つた》わってくると、内側《うちがわ》の有毛細胞《ゆうもうさいぼう》がふるえを感《かん》じとり神経《しんけい》に伝《つた》えていく ➡ 脳《のう》へ

鼓膜《こまく》はどこにある？

外耳《がいじ》がなく、鼓膜《こまく》はむきだし！

ウシガエル

鳴《な》く虫《むし》の特権《とっけん》？

前足《まえあし》の内側《うちがわ》と外側《そとがわ》にある。「聞《き》き分《わ》け」はできる。

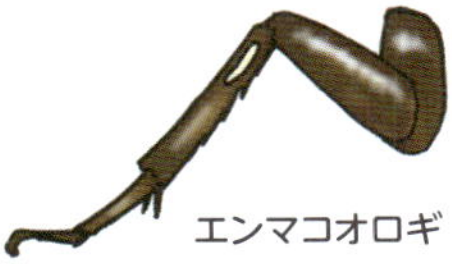

エンマコオロギ

知《し》っとく！
ほとんどの昆虫《こんちゅう》は鼓膜《こまく》を持《も》たず、触角《しょっかく》で聞《き》きとっている
→P90

方向《ほうこう》もわかる！　耳《みみ》の不思議《ふしぎ》

左右《さゆう》から音《おと》を聞《き》けると、「どっちから聞《き》こえた？」と方向《ほうこう》がわかる。フクロウはさらに左《さ》右《ゆう》の耳《みみ》の位置《いち》（高《たか》さ）がちがう。これは、音《おと》が耳《みみ》に届《とど》くときの時間《じかん》の差《さ》と、音《おと》の強《つよ》さの差《さ》から、エサ（小動物《しょうどうぶつ》）の位置《いち》を正確《せいかく》に判断《はんだん》しているんだ。左右《さゆう》だけでなく、上下《じょうげ》のちがいも音《おと》で「聞《き》き分《わ》けて」いるんだ。よく見《み》えない夜《よる》に行動《こうどう》するための工夫《くふう》なんだろうね。

フクロウ

こんなのを見《み》つけたよ！

好《す》きな生《い》き物《もの》、見《み》つけておもしろかったものを記録《きろく》してみよう

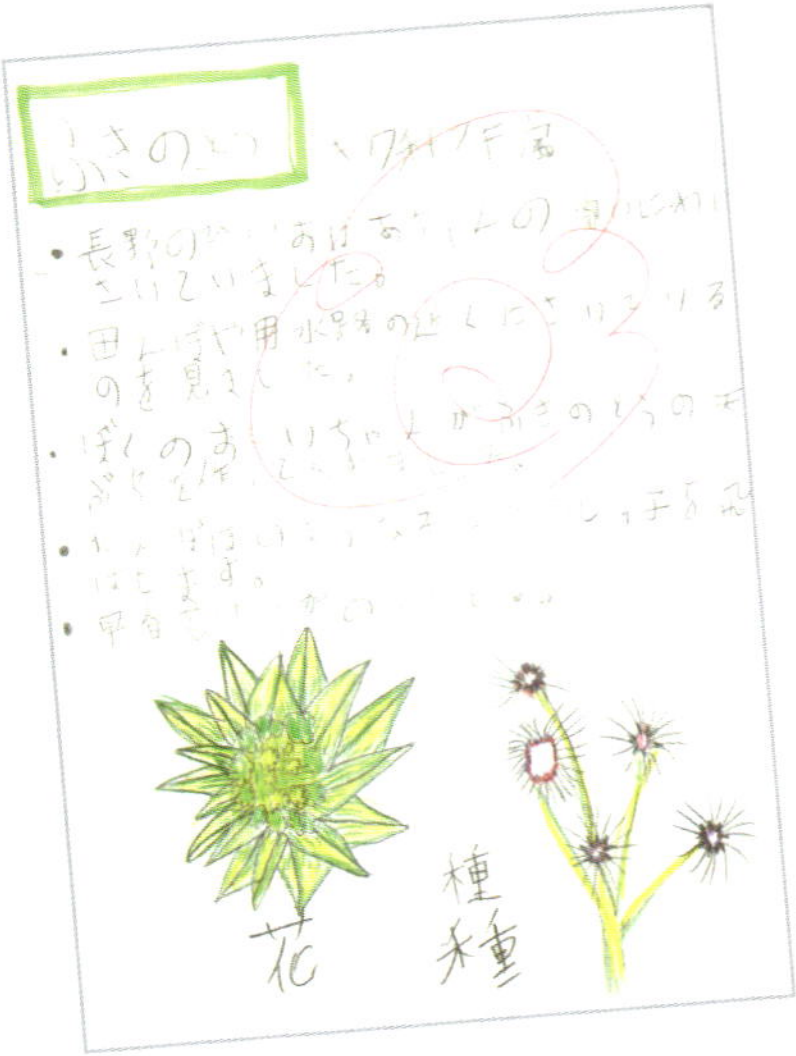

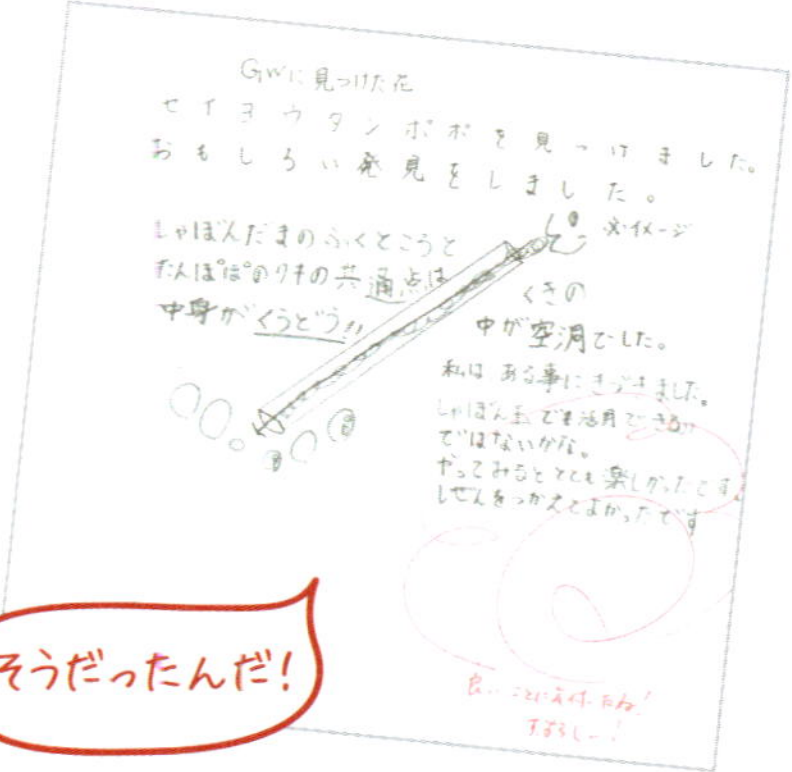

そうだったんだ！

難《むずか》しくかく必要《ひつよう》はない。
まずはキミの言葉《ことば》や絵《え》を残《のこ》してみよう。
その後《あと》にわかったことがあったら
つけ加《くわ》えていくといいね！

キミだけのオリジナル図鑑《ずかん》だ！

ヒトの世界《せかい》

ヒトが地球上《ちきゅうじょう》に現《あらわ》れて約《やく》500万年《まんねん》
体《からだ》の代《か》わりに、
言葉《ことば》や道具《どうぐ》を進化《しんか》させてきた。
「ヒト」が作《つく》ったもののなかに、
彼《かれ》らはあり続《つづ》ける
さぁ、探《さが》してみよう
ヒトの進化《しんか》に寄《よ》り添《そ》う動物《どうぶつ》たちを

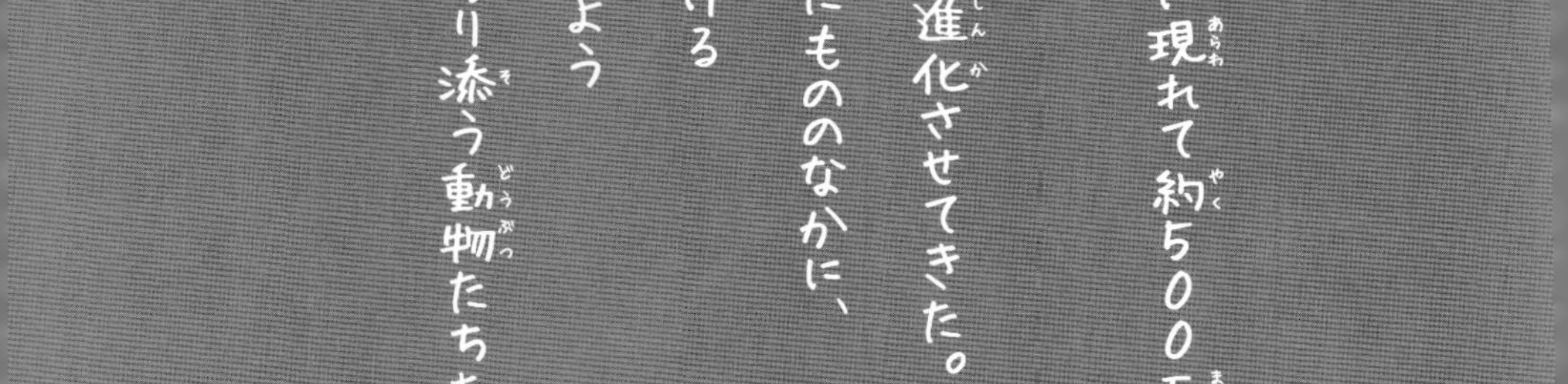

この言葉《ことば》、ホント？

★★★

□には何《なに》が入《はい》るかな？
下《した》の２つから合《あ》うものを選《えら》ぼう！

❶「飛《と》んで火《ひ》に入《い》る夏《なつ》の虫《むし》」の虫《むし》とは□

❷カエルの子《こ》は□

❸トラの威《い》を借《か》る□

キツネ

カエル

ヒトリガ

タヌキ

オタマジャクシ

カブトムシ

4 □が顔《かお》を洗《あら》うと雨《あめ》が降《ふ》る

5 □が低《ひく》く飛《と》ぶと雨《あめ》が降《ふ》る

6 □の一声《ひとこえ》

なぞなぞ?

この言葉《ことば》、ホント?【解答《かいとう》】

ホントの話《はなし》

①飛《と》んで火《ひ》に入《い》る夏《なつ》の虫《むし》は「ヒトリガ」

意味《いみ》 危険《きけん》や災難《さいなん》に自分《じぶん》から飛《と》びこんでいくこと。

⬇P194を見《み》てみよう!

ホントの話《はなし》

②カエルの子《こ》は「カエル」

意味《いみ》 子《こ》の性質《せいしつ》や能力《のうりょく》は親《おや》に似《に》るものだというたとえ。

⬇P198を見《み》てみよう!

物語《ものがたり》からできた言葉《ことば》

③トラの威《い》を借《か》る「キツネ」

意味《いみ》 権力者《けんりょくしゃ》の力《ちから》を頼《たよ》って威張《いば》る小者《こもの》のこと。

⬇P202を見《み》てみよう!

実際《じっさい》にはそんなことしないぞ!
陸上《りくじょう》
キツネ
カエル
ヒトリガ
成長《せいちょう》してカエルになる!
タヌキ
オタマジャクシ
カブトムシ
水中《すいちゅう》
〈両方正解《りょうほうせいかい》!〉

ホントの話《はなし》 4
「ネコ」が顔《かお》を洗《あら》うと雨《あめ》が降《ふ》る

↓P204を見《み》てみよう！

ホントの話《はなし》 5
「ツバメ」が低《ひく》く飛《と》ぶと雨《あめ》が降《ふ》る

↓P206を見《み》てみよう！

ホントの話《はなし》 6
「ツル」の一声《ひとこえ》

↓P208を見《み》てみよう！

意味《いみ》 多《おお》くの人《ひと》の議論《ぎろん》を、権威《けんい》ある人《ひと》や実力者《じつりょくしゃ》が決定《けってい》づける言葉《ことば》のたとえ。

飛《と》んで火《ひ》に入《い》る夏《なつ》の虫《むし》

まだ電灯《でんとう》がなくてロウソクなど使《つか》っていた頃《ころ》、炎《ほのお》に虫《むし》が飛《と》びこむことがよくあった。そういった虫《むし》を「火《ひ》取《と》り虫《むし》」と昔《むかし》の人《ひと》は呼《よ》んだんだ。現在《げんざい》では炎《ほのお》の代《か》わりに、街灯《がいとう》に向《む》かって虫《むし》が飛《と》んでいくようになった。

どうして火《ひ》の中《なか》、あるいは街灯《がいとう》に向《む》かって虫《むし》は飛《と》ぶのだろうか。それは、夜《よる》に活《かつ》動《どう》する虫《むし》の「目印《めじるし》」で説明《せつめい》ができる。夜活動《よるかつどう》する虫《むし》たちは、月明《つきあ》かりを目印《めじるし》にして飛《と》んでいるんだ。でも、月《つき》と炎《ほのお》や街灯《がいとう》では、光《ひかり》の進《すす》み方《かた》がちがう。そのため、まっすぐ飛《と》べなくなり、明《あ》かりがある方向《ほうこう》へ突進《とっしん》してしまうんだ。ヒトが作《つく》り出《だ》したもので、虫《むし》たちは迷子《まいご》になってしまうことがあるんだ。夜《よる》、街灯《がいとう》のところに行《い》ってみると、意外《いがい》な虫《むし》がいるかもしれないよ。

ヒトリガ（火《ひ》取《と》りガ）

英語《えいご》ではタイガーモスという

〈平行光線《へいこうこうせん》〉

〈拡散光線《かくさんこうせん》〉

月《つき》の光《ひかり》にそって
同《おな》じ角度《かくど》に進《すす》めば
「まっすぐ」飛《と》べる！

のはずが……

電灯《でんとう》や火《ひ》の明《あ》かりにそって
同《おな》じ角度《かくど》で進《すす》もうとすると……
まっすぐ進《すす》めず、
ぐるぐるとまわりを回《まわ》ってしまう！

知《し》っとく！

最近《さいきん》では紫外線《しがいせん》を出《だ》さないようにした電灯《でんとう》やLEDに変《か》えることで、寄《よ》ってくる虫《むし》を減《へ》らしているらしい

おまけ

海《うみ》はどっち？

ウミガメの子《こ》どもも、光《ひかり》で方向《ほうこう》を見極《みきわ》めているよ。夜明《よあ》け前《まえ》に砂《すな》の中《なか》でふ化《か》し、地上《ちじょう》に出《で》てきた子《こ》ガメたち。彼《かれ》らにとっては、「日《ひ》がのぼり始《はじ》めた地平線《ちへいせん》」こそが光《ひかり》の方《ほう》向《こう》なんだ。その方向《ほうこう》に行《い》けば、必《かなら》ず海《うみ》に出《で》られると本能《ほんのう》で知《し》っている。しかし、海岸沿《かいがんぞ》いの道路《どうろ》などにある街灯《がいとう》の光《ひかり》を見《み》てしまうと、そちらが海《うみ》だと勘《かん》ちがいをしてしまうんだ。そうなると、海《うみ》とは反対《はんたい》の方向《ほうこう》に進《すす》んでしまう。だから今《いま》は、ウミガメの産卵地《さんらんち》ではカメが見《み》えにくい「赤《あか》い光《ひかり》」を出《だ》すランプを使《つか》うなどして、保護対策《ほごたいさく》をしているよ。

蓼《たで》食《く》う虫《むし》も好《す》き好《ず》き

蓼《たで》（ヤナギタデ）の葉《は》は、薬味《やくみ》に使《つか》われるぐらい辛《から》い。「舌《した》をただれさせるほど辛《かっ》い」からついた名《な》だそうだが、そんな葉《は》でも食《た》べてしまう虫《むし》がいる。辛《から》い葉《は》をわざわざ食《た》べる虫《むし》がいるからこそ、「好《この》みはいろいろ」という意味《いみ》のことわざの由来《ゆらい》になったのだろう。植物《しょくぶつ》の「辛《から》い」「苦《にが》い」味《あじ》は、他《ほか》の動物《どうぶつ》に食《た》べられないための戦略《せんりゃく》だけど、通用《つうよう》しない相手《あいて》もいるということだ。

ちなみにこの蓼食《たでく》う虫《むし》（蓼虫《たでむし》とも呼《よ》ばれる）は、別《べつ》にヤナギタデの葉《は》しか食《た》べないわけでもない。いろいろな葉《は》を食《た》べる中《なか》で、ヤナギタデも食《た》べる、というのが正《ただ》しいらしい。意外《いがい》といろいろな種類《しゅるい》がいるよ。

ただし、ほとんどの昆虫《こんちゅう》は、食《た》べられる植物《しょくぶつ》が決《き》まっていることが多《おお》い。「この植《しょく》物《ぶつ》だけ」というものもいれば、「この植物《しょくぶつ》の仲間《なかま》だったら大丈夫《だいじょうぶ》」と、それぞれだ。動物《どうぶつ》を飼《か》うときなどは、よく調《しら》べてから準備《じゅんび》をしよう。それが命《いのち》を預《あず》かる者《もの》の責任《せきにん》だ。

たで虫《むし》

ホタルとはまったく関係《かんけい》ない

ホタルハムシ

ヤナギタデ

芽《め》は刺身《さしみ》のつまになる

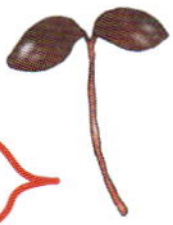

見《み》たことある？

知《し》っとく！

ホタルにも毒《どく》がある！
ホタルやホタルがの赤《あか》は「警戒色《けいかいしょく》」として知《し》られている

他《ほか》にも、タデアブラムシやイチゴハムシなど何種類《なんしゅるい》かタデを食《た》べる虫《むし》がいるよ。

キャベツやナズナ、ワサビの葉《は》も食《た》べる!?

モンシロチョウの幼虫《ようちゅう》

アブラナ科《か》だけ

辛味《からみ》成分《せいぶん》であるイソチオシアネートは虫《むし》除《よ》けのためのものだが、モンシロチョウには効果《こうか》がないようだ

毒《どく》あり。さわらない

イラガの幼虫《ようちゅう》

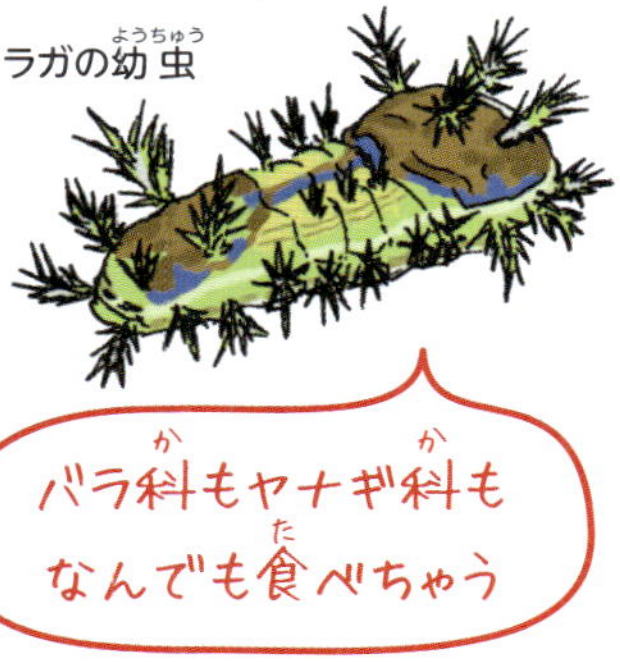

バラ科《か》もヤナギ科《か》もなんでも食《た》べちゃう

アゲハの幼虫《ようちゅう》

ミカン、カラタチ、サンショウの葉《は》を食《た》べるよ

つつくとミカンのにおいがする角《つの》を出《だ》すよ

ミカン科《か》だけ

アルカロイド系《けい》の毒《どく》を持《も》つミカン科《か》。しかしアゲハには効果《こうか》がなかった…

カエルの子《こ》はカエル

カエルの子《こ》は「オタマジャクシ」で、姿《すがた》も棲《す》む場所《ばしょ》も生活《せいかつ》の仕方《しかた》もまったくちがう生《い》き物《もの》だ。だから体《からだ》もつくりかえなければならない。

オタマジャクシの尾《お》は、時期《じき》がくると自動的《じどうてき》になくなるものといわれていた。しかし、最近《さいきん》の研究《けんきゅう》でカエルの時期《じき》になると、尾《お》はいらないものとして体《からだ》の免疫系《めんえきけい》に攻撃《こうげき》され、短《みじか》くなると新《あたら》しくわかったんだ。

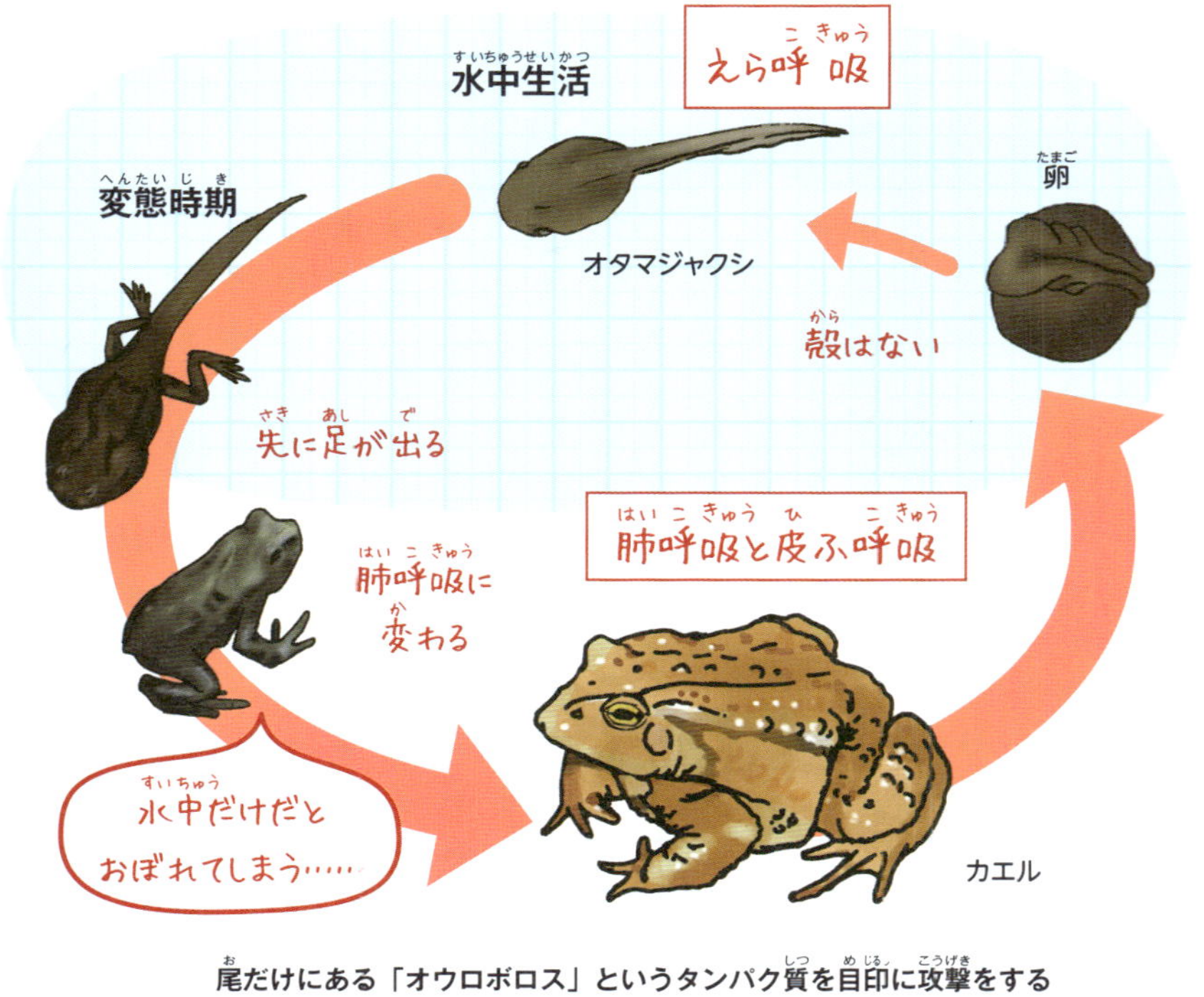

尾《お》だけにある「オウロボロス」というタンパク質《しつ》を目印《めじるし》に攻撃《こうげき》をする

卵《たまご》の中《なか》でも大変化《だいへんか》!!　〜卵割《らんかつ》〜

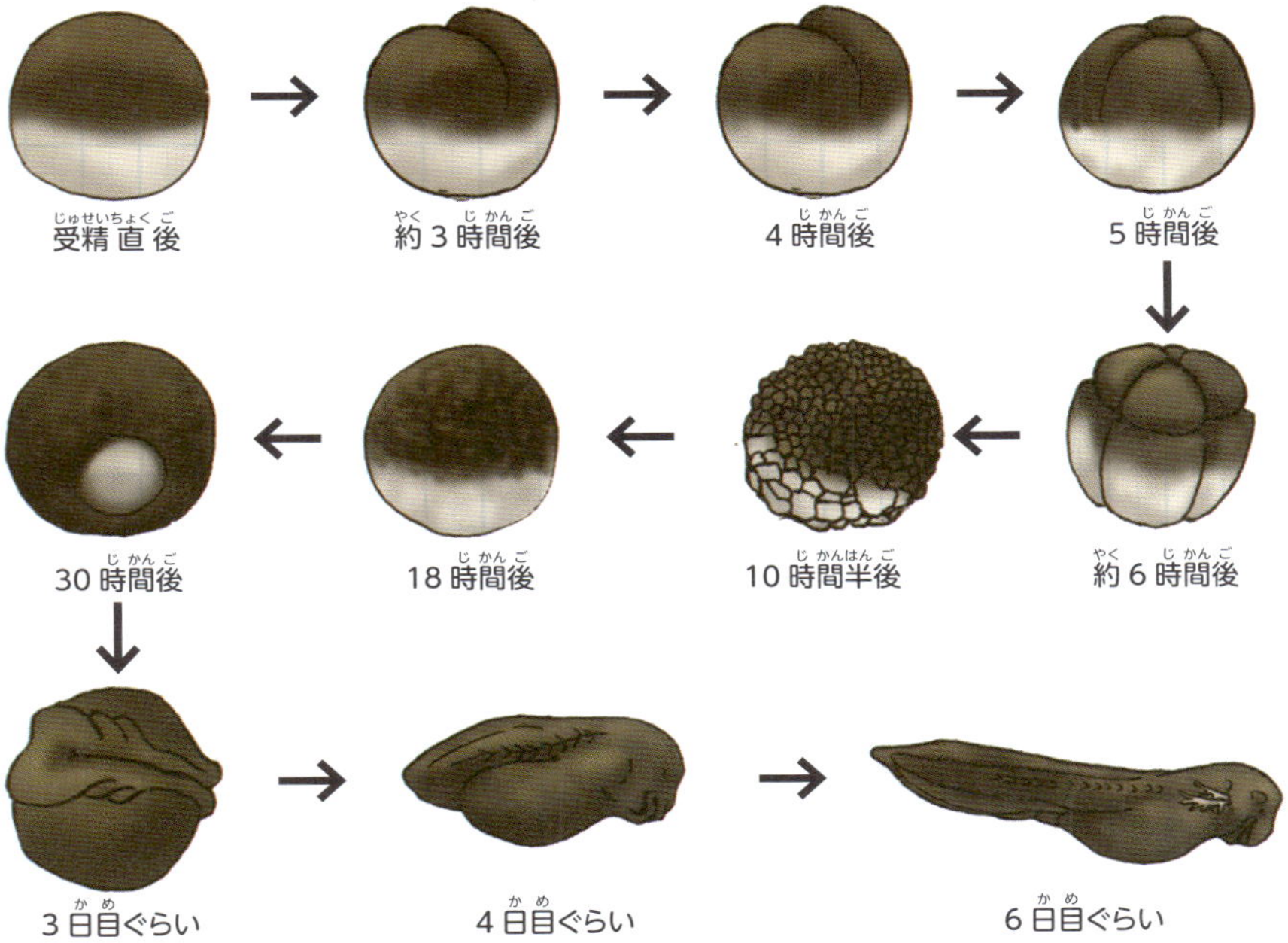

オタマジャクシ（子《こ》ども）

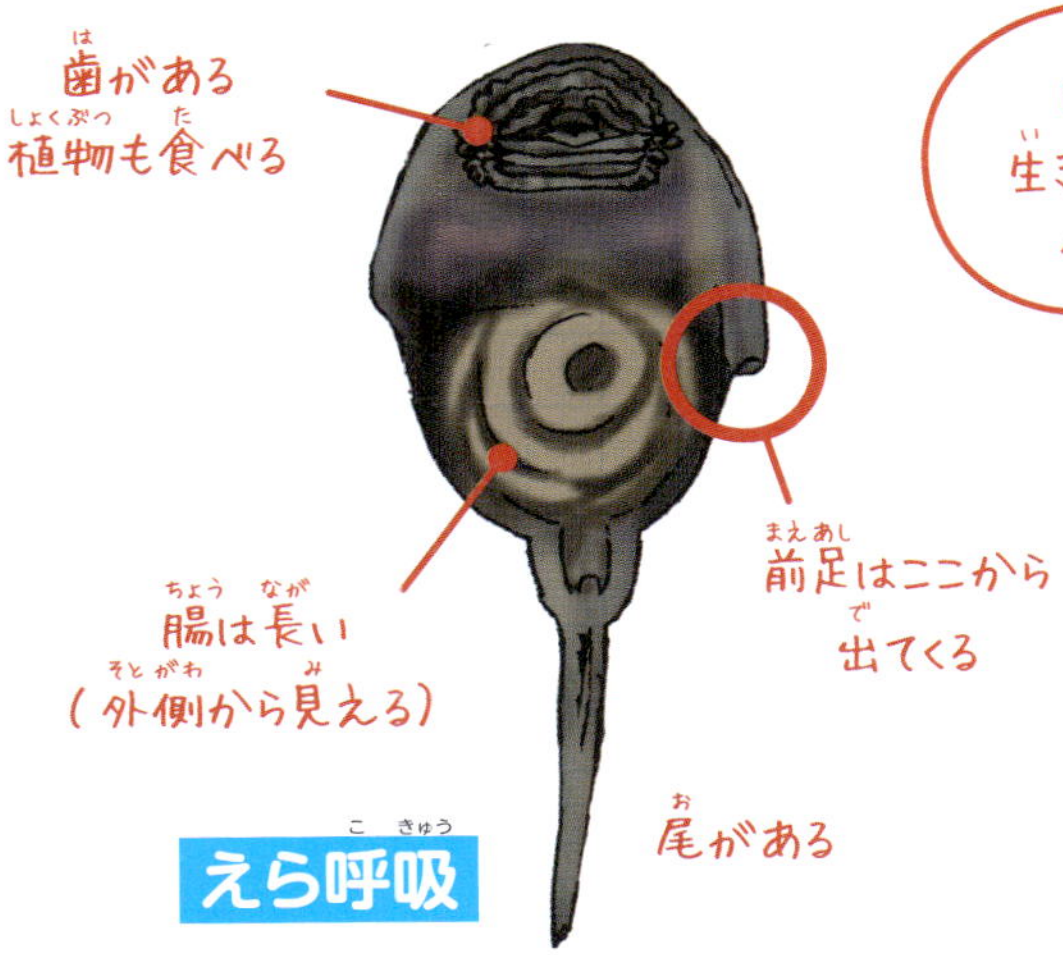

えら呼吸《こきゅう》

カエル（大人《おとな》）

肺呼吸《はいこきゅう》と皮《ひ》ふ呼吸《こきゅう》

トカゲのしっぽ切《き》り

トカゲは逃《に》げるときにしっぽを「おとり」にして逃《に》げるけれど、その後《あと》どうなるか知《し》っているかい？

自分《じぶん》で切《き》るから「自切《じせつ》」と呼《よ》ばれるこの行動《こうどう》は、カニのうでにも見《み》られる。自切《じせつ》で切《き》る場所《ばしょ》は最初《さいしょ》から決《き》まっていて、わざと切《き》れやすいようになっている。切《き》れてしまった部分《ぶぶん》では、「どんなものにでもなれる細《さい》胞《ぼう》（未分化細胞《みぶんかさいぼう》）」がたくさん作《つく》られる。うまくいけば切《き》り落《お》としたしっぽは元《もと》どおり。しかし、結果《けっか》として体調《たいちょう》を崩《くず》して死《し》んでしまうものもいるので、まさに「捨《す》て身《み》」の戦法《せんぽう》なんだろうね。

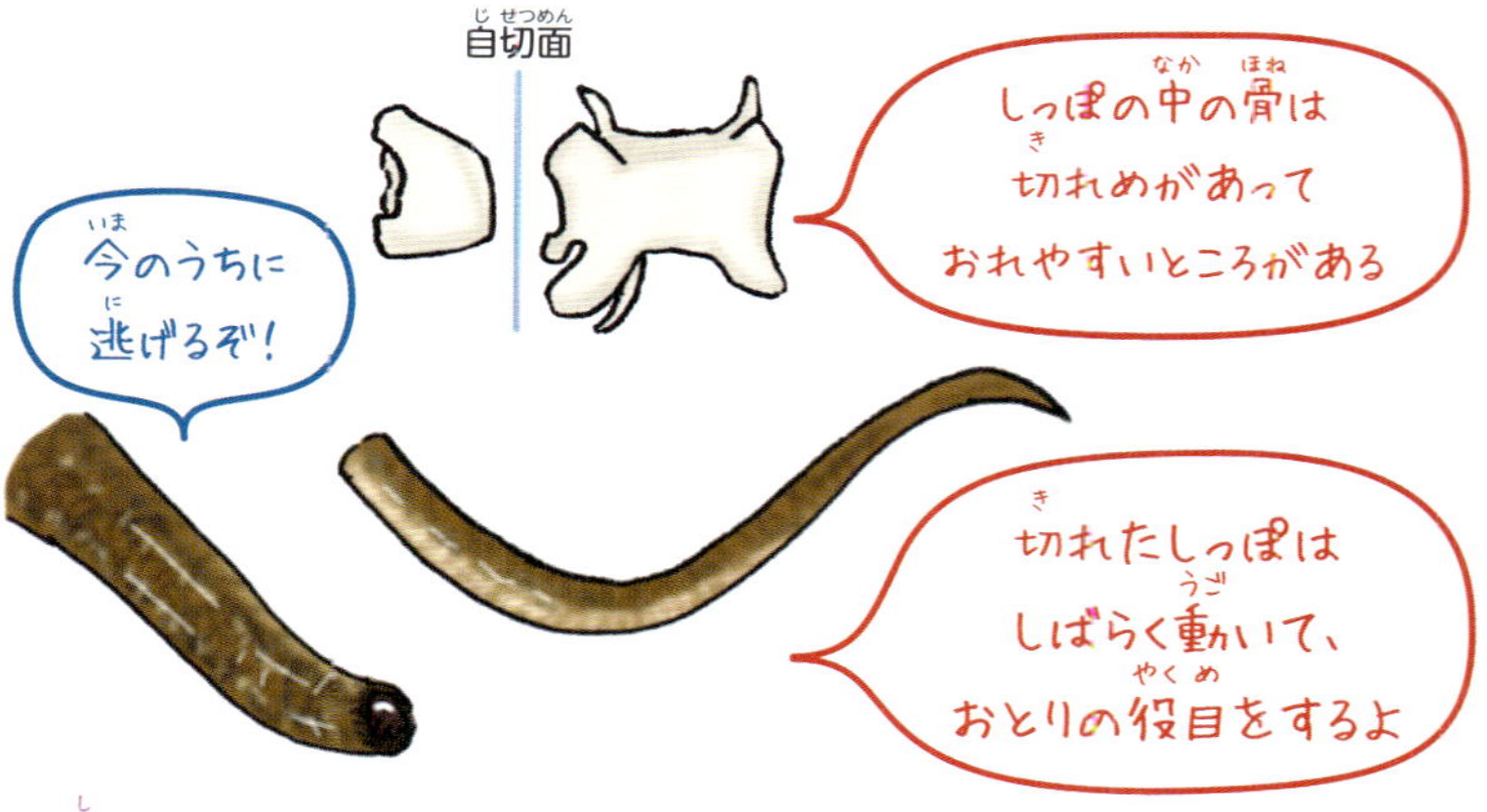

自切面《じせつめん》
しっぽの中《なか》の骨《ほね》は
切《き》れめがあって
おれやすいところがある
今《いま》のうちに
逃《に》げるぞ！
切《き》れたしっぽは
しばらく動《うご》いて、
おとりの役目《やくめ》をするよ

知《し》っとく！

1度《ど》切《き》れてしまうと時間《じかん》をかけて「再生《さいせい》」させる。ただし、骨《ほね》はもうできないので「軟骨《なんこつ》」という別《べつ》のものが中《なか》にできる。見《み》た目《め》もまったく元《もと》どおり、というわけにはいかないようだ

自切《じせつ》をする生《い》き物《もの》

イソガニのはさみ
自切後《じせつご》は、脱皮《だっぴ》するとまた元《もと》にもどる。多《おお》くの節足動物《せっそくどうぶつ》が持《も》つ技《わざ》だ

一度《いちど》しっぽが抜《ぬ》けるともう生《は》えてこない!
シマリス
しっぽはつかまないで!!

ヒトデ
切《き》り落《お》としたものは新《あたら》しい仲間《なかま》になる…!?
棘皮動物《きょくひどうぶつ》も自切《じせつ》できる

おまけ 切《き》り刻《きざ》まれても生《い》きているギネス記録《きろく》持《も》ち?

体《からだ》のつくりが簡単《かんたん》な生物《せいぶつ》は、「分裂《ぶんれつ》」といって自分《じぶん》の体《からだ》を分《わ》けながら増《ふ》えていく。日本《にほん》の川《かわ》にも棲《す》んでいる「プラナリア（ナミウズムシ）」という生《い》き物《もの》は、体《からだ》を二《ふた》つに切《き》られてもそれぞれ再生《さいせい》して2匹《ひき》になることができる。なんとこの生物《せいぶつ》、300個《こ》に体《からだ》を切《き》られても、300匹《びき》のプラナリアに再生《さいせい》したというすごい記録《きろく》を持《も》っているんだ。

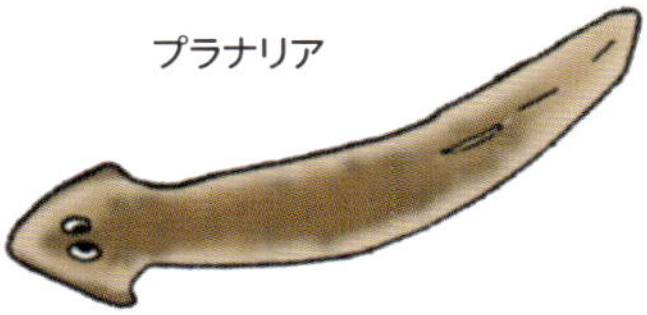
プラナリア

「トラの威《い》を借《か》るキツネ」な生《い》き物《もの》たち

言葉《ことば》の意味《いみ》としては、強《つよ》い人《ひと》に頼《たよ》って威張《いば》る小者《こもの》のことだ。とはいえ、これも一《ひと》つの生存戦略《せいぞんせんりゃく》。「危険《きけん》な生《い》き物《もの》」の姿《すがた》に頼《たよ》って生《い》き延《の》びようとする生《い》き物《もの》はたくさんいる。彼《かれ》らは、毒《どく》を持《も》っていたり、力《ちから》の強《つよ》い他《ほか》の生《い》き物《もの》の色《いろ》や形《かたち》をまねることで、天敵《てんてき》から逃《のが》れようとしているんだ。さて、どちらが本物《ほんもの》でどちらがまねっこなのかわかるかな。

毒《どく》あり！
チョウの仲間《なかま》

ジャコウアゲハ

私《わたし》が本物《ほんもの》だ

何《なに》がちがう？

毒《どく》なし！
ガの仲間《なかま》

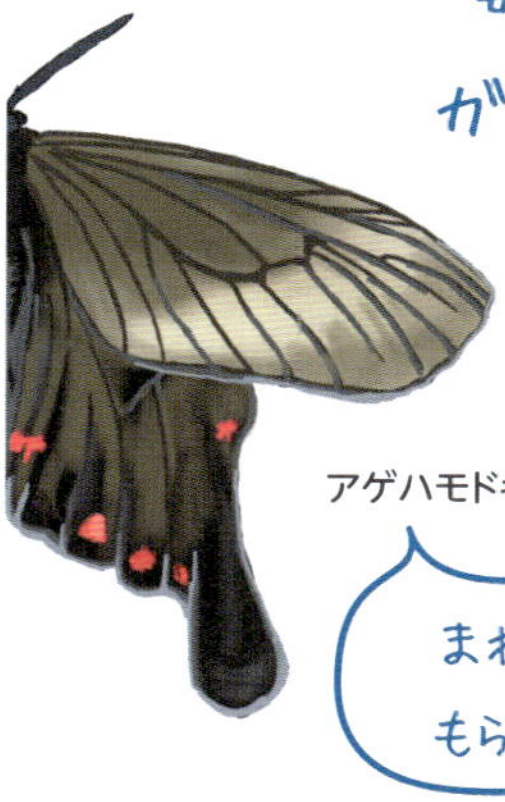

アゲハモドキ

まねさせて
もらってます

どこがちがうか見《み》分《わ》けられるかな？

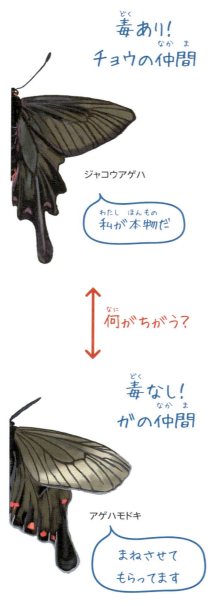

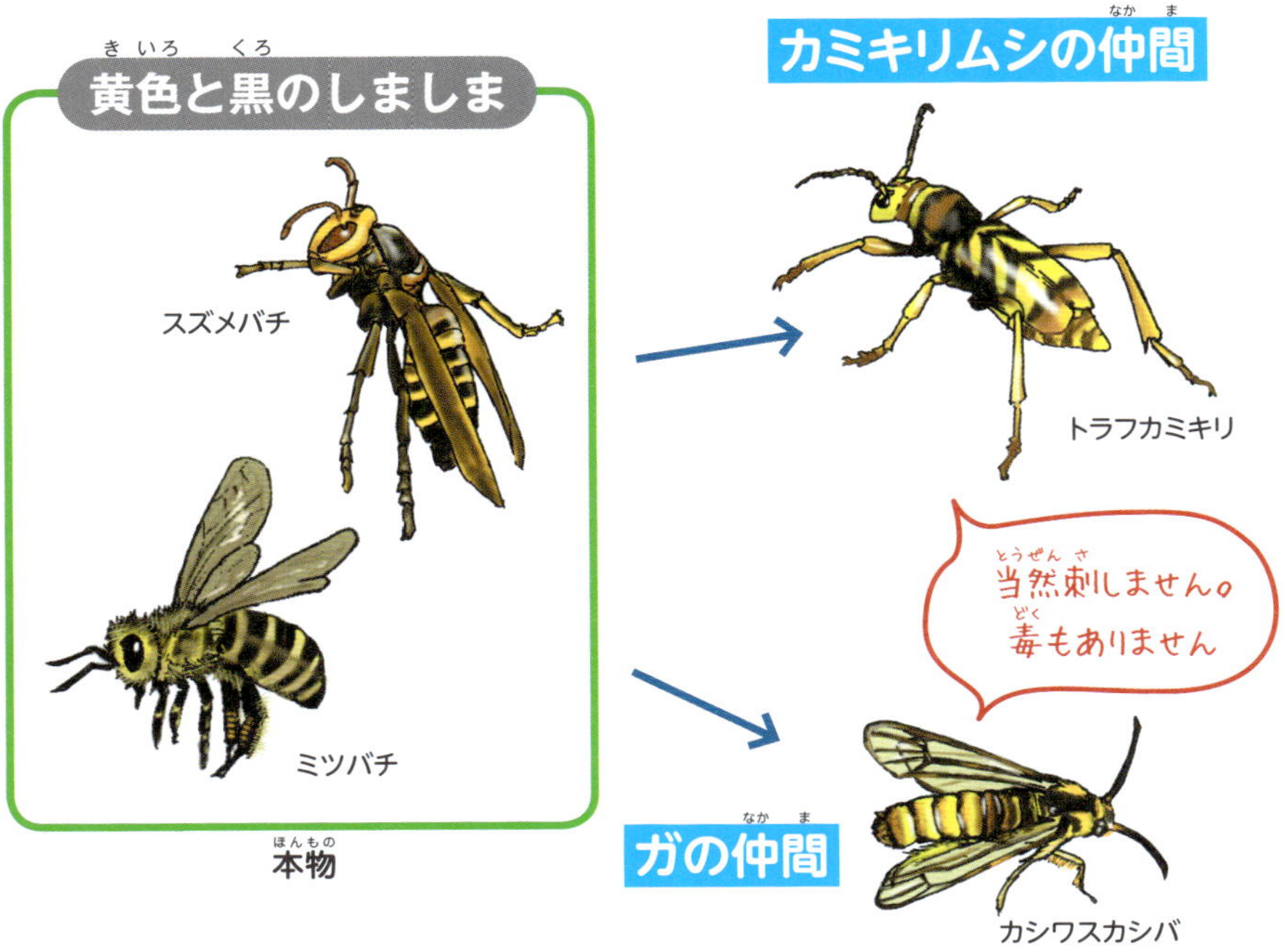

他《ほか》にもヘビに似《に》たイモムシもいるよ

その目玉模様《めだまもよう》はなんのためにあるの?

➡ **鳥《とり》から逃《に》げるため!**

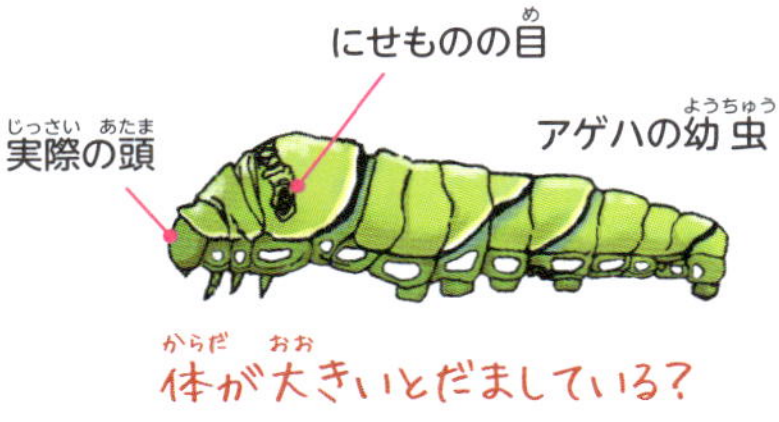

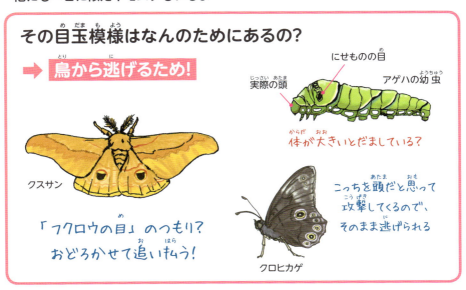

ネコが顔《かお》を洗《あら》うと雨《あめ》が降《ふ》る

ネコの顔《かお》のまわりにはたくさんの長《なが》いヒゲがある。このヒゲの役割《やくわり》はいくつかある。距離《きょり》を測《はか》る、障害物《しょうがいぶつ》に気《き》づく。風《かぜ》の向《む》きを読《よ》み、えものの様子《ようす》を探《さぐ》る。気分《きぶん》を表《あらわ》すこともあり、とても大切《たいせつ》なものなんだ。

でも、雨《あめ》が近《ちか》づくと空気中《くうきちゅう》の水蒸気《すいじょうき》が多《おお》くなって、ヒゲに水滴《すいてき》がつきやすくなってしまう。大事《だいじ》なヒゲに水滴《すいてき》がたくさんついてしまうと、うまくまわりの様子《ようす》を探《さぐ》れない。だから、一生懸命《いっしょうけんめい》ヒゲについた水滴《すいてき》を取《と》ろうと何度《なんど》も顔《かお》を洗《あら》う。これは、そんな様子《ようす》から作《つく》られた言葉《ことば》なんだよ。

そしてヒゲがあるのは顔《かお》だけじゃない。なんと足《あし》の裏《うら》にもあって、地面《じめん》の状態《じょうたい》を知《し》る役割《やくわり》を持《も》つ。幅《はば》がせまい手《て》すりの上《うえ》なんかを歩《ある》けるのは、このヒゲのおかげなんだ。

さて、ネコなどヒゲを持《も》つホ乳類《にゅうるい》もたくさんいるけど、それ以外《いがい》の生《い》き物《もの》でヒゲのような「アンテナ」を持《も》つものは何《なに》かいるかな？　考《かんが》えてみよう。

細《ほそ》い棒《ぼう》の上《うえ》を歩《ある》けるのも、足《あし》の裏《うら》のヒゲのおかげ!

口《くち》のまわりや目《め》の上《うえ》にヒゲがある。全部《ぜんぶ》で50本《ぽん》以《い》上《じょう》!

近《ちか》くにあるものはよく見《み》えない。ヒゲと鼻《はな》でまわりを確認《かくにん》しているんだ

他《ほか》の動物《どうぶつ》の「アンテナ」といえば…

多《おお》くの節足動物《せっそくどうぶつ》が持つ。音《おと》やにおいやまわりの様子《ようす》を探《さぐ》るのに大事《だいじ》

→ P90

足《あし》の裏《うら》!?

チョウやハエは足《あし》の裏《うら》で味《あじ》わう

魚類《ぎょるい》もヒゲを持《も》つ?

知《し》っとく!

ヒゲクジラのヒゲ

エサであるプランクトンをこしとるためのヒゲで、アンテナの役割《やくわり》はない。昔《むかし》はヴァイオリンの弓《ゆみ》に巻《ま》きつけるものとして利用《りよう》されていたんだ

ツバメが低《ひく》く飛《と》ぶと雨《あめ》が降《ふ》る

ツバメが低《ひく》く飛《と》ぶ姿《すがた》を見《み》かけると雨《あめ》が降《ふ》ることが多《おお》い、ということからいわれ始《はじ》めた言葉《ことば》。実《じつ》はこれ、ツバメを低《ひく》く飛《と》ばせている原因《げんいん》になる動物《どうぶつ》が別《べつ》にいるんだ。ツバメだって好《す》きで低《ひく》く飛《と》んでいるのではない。でも、仕方《しかた》がないんだ。雨《あめ》が降《ふ》りそうな天気《てんき》のとき、ツバメのエサである「羽虫《はむし》」たちは低《ひく》くしか飛《と》べないのだから。羽虫《はむし》たち、カとかそういった小《ちい》さな翅《はね》を持《も》つ虫《むし》たちの翅《はね》に大気中《たいきちゅう》の水滴《すいてき》がつくと、その重《おも》さで高《たか》く飛《と》ぶことができない。この言葉《ことば》は、正確《せいかく》には、「羽虫《はむし》が低《ひく》く飛《と》ぶと雨《あめ》が降《ふ》る」になるのかもしれないね。

天気予報《てんきよほう》やテレビがなかった昔《むかし》から、人々《ひとびと》は天気《てんき》を予想《よそう》しようとしてきたんだ。それは、天気《てんき》の変化《へんか》は農業《のうぎょう》や漁業《ぎょぎょう》など、生活《せいかつ》に大《おお》きく関係《かんけい》するからだ。だから、身《み》の回《まわ》りの様子《ようす》から天気《てんき》を予想《よそう》した言葉《ことば》が多《おお》くあるよ。本当《ほんとう》にそうなのか、確《たし》かめてみてもおもしろいね!

ツバメ

日本《にほん》で見《み》られるのは春《はる》〜夏《なつ》にかけて。
秋《あき》や冬《ふゆ》には見《み》られない

→ P154

ツバメは、自分《じぶん》も飛《と》びながら
飛《と》んでいる虫《むし》を食《た》べるので、わかりやすく
見《み》えたのかもしれない

「ツバメが巣《す》をかける家《いえ》は縁起《えんぎ》がいい」
「ツバメの巣《す》が多《おお》いほど繁盛《はんじょう》する」

ツバメは外敵《がいてき》から身《み》を守《まも》るため、居心地《いごこち》がよくて、人《ひと》の出入《でい》りがある家《いえ》に巣《す》を作《つく》ることが多《おお》い。

雨《あめ》にうたれても虫《むし》は死《し》なない?

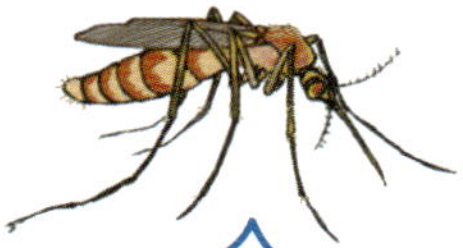

体《からだ》の大《おお》きさのわりに
軽《かる》いこと、水《みず》をはじくこともあり、
はじきとばされるぐらいで
死《し》にはしない

まだまだある「天気《てんき》」に関《かん》する言葉《ことば》

かさ雲《ぐも》が出《で》ると
雨《あめ》が降《ふ》る

夕《ゆう》やけは晴《は》れ、
朝《あさ》やけは雨《あめ》

日本《にほん》の天気《てんき》は偏西風《へんせいふう》という
西《にし》からふく風《かぜ》によって、
西《にし》から天気《てんき》が変《か》わるから

個人的《こじんてき》には……

カエルが鳴《な》くと
雨《あめ》が降《ふ》る

と思《おも》うな

アマガエル

ツルの一声《ひとこえ》

話《はな》し合《あ》いをしているときに、だれか（特《とく》にえらい人《ひと》とか）のひと言《こと》で全部《ぜんぶ》が決《き》まってしまうようなことがあるよね。そういうときに使《つか》うことわざだ。昔《むかし》は「雀《すずめ》の千声《せんこえ》より鶴《つる》の一《ひと》声《こえ》」といっていたそうだ。

ツルは他《ほか》の鳥《とり》に比《くら》べて、鳴《な》き声《ごえ》をあげるために動《うご》かす「鳴管《めいかん》」の筋肉《きんにく》が発達《はったつ》している。しかも、ツルの長《なが》い首《くび》はラッパのような役割《やくわり》を持《も》つ。そのため鳴《な》き声《ごえ》は大《おお》きくなり、数百《すうひゃく》メートル先《さき》までひびくんだ。

鳴管《めいかん》

息《いき》をすってもはいても
声《こえ》を出《だ》せる！

数百《すうひゃく》メートル以上《いじょう》
ひびくよ

声《こえ》の大《おお》きな動物《どうぶつ》

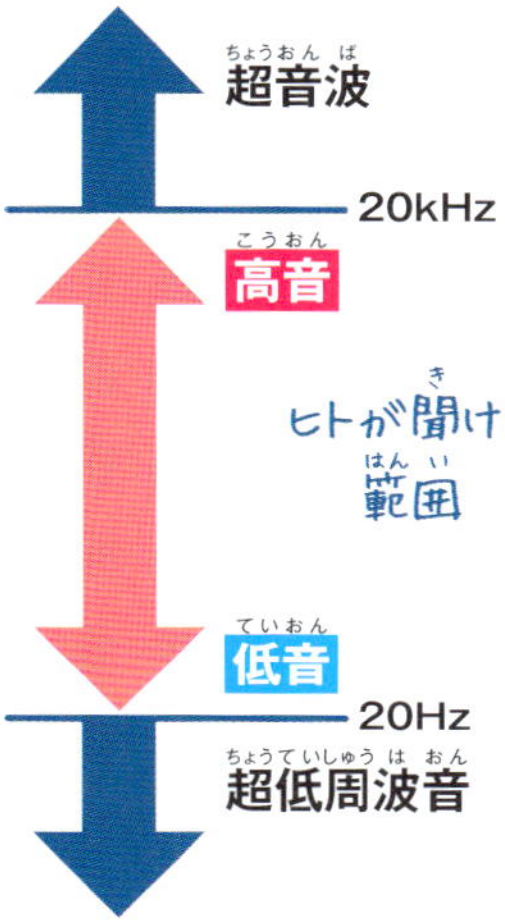

Hz: ヘルツ。1秒間《びょうかん》に振動《しんどう》する音《おと》の波《なみ》の回数《かいすう》

水中《すいちゅう》は空気中《くうきちゅう》より音《おと》は速《はや》く、遠《とお》くまで伝《つた》わりやすい

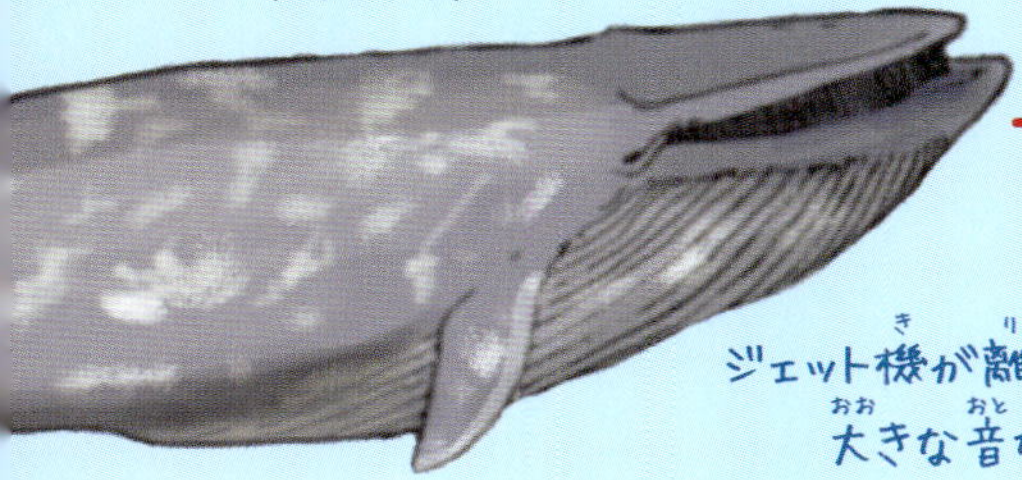

同《おな》じヒゲクジラの仲間《なかま》、ザトウクジラは「クジラの歌《うた》」をうたうよ。ちゃんとメロディーが決《き》まっているんだって!

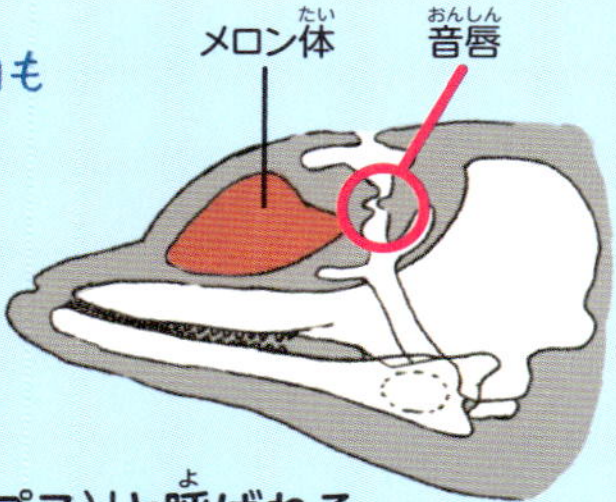

歯《は》があるクジラ「ハクジラ」は…

「音唇《おんしん》(フォニックリップス)」と呼《よ》ばれるつくりを持《も》ち、ここをふるわせる。その振動《しんどう》がメロン体《たい》へ伝《つた》わっていくと、エコロケーション用《よう》の音波《おんぱ》に変《か》えられる。

※イルカはヒトの7倍以上《ばいいじょう》も高《たか》い音《おと》を聞《き》くことができる!

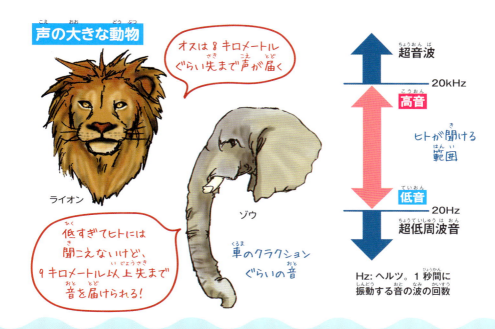

ヒトの言葉《ことば》を話《はな》せる鳥《とり》たち

鳥《とり》かごの中《なか》から突然《とつぜん》「オハヨウ！」と鳥《とり》に声《こえ》を掛《か》けられたことはあるかい？ キュウカンチョウやインコ・オウムの仲間《なかま》は、ヒトの言葉《ことば》を話《はな》せるといわれている鳥《とり》たちだ。正確《せいかく》には、ヒトの言葉《ことば》と同《おな》じ「音《おと》」を出《だ》せるということなんだけどね。鳥類《ちょうるい》は、もともと親《おや》や仲間《なかま》たちの中《なか》で練習《れんしゅう》しながらいろいろな「鳴《な》き方《かた》」を覚《おぼ》えていく動物《どうぶつ》だ。そして、イヌやネコとちがって、ヒトの舌《した》や喉《のど》と似《に》た「つくり」を持《も》っている。ヒトの言葉《ことば》を「鳴《な》ける」鳥《とり》は何種《なんしゅ》か見《み》つかっているけれど、その意味《いみ》まで理解《りかい》できているかどうかはまだまだ研究途中《けんきゅうとちゅう》だそうだ。

ちなみに、「ホーホケキョ」という、ウグイスのきれいな鳴《な》き声《ごえ》を聞《き》いたことはあるかな。「ケキョ！ ホー、ホケ！」と、なかなか一回《いっかい》で鳴《な》ききれないときもある。若《わか》いウグイスたちは、親《おや》や仲間《なかま》の音《おと》を聞《き》きながら一生懸命練習《いっしょうけんめいれんしゅう》をしているんだ。

どんな鳴《な》き方《かた》であれ、どうやら鳥《とり》たちも日々《ひび》訓練《くんれん》をしているようだね。

ウグイス

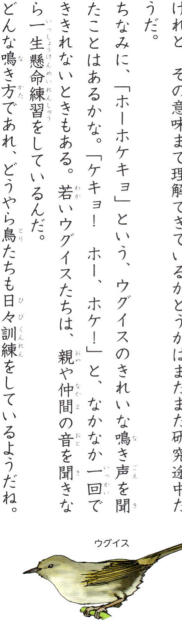

近《ちか》くの音《おと》は
なんでも
まねしちゃうぞ

キュウカンチョウ

セキセイインコ

インコ

オカメインコ

オウム

鳥《とり》も言葉《ことば》を持《も》っている?

鳥《とり》の鳴《な》き声《ごえ》にも「言葉《ことば》」があるのではないか。そんな研究《けんきゅう》がされているよ。シジュウカラは、いくつかの鳴《な》き声《ごえ》を組《く》み合《あ》わせて、約《やく》170種類《しゅるい》もの鳴《な》き方《かた》をするといわれている。どんな会話《かいわ》をしているんだろう?

※人工的《じんこうてき》に作《つく》った「ヂヂヂピーッピ」という音《おと》では何《なん》の反応《はんのう》もしなかったそうだ

生《せい》活《かつ》の中《なか》の生《い》き物《もの》の形《かたち》や動《うご》き

生《い》き物《もの》は、それぞれ生《い》き抜《ぬ》いていくために体《からだ》に様々《さまざま》な工夫《くふう》をこらしている。そのことに気《き》づいたヒトは、様々《さまざま》な「発明《はつめい》」をしてきた。

たとえば、カバンや靴《くつ》にも使《つか》われている面《めん》ファスナー。これは、野生《やせい》のゴボウの実《み》を見《み》た人《ひと》が思《おも》いついたものだ。こんなふうに、生《い》き物《もの》の形《かたち》や行動《こうどう》の仕方《しかた》から発明《はつめい》をすることを「生物模倣《せいぶつもほう》（バイオミメティクス）」というよ。

少《すく》ない材料《ざいりょう》で頑丈《がんじょう》な建物《たてもの》をつくれる構造《こうぞう》はミツバチの巣《す》から。汚《よご》れても雨《あめ》が降《ふ》れば簡単《かんたん》に汚《よご》れが落《お》ちてしまう壁《かべ》はカタツムリの殻《から》から。トンネルを安全《あんぜん》につくる方法《ほうほう》には、フナクイムシという動物《どうぶつ》の生活《せいかつ》の仕方《しかた》から。身《み》の回《まわ》りには生《い》き物《もの》の知恵《ちえ》を利用《りよう》したものがたくさんあるんだ。

ヒトは体《からだ》そのものを変《か》えるのではなく、「何《なに》かを作《つく》り出《だ》す」という工夫《くふう》を重《かさ》ねることで進化《しんか》をしてきた。生《い》き物《もの》たちの生《い》き残《のこ》りの知恵《ちえ》を借《か》りながら、今日《きょう》もまた新《あたら》しい何《なに》かが作《つく》り出《だ》されているかもしれない。

刺《さ》しても痛《いた》くない注射針《ちゅうしゃばり》

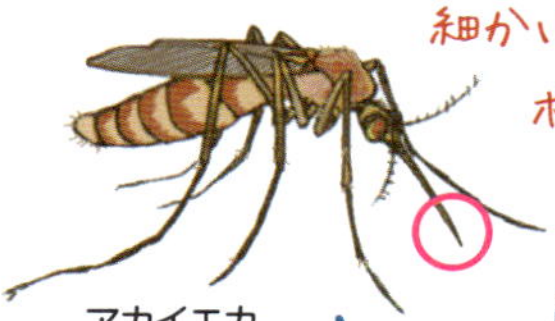

細《こま》かいギザギザがポイント！

アカイエカ

刺《さ》されてもみんな気《き》づかないでしょ？

面《めん》ファスナーに利用《りよう》!

実《み》のトゲトゲがポイント！

動物《どうぶつ》の体《からだ》にくっついて種子《しゅし》を運《はこ》んでもらっているよ

オナモミ（キク科《か》でゴボウの実《み》とよく似《に》ている）

車《くるま》に利用《りよう》

中《なか》は広《ひろ》いけど速《はや》く走《はし》れる？

ハコフグ

軽《かる》くて丈夫《じょうぶ》で水《みず》の抵抗《ていこう》を受《う》けにくい「骨格《こっかく》」。

色《いろ》を塗《ぬ》らない塗料《とりょう》

タマムシ

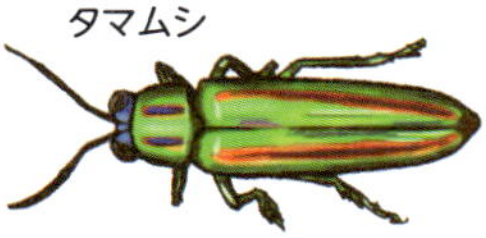

角度《かくど》によって色《いろ》が変《か》わって見《み》える。色素《しきそ》ではなく透明《とうめい》な薄《うす》い膜《まく》が何枚《なんまい》も重《かさ》なってできた「構造色《こうぞうしょく》」。

何度《なんど》でも使《つか》える魔法《まほう》のテープ

ヤモリ（の足《あし》）

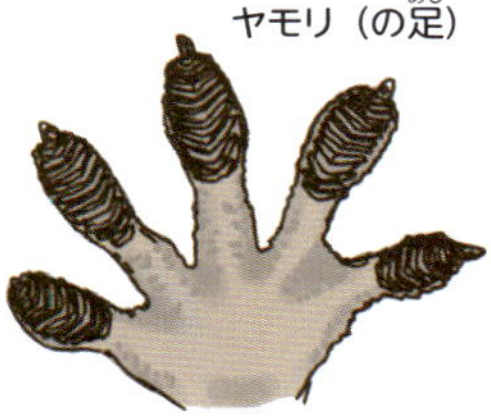

窓《まど》も歩《ある》ける不思議《ふしぎ》な足《あし》

地下鉄《ちかてつ》のトンネル

水中《すいちゅう》の流木《りゅうぼく》や木《き》の船《ふね》を食《た》べながら、体《からだ》の後《うし》ろに長《なが》い殻《から》を作《つく》っちゃう

フナクイムシ

「シールド法《ほう》」というトンネルのつくり方《かた》に利用《りよう》されている

まだまだたくさんある！探《さが》してみよう

- カジキマグロの鱗《うろこ》（水着《みずぎ》）
- タコの吸盤《きゅうばん》（バスケットシューズ）
- テントウムシの翅《はね》のしまい方《かた》（将来《しょうらい》、カサや人工衛星《じんこうえいせい》に利用《りよう》されるかも）

小《ちい》さな職人《しょくにん》たちの不思議《ふしぎ》

カイコガの幼虫《ようちゅう》が作《つく》る「絹糸《きぬいと》」は、本来《ほんらい》は彼《かれ》らがさなぎになったときに体《からだ》を守《まも》るための「まゆ」を作《つく》るためのものだ。それをヒトがいただいているわけである。細《ほそ》いわりに強《つよ》い糸《いと》ということで、布《ぬの》を作《つく》ったり、手術《しゅじゅつ》に使《つか》われたりと様々《さまざま》な分野《ぶんや》で今《いま》も活躍中《かつやくちゅう》だ。

さて、糸《いと》を作《つく》ることができる生《い》き物《もの》はもう一《ひと》グループいる。それはクモ類《るい》だ。クモの糸《いと》は、カイコの絹糸《きぬいと》よりも強《つよ》くて丈夫《じょうぶ》だ。でも、クモは肉食《にくしょく》で共食《ともぐ》いもするので、大量《たいりょう》に飼《か》うことは難《むずか》しい。だからか、研究《けんきゅう》の末《すえ》、クモの糸《いと》を作《つく》る遺伝子《いでんし》をカイコに導入《どうにゅう》して、「クモの糸《いと》をふくむ絹糸《きぬいと》」を作《つく》るスーパーカイコが生《う》まれたそうだ。

最近《さいきん》では、食《た》べるためのタンパク質《しつ》を作《つく》るのに利用《りよう》されている。

ヒトがいないと生《い》きていけなくなってしまったカイコガだが、今後《こんご》もずっとお世《せ》話《わ》になるのはヒトのようだね。

自然界《しぜんかい》でまゆを作《つく》るガ

〈カイコガ〉

成虫《せいちゅう》になると飛《と》べない
エサも食《た》べない

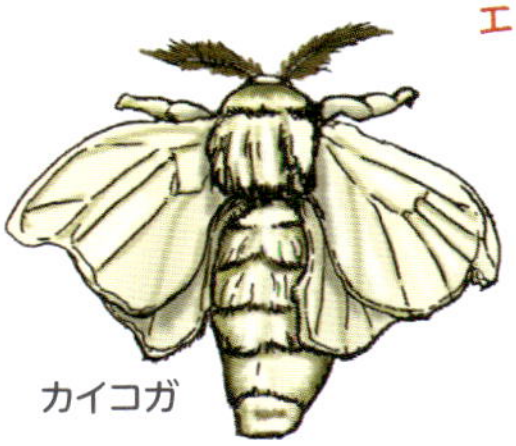

カイコガ

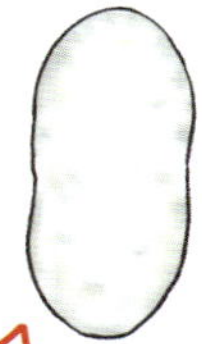

化《け》しょう品《ひん》や薬《くすり》、食《た》べ物《もの》にも利用《りよう》されている

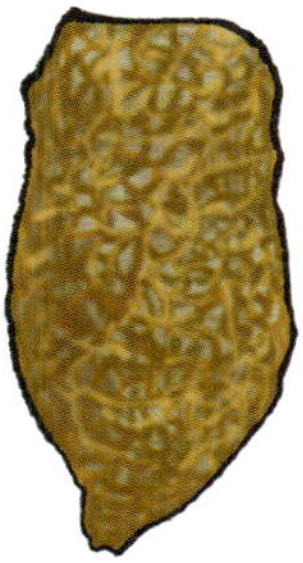

クスサン

ヤママユガ

〈クモ〉

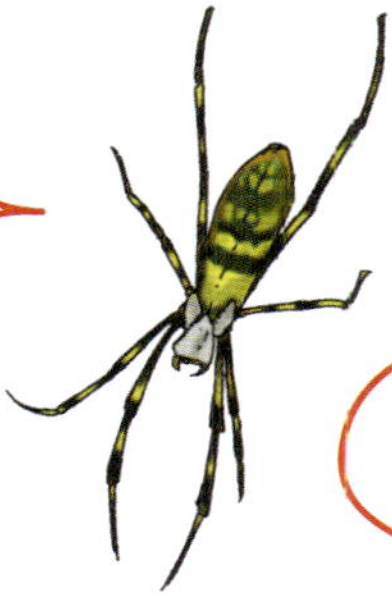

ジョロウグモ

クモの糸《いと》を束《たば》ねて作《つく》った直径《ちょっけい》4ミリメートルのひもで、65キログラムのヒトをぶらさげてしまった！

19万本《まんぼん》の糸《いと》を束《たば》ねたそうだ

目的《もくてき》によって糸《いと》を使《つか》い分《わ》ける

やわらかくて強《つよ》い糸《いと》

体《からだ》の中《なか》で「ガラス」を作《つく》る生《い》き物《もの》

ガラスを作《つく》るためには、ふつう1500度《ど》もの高《たか》い温度《おんど》が必要《ひつよう》だ。しかし、カイロウドウケツという生《い》き物《もの》は、冷《つめ》たい深海《しんかい》に棲《す》みながら、その体内《たいない》でガラスを作《つく》り出《だ》してしまうんだ。

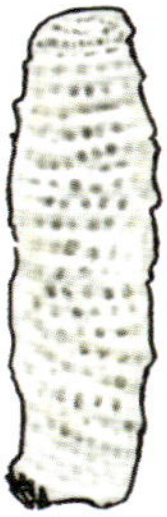

カイロウドウケツ

骨格《こっかく》にもいろいろある？

タコやイカ、ウミウシのように体《からだ》のやわらかい動物以外《どうぶついがい》は、体《からだ》を守《まも》るために「骨格《こっかく》」というものを持《も》つ。漢字《かんじ》には「骨《ほね》」と入《はい》っているけれど、別《べつ》に骨《ほね》だけが骨格《こっかく》を作《つく》るものではないんだ。脊椎動物《せきついどうぶつ》（背骨《せぼね》を持《も》つ生《い》き物《もの》）では体《からだ》の中《なか》に「内骨格《ないこっかく》」を持《も》ち、昆《こん》虫《ちゅう》など外側《そとがわ》がかたい生《い》き物《もの》は「外骨格《がいこっかく》」を持《も》つ。

骨格《こっかく》は生《い》き物《もの》の体《からだ》の中《なか》で一番《いちばん》かたいもので、残《のこ》りやすいもの。だから化石《かせき》として残《のこ》っていた。骨格《こっかく》を見《み》れば、その生物《せいぶつ》がどんな形《かたち》だったのか、どんな生活《せいかつ》をしていたのかわかることだってあるんだ。

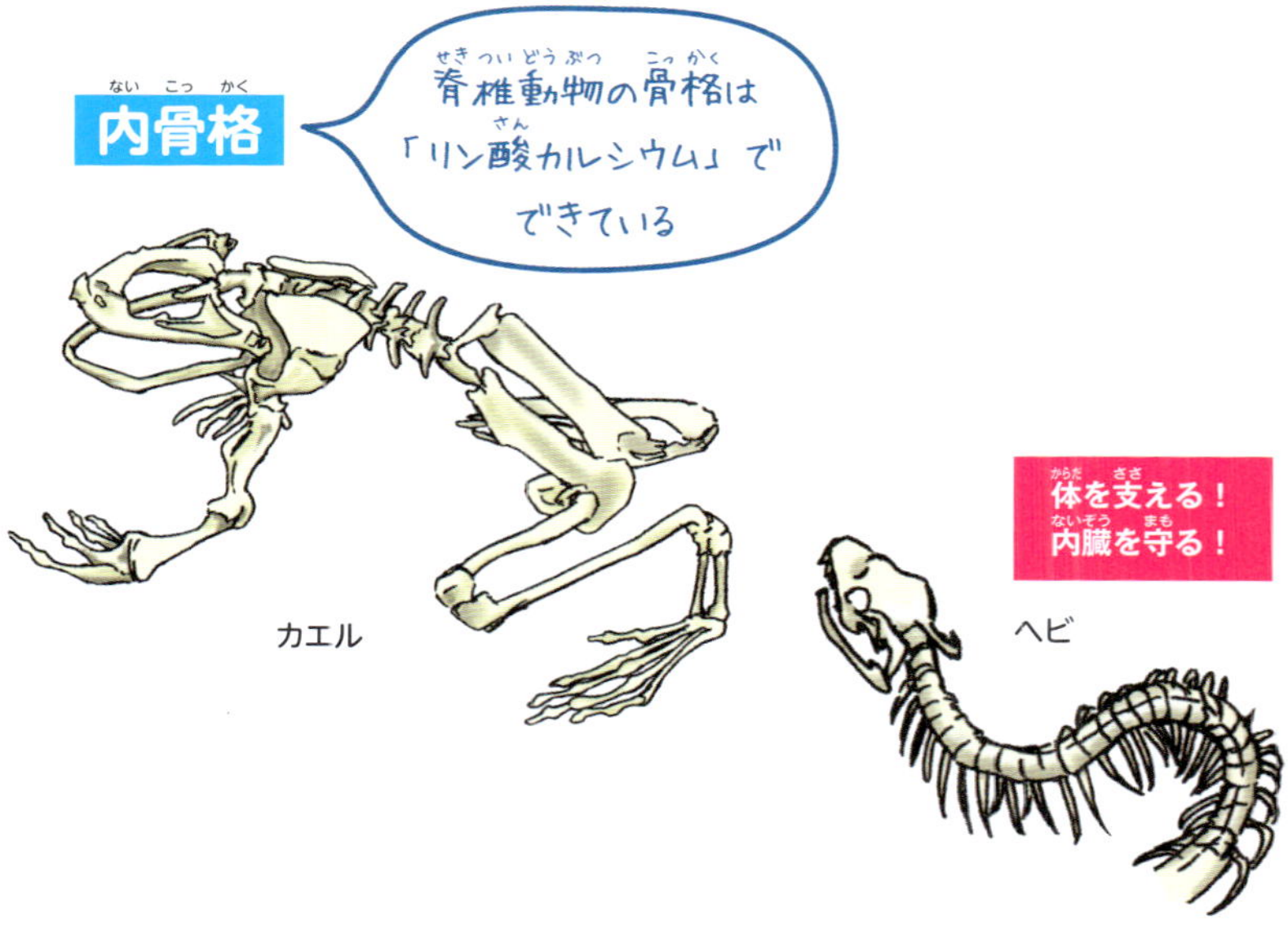

内骨格《ないこっかく》
脊椎動物《せきついどうぶつ》の骨格《こっかく》は「リン酸《さん》カルシウム」でできている
体《からだ》を支《ささ》える！
内臓《ないぞう》を守《まも》る！
カエル
ヘビ

敵《てき》から

乾燥《かんそう》から

身《み》を守《まも》る!

外骨格《がいこっかく》

キチン質《しつ》（キチン、キトサンなど）

昆虫《こんちゅう》

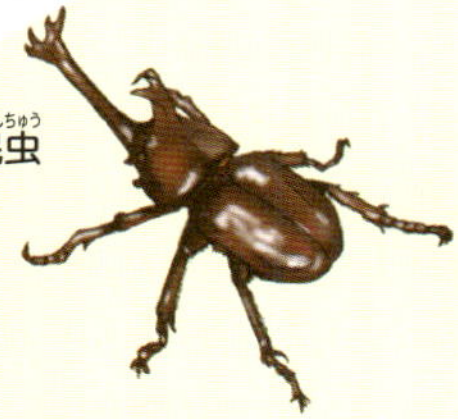

医療《いりょう》材料《ざいりょう》や肥料《ひりょう》など
に利用《りよう》されている

カニ（甲殻類《こうかくるい》）

炭酸《たんさん》カルシウム

貝殻《かいがら》も

カタツムリ

アサリ

サンゴ

有孔虫《ゆうこうちゅう》
（星《ほし》の砂《すな》）

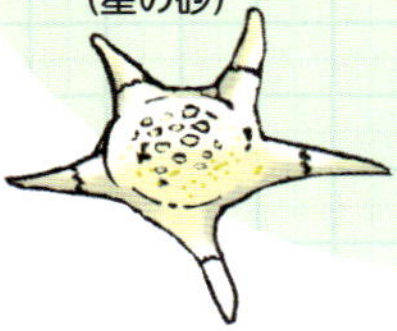

この骨格《こっかく》が海《うみ》で
積《つ》もって固《かた》まると
石灰石《せっかいせき》 になる
※大理石《だいりせき》は石灰石《せっかいせき》が変性《へんせい》したもの

珪素《けいそ》

放散虫《ほうさんちゅう》

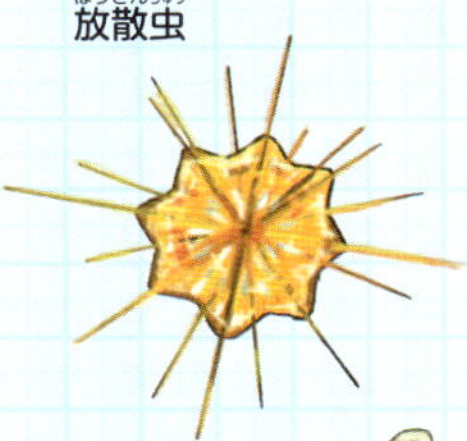

ケイソウ

この骨格《こっかく》が海《うみ》で
積《つ》もって固《かた》まると
チャート になる

おまけ「透明標本《とうめいひょうほん》」

硬骨《こうこつ》と軟骨《なんこつ》を染《そ》め分《わ》けて作《つく》った、とてもきれいな骨格標本《こっかくひょうほん》だ。ふつうの骨《ほね》だけの標本《ひょうほん》とちがって体全体《からだぜんたい》が残《のこ》っていて、そのどこに骨格《こっかく》があるのかすぐにわかるんだ。作《つく》るには特別《とくべつ》な薬品《やくひん》や専門的《せんもんてき》な知識《ちしき》も必要《ひつよう》になるけれど、図鑑《ずかん》なども出《で》ているから、ぜひ一度《いちど》見《み》てみてほしい。

かくれた掃除屋《そうじや》さん

秋《あき》になると落《お》ち葉《ば》の山《やま》がいろいろな場所《ばしょ》で見《み》られるね。でも、いつの間《ま》にか姿《すがた》を消《け》している。道路《どうろ》の落《お》ち葉《ば》は人《ひと》が掃除《そうじ》をしているのだろうけど、じゃあ自然《しぜん》の中《なか》ではだれが掃除《そうじ》をしているんだろう？

生《い》き物《もの》の中《なか》には、「分解者《ぶんかいしゃ》」と呼《よ》ばれるグループがある。そのグループの中《なか》には昆《こん》虫《ちゅう》をはじめとした小《ちい》さな虫《むし》たちや、カビやキノコ類《るい》、そして細菌《さいきん》など小《ちい》さな生《い》き物《もの》たちが含《ふく》まれる。死《し》んでしまった動物《どうぶつ》を分解《ぶんかい》して細《こま》かくしてしまうのもこの分解者《ぶんかいしゃ》たち。分解《ぶんかい》されたあとは、植物《しょくぶつ》が栄養分《えいようぶん》としてまた吸収《きゅうしゅう》する。落《お》ち葉《ば》のままや死《し》がいのままでは植物《しょくぶつ》は利用《りよう》できないんだ。

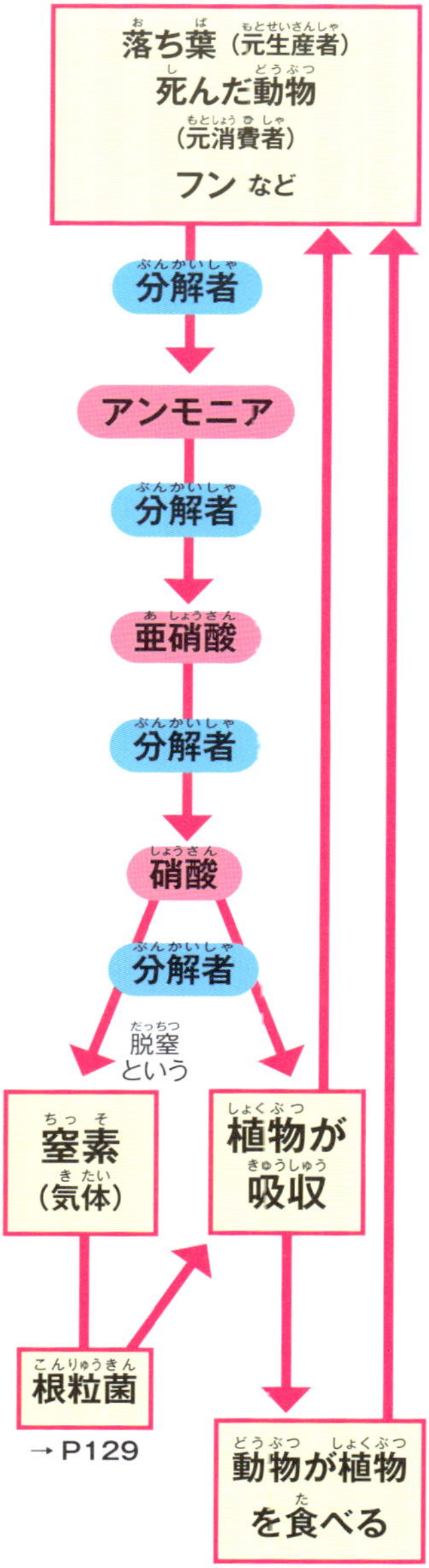

落《お》ち葉《ば》（元生産者《もとせいさんしゃ》）
死《し》んだ動物《どうぶつ》（元消費者《もとしょうひしゃ》）
フン など
分解者《ぶんかいしゃ》
アンモニア
分解者《ぶんかいしゃ》
亜硝酸《あしょうさん》
分解者《ぶんかいしゃ》
硝酸《しょうさん》
分解者《ぶんかいしゃ》
脱窒《だっちつ》という
窒素《ちっそ》（気体《きたい》）
植物《しょくぶつ》が吸収《きゅうしゅう》
根粒菌《こんりゅうきん》
→P129
動物《どうぶつ》が植物《しょくぶつ》を食《た》べる

「窒素循環《ちっそじゅんかん》」というよ

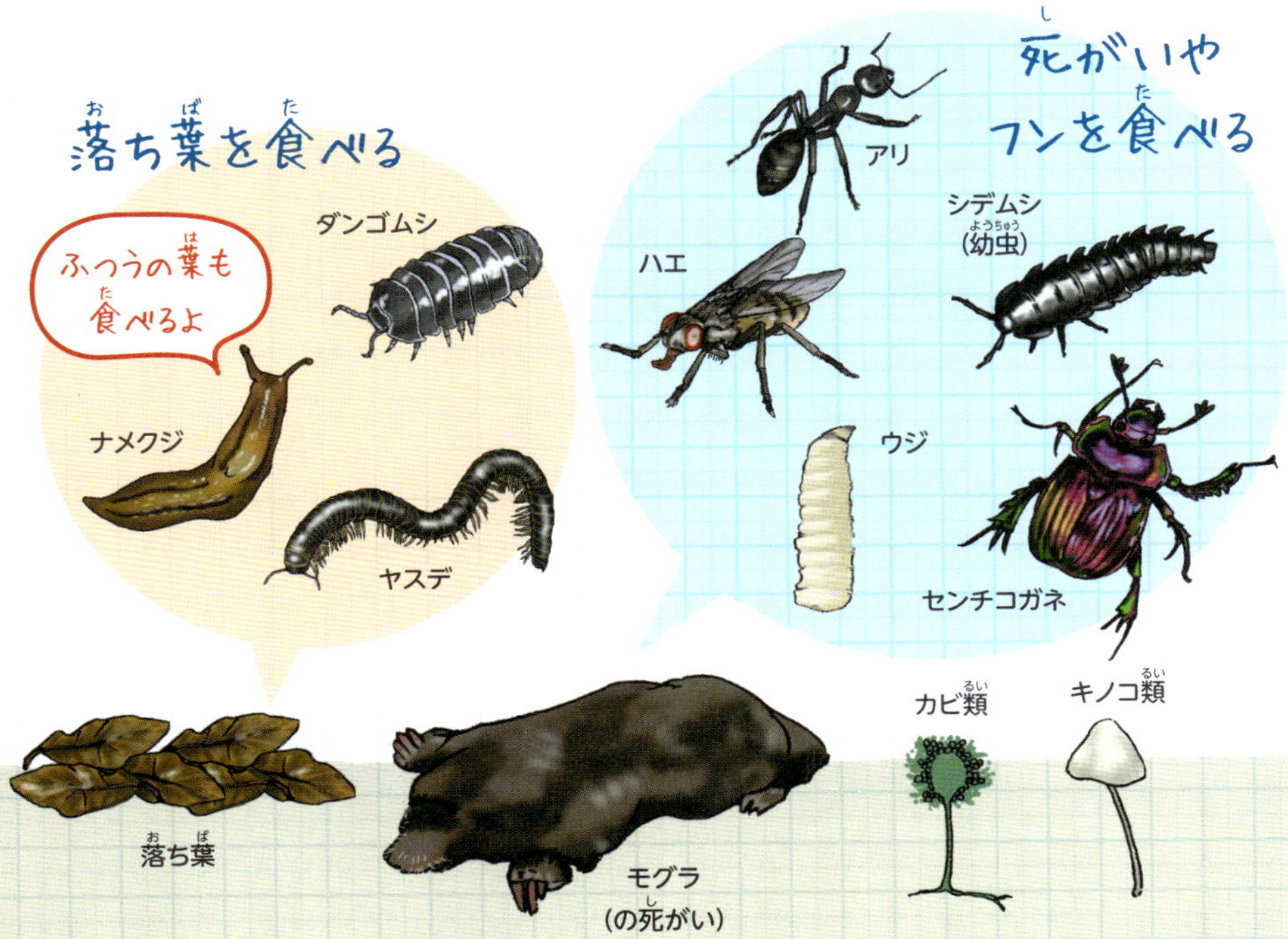

落《お》ち葉《ば》を食《た》べる
ふつうの葉《は》も食《た》べるよ
ダンゴムシ
ナメクジ
ヤスデ
死《し》がいやフンを食《た》べる
アリ
シデムシ(幼虫《ようちゅう》)
ハエ
ウジ
センチコガネ
カビ類《るい》
キノコ類《るい》
落《お》ち葉《ば》
モグラ(の死《し》がい)

知《し》ってる?

光合成《こうごうせい》をしない植物《しょくぶつ》ギンリョウソウ

ふつうの植物《しょくぶつ》は緑色《みどりいろ》で、光《こう》合成《ごうせい》という、太陽《たいよう》の光《ひかり》を使《つか》って自分《じぶん》で栄養分《えいようぶん》を作《つく》るシステムを持《も》っているよ。でも、この植物《しょくぶつ》は暗《くら》い森《もり》の中《なか》でまわりから栄養分《えいようぶん》をもらうことで生《い》き延《の》びてきたんだ。掃除屋《そうじや》さんたちが分解《ぶんかい》した栄養分《えいようぶん》を存分《ぞんぶん》に使《つか》ってくらしているよ。

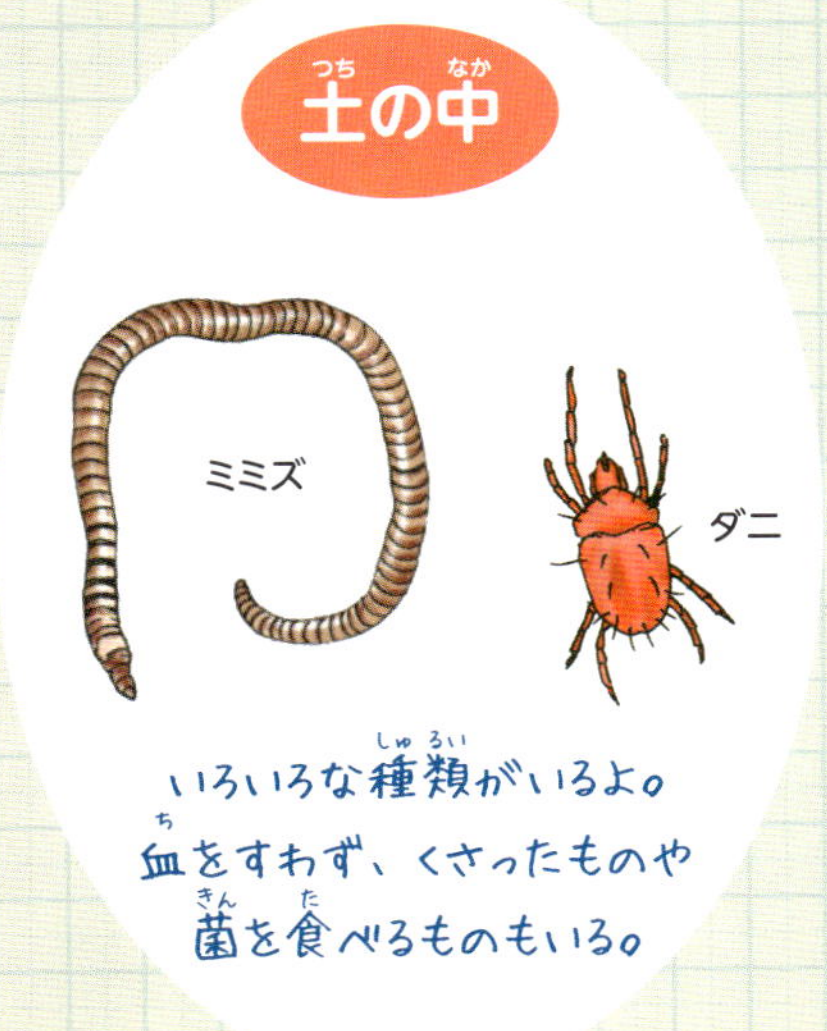

土《つち》の中《なか》
ミミズ
ダニ
いろいろな種類《しゅるい》がいるよ。
血《ち》をすわず、くさったものや
菌《きん》を食《た》べるものもいる。

田《た》んぼの中《なか》の世界《せかい》 春《はる》・夏《なつ》編《へん》

人《ひと》が作《つく》り出《だ》した環境《かんきょう》の中《なか》で、田《た》んぼはたくさんの生《い》き物《もの》の棲《す》みかになっている。水《みず》があるかないか、季節《きせつ》によって見《み》られる生《い》き物《もの》はちがってくる。中《なか》でも、春《はる》から夏《なつ》にかけて水《みず》があるときの田《た》んぼにまさに生《い》き物《もの》の宝庫《ほうこ》だ。一度《いちど》その中《なか》をのぞいてみてほしい。農薬《のうやく》を使《つか》っていない田《た》んぼであれば、不思議《ふしぎ》な生《い》き物《もの》もたくさん見《み》つけることができるよ。

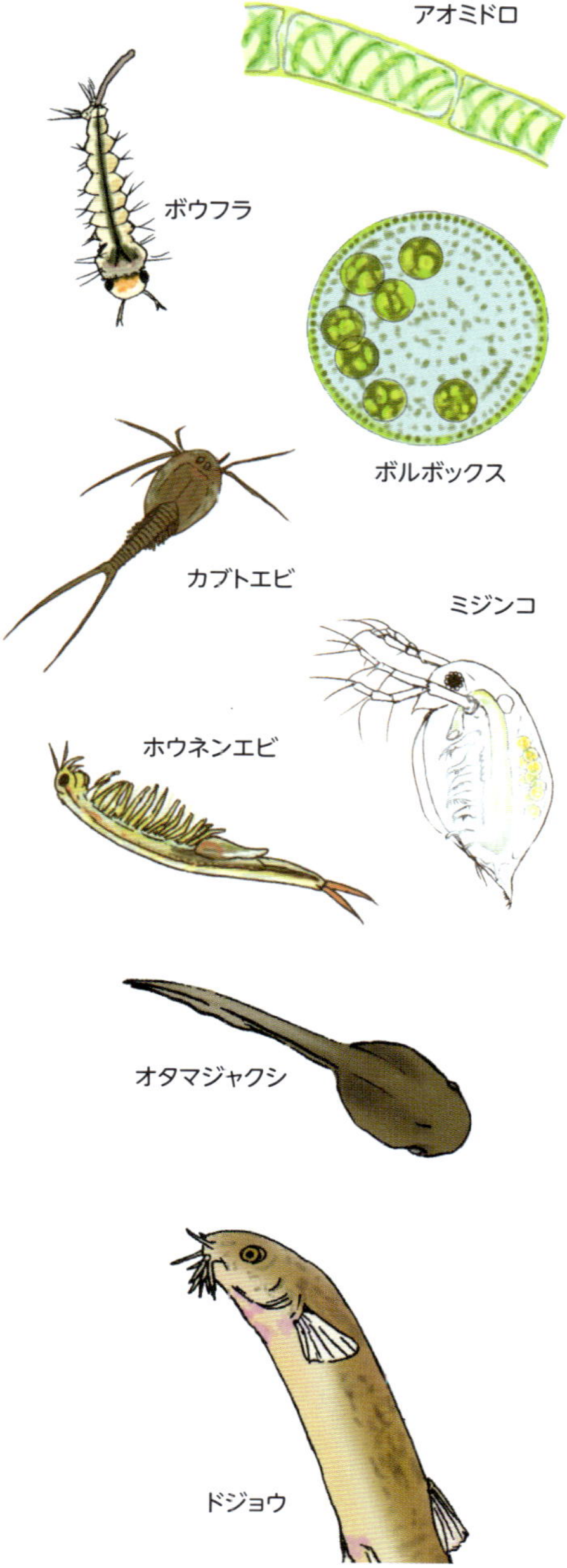

アオミドロ
ボウフラ
ボルボックス
カブトエビ
ミジンコ
ホウネンエビ
オタマジャクシ
ドジョウ

小型《こがた》の肉食動物《にくしょくどうぶつ》

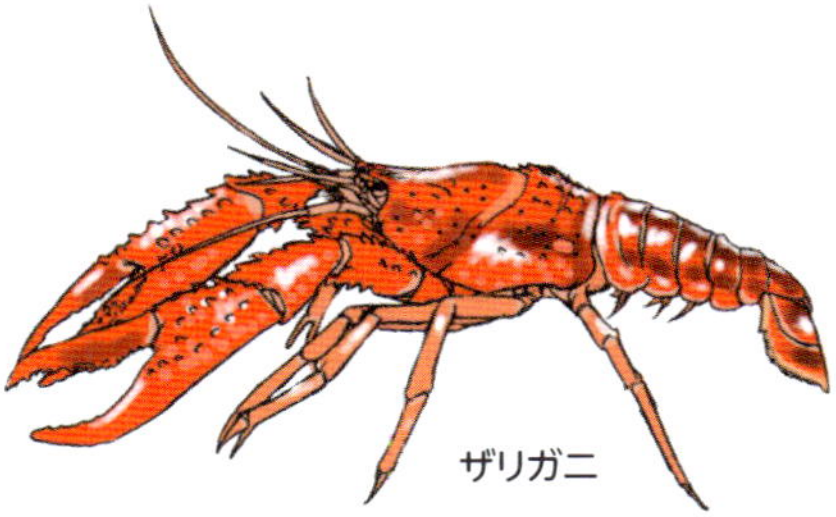
ザリガニ

ヒル

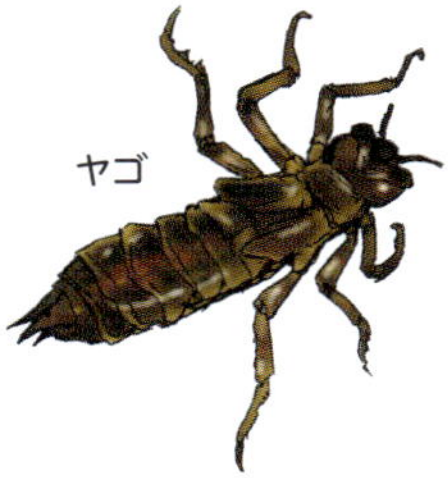
ヤゴ

カエル

大型《おおがた》の肉食動物《にくしょくどうぶつ》

ツバメ

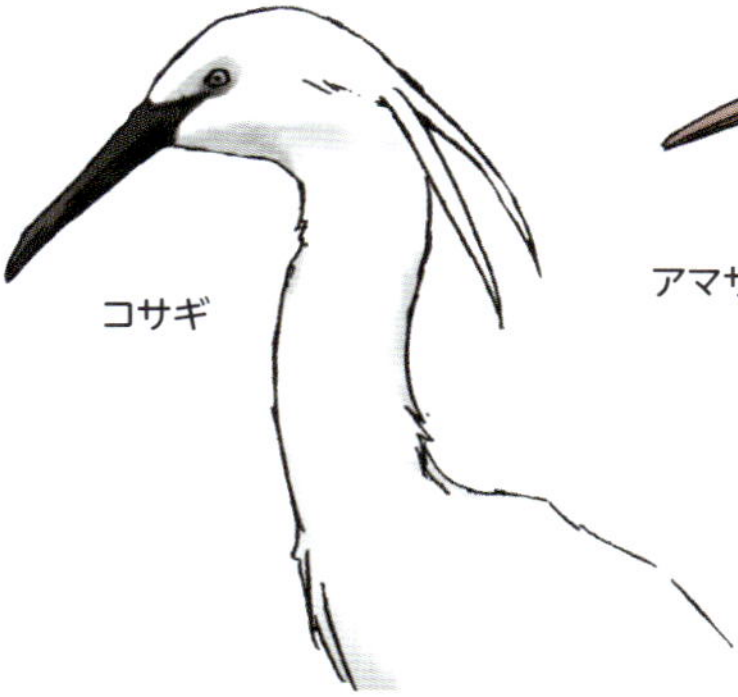
コサギ

アマサギ

どうして田《た》んぼには水《みず》をはるの?

植物《しょくぶつ》も呼吸《こきゅう》をしないと死《し》んでしまう。ほとんどの植物《しょくぶつ》は水中《すいちゅう》では呼吸《こきゅう》できずに発芽《はつが》できないし、死《し》んでしまう。しかし、イネには葉《は》やくきから根《ね》に空気《くうき》をおくる通路《つうろ》があって、水《みず》の中《なか》につかっていても呼吸《こきゅう》ができるんだ。

だから、イネの背《せ》が低《ひく》い間《あいだ》は田《た》んぼに水《みず》をはって、他《ほか》の植物《しょくぶつ》が生《は》えてこないようにしているんだ。

水中《すいちゅう》でも発芽《はつが》できる

注《ちゅう》 田《た》んぼはだれかの大事《だいじ》な土地《とち》です。勝手《かって》に入《はい》ったりものを取《と》ったりするのはやめましょう。農薬《のうやく》が使《つか》われていることもあるので、注意《ちゅうい》が必要《ひつよう》です。

田《た》んぼの中《なか》の世界《せかい》 秋《あき》・冬編《ふゆへん》

夏《なつ》から秋《あき》にかけては、もう田《た》んぼから水《みず》が抜《ぬ》かれ、大《おお》きく育《そだ》ったイネはやがて色《いろ》を変《か》えて収穫《しゅうかく》の時期《じき》になる。

あれだけたくさんいた水《みず》の中《なか》の生《い》き物《もの》は、あっという間《ま》に姿《すがた》を見《み》せなくなり、代《か》わりにイネを食《た》べる生《い》き物《もの》が集《あつ》まってくるのがこの時期《じき》だ。

収穫《しゅうかく》がおわり冬《ふゆ》になると、田《た》んぼには一見何《いっけんなに》もいないように見《み》える。でも、その土《つち》の中《なか》には春《はる》を待《ま》つたくさんの生《い》き物《もの》が眠《ねむ》っているんだ。

秋《あき》

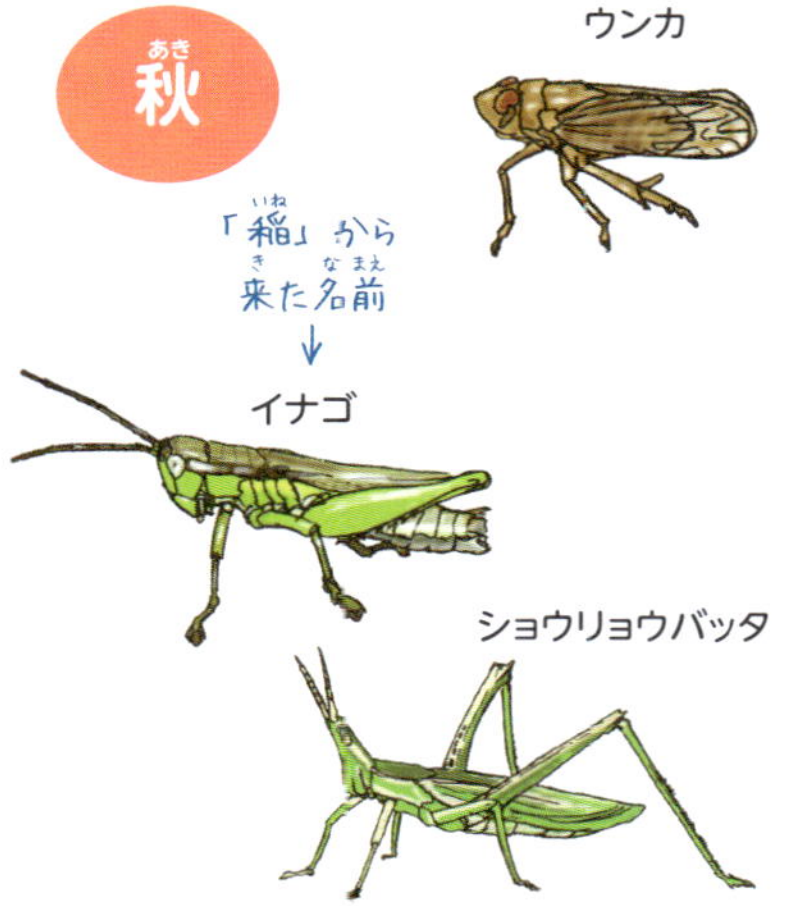
ウンカ
「稲《いね》」から来《き》た名前《なまえ》
イナゴ
ショウリョウバッタ

イネを食《た》べにくる虫《むし》たち

↓

それを食《た》べにくる動物《どうぶつ》

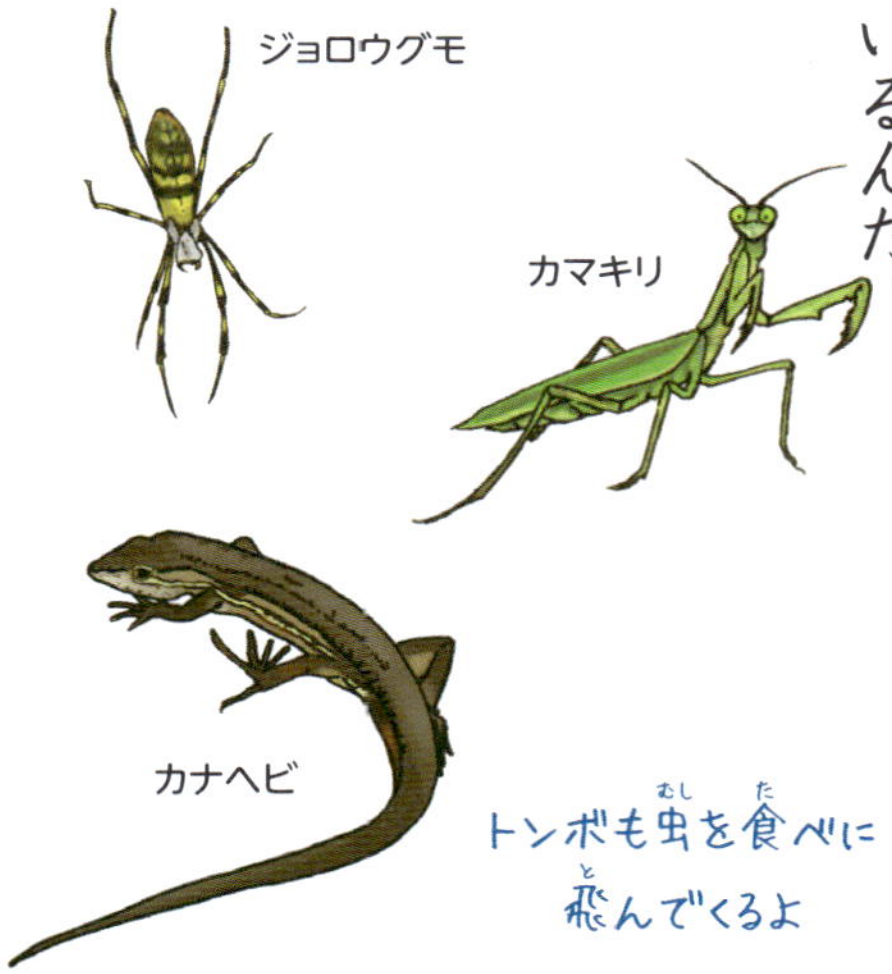
ジョロウグモ
カマキリ
カナヘビ
トンボも虫《むし》を食《た》べに飛《と》んでくるよ

田《た》んぼの水《みず》の中《なか》にいた魚《さかな》や水生昆虫《すいせいこんちゅう》は、水《みず》のある水路《すいろ》やため池《いけ》に移動《いどう》する

米《こめ》を食《た》べにくる鳥《とり》

多《おお》くの冬鳥《ふゆどり》がやってくる!

→ P154

スズメ

カシラダカ

マガモ

わたしだけじゃないの!

知《し》っとく!

「冬水田《ふゆみずた》んぼ」といって冬《ふゆ》でも水《みず》をはったままにするという農法《のうほう》があるよ。冬《ふゆ》の間《あいだ》もたくさんの鳥《とり》たちが飛《と》んできて生態系《せいたいけい》を保護《ほご》する役目《やくめ》を担《にな》う。ただ、地域《ちいき》によってできるところとできないところがあるそうだ

冬眠《とうみん》・休眠《きゅうみん》

カエル
ザリガニ

カブトエビやホウネンエビ、ミジンコなどは、乾燥《かんそう》に強《つよ》い卵《たまご》を産《う》んでおき、次《つぎ》の年《とし》になって田《た》んぼに水《みず》が入《はい》り、気温《きおん》が上《あ》がってくると復活《ふっかつ》し、また生《う》まれてくる。

やってみよう!

田《た》んぼの泥《どろ》の中《なか》には小《ちい》さな生《い》き物《もの》の「卵《たまご》」がたくさんかくれている。水《みず》を入《い》れて、少《すこ》しあたたかいところにおいておくと、いつの間《ま》にかいろいろな生物《せいぶつ》が出《で》てくるかもしれないよ。

日《ひ》があたる窓側《まどがわ》においておくといいよ

田《た》んぼの泥《どろ》

☆動物《どうぶつ》だけでなく、植物《しょくぶつ》も出《で》てくるかもしれないよ

おわりに

花《はな》まる学《がく》習《しゅう》会《かい》代《だい》表《ひょう》　高濱正伸《たかはままさのぶ》

みなさん、どうでしたか。

この本《ほん》を書《か》いた川幡智佳《かわはたちか》さんは、私《わたし》が代表《だいひょう》を務《つと》める花《はな》まる学習会《がくしゅうかい》という学習塾《がくしゅうじゅく》グループの、進学部門《しんがくぶもん》であるスクールＦＣ《エフシー》に入社《にゅうしゃ》してきて、いまでは人気《にんき》のある理科《りか》の先生《せんせい》として活躍《かつやく》しています。

あるとき、先生《せんせい》たちの机《つくえ》の上《うえ》に昆虫《こんちゅう》や植物《しょくぶつ》を描《えが》いた絵《え》のカードが置《お》いてありました。「これ、いいね。どこで売《う》っているの」と聞《き》いたら、そこにいた先生《せんせい》が「あっ、それは川幡《かわはた》さんが自分《じぶん》で描《えが》いた教材《きょうざい》です」と答《こた》えたのです。

私《わたし》は最初《さいしょ》信《しん》じられず、カードを手《て》に取《と》ってまじまじと見《み》つめました。その緻密《ちみつ》さに驚愕《きょうがく》したのを覚《おぼ》えています。

また、私《わたし》たちのグループでは、保護者《ほごしゃ》のみなさんに伝《つた》わる言葉《ことば》を発《はっ》することができるようにという目的《もくてき》で、講演会研修《こうえんかいけんしゅう》という社員研修《しゃいんけんしゅう》をやっているのですが、そこで川幡《かわはた》さんのミニ講演《こうえん》を聞《き》き、「ああ、この人《ひと》はいまは無名《むめい》だけれど、やがて本《ほん》もたくさん書《か》くだろうし、有名《ゆうめい》になるだろうな」と確信《かくしん》しました。

それくらい内容《ないよう》が濃《こ》く、オリジナリティの高《たか》い、そして何《なに》よりも「動物《どうぶつ》への愛《あい》」が伝《つた》わってくる講演《こうえん》でした。

この本《ほん》は、小学生《しょうがくせい》から中学生《ちゅうがくせい》のみんなに、動物《どうぶつ》の不思議《ふしぎ》やおもしろさを伝《つた》える本《ほん》です。どのページを開《ひら》いても「へえ!」「そうなんだ!」という驚《おどろ》きや発見《はっけん》に満《み》ちていると思《おも》います。

ぜひ、この一冊《いっさつ》を遊《あそ》びのように読《よ》み込《こ》むことを通《つう》じて、動物《どうぶつ》に興味《きょうみ》を深《ふか》め、一生《いっしょう》の楽《たの》しみの対象《たいしょう》としてくれることを願《ねが》っています。

そして、そのことをきっかけとして、理科《りか》という科目《かもく》の内容全体《ないようぜんたい》を好《す》きになり、知《ち》識《しき》が増《ふ》えていく喜《よろこ》びを実感《じっかん》してもらえることを、期待《きたい》しています。

そうなると、成績《せいせき》も必《かなら》ず上《あ》がります。

やらされる勉強《べんきょう》よりも、好《す》きなことを自分《じぶん》で覚《おぼ》え学《まな》ぶほうが楽《たの》しいよね。

そして、本《ほん》という形《かたち》にして世《よ》に問《と》いたいと私《わたし》が思《おも》った一番《いちばん》のポイントは、川幡《かわはた》さんのこの「大好《だいす》き加減《かげん》」を感《かん》じてほしいということです。

文章《ぶんしょう》だけでなく、各《かく》ページに載《の》っている動物《どうぶつ》のイラストはすべて川幡《かわはた》さんが描《えが》いたと聞《き》いたら、驚《おどろ》くでしょう。でも、本当《ほんとう》です。

そして、川幡《かわはた》さんは、それを「やりなさい」とか「覚《おぼ》えなさい」と言《い》われて勉強《べんきょう》したのではなく、自分《じぶん》が好《す》きで好《す》きでたまらず、本《ほん》や図鑑《ずかん》を買《か》ってもらったり図書館《としょかん》に通《かよ》うことで、独学《どくがく》（自分《じぶん》ひとりで学《まな》ぶこと）で身《み》につけたのです。

みんなの将来《しょうらい》は、AI《エーアイ》（人工知能《じんこうちのう》）やロボットなどの技術《ぎじゅつ》の急速《きゅうそく》な進歩《しんぽ》で、いまある仕事《しごと》の大半《たいはん》がなくなっているだろうといわれているよね。それは、間違《まちが》いないのだけれど、だからと言《い》って、心配《しんぱい》する必要《ひつよう》もありません。

「改札《かいさつ》で切符《きっぷ》を切《き》るという仕事《しごと》」はなくなったけれども、「スイカなどの電子《でんし》マネーを扱《あつか》う仕事《しごと》」が増《ふ》えたように、新《あたら》しい仕事《しごと》もどんどんできるからです。

ただし、その変化《へんか》の激《はげ》しい時代《じだい》を生《い》き抜《ぬ》くときの、自分《じぶん》なりの方針《ほうしん》は持《も》っておいたほうがよいよね。私《わたし》は、概《おおむ》ね二《ふた》つかなと思《おも》っています。

ひとつは「人間力《にんげんりょく》」をつけること。

同《おな》じお医者《いしゃ》さんでも「この先生《せんせい》に診《み》てほしい」と言《い》われるお医者《いしゃ》さんになることだし、働《はたら》く場所《ばしょ》でも「この人《ひと》にうちの部《ぶ》に来《き》てほしいなぁ」と言《い》われる社員《しゃいん》になることです。これは、いまからたくさん友《とも》だちをつくって、喧嘩《けんか》・仲直《なかなお》り・共感《きょうかん》などの経験《けいけん》をたっぷりすることです。

そして、異学年《いがくねん》や異性《いせい》や外国《がいこく》の人《ひと》や障《しょう》がいを持《も》った人《ひと》など、なるだけ多様《たよう》な人《ひと》と接《せっ》する経験《けいけん》を増《ふ》やすことが、すこぶる力《ちから》になるでしょう。間違《まちが》っても、「テレビやゲームやスマホなどの画面《がめん》にばかり気《き》を取《と》られ、そのことに生活時間《せいかつじかん》の大半《たいはん》を費《つい》やしている人《ひと》」にならないようにしよう。

そして新時代《しんじだい》を生《い》き抜《ぬ》くポイントの二《ふた》つ目《め》は、「専門《せんもん》の力《ちから》をつけること」です。他《ほか》の誰《だれ》にもできないことがやれれば間違《まちが》いなくそこに価値《かち》が生《う》まれ、仕事《しごと》として成《せい》立《りつ》します。

世界《せかい》でただひとりとまではいかなくても、100人《にん》にひとりしかできないことを3つ持《も》てば、かけ算《さん》をして100分《ぶん》の1×100分《ぶん》の1×100分《ぶん》の1＝1000000分《ぶん》の1。これを「100万分《まんぶん》の1の法則《ほうそく》」と言《い》っている人《ひと》がいるんだけれど、そのとおりだと思《おも》います。

では、100人《にん》にひとりしかできないことを、どう身《み》につけるか。

そのカギが「大好《だいす》き」ということです。

川幡《かわはた》さんは、虫《むし》が好《す》きで好《す》きで、一般《いっぱん》の人《ひと》は「空地《あきち》」とか「特《とく》に意味《いみ》のない野原《のはら》」と思《おも》うような場所《ばしょ》でも、「あそこにこんな虫《むし》がいるだろうな。あっちにはこんな虫《むし》がいるだろうな」と想像《そうぞう》してたまらなくなり、実際《じっさい》にその雑草《ざっそう》生《お》い茂《しげ》る空地《あきち》に入《はい》って行《い》ってしまう人《ひと》です。

そのくらい好《す》きで好《す》きでたまらない半生《はんせい》を送《おく》った結果《けっか》、こうして一冊《いっさつ》の本《ほん》を書《か》けるようになったのです。

この本《ほん》がきっかけで、昆虫《こんちゅう》でも魚《さかな》でも生《い》き物《もの》全体《ぜんたい》でも、大好《だいす》きになってくれる人《ひと》が増《ふ》えれば本当《ほんとう》に嬉《うれ》しいです。

そうでなくとも、この川幡《かわはた》さんの「絵《え》も文《ぶん》も全部《ぜんぶ》自分《じぶん》で書《か》いてしまうほどの大好《だいす》き加減《かげん》」を感《かん》じて、「よーし、私《わたし》は〇〇で行《い》こう!」と、自分《じぶん》の道《みち》を見出《みいだ》してくれれば、それも本当《ほんとう》に嬉《うれ》しいです。

みんなの将来《しょうらい》が輝《かがや》きますように。

川幡智佳（かわはた ちか）

北里大学水産学部（現・海洋生命科学部）卒業後、東京大学大学院新領域創成科学研究科自然環境学専攻を修了。当時はプランクトンの遺伝子・タンパク質の研究や、水草の石灰化について培養実験や電子顕微鏡での観察などに没頭する日々を送った。

花まるグループに入社後は、小4総合コース理科の立ち上げ、科目横断型・総合的な学習の時間である「合科」の立ち上げに携わる。

現在はスクールFCの理科科長として、主に小学生の理科の教材開発などに携わる。多数の中学受験生とかかわるとともに、小学校低学年の授業では「身近な理科」を楽しんでもらおうと、校舎近くで見つけた生き物や趣味で集めた化石などを持ち込んで授業を展開。

物心つくころには虫を遊び相手としており、現在でもそれは変わらない。

科学・数理の分野から、「自ら考え学ぶ姿勢を育てること」を目標とするGEMS (Great Explorations in Math and Science) リーダーの資格も持つ。

カワハタ先生の動物の不思議
どこがおなじでどこがちがうの？

2018年 8月10日　初版第1刷発行
2019年 10月10日　初版第2刷発行

著　者　川幡智佳
発行者　小山隆之
発行所　株式会社 実務教育出版
163-8671　東京都新宿区新宿 1-1-12
電話　03-3355-1812（編集）　03-3355-1951（販売）
振替　00160-0-78270

印刷／文化カラー印刷　　製本／東京美術紙工

ISBN978-4-7889-1292-2 C0037

小学生
タカハマ先生のなやみの不思議
なやむほど強くなれるのはなぜ？

花まる学習会代表　高濱正伸【著】

［ISBN978-4-7889-1453-7］

よりよく生きるために、キミにはこれだけはやってほしいと思っています。

①日々の生活のなかで「ん?」と引っかかることを大切にする。できればメモしておく。
②そのことについて、考えぬく。自分で本当に納得できるまで、考えつづける。
③日記に書く。
④友だちと話しあう。
⑤本を友とする。

自分の考えを深めるために、書きこむページも用意してあります。

なんとなく毎日を過ごすのではなく、ときには立ち止まり、なやみ、考えてみる。
そんな時間の使い方が、もしかしたら、キミの心を強くし、キミの人生をより豊かにしてくれるのかもしれません。

実務教育出版の本